Von Ulrich Wickert sind im Heyne Verlag bereits folgende Bücher erschienen:

19/161 Frankreich
19/188 Weltblicke

Ulrich Wickert (Hrsg.)

Angst vor Deutschland

Die neue Rolle der Bundesrepublik
in Europa und der Welt

WILHELM HEYNE VERLAG
MÜNCHEN

HEYNE SACHBUCH
Nr. 19/221

2. Auflage

Ungekürzte Taschenbuchausgabe
im Wilhelm Heyne Verlag GmbH & Co. KG, München
Copyright © 1990
by Hoffmann und Campe Verlag, Hamburg
Printed in Germany 1994
Umschlagfoto: Bavaria Bildagentur GmbH, München
Umschlaggestaltung: Atelier Adolf Bachmann, Reischach
Satz: Fotosatz Otto Gutfreund, Darmstadt
Druck und Verarbeitung: Elsnerdruck, Berlin

ISBN 3-453-05817-8

Inhalt

II. UNSICHERHEIT, SORGE, ANGST

III. EIN KORSETT FÜR DEUTSCHLAND

ANHANG

»Es ist ein hartes Wort
und dennoch sag ich's,
weil es Wahrheit ist:
ich kann kein Volk mir denken,
das zerrißner wäre,
wie die Deutschen.«

Hölderlin

Die Köpfe der Hydra ›Angst‹

Es war die zweite Aufgabe des Herakles, die Hydra von Lerna zu töten, eine Schlange mit neun Köpfen, die immer wieder nachwuchsen, wurden sie abgetrennt. Herakles schaffte es, das Ungeheuer zu vernichten, doch nachdem Zeus ihn mit Hera versöhnt hat, sitzt er als Unsterblicher im Olymp, und die Deutschen müssen mit ihrer Hydra namens ›Angst‹ leben. »Gott sei Dank, der Pickelhauben-Deutsche ist weg«[1]) seufzte Anfang 1992 ein deutscher Diplomat in London, und war froh darüber, daß die alten angsteinflößenden Klischees in Großbritannien der Wirklichkeit Platz machen. Doch wer glaubt, endlich sei mit der Neuordnung der Welt, Europas und der Vereinigung Deutschlands die Schwelle der Angst vor diesem Volk inmitten Europas überschritten, sei Deutschland als geläutert in der Völkergemeinschaft, als normaler Partner wie alle anderen auch, aufgenommen, dem zeigt das ›Ungeheuer Deutschland‹[2]) stets eine neu gewachsene Fratze, und neun trägt die Hydra auf ihrem Hals.

In regelmäßigen Abständen wiederholen sie sich, die Klagen vor ›diesem‹ Deutschland, das einem angst macht oder machen sollte, seit Jahren die gleichen Stoßseufzer, wenn auch aus wechselnden Anlässen. Und seit der deutschen Vereinigung nehmen sie – mit Schwankungen – an Intensität noch zu, obwohl doch gerade die Einigung ein neues Deutschland in einem neu zu ordnenden Europa verspricht. Aber gerade das neue, das mit dem Alten verquickt wird, belebt sie, die Angst. Im Frühjahr 1992 machte der einflußreiche Däne, Maersk McKinney-Moeller, Reeder und Multi-Milliardär, seinen Gefühlen über die europäische Einigung in der Betriebszeitung seines Unternehmens Luft: »Die politische Begeisterung für die europäische Union in Dänemark ist groß. Ich persönlich bin etwas skeptisch, wenn Dänemark seine traditionelle Selbständigkeit opfert und das große, ziemlich aggressive

1 Frankfurter Allgemeine Zeitung vom 5.3.92
2 Frankfurter Allgemeine Zeitung vom 18.4.92

Deutschland mehr und mehr Macht bekommt. Die EG selbst kann das nicht verhindern.« Und seine Stimme war nur eine im Chor derer, die beim dänischen Referendum über die Maastrichter Verträge die Angst vor Deutschland zur Nein-Stimme umformten und vielleicht gar den Ausschlag für das Negativ-Votum gaben. Zur gleichen Zeit nutzte die britische Monatszeitschrift »Business Review« die Angst vor den Deutschen zum Kundenfang und veröffentlichte unter dem deutschen Wort ›Achtung‹ ein böses Vorurteil nach dem anderen. Briten und Deutsche werden immer noch mit zweierlei Maß gemessen: während in London die Queen-Mother eine Statue für ›Bomber Harris‹, für den britischen Offizier, der die Bombardierung von Dresden befehligte, einweihte, warf ›Business Review‹ Kohl die Teilnahme an der Grablegung von Friedrich dem Großen in Sanssouci vor: »Wenn Sie glauben, daß all dieses Gerede von dem säbelrasselnden Helmut und Hans übertrieben sei, dann haben Sie nicht die kürzliche Umbettung eines umstrittenen früheren deutschen Herrschers gesehen. …Man sollte die Deutschen, soweit das überhaupt möglich ist, meiden.« Die Redaktion war sich des Beifalls der Leser sicher. Die Leser sind der Politiker Kunden, und so handeln die nicht unbedingt immer nach Vernunft, sondern auch mit Rücksicht auf hergebrachte Schemen.

Immer wieder findet sich ein Anlaß, um erneut in ›Angst‹ zu verfallen, in Angst vor Deutschland – versteht sich. Der deutsche Einigungsprozeß wurde international durch das Zwei-Plus-Vier Abkommen begleitet, ein Vertrag zwischen den vier alliierte Siegermächten und den beiden deutschen Staaten, der die Entlassung Deutschlands in die volle Souveränität und die Einbindung des neuen, geeinten Deutschlands in das westliche Bündnis besiegelte. Damit glaubten die betroffenen Mächte sich vor einem frei schwebenden, unkontrollierbaren Deutschland sicher. Ja, im April 1990 hatte Bundeskanzler Helmut Kohl gemeinsam mit dem französischen Staatspräsidenten François Mitterand an den irischen Premierminister als Vorsitzenden des Rates der Europäischen Gemeinschaft einen Brief geschickt, in dem beide forderten, die Politische Union Europas gleichzeitig mit der Wirtschafts- und Währungsunion durchzuführen. Auf dem folgenden EG-Gipfel in Dublin wurde diese Initiative begrüßt, denn insgeheim wurde damit eine noch stärkere Verflechtung Deutschlands mit den europäischen Partnern vorgesehen, die das durch die Einheit gewachsene Land weniger gewichtig zu machen schien. War man nicht jahrelang davon ausgegangen, daß das politische Gleichgewicht innerhalb der EG auf drei gleich große Länder, Frankreich, Italien, Deutschland – vier, wenn man Großbritannien hinzu zählt – verteilt sei? Eine Politische Union, der notwendigerweise auch eine europäische Sicherheitspolitik folgen müßte, nimmt den Deutschen Einzelentscheidungen ab und zwingt sie in ein europäisches Konzept, so stellte man sich das vor; die Folge waren die Verträge von Maastricht, die – ohne deutsche Einheit – so schnell nie zustande gekommen wären. Aber die Wünsche konnten die Wirklichkeit dann doch nicht fesseln.

Am 3. Oktober 1990 hörte die DDR auf zu existieren und entstand die größere Bundesrepublik Deutschland. Drei Phänomene, von denen eines nicht neu, haben seitdem die Angst vor Deutschland weiter geschürt, ja noch präsenter gemacht, weil das Bild des ›Pickelhauben-Deutschen‹ geschwunden ist, und das Ausland erstaunt erkennt, daß ihm nicht alte Klischees, sondern neue Fakten angst machen: die deutsche Unsicherheit, die sich im deutschen Verhalten während des Golfkrieges ausdrückte, die deutsche Selbstsicherheit (oder Arroganz), mit der die Bundesregierung Kroatien und Slowenien anerkannte, und drittens die ausschließlich auf deutsche Finanzbedürfnisse konzentrierte Geldpolitik der unabhängigen deutschen Bundesbank.

Deutsche Unsicherheit in der politischen Entscheidung macht angst, weil damit nicht vorhersehbar, nicht berechenbar ist, wie eine deutsche Regierung im Krisenfall reagieren wird. Vorhersehbarkeit beruhigt, dann kann man sein eigenes Verhalten an dem des anderen ausrichten. In der Golfkrise haben Bundeskanzler Helmut Kohl und sein Außenminister Hans-Dietrich Genscher den Kopf in den Sand gesteckt – Vogel-Strauß-Politik nennt man das – und auf politische Führung verzichtet. Grundlage einer deutschen ›Nicht-Beteiligung‹ waren Gefühle, die anschließend rationalisiert wurden. Noch anderthalb Jahre nach der Golfkrise überschreibt das amerikanische ›Wall Street Journal

Europa‹[3]) eine Titelgeschichte mit dem Satz »Mit Angst übernimmt Deutschland mehr Macht in der Führung Europas« – und natürlich ist das Wort ›Angst‹ deutsch geschrieben, denn der Begriff ist eines der wenigen Ausdrücke deutscher Sprache, die sich in allen Sprachen der Welt als Fremdwort eingenistet haben. In dem Artikel heißt es: »Charakteristisch für die deutsche Außenpolitik ist nicht so sehr ihr Selbstbewußtsein als ihre Inkonsequenz. Das Land wankt vor Unentschlossenheit, so war seine Politik während der Golfkrise…« Und als Beleg wird David Anderson vom Aspen Institute in Berlin mit den Worten zitiert: »Deutschland bewegt sich auf Europa und die Welt von einer unsicheren psychologischen Basis aus zu. Da haben wir ein größeres und mächtigeres Deutschland, aber immer noch ist Deutschland voller Zweifel, welche Rolle es wirklich in Europa und der Atlantischen Allianz spielen soll. Dieses Deutschland wird für einige Jahre noch seinen Platz nicht gefunden haben.« Und genau so schreibt der britische ›Economist‹: »Das Problem ist jetzt nicht mehr die deutsche Stärke, sondern die deutsche Schwäche.«[4])

Dann aber ließen die Deutschen die Muskeln spielen und setzten sich über EG-Beschlüsse hinweg, indem sie Kroatien und Slowenien im Dezember 1991 quasi anerkannten, bevor die EG ihre gerade aufgestellten Kriterien für eine Anerkennung überprüfen und, wie abgemacht, zum 15. Januar 1992 die Ergebnisse bekanntgeben konnte. Nicht nur in Europa, selbst in den USA wurde Deutschland dafür angemahnt. Der britische Premierminister John Major beschloß sogar, sicher in Absprache mit anderen, die Deutschen zu strafen – wenn auch nur symbolisch.

Großbritannien hatte im Januar 1992 den im monatlichen Turnus wechselnden Vorsitz im Sicherheitsrat der Vereinten Nationen übernommen, und in dieser Funktion als Chef des »Weltsicherheitsrates«, wie dieses Organ der UNO auch genannt wird, zu einem Treffen der Staats- und Regierungschefs aller Mitglieder des Rates nach New York eingeladen, um sich über die neue Weltordnung zu unterhalten. Deutschland war damit ausgeschlossen, aber

3 The Wall Street Journal Europe vom 8.7.92
4 Zit. nach Deutsches Allgemeines Sonntagsblatt vom 29.5.92

ständige Mitglieder im UN-Sicherheitsrat sind nun einmal die Siegermächte des Zweiten Weltkrieges. Deutlicher hätte das Zeichen in Richtung Bonn nicht sein können, deutlich zwar, aber politisch ziemlich wirkungslos. Die reale Macht Deutschlands, die von seiner Wirtschaftspotenz ausgeht, ist nicht anfechtbar. Aber sie macht eben angst, insbesondere da auch die Maastrichter Verträge Deutschland nicht so klein schnürt, wie es sich mancher vorgestellt hatte. Im Mai 1992 drang die ehemalige britische Premierministerin Margaret Thatcher noch einmal darauf, die Amerikaner nicht durch eine eigene EG-Verteidigungspolitik aus Europa zu drängen, da nur die USA in der Lage seien, der deutschen Vormacht entgegenzutreten. Auch die Amerikaner, deren Präsident George Bush den Deutschen ›Partnership‹ in der Führung angeboten hatte, waren wegen des deutschen Vorpreschens im Fall Slowenien und Kroatien ungehalten. So meldete der Washingtoner Korrespondent des SAD: »Mehr Angst als Enttäuschung ruft das politische Muskelspiel der Deutschen im US-Außenministerium hervor. Es wird einem zwar immer wieder versichert, daß man gar nichts dagegen habe, wenn Deutschland ein neues Selbstbewußtsein zeige, das ihm auf Grund seiner wirtschaftlichen und politischen Stärke auch zustehe, nur die Art, wie das geschehe, stößt am Potomac sauer auf. »Der Stil, ›wir haben recht, und ihr habt uns gefällig zu folgen‹ erzeugt hier Unbehagen«, spezifiziert ein Staatssekretär.[5])

Die Macht der Mark läßt schließlich das »Ungeheuer Deutschland« wieder aufleben. Wenn die Verträge von Maastricht ratifiziert werden, seien die Franzosen keine Franzosen mehr, sondern Angehörige eines europäischen Superstaates, beklagt die ehemalige Beraterin von Staatspräsident Georges Pompidou, Marie-France Garaud; und – so das französische Klagekonzert – die Großmacht Deutschland nehme in der Weltpolitik den Platz ein, der eigentlich Frankreich gebühre. Das ›Ungeheuer Deutschland‹ nehme Frankreichs Wirtschaft und Währung die Unabhängigkeit. »Nach der Ratifizierung werde es nur noch die Kapitalmacht Deutschland, ihre Hegemonie über Europa, das Diktat ihrer Bun-

5 Hamburger Abendblatt vom 9.1.92

desbank geben, dem sich alle zu unterwerfen hätten.«[6]) Und wenn es darum geht, das Diktat der Bundesbank zu beklagen, dann schreckt selbst die ansonsten vernünftige, liberale Tageszeitung ›le Monde‹ nicht vor dem Rückfall in alte Denk-, nein, in alte Gefühlsstrukturen zurück. Als die von Bonn unabhängige Bundesbank im Juli 1992 – kurz nach dem Welt-Wirtschaftsgipfel in München, wegen der Schulden, die von der deutschen Einheit verursacht werden – den Diskontsatz auf Rekordhöhe anhob, wurde in einem Leitartikel auf dem Titelblatt von ›le Monde‹, den Deutschen Egoismus vorgeworfen und »eine gewisse germanische Arroganz«, anlehnend an den Begriff »Führerbunker« wurde aus der Bundesbank der »Bundesbunker«. Angst ist eine Folge des Nicht-Wissens, nicht wissen, wie der andere handelt, wie er denkt, oder gar nicht wissen, wer der andere ist und was von ihm ausgeht. Und da gilt für das Ausland, was der amerikanische Professor für politische Wissenschaft und Berater von George Bush, Professor Francies Fukuyama nach einer Europarcise schrieb: Ihm hätte ein französischer Verleger gesagt, »viele Franzosen wollten nichts über ihre Nachbarn jenseits des Rheins wissen – aus Angst davor, was sie vielleicht herausfinden würden«.[7]) Und so bleibt die Angst, weil Deutschland undurchsichtig ist, und wenn es einmal erkennbar, aber im Widerspruch zu den Partnern handelt, dann wird es wieder mit der Elle der Vergangenheit gemessen, und die macht angst.

Hamburg, im Juli 1992   *Ulrich Wickert*

6 Karl Jetter in Frankfurter Allgemeinen Zeitung vom 18. 4. 92
7 New States vom 9. 3. 92

Ulrich Wickert

Weshalb noch Angst vor Deutschland?

Angst als politisches Phänomen begleitet Umbrüche, deren Ausgang zunächst einmal ungewiß ist, wie etwa die »Grande Peur« zur Zeit der Revolution von 1789. Und da im Jahr 1990 die deutsche Vereinigung jene Spitze ist, auf der sich der Kreisel der europäischen Neuordnung dreht, konzentriert sich das existenzbedrohende Gefühl, nicht fähig zu sein, sich selbst in der neuen Ordnung den eigenen Werten entsprechend zu plazieren, auf Deutschland und die Deutschen.

So entsteht aus Antworten auf die Frage nach der Angst vor Deutschland ein faszinierendes Zeitgemälde des geistigen und politischen Zustands Europas. Triumphierte nicht ihr eigener höchster politischer Wert, die Demokratie, deren einer Grundsatz die Selbstbestimmung der Völker ist, wären die Nachbarn der Deutschen in Versuchung geraten, auf den Vorgang der Einigung stärker einzuwirken. So bleiben ihnen, nicht unberechtigt, nur warnende Beschwörungen.

Im Juni noch – nichts war mehr aufzuhalten – erhob die britische Premierministerin Margaret Thatcher ihre Stimme. Sie sei beunruhigt »wegen der Geschichte dieses Jahrhunderts, die wir nicht ignorieren können. Deutschland ist sicherlich eine sehr gute Demokratie. Aber die Vereinigung bringt auch ein gewisses Unbehagen mit sich.« Deshalb verstehe sie die Ängste der britischen Bevölkerung; denn das neue Deutschland sei sowohl politisch als auch wirtschaftlich eine dominierende Macht. Ihr Außenminister Hurd hatte im Dezember 1989 Helmut Kohls zehn Punkte zur deutschen Vereinigung ergänzt: »Ich glaube, es bedarf eines elften Punkts, der besagt, daß nichts getan werden sollte, das Gleichgewicht und Stabilität Europas zerstört oder Ängste in den Köpfen von Leuten schafft, die ein Recht darauf haben, besorgt zu sein.«

Positiver argumentierte der Reformpolitiker Alexander Jakowlew, im sowjetischen Politbüro zuständig für internationale Beziehungen, vor dem 28. Parteitag der KPdSU in Moskau im Juli 1990, indem er es als ein Ziel der sowjetischen Außenpolitik bezeichnete, im eigenen Land Sorge zu tragen für eine »Vernichtung der Angst und des seelischen Bedürfnisses, einen Feind zu suchen«.

Schonungslos äußern sich dagegen – verständlicherweise – Polen und Israelis. Da meint der israelische Premierminister Yitzhak Shamir: »Jeder von uns könnte denken, daß sie, wenn sie wieder dazu die Gelegenheit erhalten und das stärkste Volk in Europa und vielleicht in der Welt sind, versuchen werden, es wieder zu tun.« Und der polnische Arbeiterführer Lech Wałesa erklärt im Interview mit einer holländischen Zeitung: »Wenn die Deutschen Europa noch einmal destabilisieren, in welcher Form auch immer,... dann sollte Deutschland von der Karte Europas gestrichen werden. Der Osten und der Westen verfügen über die notwendige fortgeschrittene Technologie, um dieses Urteil auszuführen.« Hier wird die Angst zu innenpolitischer Motivation benutzt, doch wer will ihnen die Skepsis verübeln?

Als die Oder-Neiße-Frage im Frühjahr 1990 plötzlich wieder heftige Diskussionen auslöste, brachte das ungeschickte Taktieren des deutschen Bundeskanzlers die Gefühle des gesamten Auslands in Wallung. Helmut Kohls Zögern löste konkrete Angstreaktionen aus. Die polnische Volkskundlerin und Senatorin Dorota Simonides erzählte mir, einer ihrer Universitätskollegen in Oppeln, Professor für Psychiatrie, sei plötzlich wieder von Patienten aufgesucht worden, die sich seit über einem Jahrzehnt nicht mehr gemeldet hatten. Auf einmal wurden sie wieder von den alten Alpträumen aus den Konzentrationslagern gequält. Angst hatte sich bei Polen in den ehemals deutschen Gebieten weniger vor den West- als vor den Ostdeutschen entwickelt: Die wirkten noch aggressiver, vorurteilsvoller, obwohl schon die westdeutschen Vertriebenenverbände mit ihrer Propaganda in Polen Unruhe stifteten und die Angst schürten, die Deutschen kämen zurück.

In Frankreich, durch die Kriege von 1870/71, 1914 bis 1918 und 1939 bis 1945 besonders sensibel gegenüber »la grosse Allemagne«, wie die satirische Zeitschrift »Le Canard enchainé« das »dicke« Deutschland in Anspielung auf das »große« nennt, in diesem Land also, dessen Politiker inzwischen an die deutsch-französische Freundschaft gewöhnt sind, gab man sich gelassener. Staatspräsident François Mitterrand, aber auch der Oppositionspolitiker Jacques Chirac verkündeten öffentlich, sie hätten keine Angst vor der deutschen Vereinigung. Aber sie sagten nicht die volle Wahrheit, denn politisch handelten sie anders. Zwar zeigten Umfragen, daß die Franzosen für die Vereinigung waren, doch die Meinungsbildner widersprachen dem: »Man muß Angst haben vor den Deutschen«, druckte die Wirtschaftszeitschrift »Challanges« auf ihr Titelblatt; der mehrseitige Artikel zu diesem Thema war illustriert mit Karikaturen, in denen der deutsche Adler den gallischen Hahn kräftig rupft. Die Redaktion bediente sich der Angst vor den Deutschen bewußt, um Kritik an den »verschlafenen« Franzosen zu üben: Angst vor den emsigen Deutschen! Als das liberale Wochenmagazin »Le Point« mit dem Titelblatt »Braucht man ein geeintes Deutschland« erschien, erläuterte Chefredakteur Michel Colomès: »Mit diesem Titel wollten wir den Leser aufmerksam machen, daß mitten in Europa ein neues Problem entsteht. Es geht nicht um alte Klischees oder Ängste, die in manchen Hirnen noch herumgeistern, wie die brutale Macht eines Bismarck. Eher könnte die Macht der Mark in Europa beunruhigen.«

Die Kultur des 20. Jahrhunderts verlangt »Erfolg«. Keinen Erfolg zu haben macht angst. Und dieser Erfolg mißt sich heute nun einmal in Zahlen. Man muß ein höheres Bruttosozialprodukt, höhere Ausfuhrzahlen, niedrigere Inflationsziffern vorweisen können. Sogar im Bereich der Sicherheit wird mit Maßstäben des Wettbewerbs gerechnet: Im Militärischen ist der Erfolg die höhere Zahl. Zwar könnten Ost und West sich seit Jahren gegenseitig acht- oder gar neunmal umbringen, was von der Wirkung her schon sieben- oder achtmal zuviel wäre, aber Erfolg ist ja, mehr als der andere zu besitzen.

Die Angst vor Deutschland hat vielfältige, nicht nur historische

Wurzeln. Angst ist eine existentielle Bedrohung, anders als die Furcht, die man vor einer konkreten Sache hat, gegen die man sich schützen kann. Die Angst vor dem »*kein*«, wie Heidegger sagt, also vor der Leere, lähmt, weil gegen sie keine Hilfe, keine Rettung möglich ist. Und je nachdem, wer sich mit dieser Angst oder ihren Ursachen auseinandersetzt, seien es Dichter oder Autoren, Kommentatoren und Historiker, Philosophen, Strategen oder Politiker, ändert sich die Sichtweise. Jeder findet einen eigenen Ansatz.

Wir sind ein Volk

Wir sind das Volk!« riefen die Ostdeutschen, als sie im Herbst 1989 immer zahlreicher und mutiger auf die Straße gingen. Als aber die Allmacht der SED-Regierung aufgehoben und die Mauer geöffnet war, änderte ein kleines Wörtchen den Sinn des Aufstands: »Wir sind *ein* Volk« war der zweite Spruch der ostdeutschen Revolutionäre. Doch was für ein Volk? Sogar die Deutschen, mögen sie in den letzten vierzig Jahren in Ost oder West gelebt haben, sind sich ihrer selbst nicht sicher.

In der ersten Juliwoche 1990 wünschte sich so mancher Deutsche, die Fußballmannschaft Beckenbauers möge bloß nicht die Weltmeisterschaft gewinnen; das sei des Guten zuviel. Für einen solch ketzerischen Gedanken über die eigene Nationalmannschaft hätte man einen Franzosen, Engländer, Amerikaner in seiner Heimat gelyncht!

Im Winter 1986 hatten sich französische Schüler mit der Polizei in Paris Straßenschlachten geliefert, ein Toter war zu beklagen, woraufhin sie auf ihre Transparente schrieben: »Plus jamais ça!« (»Nie wieder so was!«) Und rechts des Rheins? Im Sommer 1990 gingen Deutsche in der Bundesrepublik mit dem Slogan »Nie wieder Deutschland!« auf die Straße, womit sie, die deutschen Staatsbürger, Angst vor einer geeinten Nation ausdrückten, vielleicht Angst vor ihrer eigenen Identität. Die Angst vor dem eigenen Ich, der Nation, ob Geschichte oder Kultur, kann sich kein Ausländer vorstellen.

Im ersten Teil dieses Buches setzen sich deutsche Autoren mit Deutschland, dem »*einen*« Volk und der Frage nach der Angst auseinander, stellen damit vielleicht sogar ihre eigene Identität in Frage oder, gar andersherum: stellen die Frage nach ihrer eigenen Identität. Denn Deutscher wird man heute nicht auf die gleiche Weise, wie ein Franzose sich zum Franzosen, ein Engländer sich in einen Engländer oder ein Amerikaner zum Amerikaner entwickkelt. Während Fernand Braudel, einer der wichtigsten französischen Historiker dieses Jahrhunderts, sein Alterswerk »Die Identität Frankreichs« nennt, bestreitet man in Deutschland gern, daß es eine nationale Identität gäbe; man könne höchstens von der Identität einer einzelnen Person, eines Individuums sprechen; denn in Deutschland wird die »nationale« Identität gern verneint, weil mit dieser Negierung auch der kulturelle und historische Zusammenhang mit der Vergasung der Juden in den Konzentrationslagern durch das deutsche Volk, durch Hunderttausende von Deutschen – es war ja nicht nur die »teuflische« Regierung der Nazis! – aus der Identität des deutschen Individuums gelöscht wird.

Ich selbst habe fast die Hälfte meines Lebens als Erwachsener außerhalb der Bundesrepublik verbracht, in den USA und in Frankreich. Erst im Ausland bin ich bewußt zum Deutschen geworden. In den sechziger Jahren setzten wir uns als Studenten in der Bundesrepublik zwar intensiv mit der nationalsozialistischen Vergangenheit mancher Professoren auseinander, und der Widerstand der meisten Hochschullehrer gegen unseren Versuch der »Säuberung« führte zur Kulturrevolution von 1967/68, aber das Dritte Reich, die Judenvernichtung, der Zweite Weltkrieg blieben weitgehend papierene Erfahrung.

Es lernt der Franzose, daß die Grundlage seiner Identität in der Nation liege, ein Wort, das erst einmal so zu definieren ist: *eine Einheit aus Kultur* (französische Sprache, verkörpert von Racine, Corneille, Molière etc....) *und Geschichte* (Henri IV., Louis XIV., die universelle Revolution, Napoleon und vor allem die Republik). Die deutsche Zeitgeschichte dagegen wurde nach 1945 erst einmal ausgeklammert, wurde zur Quelle von Angst in Politik und Gesellschaft, da die Möglichkeit bestand, die Vergangenheit eines jeden Deutschen während des Dritten Reichs auch noch Jahrzehnte später wieder aufzudecken. Aus der individuellen Angst der Generation, die das Dritte Reich bewußt handelnd erlebte, entwickelte sich die Angst vor den Wurzeln und Traditionen, die zum Nationalsozialismus mit all seinen Greueln, besonders aber zu den Gaskammern führte. Mit deutscher Gründlichkeit hat dann auch Geschichte nicht mehr stattgefunden. Undenkbar wäre in Frankreich, was deutsche Kultusminister beschlossen: Geschichte wurde zu einem in Schulen »abwählbaren« Fach.

Im Ausland bin ich zum Deutschen geworden, weil ich erst dort mit der deutschen Vergangenheit wirklich konfrontiert wurde: Dort leben Opfer und deren Familien fort. Als an einem Sommertag in einem Bistro vor mir eine ältere Frau ihre Jacke auszog, gebot uns die auf ihrem Arm eintätowierte KZ-Nummer zu schweigen. Wir wollten aus Scham nicht als Deutsche erkannt werden. Die Angst, Deutscher zu sein, steigert sich hin bis zu Neurosen, die bei manchen Deutschgeborenen zu Emigration und zu heftigem Bekämpfen alles Deutschen als latent faschistisch führten. Wobei ich den Eindruck habe, es sind eher Frauen, die so sensibel reagieren, daß sie die Taten der Väter nicht mehr ertragen können. Auch diese Deutschen trifft man nicht zu Hause, sondern eher in Paris oder New York.

»Sie sind der erste Deutsche, mit dem ich seit vierzig Jahren wieder spreche«, diesen Satz habe ich häufiger gehört, wenn die Vergangenheit wieder ins Spiel gebracht wurde. Sei es von der Frau, die während des Krieges Mitarbeiterin von Charles de Gaulle war, oder jener, die das Kinderheim von Izieu leitete, dessen Bewohner der SS-Mann Klaus Barbie nach Auschwitz schickte, darunter Mann und Kind eben jener Französin. Solche Reaktion anzuerkennen fällt schwer, doch ist es Voraussetzung für eine neue deutsche Identität; denn Auschwitz ist die absolute Bruchstelle der politischen und kulturellen Geschichte der Deutschen, in ihrem Wesen einzigartig in der Geschichte des Abendlandes. Sie, die Bruchstelle, ist einzigartig, denn kein anderes Land kennt einen Trennstrich im Ablauf seiner Geschichte, der dem Volk verbietet, sich auf seine Vergangenheit zu berufen. Mit Auschwitz haben, so sagt der Philosoph Jürgen Habermas, »die Deutschen die Möglichkeit eingebüßt, ihre politische Identität auf etwas anderes zu gründen als auf universalistische staatsbürgerliche Prinzipien, in deren Licht die nationale Tradition nicht mehr unbesehen, sondern nur noch kritisch und selbstkritisch angeeignet werden kann.«

Im Nachkriegsdeutschland ist der Versuch, das Thema Drittes Reich im Volk zu verarbeiten, nicht gemacht worden. Die Entnazifizierung war eine Erfindung der Sieger – vor allem der Amerikaner. Sie verpaßten den Deutschen eine Ersatzidentität, in die sie bereitwillig schlüpften, um sich aus der unmittelbaren Vergangenheit zu stehlen. Und das gelang, weil die Entnazifizierung direkt in den Antikommunismus als Ideologie des Kalten Krieges überging und man nun guten Gewissens den Wiederaufbau leisten konnte, Karriere machte und sein Geld an den Mann brachte.

Aber aus dieser Verdrängung entwickelte sich eine elementare Angst, die praktische Folgen hatte. Noch in den achtziger Jahren – also fünfunddreißig, ja vierzig Jahre nach dem Ende des Zweiten Weltkriegs – wurden persönliche Opfer und Konsequenzen gefordert – gerade im Bereich der »Vierten Gewalt« –, bei den Medien, die sich als moralische Anstalten empfinden. Kurz vor seiner Pensionierung mußte der Kölner Fernsehchefredakteur Theo M. Koch seinen Dienst quittieren, weil er in seinem Lebenslauf verheimlicht hatte, daß er als Neunzehnjähriger Mitglied der Waffen-SS war. Vorzuwerfen war ihm ansonsten nichts, und er hatte sich in den Jahren seit 1945 als aktiver, liberal denkender Demokrat bewiesen. Angstreaktionen führten auch dazu, daß einer der anerkanntesten deutschen Nachkriegsjournalisten, Werner Höfer, schließlich im Alter von fast fünfundsiebzig seine berühmte Sonntagssendung »Der internationale Frühschoppen« abgeben mußte: Er hatte während des Dritten Reichs die Hinrichtung eines Pianisten wegen Defätismus in einem Artikel für richtig befunden, mehr nicht. Dies war sogar seit langem bekannt, doch plötzlich schwemmte ihn eine Reaktion weg, die von der Angst beflügelt war, man würde sonst selber als jemand angesehen, der das Dritte Reich dulde.

Diese Angst ist sicherlich eher ein den Intellektuellen bewußtes Phänomen, die sich vor der deutschen Masse, nicht dem Individuum fürchten. Nun stehen die Deutschen ein zweites Mal vor der Frage, wie sie deutsche Geschichte, und zwar die einer deutschen Masse, nicht die von Individuen, bewältigen wollen. Denn das, was die Bundesrepublik sich da einverleibt, ist nicht ein bisher vom »Reich des Bösen«, von »Stalin und seinen Schergen« unterdrückter Teil Deutschlands gewesen, sondern eine mittels Staatssicherheitsdienst etc. als Diktatur bestens funktionierende DDR. Und wieder beginnen die Deutschen sich aus ihrer Vergangenheit herauszulügen: Zur Revolution wird erklärt, was die Folge eines Zusammenbruchs des Ostblocksystems war, von dem die Deutschen profitierten, ohne wirklich revolutionär dazu beigetragen zu haben, obwohl man's in Deutschland als Alibi gern so hätte. Die wenigen aber, die schließlich eine mürbe DDR durch ihre Opposition, nicht Revolution, zum Einstürzen brachten, waren bald wieder in der Opposition. Statt dessen regierten diejenigen, die sich nicht mit der Geschichte auseinandersetzen wollen: Die Diskussion um die Häscher, um das, was im Dritten Reich Gestapo und SS waren, wozu der DDR die Stasi diente, wird abgewürgt – und damit verstummen für eine Weile all die anderen unangenehmen Fragen. Die DDR war doch wohl kein Volk im Widerstand.

In Deutschland macht man sich über das einst von der deutschen Wehrmacht besetzte Frankreich lustig, wenn es Pétain vergißt und sich als Volk des Widerstands feiert; doch dort hat es wirklichen Widerstand gegeben. Und auch die Polen haben sich revolutionär verhalten, wie Claus Richter in seinem Beitrag schildert. Wenn von nun ab wieder einmal vierzig Jahre ins Land gegangen sein werden, dann wird vielleicht eine junge Generation die Akten aus der DDR-Vergangenheit hervorkramen, so sie nicht vernichtet sind, und diejenigen aus den Ämtern jagen wollen, die mit neunzehn für den Stasi gearbeitet oder gar den Schießbefehl an der Mauer ausgeführt haben. Ein nicht unbeträchtliches Angstpotential wird so in Deutschland für die Zukunft konserviert.

Die Frage nach der deutschen Identität schafft auch dem Ausländer Probleme: Wer sind diese Deutschen? Wenn sie Unsicherheit, Sorge, ja Angst mit den Deutschen verbinden, dann, weil sie einen Januskopf vor sich sehen. Das eine Gesicht heißt »Macht« – mit all seinen Fratzen des Horrors –, das andere »Geist« – zur Bewunderung verführend. »Das Unbehagen am Nationalcharakter ist subjektiv, schwer zu fassen mit den Netzen der Rationalität«, meint Arthur Miller im zweiten Teil dieses Buches, und doch mag diese Beklemmung »ein entscheidenderer Punkt sein als mancher andere« in der Beurteilung der Deutschen. Das Verhalten eines Volkes hängt wesentlich davon ab, wie seine Gesellschaft ihren Staatsbildungsprozeß durchgeführt hat. Den Deutschen wird häufig vorgehalten, nie eine Demokratie gegen einen inneren oder äußeren Unterdrücker mit ihrem Blut erkämpft zu haben: Das demokratische System der Bundesrepublik ist ein Geschöpf des Okzidents, die DDR wird von der Sowjetunion freiwillig in den Westen entlassen.

Zentralistisch gewachsene Kulturen, wie Frankreich oder Großbritannien, werden von Klassen und Eliten geleitet, in denen klar vorgegebene kulturelle und politische Werte beheimatet sind – das beste Beispiel ist die französische Bourgeoisie –, während in Deutschland eine »gesellschaftliche Unordnung« vorherrscht, die es Deutschen wie Ausländern schwermacht zu erkennen, wo die Werte liegen, von denen sich dieses Volk leiten läßt. Nun verfügen die Lande der Deutschen auch nicht über eine geschlossene, einheitliche Geschichte, wie jene Staaten.

Auf Grund der geographischen Lage in der Mitte Europas wurde Deutschland über Jahrtausende hinweg für Schlachten der Nachbarn benutzt – der Dreißigjährige Krieg mit seinen verheerenden wirtschaftlichen und bevölkerungspolitischen Folgen bleibt immer noch ein wesentliches Element, um heute Deutschland zu erklären. »Im Erinnerungsbild der Franzosen, der Engländer und Niederländer stellt sich das 17. Jahrhundert als eines der glanzvollsten ihrer Entwicklung dar, als eine Periode großer kultureller Schöpferkraft und zunehmender Pazifizierung und Zivilisierung der Menschen«, schreibt Norbert Elias im Vorwort zu »Studien über die Deutschen«. »Für Deutschland war dieses Jahrhundert eine Zeit der Verarmung und einer zunehmenden Verrohung der Menschen.« Dort siedelt Elias übrigens die Ursache für die »eigentümlichen Trinksitten der Deutschen« an, Trinksitten, über die sich Mark Twain in seiner Schilderung eines Besuchs beim Corps Saxo-Borussia in Heidelberg lustig macht. Elias analysiert soziologisch: »Gesellschaftliche Gebräuche, die zum schweren Trinken anregen und die zugleich an eine gewisse Disziplin im Betrunkensein gewöhnen, lassen auf ein hohes Maß an Unglücksgefühlen schließen: offenbar sucht man sich auf diesem Wege eine gesellschaftliche Notlage, die schmerzt, aber der man nicht entrinnen kann, erträglicher zu machen.« Und einen der wesentlichen Inhalte dieser Notlage sieht Elias in der verspäteten Bildung eines modernen Einheitsstaats. Wenn sie sich mit anderen Staaten vergleichen, leiden die Deutschen an der »physischen Unsicherheit, zweifeln an ihrem Eigenwert, fühlen sich erniedrigt und entwürdigt und neigen zu Wunschträumen über die Rache, die sie an den Urhebern dieser Situation nehmen möchten«. Ähnlich führt er das – im Ausland genauso wie das gezielte Betrinken als deutsche Merkwürdigkeit betrachtete – Duellieren (das es im Studentischen auch 1990 noch gibt) auf eine in Deutschland anders als in den Nachbarstaaten gelaufene gesellschaftliche Entwicklung zurück; während dort die Tradition des Duells mit dem Aufstieg der bürgerlichen Gesellschaft schwindet, nimmt sie in Deutschland eine fast entgegengesetzte Richtung: »Im Zusammenhang mit der Übernahme von Adelsmodellen durch Kreise des Bürgertums nach 1871, und möglicherweise schon davor, breitete sich das Duellieren als zwingende Institution auch unter bürgerlichen Studenten aus.« Das Duell, so Elias, »ist ein Sinnbild bestimmter menschlicher Haltungen, einer gesellschaftlich geregelten Pflege der Gewalttätigkeit. Studenten und Offiziere waren die Hauptträger der Duellkultur. Sie brachte die Gewöhnung an eine streng hierarchische Ordnung mit sich, also an eine Betonung der Ungleichheit zwischen den Menschen.« Daraus folge die Ausbreitung von gesellschaftlich sanktionierten Modellen der Gewalttätigkeit. Die Übernahme von Verhaltensmodellen des Adels durch das deutsche Bürgertum war um so schwerwiegender, als sich die untere Klasse nur Teile des Verhaltens aneignete. Die adligen Offiziere handelten innerhalb ihnen bekannter zivilisatorischer Grenzen; doch das Gefühl, wie weit man gehen kann, verlor sich oft bei der Nachahmung durch bürgerliche Gruppen. »Sie befürworteten dann einen grenzenlosen Einsatz von Macht und Gewalt.« Das sind nur zwei, scheinbar weit hergeholte Beispiele, doch zeigen sie Verhaltensmuster, die immer noch Unsicherheit, Sorge, Angst bewirken.

Sicherlich gelten in der Gesellschaft der Bundesrepublik neue Werte, deren Stärke sie jedoch – glücklicherweise – noch nie im Notfall beweisen mußte. Deshalb wird das neue Deutschland noch lange am alten gemessen, von Gutwilligen wegen des alten zumindest in Frage gestellt: Denn über das kontrollierte Sich-Besaufen und die Duelle wird im Ausland immer wieder mit Verwunderung berichtet – zumal es von Studenten, der zukünftigen gesellschaftlichen Elite in Deutschland, betrieben wird.

Ein Korsett für Deutschland

Wir leben in einer Zeit des Krieges und nicht des Friedens«, schrieb Michel Debré, ehemaliger französischer Premierminister und engster Vertrauter von Charles de Gaulle. Man könnte an einen Irrtum glauben, wenn man das Datum dieses Satzes liest: Im April 1990, nicht 1940, ließ Debré diesen Notruf drucken – wegen der deutschen Vereinigung. Kann man mehr Angst vor Deutschland haben? Debré, der einmal mehr das Gespenst von Rapallo beschwört, spricht von einer neuen Art des Krieges: Wirtschaftlich, demographisch (aus der ständigen Angst, Frankreich könnte aussterben), kulturell werde er geführt. Und da kenne man ja die »germanischen Wünsche«.

Nun gut, so wie Debré haben einige alte Herren von Politik und Publizistik reagiert, manch einer hat den Grad seiner eigenen Verkalkung noch nicht erkannt. Lassen wir sie, hätte ich am liebsten gesagt, wenn nicht der britische Handels- und Industrieminister Nicholas Ridley Mitte Juli 1990 eine angstbesessene Attacke gegen die deutsche Haltung in der Frage der gemeinsamen europäischen Währungspolitik mit folgenden Argumenten geritten hätte, wonach die Deutschen mit ihren Machenschaften nun ganz Europa übernähmen; und wenn man britische Souveränität an die »ungewählten, zweitklassigen Kommissare der EG« übertrage, »dann könnte man sie ebensogut an einen Adolf Hitler abtreten«. Trotz des Aufruhrs in Großbritannien über »Nick« Ridleys Sprüche war man sich einig: Ein großer Teil der britischen Bevölkerung denkt wie er.

Wenn bei manchem in den Jahrzehnten nach dem Krieg die Angst vor Deutschland abgebaut wurde, dann haben dazu nicht so sehr veränderte Werte einer geläuterten deutschen Gesellschaft beigetragen als vielmehr Personen: allen voran Willy Brandt, ein Mann des Widerstands gegen das Dritte Reich, dessen versöhnliche Ostpolitik eine Wendemarke besonders im Ostblock war. »Brandt war die Negation des Angst schürenden Deutschen«, schreibt der Ungar András Hajdu.

Später hat ein weiterer Deutscher das Bild von einem europäischen Deutschland statt eines deutschen Europa geprägt und damit Angst gebannt. Es war jener Mann, der in den letzten Jahren die ausländischen Sensibilitäten gegenüber Deutschland als dessen Außenminister stets erkannt hat und sich wegen seiner zwischen Ost und West ausgleichenden Politik manch herbe Kritik anhören mußte – Hans-Dietrich Genscher. Seine Politik, die weniger in Konfrontation denn im Kompromiß besteht – und damit eigentlich sehr deutsch ist –, basiert auf dem Vertrauen, das er anderen entgegenbringt und erntet, offenbar weil er die Ängste vor Deutschland mit in seine Betrachtungen einbezieht; ihm glaubt man, daß er Deutschland in ein internationales Geflecht einbinden will. Denn wenn auch alle westlichen Machthaber im Jahr 1990 nach außen hin verkünden, das vereinte Deutschland dürfe nicht in seiner Souveränität beschränkt werden, so sorgen doch alle dafür, daß der Handlungsspielraum vorgezeichnet wird: Vor der Vereinigung wird Deutschland in ein Korsett gezurrt. In den Planungsstäben von Ministerien der westlichen Alliierten glaubte man im Juli 1990, daß Deutschland, einmal vereint, sich in spätestens zehn Jahren selbständig machen, die europäischen Bande abwerfen und sich womöglich zur Atommacht aufschwingen werde.

So, wie es den Deutschen schwerfällt, ihre Vergangenheit zu bewältigen, so haben auch ausländische Politiker selten den Mut, sich die eigene Verstrickung in die mit Deutschland zusammenhängende Geschichte bewußt zu machen. Manch einer versucht seine Gefühle zu rationalisieren – und die Ängste der anderen vorzuschieben! Hat nicht François Mitterrand Ende 1989 noch mit der Bündnispolitik des 19. Jahrhunderts versucht, die Existenz zweier deutscher Staaten aufrechtzuerhalten, obwohl er öffentlich stets das Selbstbestimmungsrecht der Deutschen betonte? Nach Kiew war er eiligst gereist, um mit dem Herrscher aller Reußen darüber zu sprechen, wie die Aufteilung in Blöcke zu erhalten sei. Als Gorbatschow ihm nicht entgegenkam, reiste er, ein Gerücht verbreitend, zurück, wonach ihm der sowjetische Staatschef im Vertrauen gesagt habe, falls sich die deutsche Einheit vollziehe, säße zwei Stunden später ein Marschall auf seinem Stuhl. Und wer will schon Gorbatschow stürzen?

Ohne sie zu negieren, kann man die Angst – und damit die Geschichte – bewältigen, wie es ein Mann getan hat, der persönlich allen Grund hätte, den Deutschen gram zu sein, weil sie im Zweiten Weltkrieg seinen Vater als Geisel genommen und erschossen haben: Roland Dumas, der Außenminister Frankreichs. »Anfang der fünfziger Jahre fiel es mir schwer, mit den Deutschen umzugehen«, sagte er mir in einem Gespräch, »doch dann hat die Vernunft gesiegt, die Rationalität, daß dies nun nicht mehr vorkommen dürfe, obwohl wir jedesmal ›nie wieder‹ gesagt haben.« Dumas scheut sich nicht, von der Angst zu sprechen, geht aber davon aus, daß es 1990 ein neues Deutschland gäbe. Allerdings setzt auch er seine Bedingungen mit dem Korsett; denn das Selbstbestimmungsrecht der Deutschen sei kein ›absolutes Prinzip‹ mehr, verkündete Dumas am 12. Dezember 1989 vor der französischen Nationalversammlung: »Zum ersten Mal seit Ende des Krieges hört dieses Selbstbestimmungsrecht des deutschen Volkes auf, theoretisch zu sein; es wird real, vorausgesetzt, der Weg zu Freiheit, Frieden und Solidarität wird nicht behindert.« Frieden bedeutet die militärische Einbindung in die Nato, Solidarität heißt, Deutschland in der Europäischen Gemeinschaft – wirtschaftlich und politisch – festzuzurren.

Die Neuordnung Europas, ausgehend von der Wandlung der sowjetischen Politik, bedeutet mit der deutschen Einheit für alle die Veränderung des eigenen Status. Dies allein erzeugt schon Angst genug, zumal ja die Kultur des 20. Jahrhunderts »Erfolg« verlangt. Die Frage aber, ob »Erfolg« sich einstellen wird, erzeugt um so mehr Angst, je stärker der Hauptkonkurrent wächst. Frankreich wachte aus seinem Nachkriegstraum von einem französisch beherrschten Europa auf. »Dieser Traum gründete zum großen Teil auf der deutschen Teilung, der Frankreich ständig das Wort redete«, meint der französische Wirtschafts-Nobelpreisträger Maurice Allais. »Es war ein absurder, nicht zu verwirklichender Traum. Europa kann nicht wirklich aufgebaut werden, wenn ein Mitglied sich den anderen aufzwingen will.« Richtig, doch besteht die Furcht, die Deutschen hätten dies nicht verstanden: Da mag man Außenminister Genscher trauen, aber Bundeskanzler Kohl säte in den ersten Monaten des Jahres 1990 wieder Mißtrauen mit seiner zögernden Haltung zur Oder-Neiße-Grenze und damit zum Bestehen der Grenzen Europas.

Von außen schien die Einigung wegen der Geschwindigkeit kaum zu kontrollieren, die in vielen Artikeln den dahineilenden Zug zu einem ständig angeführten Bild werden ließ, wie auch das Wort, das einem im Munde bereits veraltet. (Den Autoren dieses Buches mag man deshalb nachsehen, was sich änderte, nachdem sie im Frühsommer ihre zum Teil sehr persönlichen Ansichten aufgezeichnet hatten.) Die Eile des Bonner Kanzlers verunsicherte – wie auch die neuen Symbole, auf die Deutschland hintreibt.

Deutschland wird der Name einer Republik mit Hauptstadt Berlin sein. Selbst einst nachdenkliche Intellektuelle lassen sich vom Gefühlsdusel übermannen. Weshalb sind die Deutschen nur so unsensibel? Johannes Rau hat von dem »Bund deutscher Länder« gesprochen, und dem würde die Bescheidenheit Bonns als

Hauptstadt gut anstehen. »Bund deutscher Länder« würde die Ängste innen und außen mildern, eine Vielzahl kleiner Länder hätte man im Blick, sich im Bund gegenseitig ausbalancierende Mächte. Aber da höre ich schon die politischen Hooligans mir drohen...

Es fehlt in Deutschland an Feingefühl, an Sinn und Gespür für die Angst vor Deutschland; und solange die Deutschen dieses Phänomen nicht in ihre Handlungsweise einbeziehen, kann sie, diese Angst vor Deutschland, ein ewiger Kreislauf sein. Denn wie lang hält es, das den Deutschen verpaßte Miederstück? Wann brechen die Fischbeine, reißen die Schnüre? Auch diese Ängste werden von den Deutschen stets neu genährt: Was Jürgen Habermas den »DM-Nationalismus« nennt, erleben die europäischen Partner täglich. Daß Europa in Wirklichkeit eine DM-Zone geworden ist, lockert das Korsett. Die aus Auschwitz hergeleitete Bedingung für die Deutschen, ihre Identität auf universalistische staatsbürgerliche Prinzipien zu gründen, verbindet Habermas mit der Forderung, sich die nationale Tradition »nur noch kritisch und selbstkritisch« anzueignen.

Daraus haben Politiker in Bonn, und zum Erstaunen des Auslands auch in Ost-Berlin, das Recht gezogen, die Nachbarn eines Besseren zu belehren: Nur, die Belehrten nennen das deutsche Arroganz. In Paris zeigte man sich erstaunt, bei den ersten Besuchen der neuen Garde von DDR-Politikern (die kurz darauf Minister waren) zu hören, das neue Deutschland habe eine Mission, nämlich, daß von seinem Boden aus nun der Frieden in die Welt getragen werde. Das klingt sehr edel. Doch möchte das von den Deutschen überrannte Europa von deren Enkeln in Sachen Frieden belehrt werden? Man mag ihnen politische Naivität zugute halten, doch war das Ausland ähnlich selbstgerechtes und missionarisches Auftreten von westdeutschen Industriellen, Unternehmern und Bankiers, von Politikern und Intellektuellen schon gewohnt, so, als könne die Welt nur an der deutschen Erkenntnis genesen; und deshalb schwindet sie wohl noch lange nicht, die Angst vor Deutschland.

I.

»WIR SIND EIN VOLK!«

... und den Kindern werden die Zähne stumpf

Im verrotteten Renaissance-Hinterhof der einstmals prächtigen Malerwerkstatt Lucas Cranachs in Wittenberg finden wir im Leitzordner eines deutschen Kontoristen ein Deckblatt, verschimmelt und halb zerrissen, auf dem in kunstvoller Schrift ein denkwürdiger Satz vom Jahre des Kriegsbeginns steht:

> Jedes Volk
> hat das Recht,
> sich sein Leben
> auf dieser Erde
> sicherzustellen.
> 30. 1. 1939   Adolf Hitler

Mit diesen harmlos klingenden Worten im Ohr treten wir auf den Markt, wo im Jahre 1933 die SA – im Auftrage des Reichskanzlers – dem in Wittenberg gekürten Reichsbischof die Ehre gegeben hatte, und in unser Blickfeld tritt die (am 18. März 1990 so erfolgreiche) Losung: »Wir sind ein Volk.« Gleich daneben auf einem Aufsteller: »Für ein starkes Deutschland«.

Geschichte und Gegenwart treffen aufeinander. Eine christliche Partei stellt das Nationale wieder in den Mittelpunkt. Deutschland wird zum Inhalt, ein starkes Deutschland zur Sehnsucht. Diese kleine Republik, die sich als real-sozialistisch firmierte, bis zuletzt, ist in jeder Weise gescheitert und hat mit sich eine große, eine internationale Idee hinabgerissen. Sie soll – das ist nun der Mehrheitswille – schnell, ganz schnell verschwinden, auch aus der Erinnerung, wie überhaupt Erinnerung an Vorangegangenes keinesfalls populär ist. Würde Erinnerung zugelassen, würden alle Sätze nicht mehr so harmlos klingen, wie sie es ohne Erinnerung zweifellos sind.

Nur: Kann ein Pole oder Tscheche, ein Franzose oder Niederländer den Wahl-Wunsch nach einem »starken Deutschland« auch ohne Erinnerung lesen? Was verbirgt sich hinter dem »Recht«, sich »sein Leben sicherzustellen«? Auch das Recht zum Rechtsbruch, wie sich bald zeigte...

»Wir sind *ein* Volk.« Zunächst ist unbestreitbar, daß der Einigungswunsch der DDR-Deutschen gegenwärtig vorrangig wirtschaftlich bestimmt ist. Es ist in der Tat ein DM-Nationalismus, ein Schnellankoppelungswunsch eines Wirtschaftskörpers, der »an den Tropf« muß.

Die Enttäuschung der Vorkämpfer und zeitweiligen Wortführer der gewaltfreien Selbstbefreiung von einem Ideologiesystem ist groß, weil sie zunächst eine eigenständige »ansehnliche« Republik angestrebt hatten und eben nicht eine Kopie der Bundesrepublik. Sie suchten ein mehr basisdemokratisches, sozial-ökologisch, blöckeübergreifend, gesamteuropäisch und weltsolidarisch orientiertes Staatsgebilde zu entwickeln – als einen gleichberechtigten Partner einer deutschen Konföderation. Die Frage der deutschen Einheit trat zurück hinter der Frage nach europäischer Einigung.

Die Erfahrungen der letzten fünfundvierzig Jahre, die Hypotheken auch aus den dreizehn Jahren davor, sollten mit allen ihren Niederlagen, Desillusionierungen, Aufbrüchen und Abbrüchen integriert bleiben. Identität kommt nicht zuletzt aus gemeinsamer Leidenserfahrung und dem Eingeständnis gemeinsamen Versagens. Schließlich wurden die wunderbaren emanzipatorischen Erlebnisse und Ergebnisse des Herbstes 1989 zum Keim eines neuen Selbstbewußtseins, ja Bausteine einer lange vermißten deutschen demokratischen Identität in diesem Jalta-Gebilde zwischen Elbe und Oder, Rügen und Vogtland.

Gleichzeitig entdeckten sich auch die alten deutschen Kleinstaaten, Länder und Landstriche wieder – die »Bezirke« erwiesen sich nach siebenunddreißig Jahren von heute auf morgen als politische Kunstgebilde eines gescheiterten zentralistisch-stalinistischen Systems. Trotz aller Nachkriegsmigration und Assimilation wurden Landesgeschichte und Lokalkolorit zum endlich wieder ausdrückbaren Zugehörigkeitsgefühl, zum deutschen »Heimatbewußtsein«; Heimatbewußtsein mit allem dazugehörigen Klein-Klein. Plötzlich entbrennt der Streit über Landes-, Haupt- und Nebenstädte, historische Rechte und Grenzziehungen, als ob es nichts Wichtigeres gäbe in dieser ökologischen Giftküche, diesem moralisch und ökonomisch verrotteten Land. Statt dessen treten nun alte Rivalitäten schnell offen zutage. (Schon übermalen Berliner ihr I am Autokennzeichen zu einem T, wenn sie nach Thüringen oder Sachsen fahren. Eine Rot-Schwarz-Linie verläuft mitten durch die »DDR« und verheißt nichts Gutes.) Und welcher Zündstoff liegt längerfristig in (Rest-)Pommern, Brandenburg, Schlesien? Was wird, wenn jemand das entfacht? Wird sich jemand die antipolnische Stimmung in Görlitz zunutze machen?

Es ist jedenfalls nicht verwunderlich, daß die Polen die Existenz der DDR schätzen. Solange es eine DDR zwischen Polen und »Deutschland« gab, konnten die Polen beruhigt sein. Der Stimmungsumschwung in Polen – bei den Bürgern! – ist unverkennbar. Denn das in jeder Hinsicht »starke Deutschland« neben einem sehr schwachen Polen lehrt die Polen – zu Recht oder zu Unrecht! – das Fürchten. Geschichte holt uns ein und erfordert von uns nicht nur eine besondere Sensibilität, sondern auch praktisch-politische Voraus-Sicht aus Rück-Sicht. (In Polen ist nicht vergessen, welche symbolischen Orte zur Auswahl standen, die Streitpunkte bis zuletzt waren, bevor der bundesdeutsche Kanzler sich mit dem polnischen Ministerpräsidenten schließlich in Kreisau traf.)

Eine eigenständige DDR als ein Brückenland zwischen Ost und West konnte auch Garant dafür sein, daß es keine Revisionspolitik gibt, weil sie an der Endgültigkeit der Ostgrenze nichts deuteln läßt. Dagegen ist nun zu fürchten, daß die Grenze zwischen Polen und dem vereinigten Deutschland zunächst nicht durchlässiger wird, sondern daß so etwas wie eine »ökonomische Mauer« an der Oder-Neiße-Linie entsteht.

Alle politischen Kräfte in der DDR, die dem deutschen Einigungsprozeß einen längeren Atem gewünscht hätten, verstehen es als ihre Verantwortung vor der europäischen Geschichte, die deutsche Einheit nur in dem Maße zu forcieren, wie die Schaffung stabiler europäischer Rahmenbedingungen damit Schritt halten kann. So heißt es in der Präampel des Verfassungsentwurfs (verfaßt von der Autorin des Gegenwarts-Erinnerungs-Buches »Kindheitsmuster«, Christa Wolf): »... eingedenk der Verantwortung aller Deutschen für ihre Geschichte und deren Folgen, gewillt, als friedliche, gleichberechtigte Partner in der Gemeinschaft der Völker zu leben, am Einigungsprozeß Europas beteiligt, in dessen Verlauf auch das deutsche Volk seine staatliche Einheit schaffen wird.«

Insgesamt liegt der Extrakt unseres eigenständig entwickelten Demokratieversuches im Verfassungsentwurf des Runden Tisches vor. Sofort nach seiner Vorlage wurde er zum Dokument einer Niederlage der Minderheit emanzipatorischer Kräfte, die auch nach der verlorenen Wahl das wahnwitzig wirkende Selbstbewußtsein aufbrachten, nun noch etwas Eigenes in die deutsche Demokratiegeschichte einzubringen, wo doch der Anschlußzug schon unter Volldampf stand.

Die Mehrheit einer eiligen Einheit wischte den Entwurf mit der Abstimmungshand vom Diskussionstisch. Er wurde nicht einmal für Wert befunden, in einem Ausschuß besprochen zu werden. Die Selbstenteignung der friedlichen Revolution in der DDR, beginnend nach dem 9. November 1989, zwanzig Tage später durch den Zehn-Punkte-Plan aufgegriffen, ratifiziert durch die Wahl am 18. März 1990, fand damit ihren Kulminationspunkt. Der Staatsvertrag bestätigt diese Vor-Entscheidung nur noch. Eine breite west-östliche Volksentscheidsinitiative für eine neue gesamtdeutsche Verfassung könnte auch den Verfassungsentwurf wieder aus dem politischen Sarg holen.

In der DDR bleibt den meisten Menschen gar keine Zeit zu trauern, weil alle Kraft zur Anpassung an das Wirtschafts- und Rechtssystem der Bundesrepublik gebraucht wird. Wieder passen wir uns an. Unser Selbstwert wird sich messen an unserem Marktwert. Vierzig Jahre Minder-Wertigkeit soll die nun für alle (halb) verfügbare »harte Mark« aufheben, wenn es denn gelingt, uns unter die Arme zu greifen, ehe wir uns die Beine brechen.

Aus der politischen Revolution ist nicht nur vollends eine ökonomische geworden, sondern es ist zutage getreten, daß der Bevölkerungsmehrheit die ökonomische die wichtigere ist und daß das Land weiter heruntergewirtschaftet ist, als es alle Kritiker vorausgesagt hatten. Aber der ökonomische Umsturz wird durch seine überstürzte Form (fast ohne Anpassungsmaßnahmen!) seine noch unkalkulierbaren Opfer kosten, ehe er seine Früchte für die Menschen tragen kann. Das Verhalten der empörten Massen ist noch unberechenbar. Die Straße hat ihre Kraft erprobt. Nun könnte sie irrational werden. Dem milden politischen Herbst 1989 könnte ein heißer ökonomischer Herbst 1990 folgen, wenn nicht noch wirksame Übergangs- und Schutzmaßnahmen für die DDR-Betriebe gefunden und vereinbart werden. Radikalisierungen sind jedenfalls nicht auszuschließen, nicht zuletzt durch die wiedererwachten Rechten und durch bitter enttäuschte Linke, die beide die Unzufriedenheit zu Lasten der Demokratie benutzen können.

Im Vereinigungsprozeß beginnt das deutsche Demokratieexperiment wieder neu. Die bislang so stabile bundesdeutsche Demokratie wird in dem Maße stabil bleiben, wie die Einigungskosten gemeinsam getragen und von allen Deutschen akzeptiert werden. Viel wird davon abhängen, ob die ehemaligen DDR-Deutschen sich weiterhin als minderwertig erfahren und vom Stärkeren weiterhin als Bittsteller behandelt werden. (Den fleißigen Westdeutschen ist ihr Wohlstand nicht in den Schoß gefallen – die weniger fleißig gewordenen Ostdeutschen haben vierzig Jahre lang die Zeche allein zahlen müssen, nur weil sie zufällig weiter östlich wohnten.) Oder sollte dies eine Lehre für die anderen europäischen Völker sein, wenn die starken und reichen Deutschen schon mit den schwachen und armen Deutschen so umgehen – wie werden sie es mit anderen schwachen und armen Völkern tun, wenn sie erst einmal wieder gemeinsam »ganz stark« sind?

Was erst in hundert Jahren wiederkommen sollte, ist in wenigen Monaten gekommen. Die offene deutsche Frage wird im historischen Eilschritt beantwortet. Noch haben wir die einmalige historische Chance, sie nicht so zu beantworten, daß andere europäische Länder sich bedrohliche Fragen stellen.

Chancen und Risiken, Innen- und Außenaspekte der deutschen Einigung überschneiden sich. Daß aus dem Schoß dieses großen mitteleuropäischen Landes nicht wieder Unheil kommt, das dürfen die Kinder des künftigen Europa erwarten.

> Daß die Völker nicht erbleichen
> Wie vor einer Räuberin
> Sondern ihre Hände reichen
> Uns wie andern Völkern hin
> Und nicht über und nicht unter
> andern Völkern wolln wir sein
> Von der See bis zu den Alpen
> Von der Oder bis zum Rhein.
>
> Bert Brecht

Ich verstehe nicht nur die Angst der anderen Völker vor uns; ich teile sie. Was im Schoß der Deutschen schlummert, kann immer wieder zum Ausbruch kommen. Am 4. Oktober 1989 fuhr ich mit einem Dienstreisepaß in die Bundesrepublik, mit einem Kloß im Magen, weil Freunde mir dringend geraten hatten, jetzt nicht wegzureisen. Die Lage in unserem Land war so explosiv, daß wir fürchteten, ich könnte an der Grenze einfach zum Verschwinden gebracht werden. Außerdem war mein Platz an dem mit Angst-Spannung erwarteten 7. Oktober 1989 zu Hause! Ich aber wollte mich normal verhalten, und doch traf ich Vorkehrungen für ein mögliches Verschwinden in Untersuchungsgefängnissen der Stasi. (Im Frühjahr 1989 war ich schon zweimal den »Organen« ausgeliefert gewesen.)

Die nächtliche Zugstrecke säumten an Straßen und Bahnübergängen Tausende Menschen mit Kerzen in der Hand. Ich fragte verwundert meine Mitreisenden, was dies bedeuten solle. Eisiges Schweigen. Bis mir einer knapp zuflüsterte: »Heute nacht kommen doch die nächsten Züge aus Prag – in die BRD.« Stündlich liefen neue Meldungen über die Agenturen, zu welcher Zeit die Züge in Hof zu erwarten seien. Aber sie kamen nicht durch die

DDR durch, weil Menschenmassen davon abgehalten werden mußten, auf diesen Zug zu springen. Um ein Uhr nachts hielt unser Zug in Plauen. Auf dem Bahnhof standen einige tausend Menschen. Alle Ausgänge waren gesäumt von Bereitschaftspolizisten, Armee und Bahnpolizisten, ausgerüstet mit Gummiknüppeln, breitbeinig an den Enden der Bahnsteige aufgestellt. Im Hintergrund mit scharf gemachten Hunden. Ein Gefühlsgemisch aus Wut, Empörung, Scham, Entsetzen, Ohnmacht und Trauer überkam mich, als die vorwiegend jüngeren Männer auf dem Bahnhof schwarz-rot-goldene Fahnen schwenkten, die rechte Hand zur Faust ballten, in den nächtlichen Himmel reckten und tausendfach schrien: »Deutschland, Deutschland, Deutschland!« Eine Fußballspielparole wurde zur nationalen Orgie. Einzelne stimmten: »Deutschland, Deutschland über alles« an, kamen aber mit dem Vers ebensowenig zu Ende wie die vielen Hundert, die dann die dritte Strophe von »Einigkeit und Recht und Freiheit« ansangen. Dann wieder drohende Stille. Als sich einzelne Uniformierte zeigten, wurden sie mit einem feindlichen Pfeifkonzert bedacht. Diese übten sich in solcher Zurückhaltung, wie ich dies von Polizisten in der DDR noch nie habe erleben können. Offensichtlich hatten sie die Order, das Faß nicht zum Überlaufen zu bringen und jede Gegengewalt zu vermeiden. Der große Festtag der vierzigsten Wiederkehr der Staatsgründung stand bevor. Bis dahin sollte Ruhe sein. Danach würde »es sehr, sehr hart« werden, hatte mir noch vormittags einer aus dem Zirkel der Wissenden vertraulich drohend versichert.

Die im Zuge saßen und dem aus den Fenstern zuschauten, waren ganz still. Sie hatten etwas zu verlieren – den Paß für eine ordnungsgemäß genehmigte Reise. Wie viele von ihnen dachten und fühlten aber genauso wie die dort draußen auf dem Bahnhof? Ich bekam erstmalig eine »nationale Gänsehaut«, und ich hatte ein schlechtes Gewissen, daß ich zu denen gehörte, die reisten, und gleichzeitig zu denen, die jetzt schwiegen. Ich fürchte, man hätte mich gelyncht, wenn ich unter die Brüllenden gegangen wäre als einer, der einen Paß »in die Freiheit« in der Tasche hat. Ich stand kopfschüttelnd am Fenster, schaute meine Mitreisenden an und suchte mit meinen Augen jemanden, der mich verstehen kann, und traf auf strikte Abweisung jeglicher mimischer Gedankenäußerung.

Als unser Zug sich dann in Bewegung setzte, sah ich noch einmal die Schatten der schwarzen Bahnhofpolizisten mit den Schatten ihrer scharf gemachten Hunde im Umkreis des Bahnhofs und in den hinteren Treppenaufgängen. Was würde in dieser Nacht noch geschehen, wenn die Züge aus Prag hier passierten?

Welche aggressive nationale Kraft Massen bekommen, die ihre Macht auf der Straße erst einmal entdeckt haben, konnte man dann später besonders im Süden der DDR erleben, als die Parolen vom »Deutschland, einig Vaterland« (ausgerechnet aus der doch so ungeliebten Becher-Hymne) die Atmosphäre bestimmten.

Es ist ein Zufall und doch auch ein Symbol, daß zeitgleich am 29. November 1989 – zwanzig Tage nach der Maueröffnung, dem millionenfachen Erlebnisschock und dem nachfolgenden nationalen Rausch – der Aufruf »Für unser Land« und der besagte Zehn-Punkte-Plan des Bundeskanzlers in der Presse erschienen. Flankiert wurden diese beiden »Zukunftspläne« im »Neuen Deutschland« durch Berichte über Korruptionsaffären führender SED-Funktionäre, die Verschleuderung von Solidaritätsgeldern für das Monster-Pfingsttreffen der FDJ 1989 einerseits und die Einladung zum ersten Runden Tisch für den 7. Dezember andererseits. In der SED-Zeitung konnten die Bürger sehen, welch schäbige Clique dieses Land zu den Höhen der Geschichte hatte führen wollen. Die Tabuisierung der deutschen Frage rächte sich bitter. Die Polarisierung der DDR begann zwischen denen, die angesichts des Desasters des real existierenden Sozialismus keinesfalls ein erneutes sozialistisches Experiment wollten, und denen, die eine doch eigenständige Deutsche Demokratische Republik entwickeln wollten – als eine sozialistische Alternative, die diesen Namen wirklich verdient. Letztere wollten mit ihrem Aufruf einen Ausverkauf verhindern, der längst geschehen war. Ihr undialektisches Entweder-Oder erinnerte an die Zeiten der vierzigjährigen DDR-Geschichte und trieb einen Keil zwischen die, die sich in der Opposition gegen das SED-Regime so einig gewesen waren.

Die Demonstrationen veränderten sich in Stil und Inhalt. In den Vordergrund traten diejenigen, die eine schnelle Auflösung der DDR und eine schnelle »Wiedervereinigung« suchten. Im Zehn-Punkte-Plan sahen sie eine realistische Perspektive für ein Land, das ökonomisch, ökologisch und politisch nicht die Kraft haben würde, sich wirklich zu erneuern. »Warum etwas Neues suchen, wenn es schon etwas gibt, was funktioniert?« fragten viele. Die anderen wollten aus historischer Rücksicht und nach vierzig Jahren getrennter Entwicklung eine »sanfte Zweistaatlichkeit«.

Auf den Demonstrationen begann ein unversöhnliches Für und Wider, symbolisiert durch Fahnen mit oder ohne Emblem. Differenzierendes Reden auf den Demonstrationen hörte auf. Die Sprecher des einst so gefeierten Neuen Forum konnten ihre Sätze nicht mehr vollenden. Parolen begannen zu dominieren. Das Fernsehen verstärkte – ungewollt? – Stimmungen durch Herausheben einzelner Transparente. Quasi religiösen Charakter nahm die von einem politisierenden Pfarrer später aufgenommene nationale Parole an: »Gott segne unseren Bundeskanzler Helmut Kohl, den Garanten der deutschen Einheit.« Die in den Rathausforen und öffentlichen Sitzungen leidenschaftlich geführten Auseinandersetzungen über die politische Ausfüllung der friedlich gewonnenen Revolution als einem Beispiel gelungener politischer Emanzipation wurden jäh abgebrochen, als klar wurde, daß eine Mehrheit nicht mehr bereit war, ein eigenes demokratisches Experiment zu wagen. Die nationale Eigendynamik als schnelles Vereinigungsbegehren aus der DDR schränkte steuerndes politisches Handeln einerseits ein und wurde andererseits in der »Allianz für Deutschland« verstärkt und wahltaktisch geschickt eingesetzt. Aus dem Zusammenwachsen wurde mehr und mehr ein Zusammenwuchern.

Ich betrachte es als eine gravierende historische Fehlentscheidung, daß die Konservativen und Liberalen in der Bundesrepublik die nationalen Einheitssehnsüchte sich politisch zunutze machten, statt den Bürgern in der DDR deutlich zu machen, welche Schwierigkeiten sich auf diesem Wege auftun würden und welche Schritte im wohlverstandenen Eigeninteresse der Bürger in der DDR und in der Bundesrepublik (wie im Interesse der anderen Europäer) zu gehen sind. Dies schließt keineswegs eine gesamtdeutsche Perspektive aus, wohl aber die Aufgabe der Politiker, politische Stimmungen im Volk nicht kurzfristig zu Stimmen zu machen, sondern auch in mittel- und längerfristiger Verantwortung vor der Geschichte zu handeln. Was zusammengehört, soll wohl auch zusammenwachsen. Aber dieses Wachsen wäre ein natürlicher Prozeß. Was aber jetzt geschieht, kommt eher einem eiligen Zusammennageln gleich. Wenn die konservativen Politiker in Ost und West sagen, sie hätten keine Alternative gehabt und das Tempo der Entwicklung sei im wesentlichen vom Volk der DDR bestimmt worden, so ist dies nicht ganz von der Hand zu weisen. Allerdings haben diese Politiker aber nichts dazu getan, dem nationalen Einheitsrausch der Massen einen Realitätssinn zurückzugeben.

Was gegenwärtig in der DDR geschieht, trägt Züge politischer Pathologie. Dieselben Leute, die die schnelle Einheit gewählt haben und gedroht haben, daß sie zur D-Mark kommen würden, wenn die D-Mark nicht schnell zu ihnen käme, haben jetzt besondere Existenzangst, weil sie in Massen arbeitslos werden. Nun werden sie sich bald gegen diejenigen richten, die sie selber gewählt haben. Politiker werden nicht von der Schuld freizusprechen sein, daß sie dem Volkswillen wider besseres Wissen einfach nachgekommen sind. Wenn bundesrepublikanische Wirtschaft sich bei der Vereinigung weniger in der DDR durch Investitionen engagiert, als die DDR lediglich als Absatzland zu nutzen, wird es zu neuen ökonomischen und dann zu erheblichen sozialpolitischen Problemen kommen. Die werden aber von allen Deutschen zu tragen sein. Sind die Bundesbürger dazu bereit?

Eine »Weimar-Stimmung« ist nicht auszuschließen, in der sich rechte und linke Kräfte bei den Schuldzuweisungen gegenüberstehen werden. Noch immer ist eine Verlangsamung des Einigungsprozesses im Interesse einer größeren Stabilität möglich, wenn sich die politisch bestimmenden Kräfte in Ost und West darauf einigen könnten, mit Hilfe des Artikels 146 die Vereinigung aufgrund des Artikels 23 so vorzunehmen, daß eine gründliche Volksdiskussion über die zukünftige Verfassung eines geeinten Deutschland möglich wird. Unbestritten bleibt dabei, daß das Grundgesetz der

Bundesrepublik Deutschland der Leitfaden sein sollte, an dem sich diese Verfassungsdiskussion orientiert. Die von der Bundesrepublik zu gebende wirtschaftliche Hilfe müßte sich auf eine Hilfe zur Selbsthilfe der DDR konzentrieren, statt die fast in jeder Hinsicht marode Wirtschaft der DDR in einen plötzlichen Konkurrenzkampf mit einer der modernsten und effektivsten Volkswirtschaften zu werfen. Neben den ökonomischen sind hier weitreichende sozialpsychologische Folgen zu erwarten, die sich plötzlich gefährlich auswirken können.

Wer dies im Mai 1990 öffentlich vertritt, holt sich leicht den Vorwurf des intellektuellen Miesmachers und vertrauenzersetzenden Schwarzsehers ein. Mit vielen anderen zusammen fühle ich mich aber eher in der Situation dessen, der mit dem, was er sagt, allzugerne unrecht hätte und durch die Warnungen dazu beitragen möchte, daß nicht eintritt, was eintreten könnte – wenn nicht nötige flankierende ökonomische und politische Maßnahmen bei der behutsamen Angleichung der beiden Länder und ihrer vierzigjährigen getrennten Entwicklung erfolgen.

Wenn wir Deutschen nur noch mit uns selbst beschäftigt sind, bekommen die anderen Völker mit uns ein Problem, denn diese deutsche Selbstbeschäftigung trägt die Gefahr in sich, daß die Erinnerung an unsere Geschichte verdrängt wird. Verbrechensaufrechnung beginnt die Auseinandersetzung mit der eigenen Schuld zu überdecken. Jedes neu bekanntwerdende stalinistische Verbrechen führt bei immer mehr Deutschen dazu, die eigenen Verbrechen zu relativieren. Ich fürchte gar, daß es nicht ausgeschlossen ist, daß die nächste Generation den Überfall auf die Sowjetunion als eine Notwehr gegen den stalinistischen Bolschewismus versteht. Wir kommen im Verhältnis der Völker nur voran, wenn wir das frühe Diktum von Bert Brecht hören: »Mögen andere von ihrer Schande sprechen, ich spreche von der meinen.«

Und wenn ein Jude sagt: »Wir können euch vergeben, wenn ihr nicht vergeßt«, dann finden wir miteinander eine gemeinsame Zukunft. So bleibt die Erinnerungsarbeit für uns Deutsche eine zentrale politische und nicht nur moralische Aufgabe. Daß dies uns

Deutschen offenbar besonders schwerfällt, wird mir angesichts der Verdrängungen der vierzig Jahre DDR besonders deutlich. Wieder soll eine »Schnellwäsche« alles erledigen.

Wir Deutschen werden lange mit dem Makel unserer tiefen inneren Zerrissenheit leben müssen: ein Volk der Dichter und Denker – und ein Volk der Richter und Henker. Wer jetzt »Deutschland« sagt und aufhört, dabei Auschwitz mitzudenken, begibt sich in die Gefahr, die historische Verantwortungsperspektive zu verlieren.

Wir Deutschen in Ost und West sind in einer besonderen Verantwortungsgemeinschaft vor allem gegenüber der Sicherheit der Völker Osteuropas. Andererseits wäre niemandem gedient, wenn wir uns nur immerfort schämen würden. Die Bundesrepublik hat ihr Reifezeugnis in Sachen Demokratie schon abgelegt. Wenn man bedenkt, wie sie die Millionen Flüchtlinge aus dem Osten und der DDR integriert hat, wie relativ ausländerfreundlich sie geworden ist und wie sie mit den Erschütterungen von seiten der Neonazis und der RAF fertig geworden ist.

Andererseits, und damit komme ich auf meine Eingangsgedanken zu diesem zerrissenen und durch seine Stärke gefährdeten und gefährdenden Volk zurück, braucht dieses neue Deutschland dringend die europäische Integration. Ich kann nur hoffen, daß auch die vier Mächte ihre noch immer bestehenden Rechte nicht unbedacht aufgeben. Ich sehe es als wohlverstandenes europäisches und deutsches Interesse an, daß die internationalen »Bändigungsinstrumente« für die Deutschen nicht aufgegeben werden, die die freie Selbstbestimmung der Deutschen ebenso ermöglichen, wie sie die unbehelligte Entwicklung aller Nachbarn in den Grenzen von 1990 auf Dauer garantieren müssen.

Als Theologe füge ich an, was unsere Synode am 17. März 1990 beschlossen hat:

»Die beiden Teile Deutschlands wachsen zusammen. Mit ihnen soll auch Europa zusammenwachsen. In dieser Situation wollen wir Christen in Deutschland unser friedenspolitisches Engagement auf neue Weise bewähren. Wir müssen diese Veränderungen in

Europa als Chance zu radikaler Abrüstung und zur Entwicklung neuer Sicherheitskonzepte begreifen. Wir brauchen den Mut zu einseitigen Abrüstungsschritten, drastischen Truppenreduzierungen, radikaler Kürzung der Militärausgaben und zum Stopp sinnloser Neuentwicklungen von Angriffswaffen, wie zum Beispiel des ›Jäger 90‹.

Nicht die Einordnung der Teile Deutschlands in bestehende Blöcke, sondern die Überwindung der Militärblöcke ist heute die Aufgabe. Zu deren Lösung beizutragen, sind wir als Deutsche in besonderer Weise verpflichtet. Dazu müssen wir bereit sein, uns einbinden zu lassen in ein gesamteuropäisches Sicherheitssystem, das im Rahmen des KSZE-Prozesses möglichst bald entwickelt werden muß. Bestehende Grenzen dürfen nicht in Frage gestellt werden, aber sie sollen ihre trennende Bedeutung mehr und mehr verlieren. Je schneller und radikaler diese Aufgaben gelöst werden, um so früher haben wir Mittel frei für die dringenden Aufgaben im Bereich von Ökologie und weltweiter Gerechtigkeit.«

Wir Deutschen haben die Geschichte unserer Väter und Vorväter mit zu verantworten. Aber wir tragen jetzt Verantwortung nicht vor unseren Vätern, sondern vor unseren Kindern, und die Kinder, für die wir Verantwortung tragen, sind die Kinder dieser Erde, nicht allein die Kinder dieses Volkes.

Zu derselben Zeit wird man nicht mehr sagen: »Die Väter haben saure Trauben gegessen, und den Kindern sind die Zähne stumpf geworden.« (Jeremia 31, 29)

ROLF SCHNEIDER

Eine Kerze braucht zwei Hände

Die Kerze ist ein uraltes Mittel der künstlichen Lichtgebung. Erfunden wurde sie im alten Rom, wo sie bald zur meistverbreiteten Beleuchtungsart aufrückte und Eingang fand in den christlichen Kultus. Als politisches Symbol wurde sie im 20. Jahrhundert entdeckt.

Für die DDR begann dies mit einer Menschenkette, die, in Ost-Berlin, vom Gebäude der US-amerikanischen Botschaft bis zu jenem der sowjetischen Botschaft führen sollte. Bloß ein Anfang kam zustande, dann griff mit rüden Mitteln die Volkspolizei ein, indem sie die Teilnehmer zerstreute oder festnahm. Das Bild der kleinen Personenreihe in der Neustädtischen Kirchstraße, die trotzig beieinanderstand, jeder in der Hand ein brennendes Licht, prägte sich ein. Es ging als Foto- und Fernsehbild um die Welt. Die Teilnehmer kamen fast ausnahmslos aus christlichen Milieus, zahlreiche Pfarrer waren unter ihnen.

Seither dient die Kerze in der DDR als Zeichen des gewaltlosen Widerstandes, ganz allgemein: der Mahnwachen, der Demonstrationen, zuletzt der Umzüge von Hunderttausenden, in Leipzig und in Dresden. Unentwegt flackerten die Kerzen. Die Konjunktur der volkseigenen Wachslicht-Industrie muß gewaltig gewesen sein, zumal während des Kalenderjahres 1989.

Die Kerze ist das vollkommene Symbol der jüngsten politischen Veränderungen in der DDR. Da es sich bei ihr nicht oder kaum um jene prozessionstüchtigen Dinger handelt, die von katholischen Devotionalienhandlungen verkauft werden (schon auch weil die DDR ein überwiegend protestantisches Land ist), erfordern die dort unter freiem Himmel getragenen Kerzen beide Hände ihres

Besitzers. Mit der einen hält er den Beleuchtungskörper, mit der anderen schützt er die Flamme vorm Erlöschen durch Zugluft. Auf diese Weise hat er keine Möglichkeit, beispielsweise Steine aufzuheben und zu werfen. »The medium is the message«, behauptete vor fast zwei Jahrzehnten ein inzwischen nachdrücklich vergessener Kultursoziologe namens McLuhan. Selten war dieser Spruch so wahrheitsträchtig wie in unserem Fall.

Das Land, wir sagten es, ist ein überwiegend protestantisches. Die letzte statistische Veröffentlichung, aus dem Herbst 1989, weiß von insgesamt sechs Millionen evangelischen und 800 000 katholischen Christen.

Ein Herzstück von Martin Luthers Theologie ist die sogenannte Zwei-Reiche-Lehre. In Übereinstimmung mit dem bekannten Bibelwort, daß man dem Kaiser geben solle, was des Kaisers sei, und Gott, was Gottes sei, entwickelte der Reformator eine Doktrin für den evangelischen Christenmenschen, der im religiös-geistlichen Reich dem Buchstaben des Neuen Testamentes selbstverständlich zu folgen habe, in weltlichen Dingen aber völlig der vorgegebenen politischen Ordnung unterstehe. Bedeutende Probleme entstanden aus solchem Dualismus selten. Die radikale Gewaltlosigkeits-Forderung der Bergpredigt konnte durchaus zur akzeptablen Religion von schneidigen Militärs und professionellen Raufbolden werden, denn die Bergpredigt galt fürs Gotteshaus, außerhalb desselben galten der Fahneneid und die Heeresdienstvorschrift.

So konnte geschehen, daß die Mehrheit der evangelischen Christen in Deutschland nach 1933 keinerlei Schwierigkeiten im Umgang mit Adolf Hitler hatte. Selbst der Judenhaß war für sie kein Problem. Der Antisemitismus der deutschen Protestanten ist seinerseits schon alt und geht bis auf Martin Luther zurück.

Nach 1945, angesichts der Kriegstoten, angesichts der Leichenberge von Auschwitz und Buchenwald, hat sich der deutsche Protestantismus zu Schuldbekenntnissen entschlossen. Die waren tiefernst gemeint und erzeugten eine kurzfristige Betroffenheit. Am einmal Geschehenen konnte sie nichts ändern. Die Gemeinden versahen im folgenden ihre aktuellen Pflichten. Die westdeutschen Kirchen, auch die protestantischen, integrierten sich in den bür-

gerlichen Alltag, im Zeichen einer durchschlagenden Wirkungs-
losigkeit.

Als Kirche in einem atheistisch-kommunistischen Staat aber war
der Protestantismus in der DDR neuerlich herausgefordert. Er ist
dieser Herausforderung auf vielerlei Art begegnet.

Das reichte von der fast völligen Anpassung bis zur unbedingten
Gegnerschaft. Dieser Gegensatz hat sich hingeschleppt über die
Jahrzehnte und endete erst mit jenem Kompromiß, den viele für
einen Kniefall des DDR-Protestantismus vor der kommunistischen Staatsmacht hielten, dem von Staatschef Honecker und Bi-
schof Schönherr ausgehandelten Concordat von 1978.

Er gestattete der Kirche einen Freiraum, den sie ungehindert
nutzen konnte. Der Staat war vor allem an der Diakonie interessiert. Aber die ließ sich von der Seelsorge nun nicht reichlich trennen, und die Realitätsnähe einer gewöhnlichen Pfarrei sorgte für
das fortwährende Einsickern von Alltagsproblemen aller Art, die
dann im Schutzraum von Kirchen- und Gemeindesälen offen bere-
det wurden. Mit dem Beginn der achtziger Jahre akkumulierte sich
das zum Politikum.

Denn es waren die DDR-Kirchen, die sich um Dissidenten und
Fluchtwillige bekümmerten. Die radikal pazifistische Friedensbewegung gegen das Nachrüsten wuchs im kirchlichen Raum und
griff von dort über auf die gesamte Gesellschaft der DDR, wo es
schließlich zu offenen Konflikten kam.

Das Jesaja-Wort von den Schwertern, die man zu Pflugscharen
umschmieden wolle, wurde als ein runder Stoffaufnäher vorwiegend von jungen Leuten getragen. Die stalinistische Staatsmacht
sah darin ein Zeichen von politischer Opposition. Ganze Schul-
klassen wurden festgenommen und verhört, Volkspolizisten gingen mit Scheren auf die Jackenärmel junger Leute los. Am Ende
wuchs sich das aus zu einer förmlichen Hexenjagd, gegen die erfolgreich allein die Kirche Protest erhob.

Die neuerliche Stationierung von Mittelstreckenraketen unter-
blieb. Die bereits aufgestellten Projektile würden verschrottet werden. Die kritischen jungen Christen, ihrer politischen Stärke inne-
geworden, entdeckten als ein neues Problemfeld die Ökologie.

Die DDR ist in Sachen Umweltverschmutzung ein Weltmeister. Lange Zeit versuchte sie ihre Schande durch Stillschweigen zu bemänteln, Umweltdaten galten deswegen als Staatsgeheimnis. Die heimlichen Messungen und Publikationen von kirchlichen Umweltgruppen waren nach stalinistischer Auffassung der praktizierte Landesverrat.

Dies alles miteinander eskalierte schließlich in jenen Demonstrationen, die um den 7. Oktober 1989 die gesamte DDR heimsuchten und deren Ausgangs- und Umschlagsorte immer wieder Gotteshäuser waren: die Nikolaikirche in Leipzig mit ihren Friedensandachten, die Gethsemanekirche in Berlin mit ihren Mahnwachen. Es mochte dabei noch so brutal eingeschlagen werden durch die Angehörigen der politischen Polizei, die jungen Leute schlugen nicht zurück. Ihre Hände waren mit den brennenden Kerzen befaßt. Die Eisenacher Synode vom Spätsommer 1989 operierte bereits als die Generalversammlung einer alternativen politischen Kultur für die DDR, die törichten Greise im Politbüro der SED haben es nur nicht begriffen. Ein paar Wochen später mußten sie abtreten.

Die nunmehr offen sich darstellende politische Opposition in der DDR weist in ihrem Führungspersonal unverhältnismäßig viele evangelische Pfarrer auf. Angesichts der Entstehungsgeschichte des Umsturzes im Land DDR ist das ganz folgerichtig. Außerdem, und darüber wurde bislang kaum nachgedacht, ist dies alles auch ein Akt der Selbstreinigung, angesichts der so zahlreichen politischen Sündenfälle aus fünfhundert Jahren protestantischer Kirchengeschichte in Deutschland.

Man kann jedenfalls mit der Gewaltlosigkeit praktische Politik machen. Man kann dies selbst in Deutschland. Man kann mit der Bergpredigt das Rathaus besiegen, was doch zugleich bedeutet, daß die Bergpredigt im Rathaus durchaus ihren Platz hat. Die Revolution, diese, kam ohne Blut aus. Sie quittierte aggressive Brutalität mit Sanftmut, und es war die Sanftmut, die am Ende stärker blieb.

Nun waren die Ereignisse des Spätherbsts 1989 in der DDR nicht singulär. So, wie sie selbst in der Nachfolge von Umwälzungen der Nachbarländer Polen und Ungarn standen, gaben sie ihrerseits Impulse her für die Veränderungen in den Nachbarländern Tschechoslowakei und Bulgarien, wo die Dinge nach ähnlichen Modellen abliefen und man sich übrigens gleichfalls reichlich des Symbols der brennenden Kerze bediente. Überall wurde ein struktureller Feudalismus der stalinistischen Nomenklatura abgelöst durch den Sieg einer bürgerlichen Revolution.

Vielen gilt der Sozialismus, gleich welcher Spielart, inzwischen als Phantom. Die Stalin, Ulbricht, Gottwald, Rakosi, Breschnew, Honecker, Shiwkow, Pol Pot, Husak, Gierek, Ceaușescu haben eine der mächtigsten Emanzipations-Ideen jüngerer Menschheitsgeschichte so gründlich entstellt und besudelt, daß die jetzt lebenden Generationen auf unserem Erdteil mit dem Begriff kaum noch viel ausrichten können und ihre Bereitschaft, sich etwa auf das Experiment eines anderen, neuen, menschlichen Sozialismus einzulassen, denkbar gering ist.

Manche der Aktivisten vom vergangenen Herbst sahen das freilich anders.

Die wollten zunächst eine andere DDR. Damit wollten sie jedenfalls die DDR und also den Fortbestand der deutschen Zweistaatlichkeit. Sie wollten außerdem jenen erneuerten, besseren, menschlicheren Sozialismus, zunächst für die DDR und damit, stellvertretend, für die Welt überhaupt.

Sie glaubten, sie könnten eine Idee, an der sieben Jahrzehnte und ein Fünftel der Menschheit erfolglos laboriert hatten, zu einem deutschen Erfolg führen. Die außerordentliche Anmaßung, die darin lag, erkannten sie nicht. Sie übersahen auch, daß sie damit am Willen der Mehrheit vorbeiargumentierten. Die schmerzliche Quittung erhielten sie am 18. März, bei den ersten freien Wahlen zum obersten Parlament der DDR. Das Ergebnis brachte einen Sieg der Konservativen, und es brachte einen Sieg für die Sache der nationalen Einigung.

Ein Großteil der Linken in der DDR hat diese Niederlage bis heute nicht verwunden. Am liebsten würden sie das Volk auflösen und ein neues wählen. Man beschimpft die Wähler, weil sie angeblich mehrheitlich für das westdeutsche Geld votiert hätten. Wieder einmal überläßt man die Federführung in Sachen deutscher Einheit der politischen Rechten im Land.

Es war immer eine Spezialität der deutschen Linken, das eigene Vaterland nicht zu mögen. Dieser Antipatriotismus hat eine alte Tradition, und er hat eine ordentliche Begründung. Der deutsche Einheitsstaat von 1871 war ein rechtskonservatives Ding, allzeit bestrebt, die Linken auszugrenzen. Das führte hin zu den blutigen Verfolgungen durch die Nazis und zu dem sonderbaren Umstand, daß manch deutscher Linker in fremder Uniform gegen das Land seiner Geburt im Kriege stand.

Der Antipatriotismus der deutschen Linken ist also verständlich. Vernünftig ist er deswegen nicht. Das Nationalgefühl, wir sehen es überall in der Welt, noch heute, ist eine außerordentliche Kraft. Da die politische Rechte dazu neigt, es zum Nationalismus zu deformieren, wird, um dies zu verhindern, eben die Teilhabe der Linken benötigt, nicht etwa deren Verweigerung.

Noch ist der Einheitsstaat der Deutschen eine Sache von Verhandlungen und künftigen Maßnahmen. Noch sind die Pläne nicht fertig. Die Linke in der DDR täte gut daran, statt ihrer Niederlage nachzuweinen, jenen Sieg zu behaupten, den sie errungen hat und dem sie ihre Friedfertigkeit verdankt.

Es geht um die Sicherheitspolitik.

Hier existiert bekanntlich der Plan, alles Deutschland, unter Einschluß der DDR, in die Nato aufzunehmen. Ich halte diesen Plan für einen Skandal. Er würde der Nato einen Sieg zuschanzen, den sie nicht errungen hat. Er würde jene, die diesen Sieg errangen, einer militärischen Doktrin unterwerfen, die sie mehrheitlich ablehnen. Er würde jenen, die diesen Sieg immerhin ermöglichten, indem sie *vorsätzlich nicht intervenierten,* also Gorbatschows Sowjetrussen, eine unverdiente Niederlage zufügen.

Nun will man, um die Niederlage zu mildern, das Atlantische Bündnis zu einer vor allem politischen Allianz umformen. Solche Vorstellung bereitet Mühe, da die Nato schließlich als Militärbündnis gegründet worden ist und einen beträchtlichen Teil jener Staaten ausgrenzt, die, Polen voran, an der deutschen Sache aus eigenen sicherheitspolitischen Gründen interessiert sind.

Für eine andere Europäisierung des deutschen Problems fehlt derzeit jede strukturelle Vorgabe.

Denn die KSZE liefert sie nicht. Die KSZE ist eine bloße Konvention, die sich, von Zeit zu Zeit, materialisiert, indem sie viele ermattete Diplomaten an Konferenztischen versammelt. Mag sein, daß sich in diesem Kalenderjahr eine förmliche Organisation daraus bildet, aber dies wird viel mehr an Zeit benötigen, als das deutsche Problem den Beteiligten läßt.

So bietet sich eigentlich nur noch jene Lösung an, deren Namen so anrüchig klingt, daß er selbst jenen, die sie wollen, nicht über die Lippen gerät: eine durch weitgehende Entmilitarisierung konditionierte deutsche Neutralität.

Es gibt kein vernünftiges Argument, sie nicht zu wollen. Sie entspräche völlig der Logik jener friedlichen Revolution, der sich die DDR unterzog und die das deutsche Problem überhaupt erst wieder aufwarf.

Nun wird vorgetragen, eine derart überpotente Staatsmasse wie das künftig vereinigte Deutschland dürfe keinesfalls unkontrolliert bleiben. Schließlich gebe es das warnende Beispiel zweier einst von Deutschland losgetretenen Weltkriege. Hier ist anzumerken, daß Deutschland sowohl 1914 wie auch 1939 durchaus Mitglied von funktionierenden Paktsystemen war, einmal des Dreibund und das andere Mal der Achse, woraus erhellt, daß die bloße Tatsache Bündnis in solchen Zusammenhängen überhaupt nicht zählt.

Dagegen stehe das Beispiel Österreichs. Bereits im Jahre 1914 kriegsauslösend mit von der deutschen Partie, hatte es, als Geburtsland Hitlers, auch als Ostmark im Großdeutschen Reich, einigen Anteil noch an 1939. Mit seiner seit 1955 geübten Neutralität und Bündnisfreiheit aber verfährt es inzwischen ausgezeichnet und zu jedermanns Zufriedenheit. Es bietet sich als Modell für die Deutschen förmlich an.

Zu wünschen wäre hier, daß man in den Nachbarländern die skurrilen Ängste bezüglich der Bündnislosigkeit eines vereinigten deutschen Staates endlich aufgäbe. Sie sind sämtlich das Resultat einer fehlgeleiteten Demagogie. Die sich für die verteidigungspolitische Einbindung Deutschlands auch weiterhin verwenden, wollen in Wahrheit bloß von der alten Vorneverteidigung nicht lassen. Sie riskieren, daß der wiedererstehende deutsche Koloß dann auch militärisch einer Vorherrschaft zustrebt, schon von seinem Eigengewichte her, um am Ende sämtlichen Partnern die eigene Dynamik und das eigene Zweckdenken aufzunötigen. Damit wäre genau jene Situation erreicht, die man für den Fall einer deutschen Neutralität unglaublicherweise immer noch perhorresziert.

Leider scheint das im Ausland niemand zu sehen, und selbst jene Macht, die den Gedanken einer deutschen Neutralität als einzige öffentlich vertreten hat, die Sowjetunion, rückt derzeit davon ab: nicht aus Überzeugung, sondern aus innen- wie außenpolitischer Schwäche.

Die Angst vor einer möglichen Aggression ist am besten nicht dadurch zu nehmen, daß man die möglichen Mittel dazu kontrolliert, sondern daß man sie nimmt. Die Deutschen sind in der Mehrheit ihrer Bevölkerung derzeit bereit, sie freiwillig aus der Hand zu geben. Wieso will man sich darauf nicht einlassen?

Claus Richter

Eine Deutsche Revolution?

Die DDR war ein einmaliges Experiment. Spätestens seit dem 13. August 1961 entstand in der Mitte Europas ein Staatsgebilde, das sich von der Außenwelt abschottete, seinen Bürgern bei Strafe verbot, ohne staatliche Genehmigung Westkontakte aufzunehmen. Ein Volk von siebzehn Millionen Menschen wurde entmündigt, elementarer Grundfreiheiten wie des Rechts auf Reise, auf Information, ja auf familiäre Bindungen beraubt. Im Schutz der Mauer sollte sich gleichsam unter einer Käseglocke der Sozialismus entfalten, der neue Mensch unter Laborbedingungen geschaffen werden. Das Experiment scheiterte im Herbst 1989, aber achtundzwanzig Jahre lang ließ es sich ein Volk gefallen, ohne nennenswerten Widerstand zu leisten. Im Gegenteil: Die DDR galt westlichen und östlichen Experten als ein – auch unter Ostblockverhältnissen – stabiles und fortgeschrittenes Land. Polen und Ungarn, auch die Tschechoslowakei erschienen aus Moskauer Sicht als eher unzuverlässige Vasallen, die DDR nicht.

»Mit den Deutschen kann man alles machen« – dieses böse Diktum Stalins schien sich zu bewahrheiten. Auf die Tyrannei der Nazis folgte ohne Übergang die »Diktatur des Proletariats«, eine Umschreibung für die abermalige Alleinherrschaft einer Partei und ihres Machtapparates. Während in Westdeutschland die Alliierten eine parlamentarische Demokratie etablierten, die Deutschen umerzogen, knüpften in Ostdeutschland die Sowjets und ihre Statthalter an die Formen der Nazi-Diktatur an, schufen politische Zustände, die durchaus an die Jahre von der Machtergreifung Hitlers bis zum Zweiten Weltkrieg erinnerten.

Aus braunen wurden rote Organisationen, und die Mehrheit

machte brav mit, marschierte vom Jungvolk in die jungen Pioniere, von der Hitlerjugend in die FDJ, vom Wehrsport bei SA oder SS in die paramilitärische Gesellschaft für Sport und Technik. Wieder zählte das Kollektiv, vormals Gemeinschaft, alles, das Individuum nichts. Wer es zu etwas gebracht hatte oder bringen wollte, trat in die Partei ein. Die SED gebot kurz vor der »Wende« über 2,3 Millionen Mitglieder – das war jeder fünfte erwachsene Bürger der DDR –, und Parteigenosse wurde man in aller Regel nicht durch Zwang. Die Qualifikation mußte nachgewiesen werden, und in jedem Parteiausweis war nachzulesen, daß dieses Dokument zum kostbarsten Besitz des Inhabers zählte.

Um den Übergang vom Nazismus zum Stalinismus ideologisch abzusichern, erhoben die Machthaber von Ulbricht bis Honecker den Antifaschismus zur Staatsdoktrin. In der Tat hatten Honecker und viele andere führende SED-Genossen in den Zuchthäusern und Konzentrationslagern der Nazis gelitten, aber bereits wenige Jahre später waren sie es, die Menschen etwa für einen mißliebigen politischen Witz jahrelang einsperren ließen. »Auf unbegreifliche Weise ahmten sie ihre Peiniger nach, bis in die Fackelzüge und Uniformen.« So schreibt die DDR-Schriftstellerin Monika Maron in einer »Rede über das eigene Land« und fügt hinzu, daß die Frage nach den Ursachen nicht zu beantworten sei, weil sie auf die menschliche Natur schlechthin abziele. Vielleicht aber ist es mehr eine Frage nach der deutschen Natur.

In Scheinwahlen ließ sich das SED-Regime alle vier Jahre bestätigen. 1950 stimmten 99,7 Prozent für die Einheitsliste, im Mai 1989 noch 94,5 Prozent. Bürgerrechtsgruppen hatten weit vor den Oktober-Ereignissen nachgewiesen, daß die Ergebnisse gefälscht wurden, aber auch nach heute vorliegenden Erkenntnissen stimmten um die 90 Prozent der wahlberechtigten Bürger für die SED und die mit ihr verbundenen Blockparteien und Massenorganisationen.

Ich habe als Korrespondent selbst erlebt, wie sich die Bewohner ganzer Wohnblocks und Stadtviertel nahezu geschlossen zu den Wahllokalen geleiten ließen. Zwar wünschte die Staatsführung die offene Stimmabgabe, das sogenannte Zettelfalten, aber die Benutzung der Wahlkabine hatte 1989 kaum noch nachteilige Folgen. Wolfgang Ullmann, einer der Gründer der Bürgerbewegung »Demokratie jetzt« und heute Vizepräsident der Volkskammer, meint in der Rückschau: »Man konnte sich kritisch äußern, was ich und andere auch getan haben; ebenso war es durchaus möglich, mit Nein zu stimmen.«

Mit anderen Worten: Noch vier Jahre nach dem Amtsantritt Gorbatschows, zehn Jahre nach dem Entstehen einer unabhängigen Gewerkschaft und Volksbewegung in Polen, votierten neun von zehn Ostdeutschen ohne äußeren Zwang für das heute so bejammerte stalinistische Unterdrückungssystem. Die Opposition zur Zeit dieser Kommunalwahlen zählte einige Dutzend aktive Streiter und vielleicht einige hundert, die sich als offene Sympathisanten zu erkennen gaben. Obdach fanden sie vor allem bei der Evangelischen Kirche, genauer, bei einigen mutigen Pfarrern, die ihnen Gemeinderäume zur Verfügung stellten und die Schirmherrschaft über kritische Diskussionsrunden, Ausstellungen, Friedens- und Umweltseminare übernahmen. Die Amtskirche indes bekannte sich öffentlich erst in letzter Minute, etwa auf der Bundessynode im September 1989, zu den jahrelang eher ungeliebten Schützlingen, auch christliche Trittbrettfahrer genannt. Seit den siebziger Jahren verstand sich die Kirche als »Kirche im Sozialismus«, das heißt, sie stellte die gesellschaftlichen und politischen Verhältnisse keineswegs in Frage. Die Kirchenführung mahnte und warnte zwar vor gesellschaftlichen Fehlentwicklungen, vermied aber den offenen Konflikt mit der Staatsführung. Als etwa im Hause des Pfarrers Rainer Eppelmann, heute Minister für Verteidigung und Abrüstung, Abhöreinrichtungen gefunden wurden, reagierte die Kirchenleitung mit der Forderung, der Staat möge Lauschangriffe per Gesetz regeln, obwohl jedes Kind wußte, daß das Legen von Wanzen seit Jahrzehnten zum Alltag des Sicherheitsdienstes gehörte. Als Korrespondent in der DDR habe ich jahrelang die quälenden Debatten auf Synoden und Kirchentagen miterlebt, wo Initiativen von Basisorganisationen in der Regel von oben abgeschwächt und unverbindlicher formuliert wurden, um den Staat nicht zu sehr herauszufordern.

Anders als etwa die Katholische Kirche Polens hat der auch im Westen so geschätzte Bund der Evangelischen Kirchen in der DDR darauf verzichtet, eine klare weltanschauliche Gegenposition zu beziehen. Zu einem Kirchenkampf hätte es nicht kommen können, weil die Staatsmacht es mit einer protestantischen Kirche zu tun hatte, für die der Begriff der Obrigkeit – ganz im lutherischen Sinne – seine Unantastbarkeit im wesentlichen bewahrt hatte. Der Mythos von der *ecclesia militans*, die unerschrocken auf die Revolution zuarbeitete, entbehrt jeder Grundlage. Noch als im Januar 1988 Bürgerrechtler wie Bärbel Bohley, Freya Klier, Stefan Krawczyk und siebzig andere abgeschoben wurden, hielt sich der Protest der Kirche weiter in engen Grenzen zugunsten der Betonung der eher seelsorgerischen und karitativen Aufgaben.

Bis zur Wende wollten die meisten Kirchenführer noch nicht einmal den Begriff Opposition akzeptieren, von Widerstand ganz zu schweigen. Was heute gemeinhin Opposition genannt wird, fristete bis zum Sommer 1989 ein eher isoliertes Dasein. Die über das ganze Land verstreuten Gruppen verfügten über kein funktionierendes Kommunikationssystem oder gar über konspirative Strukturen. Die Staatssicherheit – so steht heute fest – verlor nie die Kontrolle, war bestens informiert durch Spitzel bis hin in die engsten Zirkel der Bürgerrechtsbewegung. Die Flugblätter und Broschüren, gedruckt auf eingeschmuggelten Vervielfältigungsgeräten, erreichten Auflagen von höchtens tausend Exemplaren, meist noch versehen mit dem Hinweis »nur für den kirchlichen Gebrauch«, um die Behörden zu beruhigen.

Als Polen-Korrespondent der ARD habe ich von 1981 bis 1984 die Endphase der »Solidarität«, die Verhängung des Kriegsrechts und das Verbot der Gewerkschaft verfolgt. Im Gegensatz zur DDR entwickelte sich die »Solidarność« nach den ersten Streiks im Sommer 1980 zu einer oppositionellen Massenbewegung mit etwa zehn Millionen Mitgliedern, knapp einem Drittel der Bevölkerung – zu einer Zeit, als in Moskau Breschnew regierte und dessen berüchtigte Doktrin keineswegs abgeschafft war. Polen – das war ein Land im Widerstand; die DDR – das war ein Land der Anpassung. Auch unter Kriegsrecht gelang es den polnischen Sicherheitsorganen nicht einmal annähernd, die Opposition so zu unterwandern, wie dies in der DDR geschehen konnte. Ein gesuchter Staatsfeind wie der Gewerkschaftsführer Bujak konnte unter Kriegsrecht und danach über Jahre hinweg untertauchen und sich gar über Piratensender im Hörfunk zu Wort melden, ohne daß es der Geheimpolizei gelang, ihn und seine zahlreichen Helfershelfer zu fassen. Bujak und andere konnten sich auf die verschwörerische Solidarität ihres Volkes verlassen, eines Volkes, das Kollaboration ächtete. Auch nach Androhung höchster Gefängnisstrafen erschienen »Solidarność«-Flugblätter in Zigtausenden Exemplaren, viele gedruckt in Staatsbetrieben mit stillschweigender Duldung der dort Beschäftigten. Die Ablehnung des Regimes hatte in Polen längst Teile des Apparats ergriffen. Dergleichen war für die DDR undenkbar. Während meiner polnischen Jahre habe ich so gut wie keinen überzeugten Kommunisten getroffen, in der DDR war das kein Problem.

Erst heute wird nach und nach bekannt, in welchem Ausmaß die Hydra Staatssicherheit die Gesellschaft der DDR im Griff hatte. 85 000 feste und mehr als 100000 freie Mitarbeiter zählte die Stasi, dazu ungezählte Gelegenheitsspitzel. Eine erste Sichtung der etwa sechs Millionen Akten ergibt für den heutigen Innenminister ein erschreckendes Bild. Bis in den engsten Freundeskreis, ja bis in die Familien hinein war es der Firma »Horch, Guck und Greif« gelungen, Informanten und Zuträger zu ködern. Freimütig plaudern heute Stasi-Offiziere aus, daß es unter ihnen eine Art Wettbewerb gab, wer in einem gegebenen Zeitraum mehr Informanten zur Mitarbeit überredet hat. Eine Veröffentlichung der Akten, darin sind sich die Bürgerkomitees und die Behörden einig, hätte unabsehbare juristische und menschliche Folgen, würde das soziale Klima vergiften. Nur – um ein solches »flächendeckendes Überwachungssystem« zu installieren, mußten sich Erich Mielke und seine Leute darauf verlassen können, daß ein sehr großer Teil der Bespitzelten mitmachte. Aus Berichten Betroffener weiß ich, daß man sich der Stasi durchaus entziehen konnte, ohne gleich um seinen Arbeitsplatz bangen oder Repressalien befürchten zu müssen. Aber die meisten wählten den leichteren Weg und denunzierten, um so vielleicht schneller eine Reise in den Westen zu ergattern oder die vierzehnjährige Wartezeit für einen Kleinwagen zu verkürzen.

So hat die Wende nicht nur Millionen Opfer, sondern auch fast genauso viele Täter ans Licht gezerrt. Der DDR-Psychiater Hans-Joachim Maaz, der seit 1980 die physiotherapeutische Klinik im evangelischen Diakonie-Werk Halle leitet, faßt nach der Analyse vieler Lebensgeschichten zusammen: »Die Mehrheit hat sich angepaßt, um damit relative Ruhe und Entspannung zu finden und ein kleinbürgerliches Glück zu kultivieren, um den Preis der weiteren inneren Entwicklung und Lebendigkeit (...). So konnten wir feststellen, daß die ›faschistischen‹ Charakterverformungen ohne Bruch in die ›stalinistischen‹ übergegangen sind und weiter verfestigt wurden.«

Untersuchungen wie die von Maaz oder kritische Stimmen aus Kreisen der ehemaligen Bürgerrechtsbewegungen aber haben es schwer, in Zeiten nationalen Jubels ins allgemeine Bewußtsein zu dringen. »Wer immer nur fordert, den Blick nach vorn zu richten«, meint etwa einer der Mitbegründer von »Demokratie jetzt«, der heutige Volkskammerabgeordnete Konrad Weiss, »der will eben nicht zurückschauen, der will Vergangenheit möglichst schnell verdrängen und nicht bewältigen.« Dazu paßten auch die Forderungen nach einer weitgehenden Amnestie für die früheren Angehörigen der Sicherheitsorgane.

Deutsche Geschichte wiederholt sich. Schon Konrad Adenauer schaute bei der Entnazifizierung lieber nach vorn als zurück. Die »wirklich Schuldiger an den Verbrechen« seien zwar mit aller Strenge zu bestrafen, aber im übrigen sollten »nicht mehr zwei Klassen von Menschen in Deutschland« unterschieden werden, die »politisch Einwandfreien und die Nichteinwandfreien«. Ähnlich sehen es die meisten verantwortlichen Politiker in der DDR.

Zu den Schuldigen, die außer ihrer Entlassung nichts zu befürchten haben, zählt beispielsweise Generalleutnant Manfred Hummitzsch, der ehemalige Chef der Stasi in Leipzig. Ihn lernte ich kennen, als am 5. Dezember 1989 ein Bürgerkomitee den Gebäudekomplex besetzte und das ARD-Team zur Berichterstattung einlud. Da standen sie nun, die einstigen heimlichen Herren der Stadt Leipzig, und verhandelten mit dem Volk. Staatsanwälte erschienen, um unter Aufsicht der Revolutionäre Räume zu versiegeln, Akten zu sichern. Nach dem Willen des Komitees sollte alles ordentlich ablaufen, keinem der Unterdrücker ein Haar gekrümmt werden. Die Staatsanwälte taten ihre Arbeit, dieselben Staatsanwälte, die noch wenige Tage zuvor ihre Weisungen etwa von General Hummitzsch erhielten und befolgten.

Eine gespenstische, unvergeßliche Szene: Draußen demonstrierten 200000 Leipziger, drinnen beteuerten ein Stasi-General und seine Offiziere, daß sie immer nur ihre Pflicht getan hätten. »Ich habe ehrlich, sauber und anständig meine Arbeit verrichtet«, meinte Hummitzsch vor laufender Kamera. Ein gewisser Rechtsanwalt Schnur kontrollierte die Aktion. Der damalige Kandidat des »Demokratischen Aufbruchs« für das Amt des Ministerpräsidenten trat wenige Wochen später zurück. Er war selbst jahrelang Agent des Geheimdienstes gewesen. Warum indes Hummitzsch und Schnur so handelten, wie sie es taten, warum es abermals geschehen konnte, daß Sekundär-Tugenden wie Treue, Pflichterfüllung und Gehorsam einem Unrechts-Regime den Boden bereiteten – solche Fragen sind in der DDR nicht sehr populär.

Wie 1945 bricht wieder ein deutsches Volk in die Zukunft auf, ohne sich zu prüfen oder gar Trauerarbeit zu leisten. Die Mehrheit will wieder nichts gewußt haben, war eigentlich immer dagegen. Selbst die Erinnerungen hoher SED-Funktionäre laufen darauf hinaus, daß sie leider nichts tun konnten, daß auch sie in einem dauerhaften Befehlsnotstand handelten.

Erich Honecker, so ist zu schließen, unterdrückte ganz allein auch noch ZK und Politbüro, wo offenbar lauter verkappte Widerstandskämpfer saßen. Diejenigen, die wirklich Mut bewiesen, dafür verfolgt und drangsaliert wurden, die Bohleys, Templins und Poppes, haben heute nicht mehr viel zu melden. Die Mütter und Väter der Revolution wurden an den Rand gedrängt, blieben dort, wo sie schon vor der Wende waren, in der Opposition.

Zu denjenigen, die mit Anstand und Würde den Weg in die Einheit antreten wollen, gehört immerhin Ministerpräsident

Lothar de Maizière. Er, der sich selbst nicht zu den Mutigsten der Vergangenheit zählt, appelliert an sein Volk, von denen zu lernen, »die in diesen dunklen Zeiten politischen Widerstand gewagt und geleistet haben«. Bisweilen wirkt de Maizière schon wie der einsame Rufer in der Wüste, seine Partei und erst recht die Bonner Verbündeten wollen solche Bedenken nicht mehr hören. Skrupel sind eben nur hinderlich beim Aufbau einer freiheitlich-demokratischen Grundordnung.

Ein Begriff wie Revolution, schreibt Monika Maron, verführe offenbar dazu, Ereignisse und Ziele zu heroisieren. Häufig genug ist diese Revolution in ihrem Ablauf dargestellt worden, häufig genug auch verklärend. Einige Anmerkungen mögen das Bild ergänzen.

Die Umwälzung begann Anfang Mai, als die damalige Volksrepublik Ungarn die ersten Grenzbefestigungen zu Österreich abbaute und damit erstmals den Eisernen Vorhang quer durch Europa zerriß. Durch die Lücke strömten Tausende DDR-Flüchtlinge in die Freiheit, zwangen die Führung in Ost-Berlin zu immer neuen Zugeständnissen. Die Emigration war seit jeher die DDR-gemäße Form der Opposition, aber diese Fluchtwelle ohne absehbares Ende zerstörte das SED-Regime von innen, brachte es an den Rand der Kapitulation. Honecker und seine Politbürokraten wollten sich um keinen Preis die Feiern zum 40. Jahrestag der DDR vermiesen lassen.

An jenem 7. Oktober schließlich gab der Ehrengast aus Moskau das Signal: »Wer zu spät kommt, den bestraft das Leben«, meinte Gorbatschow. Und mit Genehmigung des Kreml-Chefs brachen die Dämme, war die Öffnung der Mauer nur noch eine Frage der Zeit. Am 9. November fiel der sogenannte antifaschistische Schutzwall, nicht, weil das Volk ihn wie die Bastille gestürmt hatte, sondern weil Politbüro-Mitglied Schabowski auf einer Pressekonferenz einen Spickzettel fehlinterpretierte.

Am 9. Oktober demonstrierten in Leipzig ungeachtet aller Drohungen etwa 70000 Menschen für bürgerliche Freiheiten und Reformen. Eine schon gelähmt wirkende Staatsführung, die Disziplin der Demonstranten und die Vernunft der Verantwortlichen in

Leipzig sorgten dafür, daß der Abend friedlich vorüberging. Als klar wurde, daß die Staatsgewalt vor einer »chinesischen Lösung« zurückschreckte, sie wohl auch nicht mehr durchsetzen konnte, folgten weitere Massenproteste. Honecker und dann auch Egon Krenz mußten gehen. Die SED spielte ihre letzte Karte. Der Konkursverwalter Hans Modrow warnte vor Chaos und Anarchie, versprach freie Wahlen.

Der Umbruch war gelaufen, die Macht lag auf der Straße – und wurde geteilt. Die »Runden Tische« überall im Lande bemühten sich um Konsens und Kompromiß, kanalisierten die Bewegung. Die Deutsche Revolution blieb geordnet, die Volksmassen lernten die Konsum-Paradiese des Westens kennen. Und so änderte sich der selbstbewußte Ruf »Wir sind das Volk« in einem einzigen, aber entscheidenden Wort. Mit »Wir sind *ein* Volk« gab die Mehrheit gerade der Demonstranten in Leipzig zu verstehen, daß sie an politischen Experimenten in einer eigenständigen DDR kein Interesse mehr hatte.

Der Slogan »Kommt die D-Mark, bleiben wir, kommt sie nicht, gehen wir zu ihr«, bringt die zweite Phase der Revolution auf den Punkt. Die vor allem ökonomisch motivierte Forderung nach Vereinigung mit einem der reichsten Staaten der Welt überlagerte den Wunsch nach demokratischem Neuaufbau im eigenen Land. Dies ist verständlich, vielleicht sogar konsequent, bedeutet aber eine wesentliche Veränderung der Oktoberrevolution im Charakter und im Ziel.

Die Wahlen vom 18. März brachten dann nicht etwa eine aus der Umwälzung hervorgegangene neue politische Formation an die Macht, sondern eine jener als »Blockflöten« bekannten Parteien des alten Regimes. Der Wahlsieger, die »Allianz für Deutschland«, deren bestimmende Kraft die CDU darstellt, war eine Schöpfung Bonner Politiker, die von Anfang an darauf drängten, in der DDR Partner zu schaffen, die bei einer Vereinigung ohne große Probleme integriert werden konnten. Der Plan gelang, von der Allianz über die Liberalen bis zu den Sozialdemokraten. Die Revolution mündete in der Kopie des westdeutschen Parteienspektrums.

Bundesdeutsche Politiker dominierten den Wahlkampf, enteigneten ihn gleichsam. Es gewann die Partei, deren Bonner Sponsoren für den schnellstmöglichen Einzug der D-Mark bürgten. Und das konnte nach der schlichten, aber überzeugenden Logik der Mehrheit nur die Union sein. Für die meisten Beobachter war das Ergebnis eine faustdicke Überraschung, weil viele nach revolutionären Monaten die Tatsache aus den Augen verloren hatten, daß deutsche Wahlen durch den Geldbeutel, nicht durch Ideale entschieden werden.

Die Demokratie in der DDR macht gute Fortschritte. Volkskammerdebatten werden denen des Bundestags immer ähnlicher. Die Armee übt Mitbestimmung bis zur Selbstauflösung, die Polizei geriert sich als Muster an Rechtsstaatlichkeit, und selbst die Kommunisten fügen sich gelehrig in den neuen Parlamentarismus ein. In den Ministerien sind die neuen Chefs eingezogen, und die Apparate funktionieren wie eh und je.

Wer die DDR schon lange vor der Wende kannte, reibt sich verwundert die Augen. Auf eine vierzig Jahre perfekt funktionierende Diktatur folgt über Nacht die Demokratie, fast schon genauso perfekt inszeniert.

Richter, Offiziere, Polizisten leisten neue Eide, Wissenschaftler, Journalisten, Schriftsteller haben in Rekordzeit umgedacht. Täglich trifft man Bekannte, die auf ihr Bonbon, das Parteiabzeichen im Knopfloch, einst so stolz waren. Gleich nach der Wende sind sie ausgetreten, suchen heute nach einer neuen politischen Heimat und nach neuen Pfründen. Die einstigen Agitatoren der DDR-Medien, die Westkorrespondenten noch im Herbst als Spione und Büttel des Monopolkapitals anprangerten, reden einen heute mit Herr Kollege an. Wendehälse haben überall Konjunktur, Gesinnungen werden wie Hemden gewechselt. Karl Marx ist »out«, Ludwig Erhard »in«.

Noch vor einem Jahr marschierten allein in Ost-Berlin eine Million Menschen jubelnd an Erich Honecker vorbei, priesen die Zeitungen die Weisheit der SED, verurteilten Richter Dissidenten und Republikflüchtlinge, bewiesen Professoren den Endsieg des Sozialismus. Heute sind die Massen auf Veranstaltungen Bonner Politiker zu finden, die Zeitungen begeistern sich für die Marktwirtschaft, die Juristen studieren bundesdeutsches Recht, und die Professoren beweisen, warum der Sozialismus scheitern mußte.

Sie haben ihre Geschichte, die deutschen Revolutionen. Die von 1848 endete mit dem Übernahmeangebot an den König von Preußen, die von 1918 mit dem Hilferuf Eberts an die kaiserlichen Generäle, die von 1989 mit dem Einzug von Helmut Kohl.

Die Zeiten der Bürgerkomitees, der Runden Tische, der Basis-Demokratie scheinen schon Jahre, die von Erich Honecker und Genossen Jahrzehnte zurückzuliegen. Manche Revolutionäre sind Minister geworden, die Unterdrücker gehen in Rente oder schreiben gegen harte D-Mark ihre Memoiren. Keiner mußte sich bislang vor Gericht verantworten. Wer sollte sie auch verurteilen?

War es überhaupt eine Revolution? Die Antwort fällt schwer. Die gesellschaftlichen Strukturen und die politischen Organisationen wurden zwar grundlegend umgestaltet, aber anders als bei den großen Revolutionen der Weltgeschichte ging es nicht mehr um die Gestaltung von etwas ganz Neuem, um die Verwirklichung einer Utopie, sondern darum, das Modell der Bundesrepublik zu übernehmen. Der ersten freigewählten Regierung der DDR bleibt die Aufgabe, die Eingliederung so schnell und so gut wie möglich zu verhandeln. Zur deutschen Einheit gibt es keine Alternative, die Frage ist nur, ob nicht wieder allzu schnell eine ganze Epoche als Betriebsunfall zu den Akten gelegt wird, ob nicht kapitalistischer Kleinbürgermief den sozialistischen ersetzt, Wohlstand das schlechte Gewissen betäubt. »Ich wünsche mir«, schreibt Monika Maron, »daß das Volk der DDR die Schmerzen und Schande des gebeugten Gangs nicht vergißt und nicht das erlösende Gefühl, den Rücken endlich zu strecken und den Blick zu heben.«

Ein guter Wunsch, aber wohl kein realistischer.

GÜNTER GRASS

Wider den Einheitsstaat

Kurze Rede
eines vaterlandslosen Gesellen

Als ich kurz vor Weihnachten, von Göttingen kommend, auf dem Hamburger Hauptbahnhof nach Lübeck umsteigen wollte, kam ein junger Mann auf mich zu, stellte mich regelrecht, nannte mich einen Vaterlandsverräter, ließ mich mit diesem nachhallenden Wort stehen, kam, nachdem ich mir einigermaßen gelassen eine Zeitung gekauft hatte, abermals auf mich zu, um nicht etwa leise drohend, vielmehr freiheraus anzukündigen, daß es nun Zeit sei, mit meinesgleichen aufzuräumen.

Nach erstem Ärger, den ich noch auf dem Bahnsteig abzuschütteln verstand, fuhr ich nachdenklich nach Lübeck. »Vaterlandsverräter!« Ein Wort, das, gepaart mit den »vaterlandslosen Gesellen«, zum Sprachschatz deutscher Geschichte gehört. Hatte der junge Mann nicht recht, als aus ihm kalte Wut sprach? Kann mir jenes Vaterland, zu dessen Gunsten mit meinesgleichen aufgeräumt werden soll, nicht gestohlen bleiben?

Es ist so: Ich fürchte mich nicht nur vor dem aus zwei Staaten zu einem Staat vereinfachten Deutschland, ich lehne den Einheitsstaat ab und wäre erleichtert, wenn er – sei es durch deutsche Einsicht, sei es durch Einspruch der Nachbarn – nicht zustande käme.

Natürlich ist mir bewußt, daß mein Standpunkt gegenwärtig Widerspruch auslöst, mehr noch, geeignet ist, Aggressionen von der Kette zu lassen, wobei ich nicht nur an den jungen Mann vom Hamburger Hauptbahnhof denke. Viel subtiler macht zur Zeit die »Frankfurter Allgemeine Zeitung« mit Leuten, die sie kategorisch Linksintellektuelle nennen läßt, kurzen Prozeß. Es reicht ihren Herausgebern nicht, daß der Kommunismus bankrott ist, mit ihm soll auch der Demokratische Sozialismus, samt Dubčeks Traum vom Sozialismus mit menschlichem Gesicht, am Ende sein. Das hatten Kapitalisten und Kommunisten immer gemein: die vorbeugende Verdammung eines Dritten Weges. Deshalb wird jeder Hinweis auf die nunmehr erstrittene Eigenständigkeit der DDR und ihrer Bürger sogleich mit Umsiedlerzahlen verschüttet. Selbstbewußtsein, das sich trotz vierzig Jahre währender Unterdrückung leidend entwickelt und schließlich revolutionär behauptet hat, darf nur kleingedruckt Platz beanspruchen. So soll der Eindruck entstehen, daß in Leipzig und Dresden, in Rostock und Ost-Berlin nicht das Volk der DDR, sondern auf ganzer Linie der westliche Kapitalismus gesiegt hat. Und schon wird Beute gemacht. Kaum hat die eine Ideologie ihren Griff lockern, dann aufgeben müssen, da greift die andere Ideologie wie altgewohnt zu. Notfalls zeigt man die marktwirtschaftlichen Folterinstrumente. Wer nicht spurt, kriegt nix. Nicht mal Bananen.

Nein, ein so unanständig auftrumpfendes, durch Zugriff vergrößertes Vaterland will ich nicht, wenngleich mir, außer einigen Gedanken, nichts zu Gebote steht, solche Spottgeburt zu verhindern. Schon befürchte ich, daß es – unter welchem Tarnnamen auch immer – zwangsläufig zur Wiedervereinigung kommt. Die starke D-Mark wird dafür sorgen; die Springerpresse, nunmehr im Bunde mit Rudolf Augsteins leichtfertigen Montagsepisteln, wird auflagenstark dafür sorgen; und deutsche Vergeßlichkeit wird dem Sorge tragen.

Am Ende werden wir knapp achtzig Millionen zählen. Wir werden wieder einig, stark und – selbst beim Versuch, leise zu sprechen – laut vernehmlich sein. Schließlich – weil genug nie genug ist – wird es uns gelingen, mit bewährt harter D-Mark – und nach Anerkennung der polnischen Westgrenze – ein gut Stück Schlesien, ein Stückchen Pommern wirtschaftlich untertänig zu machen und – nach deutschem Bilderbuchmuster – wieder einmal zum Fürchten und isoliert sein.

Dieses Vaterland verrate ich jetzt schon; mein Vaterland müßte vielfältiger, bunter, nachbarlicher, durch Schaden klüger und europäisch verträglicher sein.

Alptraum steht gegen Traum. Was hindert uns, der Deutschen Demokratischen Republik und ihren Bürgern durch einen gerechten, längst fälligen Lastenausgleich dergestalt zu helfen, daß der Staat sich wirtschaftlich und demokratisch festigen kann und seine Bürger weniger Mühe haben, daheim zu bleiben? Warum muß der deutschen Konföderation, die unseren Nachbarn erträglich sein könnte, immer wieder eins draufgesattelt werden, mal nach vagem Paulskirchen-Konzept als Bundesstaat, dann wieder, als müßte das so sein, in Gestalt einer Groß-Bundesrepublik? Ist denn eine deutsche Konföderation nicht mehr, als wir jemals erhoffen konnten? Sind denn umfassende Einheit, größere Staatsfläche, geballte Wirtschaftskraft ein erstrebenswerter Zuwachs? Ist das nicht alles wiederum viel zuviel?

In Reden und Aufsätzen habe ich mich seit Mitte der sechziger Jahre gegen die Wiedervereinigung und für eine Konföderation ausgesprochen. Hier gebe ich abermals Antwort auf die Deutsche Frage. Nicht in zehn, in fünf Punkten will ich mich kurzfassen:

Erstens: Eine deutsche Konföderation hebt das Nachkriegsverhältnis der beiden deutschen Staaten von Ausland zu Ausland auf, legt eine nichtswürdige, auch Europa trennende Grenze nieder und nimmt dennoch Rücksicht auf die Besorgnisse oder gar Ängste ihrer Nachbarn, indem sie in verfassunggebender Versammlung auf die Wiedervereinigung als Einheitsstaat verzichtet.

Zweitens: Eine Konföderation der beiden deutschen Staaten tut weder der nachkriegsgeschichtlichen Entwicklung des einen noch des anderen Staates Gewalt an, sie erlaubt vielmehr Neues: eigenständige Gemeinsamkeit; und sie ist zugleich souverän genug, den jeweils eingegangenen Bündnisverpflichtungen nachzukommen und so dem europäischen Sicherheitskonzept zu entsprechen.

Drittens: Eine Konföderation der beiden deutschen Staaten steht dem europäischen Einigungsprozeß näher als ein übergewichtiger Einheitsstaat, zumal das geeinte Europa ein konföderiertes sein wird und deshalb die herkömmliche Nationalstaatlichkeit überwinden muß.

Viertens: Eine Konföderation der beiden deutschen Staaten geht den Weg eines anderen, wünschenswert neuen Selbstverständnisses. Der deutschen Geschichte gegenüber trägt sie als Kulturnation gemeinsam Verantwortung. Dieses Verständnis von Nation nimmt die gescheiterten Bemühungen der Paulskirchen-Versammlung auf, versteht sich als erweiterter Kulturbegriff unserer Zeit und eint die Vielfalt deutscher Kultur, ohne nationalstaatliche Einheit proklamieren zu müssen.

Und fünftens: Eine Konföderation der beiden deutschen Staaten einer Kulturnation gäbe durch ihre konfliktlösende Existenz Anstoß für die Lösung weltweit unterschiedlicher und dennoch vergleichbarer Konflikte, sei es in Korea, in Irland, auf Zypern und auch im Nahen Osten, überall dort, wo nationalstaatliches Handeln aggressiv Grenzen gesetzt hat oder erweitern will. Die Lösung der Deutschen Frage durch Konföderation könnte beispielhaft werden.

Dazu einige Anmerkungen: Den deutschen Einheitsstaat hat es in wechselnder Größe nur knappe fünfundsiebzig Jahre lang gegeben: als Deutsches Reich unter preußischer Vorherrschaft; als von Anbeginn vom Scheitern bedrohte Weimarer Republik; schließlich, bis zur bedingungslosen Kapitulation, als Großdeutsches Reich. Uns sollte bewußt sein, unseren Nachbarn ist bewußt, wieviel Leid dieser Einheitsstaat verursacht, welch Ausmaß Unglück er anderen und uns gebracht hat. Das unter dem Begriff Auschwitz summierte und durch nichts zu relativierende Verbrechen Völkermord lastet auf diesem Einheitsstaat.

Niemals – bis dahin – hatten sich Deutsche während ihrer Geschichte in solch furchterregenden Verruf gebracht. Sie waren nicht besser, nicht schlechter als andere Völker. Komplexgesättigter Größenwahn hat die Deutschen dazu verleitet, ihre Möglichkeit, sich als Kulturnation in einem Bundesstaat zu finden, nicht zu verwirklichen und statt dessen mit aller Gewalt den Einheitsstaat als Reich zu erzwingen. Er war die früh geschaffene Voraussetzung für Auschwitz. Er wurde latentem, auch anderswo üblichem Antisemitismus zur Machtbasis. Der deutsche Einheitsstaat verhalf der nationalsozialistischen Rassenideologie zu einer entsetzlich tauglichen Grundlage.

An dieser Erkenntnis führt nichts vorbei. Wer gegenwärtig über

Deutschland nachdenkt und Antworten auf die Deutsche Frage sucht, muß Auschwitz mitdenken. Der Ort des Schreckens, als Beispiel genannt für das bleibende Trauma, schließt einen zukünftigen deutschen Einheitsstaat aus. Sollte er, was zu befürchten bleibt, dennoch ertrotzt werden, wird ihm das Scheitern vorgeschrieben sein.

In Tutzing wurde vor mehr als zwei Jahrzehnten das Wort »Wandel durch Annäherung« geprägt; eine lange umstrittene, schließlich bestätigte Formel. Annäherung gehört mittlerweile zum politischen Alltag. Gewandelt hat sich durch den revolutionären Willen ihres Volkes die Deutsche Demokratische Republik; noch nicht gewandelt hat sich die Bundesrepublik Deutschland, deren Volk den Anstrengungen drüben teils bewundernd, teils herablassend zuschaut: »Wir wollen euch ja nicht dreinreden, aber...«

Und schon ist Einmischung üblich. Hilfe, wirkliche Hilfe wird nur nach westdeutschen Konditionen gegeben. Eigentum ja, heißt es, aber kein Volkseigentum, bitte. Die westliche Ideologie des Kapitalismus, die jeden anderen ideologischen Ismus ersatzlos gestrichen sehen will, spricht sich wie hinter vorgehaltener Pistole aus: entweder Marktwirtschaft oder...

Wer hebt da nicht die Hände und ergibt sich den Segnungen des Stärkeren, dessen Unanständigkeit so sichtbar durch Erfolg relativiert wird. Ich fürchte, daß wir Deutschen auch die zweite Möglichkeit der Selbstbestimmung ausschlagen werden. Kulturnation in konföderierter Vielfalt zu sein ist uns offenbar zuwenig; und »Annäherung durch Wandel« ist – weil nur kostspielig – einfach zuviel verlangt. Doch auf Mark und Pfennig berechnet, wird die Deutsche Frage nicht zu beantworten sein.

Was sagte der junge Mann auf dem Hamburger Hauptbahnhof? – Recht hat er. Man zähle mich gegebenenfalls zu den vaterlandslosen Gesellen.

Erstveröffentlichung in: Die Zeit, Nr. 7, vom 9. 2. 1990. Der Abdruck erfolgt mit freundlicher Genehmigung des Luchterhand Verlages.

Kürzlich in Leipzig. Dieser verfrühte Frühlingstag. In Vorahnung besuchte ich am Nachmittag noch einmal die Nikolaikirche, als wollte ich mich beschwichtigen, um dann auf dem Vorplatz, wo alles angefangen hatte, ein handgemaltes Straßenschild zu entdekken. Mit seiner blauen, altmodisch-dekorativen Umrandung und der gleichfalls blauen, fein säuberlich ausgepinselten Schrift wirkte es echt und gab dem Ausgangspunkt der Revolution vom Herbst des vergangenen Jahres einen neuen Namen: »Platz der Angeschmierten«. Und darunter stand kleingeschrieben zu lesen: »Es grüßen eure Oktoberkinder. Wir sind noch da.«

Ich weiß nicht, was aus dem so echt täuschenden Straßenschild geworden ist. Vielleicht hat es sich als Reminiszenz retten können; am diesbezüglichen Museum wird es nicht fehlen: so viel Vergangenheit. Mir jedoch ist diese Kurzfassung einer folgenreichen Enttäuschung gegenwärtig geblieben, denn nicht nur die Wahlergebnisse vom 18. März und vom 6. Mai, auch die weitere Entwicklung des deutschen Einigungsprozesses (bis hin zur Währungsunion) haben die eigentlichen Revolutionäre, jene also, die gewaltlos das Machtkartell von Staat und Partei gebrochen haben, haben die »Oktoberkinder« als Angeschmierte vorerst oder auf Dauer in die Ecke gestellt.

Wollte ich mir den Eigensinn in der Politik zum Thema machen, wüßte ich keinen besseren Anfang, als an den Eigensinn der Revolutionäre von Leipzig, Dresden, Berlin zu erinnern, denn schon hat ihn das erzählende, raunende Imperfekt verschluckt; oder gibt es ihn noch, verdeckt nur von großspurigen Wörtern, eilfertig vorgeschobenen Geschichtskulissen und der in Großbuchstaben sich hart gebenden Währung?

Müßig aufzuzählen, wieviel demokratischer Eigensinn anfangs, dazumal, als einzig die Nikolaikirche Zuflucht bot, im Spiel war und einander duldete, solange Toleranz Gebot war; und nur ein traurig Lied weiß, wie wenig davon unterm Einheitsdiktat geblieben ist. Der letzte Ausdruck dieser gelebten Demokratie war wohl ein Verfassungsentwurf, den federführend Mitglieder des Neuen

Forum und der Gruppierung Demokratie Jetzt der frischgewählten Volkskammer vorgelegt haben. Kaum diskutiert wurde er und dann weggewischt von den notorischen Rechthabern. Nur noch um Anschluß ging es, der nicht Anschluß heißen darf. Und selbst der Spielraum zwischen den Grundgesetzartikeln 23 und 146 durfte nicht ausgeschritten, für weiterreichende Überlegungen genutzt, dem demokratischen Eigensinn anvertraut werden. Zügig muß es vorangehen. Alles andere hält auf. Die Daten sind gesetzt. Die Parole »Wir sind das Volk« mochte drüben kurze Zeit lang eine gewisse Berechtigung haben, bei uns hat der Kanzler das Sagen. Der will als Einigungskanzler die Geschichte bebildern, indem er jeden zweiten seiner übergewichtigen Auftritte als historische Stunde einläutet und so alle Wahlen gewinnt. »Der Zug ist abgefahren«, hieß und heißt es, »und niemand kann ihn aufhalten.«

Mit deutlichem Abstand zur Bahnsteigkante bleiben die Angeschmierten zurück, beschwert von der eigensinnigen Sorge, es könne dem abgefahrenen Zug allerlei in die Quere kommen, zumal ihn niemand mehr (kein Warnsignal) aufhalten kann. Als jemand, der seit Jahren und betont ab Herbst letzten Jahres die Konföderation der beiden deutschen Staaten in Vorschlag bringt, also die Einigung höher bewertet als eine Einheit, die er zu fürchten gelernt hat, stehe auch ich auf dem Bahnsteig und wiederhole papageienhaft meine Warnungen, ahne ich doch, daß dem abgefahrenen Zug Unglück vorprogrammiert ist. Nur deshalb – und selbst wenn niemand mehr zuhören will – sollen vom Platz der Angeschmierten einige Ausblicke gewagt werden.

Bis vor nicht langer Zeit und doch über vierzig Jahre lang war die DDR ein sich und seine Bürger überwachender Staat. Zensur hieß sein Gebot. Mißwirtschaft regelte seinen Alltag. Bevormundung sprach er sich aus, bis ihm von seinen Bürgern die Macht entzogen und in ersten Lektionen Demokratie beigebracht wurde. Aber steht diesen Bürgern nicht abermals Bevormundung ins Haus? Wird ihnen nicht, wie jüngst noch im Wahlkampf, nachdrücklich empfohlen, Leistung als Freiheit zu begreifen? Hat man ihnen nicht schnurstracks einige der Demokratie dienliche Verfassungswünsche als zwar sympathische, aber dennoch unnütze Flausen ausgetrieben? Und sind sie nicht wiederum einem Ismus untertan, diesmal in Gestalt der D-Mark, freilich ausgestattet mit den Angeboten der Reise- und Konsumfreiheit?

Was mit Mut begann, nach all den Demütigungen Selbstbewußtsein förderte, Witz, sogar Heiterkeit zuließ und kurze Zeit lang in beiden Staaten Freude machte, ist in Kümmernis umgeschlagen: Der deutschen Einheit Pate heißt Freudlosigkeit. Was als Gespräch tastend, einander erfragend begonnen wurde und Gedanken zulassen sollte, die auch unseren Nachbarn, den Polen voran, verläßlich sein könnten, hat sich auf Mark und Pfennig verkürzt. Geld muß die fehlende, übergreifende Idee ersetzen. Harte Währung soll mangelnden Geist wettmachen. Bei kritischer Nachfrage darf ersatzweise der Europagedanke herhalten. Nicht allmähliche Annäherung der Deutschen ist gefragt, sondern einzig Zuwachs an Absatzmärkten, weil umfassender Stumpfsinn alles dem alles regulierenden Markt überlassen hat. Selten ist im Verlauf der oft genug unglücklichen deutschen Geschichte eine tatsächliche historisch zu wertende Möglichkeit aus Mangel an gestaltender Kraft so kleinkrämerisch verrechnet, so dumpf nicht begriffen, so leichtfertig verspielt worden.

Und jetzt soll (nach altem Rezept) das Wunder wirken: die Währungsunion als Staatsvertrag. Es mag einem Schriftsteller erlaubt sein, mit- und vorzurechnen, zumal er, spätestens im Umgang mit Verlegern, das Rechnen gelernt hat. Der Einbruch der D-Mark in die DDR trifft eine unvorbereitete Wirtschaft und eine, was die Tücken und Vorteile der Marktwirtschaft betrifft, ahnungslose Bevölkerung. Die heilsame Medizin wird einzig im Kleingedruckten des Waschzettels wirksam werden: Unverträglichkeiten und sonstige Nebenerscheinungen. Denn jetzt schon läßt sich voraussagen, daß der überwiegende Teil aller in die DDR abgeführten D-Mark-Beträge in kürzester Zeit wieder im Westen sein und hier, ausschließlich hier, die Konsumumsätze in die Höhe treiben und den Tourismus fördern wird. Seit Jahren gespeicherte Wünsche wollen erfüllt werden, Traumreisen ihr Ziel finden. Doch zwischen Elbe und Oder, wo die halbtote Wirtschaft belebt, die gefährdeten Arbeitsplätze gesichert werden müßten, wird jene harte Währung, an die alle Welt zu glauben hat, nicht oder nur unzureichend wirksam werden. Was man in den Kaufhäusern des Westens zwischen Lübeck und München ausgibt, mag dort zwar die Kassen klingeln lassen und – bei so kräftigem Kaufschub – die Preise beflügeln, aber zu Hause werden die heimischen Produkte liegenbleiben, weil unverkäuflich geworden, grad noch zum Wegwerfen gut.

Die Folgen sind abzusehen: Ohnehin angeschlagene Firmen machen sofort Pleite, andere Produktionsstätten, die saniert werden könnten, sind bald darauf zahlungsunfähig, neue Betriebe wagen erst gar nicht den ungleichen Wettbewerb. Besonders Vorsichtige siedeln mit dem frisch umgetauschten Geld in den Westen um. Die erwartete Arbeitslosigkeit steigert sich ins Gemeingefährliche.

Ich sage, diese überstürzte Währungsunion, der keine vorbereitende Belebung der heimischen Wirtschaftskraft vorausging, ist ein Trug, der sich am Ende als Betrug erweisen wird; freilich werden die Angeschmierten diesmal nicht nur die Eckensteher vom Nikolai-Kirchplatz sein; mein voreiliges Auge sieht die Völker beider deutscher Staaten als ein Volk auf Bahnsteigen herumstehen und abgefahrenen Zügen nachschauen. Oder um mit anderem Bild die Vogelschar zu bemühen: Nach der Konjunktur für Wendehälse wird es, neben den obligaten Pleitegeiern, an Spottdrosseln nicht fehlen.

Warum erhebt der oberste Währungshüter, die Deutsche Bundesbank, keinen Einspruch? Zumindest in warnenden Andeutungen hat deren Präsident, Karl Otto Pöhl, auf die mögliche Unwirksamkeit des bevorstehenden Währungszaubers hingewiesen, um dann doch kleinlaut der Kohlschen Eile den Freipaß zu geben. Da nur noch in Geld mehr spekuliert als gedacht wird, erlaubt man sich, Gedanken, die nicht von der Einigungshast diktiert sind, und Besorgnisse, die der menschlichen Existenznot gelten, als lästige Dreinrede abzutun: Intellektuelle Spinnereien sind das, abwegig, weil einen dritten Weg beschreibend, professionelle Schwarzseherei.

Ich wünschte, es wäre so. Lust am Übertreiben hat mich hingerissen. Keine Magermilchmädchenrechnung werde aufgemacht, vielmehr habe finanzpolitisches Können alles im Griff. Ich wünschte, es dürfte sich der Kinderglauben an das marktwirtschaftliche Bilderbuch aus Ludwig Erhards Zeiten erfüllen, doch sprechen Erfahrung und bloßer Augenschein dagegen.

Während der letzten Wochen war ich zwischen Stralsund und Leipzig unterwegs, zuletzt in der Lausitz, wo sich die weitläufigen Braunkohlengruben nahe Senftenberg und zwischen Spremberg und Hoyerswerda als Landschaft, die stumm macht, dem Zeichner anbieten. Gespräche und bloßes Zuhören bestätigen meine Vorahnung: Dem Bonner Pfusch zufolge wird sich der lange genug herbeigeredete Zusammenbruch der DDR-Wirtschaft tatsächlich ereignen. Schon jetzt zeichnet sich ab, daß auswärtige Investoren allenfalls am Verteiler- und Liefersystem noch bestehender Betriebe interessiert sind, weil durch deren aggressive Nutzung westdeutsche Produkte – vom Bier bis zum Videorecorder – den DDR-Markt erfassen können. Der Ruin der Landwirtschaft ist, aus westdeutscher Produzentensicht, beschlossene Sache. Uns altbekannte Konzerne okkupieren den Buch- und Zeitungsmarkt. Schon sind die Landvermesser der ehemaligen Großgrundbesitzer in Vorpommern und Mecklenburg umtriebig. Die neuen Kolonialherren ziehen ein und finden in Gestalt von Betriebsdirektoren, vormals der SED hörig, beflissene Zuarbeiter.

Dagegen steht einzig der Katalog versprochener Wohltaten. Doch wem nützen im Verhältnis 1 : 1 ausgezahlte Gehälter, wenn eine Vielzahl noch funktionsfähiger DDR-Unternehmen nach kurzer Zeit zahlungsunfähig sein wird? Zunehmender Erwerbstätigkeit im Westen folgt, wie beim Ball mit der Delle, Arbeitslosigkeit im Osten. Nur dort könnte Zuwachs zu verzeichnen sein, wo unsere und unserer Nachbarn Ängste ihren Ursprung haben: im deutschen Rechtsradikalismus, zumal nicht auszuschließen ist, daß auch das Goldene Kalb, die harte D-Mark, Schaden nehmen wird.

Und das alles ohne Not oder nur, weil sich einige Politiker, der Kanzler voran, mit der Geschichte auf du und du wähnen. Was oder wer befiehlt uns Deutschen solch gedankenlose Hast? Dieser eilige Pfusch erlaubt nicht, daß zusammenwächst, was zusammengehört, vielmehr wird er die während vierzig Jahren konservierte

Distanz vergrößern: Vom Wohlstand geködert, durch Arbeitslosigkeit entlohnt, werden sich die Deutschen dort und die Deutschen hier fremder als je zuvor sein.

Man mag sich fragen: warum diese Klage? Was soll, angesichts eindeutiger Wahlergebnisse, dieser Eigensinn? Weil mit der Warnung vor kopflos ertrotzter Einheit noch einmal die Verantwortlichen genannt werden sollen. Ob den Bundeskanzler Einspruch erreicht, wage ich zu bezweifeln. Aber der Zentralbankrat der Deutschen Bundesbank ist aufgerufen, dem vorgesehenen Währungsschwindel das Ja zu verweigern. Im Rahmen seiner Möglichkeiten hat bisher der Bundespräsident vor überstürztem Handeln und neuerlicher Bevormundung unserer Landsleute gewarnt. Er fand wenig Gehör und hat dennoch versucht, die ständige Brüskierung unserer besorgten und auch verstörten Nachbarn – und sei es durch Worte nur – auszugleichen, zuletzt in Polen, wo seit Waigels Schlesien-Rede das Mißtrauen wächst. Ich meine, jetzt wäre es Richard von Weizsäckers Pflicht, dem drohenden Unheil einer überstürzten Währungsunion als Staatsvertrag keine Zustimmung zu erteilen und dem deutschen Einheitszug einen Zwischenhalt aufzuerlegen.

Damit wir innehalten können. Damit sich Zeit findet, einen Gedanken zu fassen, dessen Substanz mehr anreichert als bloße staatliche und pekuniäre Einheit. Damit wir endlich Gelegenheit nehmen, in demokratischer Breite Rat zu suchen, der uns zu neuer Verfassung verhilft. Nur wenn Bund und Länder, Bundestag und Volkskammer, Regierungen und Opposition, die Kirchen und die Gewerkschaften (und, wenn gewünscht, auch die vielgeschmähten Intellektuellen) miteinander ins verfassunggebende Gespräch kommen, wird das neu entstehende Deutschland seinen Bürgern und auch seinen Nachbarn gerecht werden. Die deutsche Vergangenheit verpflichtet uns zu dieser Umsicht; desgleichen die gegenwärtigen Gefährdungen: Umweltzerstörung und Klimaveränderung, Überbevölkerung und entsprechende Verelendung in den Ländern der Dritten Welt nehmen jetzt schon Zukunft vorweg.

Ein neuer, als Bundesstaat auf kultureller Vielfalt gegründeter Staat wird nicht nur Deutsche zu seinen Bürgern zählen. Italiener und Jugoslawen, Türken und Polen, Afrikaner und Vietnamesen haben innerhalb seiner Grenzen Zuflucht, Arbeit, Wohnung und oft genug abermals Heimat gefunden. Sie erweitern unseren kulturellen Begriff. Sie könnten helfen, unser nach wie vor diffuses Bewußtsein von Nation neu zu erleben. Mit ihrem Beistand sind wir als Deutsche zugleich Europäer.

Doch ist noch Gelegenheit, von der Verflachung der Deutschen Frage zur bloßen Währungseinheit Abstand zu nehmen und aus besinnungsloser Eile in eine Gangart zu kommen, die, bei ruhigem Atem, Gedanken erlaubt?

Zurück zum »Platz der Angeschmierten«: Leipzig, Nikolaikirche. Der helle, heitere, zu jedwelcher Nachdenklichkeit einladende Raum. Hier fing alles an. Hier liegen jetzt schon Hoffnungen begraben. Und dennoch ließe sich von hier aus – Bonn und Berlin beiseite lassend – der bislang fehlende Gedanke erproben; denn zöge man von der Leipziger Nikolaikirche zur Frankfurter Paulskirche einen imaginären Faden und folgte dieser gedachten Linie...

Aber was rede ich. Wer hört noch zu?

Erstveröffentlichung in: Die Zeit, Nr. 20, vom 19. 5. 1990.

GÜNTHER NENNING

Angstlust vor Deutschland

Ich hasse die Deutschen. Der Magen dreht sich mir um, wenn ich in meinem Wien, in meinem Salzkammergut, in meinem Tirol Deutsche deutsch reden höre – dieses deutsche Deutsch, das dem Österreicher sofort Minderwertigkeitsgefühle eingibt, es klingt alles so kompetent und effizient, und wenn's der größte Blödsinn ist.

Am meisten hasse ich die kultivierten Deutschen, die mir auch noch recht geben; ja, wir sehen es ja ein, sagen sie, daß wir Deutschen immer schon böse Menschen waren und bleiben werden und daß ihr Österreicher solche Gefühle habt und haben müßt, und da haben sie dieses sanfte, warme Deutsch drauf, das noch viel ekliger ist als das Kommandodeutsch. In allen In-Lokalen, in den Kaffeehäusern, wo man unter sich sein will, überall sitzen sie rum und finden alles Österreichische ganz wunderbar.

Wir Österreicher brauchen keine Deutschen, die uns kritisieren, und schon gar keine, die uns lieben.

Eine geringe Erleichterung ist mir, daß mein Deutschenhaß geteilt wird von diesem einwandfreien Präfaschisten Friedrich Nietzsche.

»Ich bin«, schrieb Nietzsche, »in meinen tiefsten Instinkten allem, was deutsch ist, fremd, so daß schon die Nähe eines Deutschen meine Verdauung verzögert.«

Seltsam, meine beschleunigt es.

Nietzsche fühlte sich als Pole. Ich fühle mich als Illyrer, Kelte, Slawe, Ungar, Jude – wie sich halt ein richtiger Österreicher fühlt.

Ich liebe die Deutschen. Ich streiche nächtlich meine Bücherreihen entlang, von Hölderlin bis Brecht und wieder retour. Das deutsche Geisterreich ist eine zu ernste Angelegenheit, um es den Deutschen zu überlassen. Wir müssen die Deutschen an Österreich anschließen.

Ob die Österreicher Deutsche sind, ist eine No-na-Frage. Natürlich sind sie es. Ob die Deutschen Österreicher sind, *das* ist die Lebensfrage der Deutschen. Ob sie so bunt, so schizophren, so dezentral, so unkonzentriert, so ineffizient sein können wie wir, die wir dieses Deutschland jahrhundertelang regierten und verschlampten.

Die Gemeinsamkeit der Deutschen und der Österreicher ist ihr Unterschied – in Sprache, Kultur, Geschichte. Das ist ein aktuelles Modell: Nun, da den Deutschen so deutlich wie nie zuvor die Dominanz zufällt in Europa – müssen sie begreifen, daß die europäische Gemeinsamkeit aus lauter Unterschieden besteht.

Deutsche, werdet Österreicher!

Bei Nestroy gibt es die wunderbare Stelle: »Was woll'n Sie? Ein Recht wollen Sie? Das Recht haben Sie ohnedem. Hätten's lieber ein Glück, wär' g'scheiter!« Genauso geht es jetzt den Deutschen. Ihr Recht haben sie jetzt: einen Nationalstaat wie andere Völker auch. Aber das G'scheitere, das Glück, ging an ihnen vorbei: der Nicht-Nationalstaat, die grenzenlose Nation, das größtdeutsche Geisterreich.

Statt eines Staates, wie ihn alle Völker haben, ein Reich, das nur sie haben.

Dem deutschen Nationalstaat gehören wir Österreicher natürlich nicht an; siehe unsere Unterschiede. Dem deutschen Geisterreich gehören wir Österreicher natürlich an; siehe unsere Gemeinsamkeiten.

Die deutschen Gefühle in Österreich haben nicht erst mit Hitler begonnen und sind nach ihm nicht zu Ende – dies wird sich bald zeigen.

Das deutschnationale Lager oszillierte in der Ersten Republik Österreich in der Gegend um plus minus fünfzehn Wählerprozent. Soviel wird die FPÖ unter Jörg Haider bei den Wahlen am 9. Oktober 1990 auch wieder kriegen. Eine verblüffende Kontinuität über sechs, sieben Jahrzehnte hinweg, quer über die Kluft des Faschismus und eines Weltkrieges.

Wie die österreichische Lust an Deutschland ist auch die österreichische Angst vor Deutschland älter als Hitler und hat in Gegenwart und Zukunft reichlich Nahrung. Als Bismarck uns in den Krieg von 1866 hineinbugsierte, soll ein österreichischer General seinen Lagebericht beim Kaiser mit den Worten geschlossen haben: »Alsdern, Majestät, wer'n wir halt Krieg führen müssen, damit a Ruh' is'.«

Von Ruhe konnte keine Rede sein. Der verlorene Krieg von 1866, die Herausdrängung Österreichs aus Deutschland, in welchem es reichlich vier Jahrhunderte lang Vormacht war – produzierte in Österreich die deutschnationale Bewegung. In dem von Deutschland abgetrennten Österreich gab es nun 25 Prozent Deutsche, 75 Prozent Slawen, Ungarn und ein Dutzend weitere Nationalitäten.

Die in die Minderheit geratenen Deutschen in Österreich suchten Anlehnung und Anschluß an Deutschland. Erst recht war dies so in dem kleinen, schwachen Rest-Österreich, das 1918 nach dem verlorenen Ersten Weltkrieg übrigblieb.

Erst als die Anschlußbegeisterung von 1938 eingeholt und übertroffen wurde von der grausigen Realität des Hitlerfaschismus – entstand aus Wut und Widerstand ein neues österreichisches Nationalgefühl. Hitler war der Schöpfer der österreichischen Nation.

Die Siegermächte von 1945, die den Zaun des Anschlußverbotes bauten, waren die Exekutoren dessen, was Hitler angerichtet hatte.

»Das Nationale ist das Historische in uns«, definierte Otto Bauer, der geniale austromarxistische Theoretiker. Gröber gesagt: Sperrt man ein Volk lang genug in staatliche Grenzen, kann eine Staatsnation entstehen. Seit 1945 ist das in Österreich passiert.

Die österreichische Nation ist nicht nur eine Staatsnation, künstlich auferlegt von außen. Die österreichische Nation ist, sonst wäre sie keine, ein geistiges Gebilde. Aus vielfacher Wurzel:

– Freude über die Lebenstauglichkeit des selbständigen Österreich seit 1945;

– Mißvergnügen über das Krankjammern dieses Österreich –

um uns in die EG zu pressen mit Argumenten, die ebenso für demnächstigen Anschluß an Deutschland passen und vor 1938 genau dazu schon einmal dienten (»Österreich allein ist lebensunfähig«);

— Genugtuung über die Wiedergeburt Mitteleuropas aus eigenständigen Nationen — sentimentalisch sehen wir darin jenes Musilsche »Größer-Österreich«, »Welt-Österreich«, Modell für das Zurruhekommen der Völker;

— Hinabtauchen in die eigene, altösterreichische Geschichte — nur dieses Hinab in die Tiefe der Geschichte bringt Europa vorwärts und zustande;

— Zugehörigkeit endlich zum deutschen Geisterreich, zu jenem Schellingschen »Volk aus Völkern«, Gefäß der Gemeinsamkeiten und Unterschiede, Gegengift gegen den deutschen National- und Brutalstaat — Deutschland ist eine russische Puppe; in der Nation steckt immer noch eine Nation und noch eine.

Alle Schönheit und aller Schrecken der Geschichte ist unfaßbar für Logiker, faßbar nur für Freunde des Widerspruchs und der reinen, einfachen Hauptsätze. Die Österreicher sind Deutsche. Die Österreicher sind keine Deutschen. Die Österreicher sind Österreicher. Diese Sätze sind geordnet in aufsteigender Reihenfolge der Wichtigkeit.

Nichts ist jetzt wichtiger, als daß Österreich, der deutschen Geistnation zugehörig, der deutschen Machtnation munter Widerstand leistet. Geist ist immer das Beste gegen Macht.

Erst wenn wir wissen, wer wir selber sind, können wir widerstehen.

Statt dessen übt das offizielle Österreich, unter zunehmendem Mißbehagen der Bürger, den unaufrichtigen Gang nach Brüssel, auf Ellbogen und Knien.

Es gibt für Österreich kein europäisches Problem, nur ein deutsches. In welcher Form sich unser Anschluß an die EG vollzieht oder nicht vollzieht — es ist ein Anschluß an Deutschland.

Oh, österreichische Angstlust vor Deutschland:

— Daß über dem Brandenburger Tor die schwarz-rot-goldene

Flagge weht, die Fahne der Revolution 1848, die Fahne der Deutschen Demokratischen Republik 1918 ff., 1948 ff. – macht mir Lust.

– Daß von der neuen alten Hauptstadt Berlin noch kein Plan feststeht, als daß in ihrem Herzen, auf dem Potsdamer Platz, die Zentrale des Auto- und Rüstungsriesen Daimler-Benz errichtet wird – macht mir Angst.

Konzerneuropa oder Geisteuropa. Internationales Europa, megaökonomischer Einheitsbrei – oder inter-nationales Europa der bunten Völker, Europadorf aus Nationenhäusern.

Ach, jene Österreich-Ideologen mit drei großen Ö, Europa-Ideologen mit drei großen EU! Alle Grenzen in Europa sollen fallen, nur nicht: die deutsch-österreichische Grenze; die deutsch-polnische Grenze; die österreichisch-italienische Brennergrenze; und noch ein paar heilige Grenzen.

Na, die werden schauen.

Sicherheitshalber spezialisiere ich mich jetzt schon auf Prognosen, die übertrieben klingen, aber nicht mehr lang.

Als Bismarck die Österreicher besiegt und aus Deutschland herausgedrängt hatte, pilgerte zu ihm eine österreichische Delegation nach der andern, huldigende Deutschnationale aus allen einschlägigen Teilen der alten Monarchie; am deutschesten waren die Böhmen. Zu einer solchen Delegation aus Jubelösterreichern soll der Fuchs Bismarck gesagt haben: »Meine Herren, am besten seid ihr gute Deutsche, wenn ihr gute Österreicher seid.«

Der Satz ist klug und aktuell. Denn die Annahme, daß die Deutschgefühle in Österreich tot sind auf immer, ist ein Wunschtraum der Österreich-Ideologen, und nicht einmal ein schöner.

Ein Ausscheiden aus der Gemeinsamkeit und Unterschiedlichkeit von Sprache, Kultur, Geschichte verstärkt die geistige Verschweizerung, der die Österreicher ohnehin schon unterliegen.

Ein österreichisches Selbstbewußtsein, lustvoll und angstfrei, ist nicht möglich außerhalb der Gemeinsamkeit und Unterschiedlichkeit mit und von den Deutschen. Eine frisch atmende österreichische Geisteslunge ist nicht möglich, wenn drin eine Kaverne ist, ein großes Loch mit der Aufschrift »Deutsch verboten«.

Um Vogel Strauß zu sein, braucht man einen schönen großen Sandhaufen. Der, in dem die Österreich-Ideologen ihre Köpfe haben, wird nun weggeblasen von einer Hochgeschwindigkeitsturbine namens Weltgeschichte.

In der Nacht nach den Wahlen in West- und Ostdeutschland, mit anschließendem Wiedervereinigungsfest, explodiert ein Deutschtümeltaumel, der sich verlängern wird direkt in einen ganzen Geschichtsabschnitt.

Alles, was in Deutschland passiert, schwappt über nach Österreich, früher oder später, diesfalls fast sofort.

Die einheimische Grundlage in Österreich wird zu jenem Zeitpunkt schon gelegt worden sein, mit dem österreichischen Wahlergebnis vom Oktober 1990, nämlich dem Wiederauftauchen des deutschnationalen Lagers zu einer dritten Kraft neben den beiden, der roten und der schwarzen Staatspartei – quantitativ nicht gleich mit diesen, dynamisch ihnen überlegen.

Diese politische Entwicklung erreicht ihren Klimax zu einem Zeitpunkt, da Österreichs ökonomischer Anschluß an Deutschland längst vollzogen ist. Jene selben politischen Praktikusse in Österreich, die stets dienstfertig auf ihren Auslandsreisen beteuern: die deutsche Wiedervereinigung sei ganz wunderbar, aber Österreich geht sie überhaupt nichts an, deutsche Gefühle gibt es nicht in Österreich und kriegen wir auch nicht wieder – nennen scheinheilig »Internationalisierung« der österreichischen Wirtschaft, was in Wahrheit hauptsächlich Germanisierung Österreichs ist.

Ein wiedervereinigtes, noch stärkeres Deutschland heißt: die Germanisierung Österreichs geht weiter, und rascher.

Soviel Marxist soll man sicherheitshalber sein: so grundstürzend verändertes polit-ökonomisches Sein produziert verändertes gesellschaftliches Bewußtsein.

Dann vor allem, wenn es eigenständiges, festgegründetes, aktives, folglich seinerseits zur materiellen Kraft werdendes Österreichbewußtsein nicht gibt.

Von der landläufigen Politikergarde ist diesbezüglich nichts zu erwarten. Wer den Supermarkt als Lebensziel verkauft, wer Natur-

und Seelenzerstörung täglich weglügt – hat nicht Zeit und Lust und Genius für die Welt der Ideen, für die Arbeit am Geisterreich.

Die österreichische Nation ist eine späte Erfindung – der halbe Faschismus in der Ersten Republik bastelte an ihr als Abwehrwaffe gegen die großdeutsche Nation des ganzen Faschismus Hitlers. Erst dank diesem gedieh dann die österreichische Nation so richtig.

Ach, wie unwahr, daß alle Österreicher keine Nazis und keine Antisemiten waren. Unwahrer ist nur noch, daß alle Österreicher Nazis und Antisemiten waren, sind, sein werden.

Geschichtsschreibung ist ein ebenso bewegter Prozeß wie Geschichte selbst. Noch ist nicht die ganze Geschichte geschrieben der Nazigreuel, begangen durch Österreicher – und schon ist fällig eine Geschichte der anständigen Nazis, eine Geschichte der anständigen Österreicher; ja, nicht einmal eine ausreichende Geschichte des österreichischen Widerstands gegen Hitler ist schon geschrieben.

Und in all dieser noch nicht geschriebenen Geschichte fehlt folglich das Kapitel über die österreichischen Deutschnationalen – jene, die Nazis wurden und kriminell; jene, die Nazis wurden und anständig blieben; jene, die keine Nazis wurden, sondern Opfer Hitlers; jene wenigen auch, die im Widerstand gegen Hitler aktiv waren.

Deutschnationale, die für den Anschluß waren und vor Deutschland Angst hatten – Deutschnationale, die vor Deutschland Angst hatten und deswegen für Österreichs Selbständigkeit waren – zu einer dieser beiden Kategorien gehörten zum Beispiel alle Sozialdemokraten in der Ersten Republik – alles das schwimmt im Eintopf einer »Zeitgeschichte«, die von Geschichte nichts wissen will.

Geschichte ist nicht identisch mit Denunziation. Kein Ismus ist geeignet für Geschichtsschreibung, der Faschismus bestimmt nicht, manche Sorten Antifaschismus auch nicht.

Jetzt müssen alle Bücher neu geschrieben werden. So ist das, wenn die Geschichte einen ihrer Purzelbäume macht.

Nachdem Geschichte neu wurde, Geschichte neu schreiben – das ist Aufgabe der Intelligentsija. In dieser wird sich – europaweit – ein ziemlich kompletter Personalaustausch ergeben. Die Nachkriegsvor- und -nachdenker verdämmern, sie verstehen die Welt nicht mehr. Ihr geistiges Gepäck: die -logien der Nachkriegszeit (Sozio-, Polito-, Psycho-); die moderne Kunst; der demokratische Westen; der Technik- und Fortschrittsglaube; die Gleichsetzung aller Geschichte mit zwölf kriminellen Hitlerjahren – das gelangt jetzt in die große Aufb(ew)ahrungshalle der Ideengeschichte.

Das Neue – an Personal und an Ideen – ist erst recht undeutlich. Ein Quantensprung nach vorwärts zurück und hinauf in Philosophie, Mythos, Religion; eine neue Romantik; Absterben des Parteienstaates; unordentlich wimmelnde Demokratie von unten; wertkonservative Verhöhnung der Todbringer Technik und Fortschritt; und ein Hinab in die ganze Tiefe der eigenen Geschichte.

Das alles dissonant begleitet vom Trauermarsch des Elends der Dritten und Vierten Welt; megaökonomischen Machtdelirien; wachsender Wüste des Konsumplunders; computerisierter Verblödung und gentechnischer Verhunzung der Kreatur.

Schöpfung erfolgt aus dem Nichts. Der Mutterschoß Chaos bedarf der Erweiterung. Mich erinnert die gegenwärtige Geschichtswende an den jüdischen Witz vom Neger, der auf dem Broadway eine Zeitung in hebräischer Schrift liest; klopft ihm ein armer Jud auf die Schulter und sagt: »Negersein geniegt Ihnen nicht?«

Nein, nichts an Zores genügt dieser Zeit. Es wird ein Europa der haarsträubenden Widersprüche – es wachsen gleichzeitig Kleinheit und Größe, Gewimmel der wiedergeborenen Nationen und Niederwalzung durch Megaökonomie und Megatechnik; es wachsen gleichzeitig neue Demokratie und neuer Faschismus; es wachsen gleichzeitig Umweltbewegung und Umweltvergiftung – und es wachsen, als ob dies nicht ausreichende Wirrnis wäre, zwei neue, den Kontinent überschattende Großnationen:

– Deutschland, dem schon die Dominanz über Europa sicher ist;

– Rußland, statt der berstenden Sowjetunion – ein geeigneter Rivale für Deutschland oder ein noch geeigneterer Partner.

Der Intellektuelle hat es schön in solchen Zeiten. Er hat nicht Ruhe und Ordnung als Aufgabe, sondern im Gegenteil. Er ist nicht gehalten zu gewinnen, sondern zu denken – das Seine zu behaupten. Das Meine ist einfach genug: gegen die Macht und für den Geist. Gegen die Machtnation und für die Geistnation. Es lebe das größtdeutsche Geisterreich!

Angstlust vor Deutschland: Vor die Wahl gestellt, Angst zu haben oder Lust, muß ich mich entscheiden, und zwar leichten Herzens für die Lust.

Ulrich Sonnemann

Das Nationale als Abwehralarm und als Monopol einer Selbstverstümmelungsfurie oder Warum man vor Menschen, die Angst vor der Angst haben, Angst hat

Kurzfristig und aus gehörigem Abstand, obendrein ohne Fernstecher, in den Blick genommen, ändern Völker sich nie. »La Russie, c'est toujours la Russie«, antwortete de Gaulle, als man ihm nahegelegt hatte, doch lieber bei offizielleren Anlässen von der Sowjetunion statt von Rußland zu reden; und wie bestürzend er recht hatte! Da er es jetzt hat, selbst ein Fernrohr daran kaum etwas ändern könnte (wer weiß, ob es nicht die Fahne des Zaren erwischte, die man vor kurzem durch Moskau trug), hatte er es in seiner souveränen Gleichgültigkeit gegen die akzeptierte Sprachregelung offenbar damals schon, solche Unbeirrbarkeit aber legt es nahe, ein nicht weniger konstantes Sich-gleich-Bleiben an den Völkern überhaupt demonstrieren zu können; also warum nicht den Deutschen.

Fast beängstigend geht das. Dafür hat ihre Psychohistorie durch alle Situationswechsel hindurch etwas hinreichend Repetierliches; ja, was könnte in dem jetzt entstandenen Zustand ominöser als dies gerade, dieser noch sich selbst offenbar verborgene, ungeständige Wiederholungszwang sein, der sie zugleich treibt und zerrüttet? Da seine Erscheinungen Teil des Themas sind, ohnehin auf den Tisch der Betrachtung kommen, nur zwei Triftigkeiten vorab. Psychohistorie, wie sie hier verstanden wird, weicht als Forschungsrichtung von der gleichnamigen, von Lloyd de Mause in den Vereinigten Staaten zu so unbestreitbar gewichtigen Funden wie der Aufdeckung vorangetriebenen ab, daß den Ausbruch eines nahenden Krieges einer von Ehekrisen im Privatleben der für ihn ausschlaggebenden Politiker immer vorankündigt; was in eine Praxis seiner Verhütung zu übersetzen ohnedies doch schon schwerfiele, aber was erst, wenn ein gar nicht verheirateter einziger Politiker ihn beginnt? So reduziert sich die fragliche Wissenschaft auf eher zahlenmäßig erfaßte als analytisch aus ihren Ursachen abgeleitete punktuelle Wenn-dann-Bestimmungen, die transversal zur Diachronie von Geschichte, quer zu dem stehen, was als Geschichte sie ausmacht, der Bewegung der *Zeit:* der im Anschluß an Einsichten Freuds, die am Ende seines großen Aufsatzes »Das Unbehagen in der Kultur« expliziert sind, durch ihre Phasen als solche des Lebensprozesses einer je spezifischen Gesellschaft zu folgen nur so unverkennbar gerade die Aufgabe von Psychohistorie ist, wie schon ihr Name es will.

Das ist das eine. Das andere, daß für eine Auslegung des gemeldeten Gleichbleibens an die eingangs vermerkte *Kurzfristigkeit* gerade eines Dauerbefunds nach der Weise de Gaulles zu erinnern ist: der ja nicht weniger perzeptiv sein muß, wenn an seinem Wahrgenommenen doch noch zeitliche Grenzen (irgendwann, in einer fernen Vergangenheit, stand es um dessen Topos einmal ganz anders) zum Vorschein kommen. Daß die Deutschen ihre neuere Geschichte hindurch nicht für Vorkämpfer der Freiheit gegolten haben, es notorisch bis heute in der Erfahrung ihrer Nachbarn nicht sind, ist bei der Angst, die sie ihnen machen, den schrecklichen Erinnerungsbildern, die in ihr fortleben, ein Gemeinplatz zwar, aber keiner von der geläufigen, kalbsäugig arglosen Sorte; eher ein euphemistisches Understatement – aber wie paßt das dann zu der Meldung, daß es ausgerechnet die germanischen Vorfahren der Besagten in der Zeit der verlöschenden Antike gewesen seien, die der römischen Welt den Gedanken der persönlichen Freiheit gebracht hätten? Nun, man ahnt bereits, das ist Wunschdenken, könnte etwa ja eine der unglückseligen, pädagogisch fatalen Marotten sein, wie sie sich Studienräte, teutonisierende, aus der Frustriertheit ihres versteckten Atavismus zuammenbasteln, aber man irrt, der Befund stammt aus Frankreich, es ist einer des sehr kritischen Geistes – der ein so großer Historiker wie Verteidiger der revolutionären Tradition seines Landes war – Jules Michelet.

Was ihn im gegenwärtigen Zusammenhang wichtig macht, ist ausschließlich, aber einschneidend, was er an Wandlungsfähigkeit ethnischer Charaktere, der sie tragenden psychosozialen Kulturen auf ihrem Wege durch die Zeiten, erkennen läßt, wenn ein geschichtlicher Umschlag, an einer solchen vollzogen, sie verändern, mithin etablieren konnte, was im deutschen Fall als politische Unkultur, die die verlorene Freiheit immer nach »innen« verschob, sich dann *gleichblieb,* kann es einen weiteren solchen Umschlag geben, der jene ältere und originäre Bestimmung, ihre verdrängte, verschüttete, unverwirklichte Künftigkeit, wiederherstellt: mit welcher Möglichkeit nicht die Vernunft zwar, um so sicherer der szientifische Verstand seine Nöte hat, da der Wandel eines Charakters, wie ja deutlich schon für individuelle Biographien gilt, an ihnen gänzlich neue Seiten – ihr *Nichtidentisches,* nach Adorno – hervorkehrt. Daß er mit diesen dann, statt sich *anzupassen,* also dem Kanon je schon fertiger, nach dem Muster *anderer* geformter Vorstellungen anzugleichen, unverwechselbar trotzdem er selber bleibt, nämlich *wiedererkennbar,* kann der szientifische Verstand nicht verkraften, erscheint es ihm doch, erstens, als Widerspruch, und kann er zweitens es schon deswegen nicht einordnen – und also nicht *dulden* –, weil er nur Erwartbares zu erwarten imstande ist, eben im Unterschied zur Vernunft. Seit Geschichte selbst wieder in Bewegung kam, gegen eine im Westen verbreitete Stimmung eine ganze harthörige Ideologie widerlegt ist, die sie im Zeichen des *post-histoire* schon für abgeschlossen hielt, sie als offene Möglichkeit daher abschrieb, könnte nichts aktueller als das wachsend prekäre Verhältnis sein, in dem ein nur noch rechnendes Inventurmachen zum sich unvordenklich Ereignenden solcher Überraschungen steht, wie sie der jüngstvergangene Herbst bot: dieser Keime einer offenen Zukunft, die als das je qualitativ Neue im mäandernden Gang der Geschichte keine Steigerung oder Kombination ihrer vorgegebenen, verfügbaren Quantitäten sind, sondern als ununterdrückbare Wahrheiten in die Betriebsverwaltung ihrer Sach- und Krachzwänge einbrechen. An welchem Punkt es vielleicht heiß wird, es könnte nämlich sein, daß gedachter *weiterer Umschlag* sich an dem deformierten Charakter, um den es hier geht, zu vollziehen schon tatsächlich anfing und man es nur noch nicht wahrhat – warum? Weil er mit den Mächten eben, die für die Deformation stehen, unvereinbar, ja für ihren Fortbestand höchst bedrohlich ist. Nach der erledigten östlichen haben sie nun ein Auffliegen ihrer eigenen Scheinwelt zu fürchten, auf deren peinlich geregeltes *twospeak* sie sich volle vierzig Jahre verlassen konnten, und so eilten sie denn gleich auch alle herbei, solche unliebsamen Weiterungen zu stoppen; schafften das ja auch vorerst. Aber was immer aus dem ostdeutschen Aufstand vom 9. November 1989 geworden ist, aus den Ergebnissen weiterhin (da sie keineswegs abgeschlossen sind) wird, zunächst war er – bleibt es darum auch – der erste Fall einer Revolution, die den Deutschen geglückt ist: Das Volk (»Das Volk sind wir«) stürzte eine staatliche Obrigkeit.

Das hatte es noch nicht gegeben, das einzige Praecedens war 1848/49 gescheitert, der militärische Zusammenbruch von 1918 keine Revolution: Was er an Chancen geboten hatte, doch noch eine aus ihm zu machen, hatten die Sozialdemokraten gleich zugunsten einer von den Geschlagenen kontrollierten *Ruhe und Ordnung* vertan, deren Qualität sich 1932/33, 1938/39 und 1945 herausstellte. Daß, was versäumt war, also nachzuholen blieb, keine importierte bürgerliche Verfassung, sondern die Revolution, die diese voraussetzt – andernfalls die auf sie Vereidigten sie so brechen und verraten würden wie in *beiden Nachkriegszeiten* eintrat –, nur selbst sein konnte, hat die Geschichte des Faschismus bestätigt, der nur in den beiden großen Ländern Europas sich durchsetzte, denen bürgerliche Revolutionen – wenn auch in Italien nicht so kraß wie in Deutschland, eben dieser Unterschied aber wiederholte sich nur in demjenigen der beiden Faschismusformen – mißlungen waren, während die *Croix de Feu* ja in Frankreich so auf der Strecke blieb wie Sir Mosley in England.

Was der Umsturz der DDR brach, kann also kaum überschätzt werden, ja, es kann es nach Marx selbst nicht, der so unbeirrt bürgerliche Revolutionen für eine unüberspringbare Phase im Emanzipationsprozeß der Menschheit erkannt hatte, daß er im amerikanischen Sezessionskrieg es mit Lincoln, dem kapitalistischen Norden gegen den feudalen Süden, gehalten hat – wie feudal aber (zur Rundung des Bildes) jener sich explizit demokratisch nennende, ebenso angeblich sozialistische deutsche Staat war (von welchen Angeblichkeiten Bonner Inkonsequenz immer nur die erstere, da die letztere ihr in den Kram paßte, als den Schwindel verschrie, der sie beide waren), dessen Machtapparat an jenem 9. November gestürzt wurde: kam dieser heillose Zustand nicht (und kommt er nicht immer noch weiter) mit einer konsternierenden Drastik in den Monaten danach an den Tag?

Diese Aufdeckungen sind bekannt. Offenbar aber ist es dann wichtig, in der Typologie des Feudalismus den Platz zu bestimmen, auf dem diese Spielart gediehen war: ohne ein präziseres Verständnis als das landläufig seit damals verbreitete der im Osten vollzogenen, in ihren Konsequenzen nur so unabsehbaren wie in ihrer Vorgeschichte unbegriffenen Umwälzung ist mit keiner einzigen der Fragen voranzukommen, die sich in unserem Thema verknüpfen. Mit der gerade genannten brechen sie auf, ohne Volkssouveränität, dieses subjektive Freiheitsmoment, das er ausnahmslos in den Völkern des Westens ihrem Mündigwerden in bürgerlichen Revolutionen zu danken hat, ist die *Nation* als verbindlicher Normenbegriff nur so rettungslos eine Imitation und Erschleichung wie an Bismarcks berühmter Gründung bereits für den Namen des *Reiches* gilt: des in seiner Authentizität und ihrem bedeutenden Nimbus (bei vielen inneren hatte man ihm wenigstens Angriffskriege seit der Zeit der Kreuzzüge nicht vorwerfen können) fünfundsechzig Jahre vorher erloschenen, das der Neubegründer – da der Namensentleih sonst keinen Sinn ergibt – *historisch* kopiert hatte; also nach Art der bekannten Architektur dieser Ära offenbar nicht sehr aufmerksam. Immerhin hatte es ja tatsächlich die dann vielbeschworenen tausend Jahre lang dauern können, die Neubegründung dagegen, alle drei Phasen zusammengerechnet, schon nach einem knappen Dreivierteljahrhundert ein Ende in Schanden ereilt, ergo beginnt das *Nationale*, um überhaupt nämlich mit einem vertretbaren, menschlich anständigen Sinn sich verbinden zu können, nur so klar mit einer Herstellung revolutionärer Volkssouveränität, ihrer Durchsetzung und Verbürgung der Menchenrechte, wie ein Erwachsenenleben – außer eben in pathologischen Fällen – mit den Mündigkeit schenkenden Durchbrüchen einer glückenden – als Befreiung erfahrenen – Pubertät.

Scheiterte sie, wird der unfrohe Zustand, der der letzte vor seiner mißlungenen Ablösung war, in den Menschen verinnerlicht: im hier einschlägigen Vergleichsfall also der Feudalismus weder in seiner mittelalterlichen Spielart noch seiner von Lincoln bekriegten sklavenwirtschaftlichen, die es ja im nachantiken Europa – die Leibeigenschaft war eher ein Verhältnis von verrechtlichter Ausbeutung, mit freilich schrankenloser politischer Unterdrückung verbunden – nicht gab, sondern jener späte der frühen Neuzeit, der als Feudalabsolutismus den modernen Beamtenstaat, also nicht nur den Apparatschik gezeugt hat, sondern mit dem heimischen Staatskomplex auch die fatale Bestimmung aller menschlichen Dinge immer von oben nach unten, die als Horizont des deutschen Bewußtseins in allen Trümmerstücken des 1806 versunkenen Reichs überlebte. Da es ein Gebot seines Interesses war, das aufstrebende Bürgertum, also den Frühkapitalismus, in den untertanen Städten zu fördern, hat der Feudalabsolutismus in Deutschland nicht nur mit ihm harmonisiert, sondern anders als etwa in England hatten die Bürgerklasse, ihre Industrie, ihre Wirtschaftsweise, etwas vom Staat selbst überhaupt erst Gestiftetes, ja, in Preußen, Forciertes; was nicht nur in der deutsch-idiomatischen Reihenfolge »Staat und Gesellschaft«, nie »Gesellschaft und Staat«, sich behauptet hat, sondern welche Konstellation mit einer einzigen Verschiebung in dem paradoxen Produktionsverhältnis wiederauferstand, das die Wirtschaft der DDR war.

Soweit sie nämlich nicht etwa – in ihrer totalen Unkontrolliertheit, also auf die absolutistischste Weise – feudal war, war sie kapitalistisch; nur nicht früh- freilich, sondern so spätkapitalistisch – dies die genannte Verschiebung, die statt der Unternehmer nun den Funktionären zugute kam –, wie für den Staat als Besitzer eines Kapitalmonopols sehr bezeichnend ist, nimmt er doch unverkennbar damit schon das Endstadium einer demonstrablen

Tendenz voraus, die als zunehmend monopolistische dem Kapitalismus mit einer Unablösbarkeit immanent ist, die sich in der ständig wachsenden Macht und gleich ständig sinkenden Anzahl seiner Wirtschaftsriesen zeigt, die ja nicht zufällig meist schon *Multis* sind. »Wenn das aber so ist, dann ist natürlich die monopolistischste Form des Kapitalismus, die es überhaupt gegeben hat, nämlich die des Staatskapitalismus, was völlig logischerweise zuerst zusammenbricht. Was also im Osten angefangen hat zusammenzubrechen, ist überhaupt nicht der Sozialismus, weil es den gar nicht gegeben hat, sondern der Kapitalismus.«[1]

Dieser Hinweis ist dem offiziellen Bonner Triumphgeschrei vom Ende des Sozialismus entgegenzuhalten, sonst dem Selbstzitat, das ihn anbot, nur das weitere aus gleicher Quelle hinzuzufügen, daß für den Fall jedenfalls der DDR das tatsächliche Maß des Versagens dessen, was die Jahrzehnte seit dem Zweiten Weltkrieg hindurch als *real existierender Sozialismus* firmiert hat, erst bestimmt werden kann, »wenn man die Riesendifferenz der Reparationen zwischen West- und Ost-Deutschland in Rechnung stellt. Von der ist hier nie die Rede, allenfalls bei Herrn Biedenkopf, aber auf den hört ja keiner. Die DDR hatte auch am Marshall-Plan nicht teil. Das bedeutet aber im Gegensatz zu dem Geschwätz von Herrn Rühe, wonach man die Vergangenheit zugunsten der Zukunft vergessen solle, daß die Bundesrepublik der DDR auf Mark und Pfennig ausrechenbare Beträge schuldet. Mit anderen Worten, daß, was wirtschaftlich an Unterstützung fällig ist, nichts mit Almosen zu tun hat, sondern eine Schuld ist. Das muß verkündet werden. Im Moment dagegen läuft es auf Einverleibung der DDR hinaus.«[2]

Es tut dies zunehmend und noch immer bevormundender: Seit dem Februartag '89, als zitierte Unterhaltung geführt wurde, ist ein *Anschluß*-Projekt im Gange, dessen Annexionscharakter man nicht einmal notdürftig mehr verhehlt. Ominös erinnert es an seinen Vorgänger, Österreichs Angeschlossenwerden 1938, mit dem

1 Aus: Räumen Zeit geben: Gespräch mit Ulrich Sonnemann, Zeitmitschrift 1/90, Düsseldorf 1990, S. 32/57
2 Ebd.

Hitler[3], vermutlich für immer, eine ursprünglich eine der *Linken* gewesene großdeutsche Konzeption diskreditierte, die, nach dem Ende der Donaumonarchie zumal, von den Austromarxisten getragen war, auf Entpreußung des Weimarer Staates, dezentrale neue Einheit der Länder jenes Deutschen Bundes gerichtet war, den Bismarck zerstört hatte. Mit dem drohenden Neuaufguß dieser Art Entwürdigung wechselt auch noch so glatt die NS-Herrenmenschenallüre sich dabei gegen die Pose eines reichen Onkels aus, der, da er es besser hat, auch alles besser weiß und dem man nur beileibe nicht sagen darf – da er am Ende sonst weniger, nicht etwa mehr zahlt –, daß er der Gegängelten Schuldner ist, wächst in diesen die Angst, erkennen sie sich rechtens als übervorteilt, aber was ist das dann für eine seltsame Landeseinheit, bei der ein Viertel des Volkes die Reparationslast der andern drei Viertel getragen hatte, und die dann nicht es entschädigen? Nach ersten Schätzungen übersteigt diese Schuld den Betrag von siebenhundert Milliarden D-Mark, wovon manche bundesdeutsche Leistung getrost in Abzug zu bringen wäre, etwa die Milliarde an Israel, und doch immer noch überstiege dann, was an uneingestandener Restschuld zurückbleibt, schon die Größenordnung der Hilfsgelder, die man für den geschundenen Landesteil in Aussicht nimmt, in konsternierendem Abstand. Keinen Moment wird hier übersehen, daß die Menschen selber in der DDR so die Einheit wollen, ja auch keineswegs unbegreiflich dies tun, seit ihr Gefängnis sich öffnete, eine unbestreitbar hermetische Grenze, die vierzig Jahre lang durch das Land schnitt, gefallen ist, daß sie, ohne Bonn die Meinung zu sagen, auch seine Schäbigkeiten inzwischen in Kauf nehmen. Unvertraut mit den Bräuchen des Westens, kamen sie gar nicht auf die phänotypische Paradoxie, von den manchen zu ihren Ohren gedrungenen hünenhaften bundesdeutschen Fusionen – die ja unent-

---

3 Tatsächlich kam er damit einer Volksabstimmung zuvor, die mit ziemlicher Sicherheit gegen Deutschland ausgefallen wäre. Hitler hat auch nur sehr zögernd dem Marschbefehl an die deutschen Truppen zugestimmt und war sich, als die Panzer bereits rollten, des Ausgangs seines Abenteuers keineswegs sicher. 1934 hatte er schließlich in seinem Heimatland die einzige Niederlage bis Stalingrad hinnehmen müssen.

wegt, wir berührten es schon, nur den freien Marktgesetzen des Kapitalismus alias Kapitalgesetz der vermarkteten Freiheit zu Diensten sind – könnte eine so weit gegangen sein, einen Tölpel mit einem Flunkerer zu einer einzigen Person zu verschmelzen, und so übten sie denn womöglich ihr geheimes Wahlrecht zunächst etwas unbedacht. Nur, stünde dazu ihre Strafe, die als vorentschiedenes deutsches Seinsgeschick sich schon abzeichnet, im künftigen Einheitsstaat als Klasse von Paupern figurieren zu müssen, in vertretbarer Proportion? *Muß* der Neuaufbruch der deutschen Geschichte schon wieder mit einer Lüge beginnen, also gar keiner sein? Bleibt es beim *Anschluß*, der Vereinigung nach GG 23 nämlich, können sie dagegen kaum etwas tun, und so bestätigt sich im *Ökonomischen*, was für solche Fälle *politisch* gilt: »In dem Moment, in dem das, was (...) Teilhaber an der Subjektivität einer Gesellschaft gewesen ist, zum Objekt einer Annexion wird, sind die beiden Status verschieden, ist es nicht mehr dasselbe.«⁴ Das galt so deutlich nur damals für Österreich, nämlich mit Rückbezug auf die ganze ältere, bis 1866 von seinem Subjektivitätsanteil mitgetragen gewesene deutsche Geschichte, wie jetzt für die DDR.

Der schnelle Wechsel von »Das Volk sind wir« zu »Wir sind ein Volk« und dem »Einig Vaterland« ist moniert worden, die Kritik daran nur soweit im Recht gewesen, wie die Misere des »Nationalen« in Deutschland bislang keiner seiner Regungen trauen läßt, die sie nicht durchschaut und erledigt. Unter welchem Kriterium der Sinn dessen, was da an befeuernden Slogans sich hören ließ, als Begleittext zur Feier des Mauerbruchs aber nicht bloß nahelag, sondern die Voraussehbarkeit selbst war, nur so vollständig in der Schwebe blieb wie sowohl linker Ratlosigkeit als auch linkischer Reichsgier entgegen – also glücklicherweise – bis heute: Außer der Währungsunion und einigem Zubehör ist zur Stunde dieser Niederschrift nichts entschieden, nicht einmal allzu unumkehrbar jener anständigere und seriösere Weg versperrt, der eine endlich wieder dezentralere deutsche Einheit über den Grundgesetzartikel 146 zurückgewänne. Allem Gedrängel zum Trotz, das einen De-

4 Räumen Zeit geben, a.a.O.

zembertag 1990 schon für gemeinsame Wahlen in Aussicht nimmt, hat soeben erst Minister Eppelmann den 1. September 1992 als erwägbares Datum für eine vernünftige Vereinigung vorgeschlagen, und ohne Abrüstung *zuerst* lassen die Sowjets eine Ausweitung der Nato nach Osten nicht zu.

Für die Revolutionäre jener deutschen Novembertage, die ihr Werk ja vielleicht schon verloren gaben – mit seiner Überwalzung durch Kohl schien so dem Bündnis 90 wie dem Neuen Forum wie den ostdeutschen Grünen samt der angeschlossenen Frauengruppe das *Aus* beschert –, bedeutet der jetzige Zustand, daß mit den Ungereimtheiten des sich vollziehenden Wandels ihnen erstens ihr Aktionsfeld in der DDR selbst wieder offen ist und daß es zweitens, wie es das sollte, unter der Bedingung sich nach Westen *erweitern* kann, daß sowohl aus der Bundesrepublik kritische Impulse ihrer Arbeit entgegenkommen als auch materieller und technischer Beistand zuteil wird, der ihre diesbezüglichen Handicaps kompensiert. Was in Ostdeutschland vorerst eintrat, würde sie dann im Rückblick nur vor einer Geschichtsregel, jener berühmten Bestimmung, daß Revolutionen ihre eigenen Kinder fressen, bewahrt haben, die noch für jegliche obligat schien: daß ihnen die ihre geklaut wurde, läßt sich womöglich (wenn man in der Bundesrepublik nicht schläft) korrigieren.

Auf *authentisch* westliche Verhältnisse angewandt, bliebe das genannte Monitum unbegreiflich: Wer in Paris käme auf die Idee, »Das Volk sind wir« nicht in nahtloser Eintracht mit der *Nation une et indivisible* zu finden, als die unbesorgt, nämlich als es selber, sich ja eben ein spontanes *Wir* dieser Art 1789 bestimmte? Da diese Einheit in Deutschland zerrissen ist, Bismarcks Naht dem Zerreißenden nicht gewachsen war, tut man unrecht, unseren Hinweis auf Frankreich zuerst und zumal als Kritik an jener deutschen Linken zu hören, die zu den späteren Slogans Distanz bezog. Was an Kritik sie herausfordert, bestimmt sich nach ihrem chronischen, mit jener einzigen Ausnahme, die der rezente Ostberliner und Leipziger, von den von rechts dann Hinzugeeilten eben bloß entwendete, keineswegs entfesselte Aufstand war, die ganze Historie durch dauernden, auf Erforschung immer noch erst wartenden Unvermögen, auch nur ein einziges ihrer emanzipatorischen Ziele gegen den Widerstand gängelnder Dunkelmänner, jene vorgeblich immer *Bewahrenden* durchzusetzen, die die Geschichte des Landes verkorkst, seinen Namen verhunzt und geschändet haben und nach der Bilanz ihres Maskenverschleißes nicht zu sicher schon diese Tätigkeit einstellten.

Die Grabschigkeit, die sich in der Hast ihrer Initiativen zur schlichten Einverleibung der DDR verrät, spricht dagegen: Daß sie selber bis heute von dem, was sie anrichteten, nichts begriffen haben, zeigte sich in dem Brief an den Kongreß der Vereinigten Staaten, worin Alfred Dregger sich in einem Ton seines soldatischen Abwehrkampfes 1945 gegen die vordringende Rote Armee berühmte, als hätten vier Jahre vorher die Russen das Deutsche Reich überfallen, statt dieses umgekehrt sie, und nicht weniger kam es in den verlegenen, bis in die stereotype Unredlichkeit ihres Sprachduktus hinein peinlich gewundenen Reaktionen bundesdeutscher Industriekolosse zum Vorschein, die ihre Profite während des Zweiten Weltkriegs aus NS-vermittelter Sklavenarbeit geschöpft hatten, als Jan Philipp Reemtsma sich mit einem Appell um eine Geste des Eingedenkens an sie gewandt hatte.[5] Da die Macht dieses Typus sowenig gebrochen ist wie seine menschliche Ohnmacht (aus der sie sich fristet und die in der Absolutherrschaft sogenannter Zweckrationalität, nämlich disponibler Mittel gerade über ihre Zwecke beruht, die dabei immer schon vorausgesetzt, nie selber geprüft werden) ausgewachsen, verbreitet der deutsche Fusionsprozeß – den er vorerst gängelt – in Europa jetzt Angst: wenn die Polen (ein starkes Stück für sie) um verbleibende Sowjettruppen auf ihrem Territorium – wie unlängst geschehen ist – bitten, zeigt es sich, wie enorme. Hat der Typus selbst keine?

Eine solche Schlußfolgerung bliebe blind dafür, daß Menschen, die nicht in Angst sind, auch keine machen, eher mit ihrem Mut etwas Ansteckendes haben, das ihn dann auch in der Mitwelt stärkt. Sie ignorierte die Gesetze der Angst damit, die in deren

5 Jan Philipp Reemtsma (Hrsg.), Aus diesen Gründen daher, Hamburg 1989

unauffälliger intersubjektiver Dynamik walten, am Bewußtsein der Beteiligten, seien es nun einzelne oder Völker, vorbei.

Aber der Angst, die der *weinerliche Schwerenöter* – als den schon Frank Wedekind den Typus in einer seiner Ausprägungen kennzeichnete – allerdings hat, kommen wir erst auf die Spur, wenn ihre Zugehörigkeit zur Domäne des *Spaltprinzips:* eines Feindbilder verbrauchenden, auf ihren Nachschub angewiesenen zwanghaften Mechanismus verstanden ist zu immer irgendwen *ausgrenzendem* Aufspalten, Abspalten, Auseinanderspalten, eines offenbar unbewußten Verhaltensprinzips, dessen Herrschaft sich so erweislich, axiomatisch nachgerade, durch die erforschbare Psychohistorie der Deutschen zieht wie durch die Geschichte des Landes. Im Fall der Frage nach der Angst des Angstmachers ist das Abspaltende, wie übrigens immer, in doppelter Erscheinung gegeben, außen ein Feindbild, innen eine Verdrängbarkeit, die als nicht loszuwerdendes Innesein der Rechte des Feinds sich erkennen läßt, mithin zwar also (wovon dann die Spur sich als Angst verrät) schlechtes Gewissen ist, aber eben effektiv lahmgelegtes. Wo begangenes Unrecht zur Diskreditierung des Täters führte, hat die Verdrängung dann den eigenen Wertverlust zugleich mit seiner Ursache zu verkraften. »Wo noch in Fällen, in denen sich diese Diskreditierung erneuert, mag auch das jeweils zugefügte Unrecht zum Himmel stinken, *nichts Konsequenzen hat,* konnte dem unbereinigt gebliebenen Fall *Altun,* in dem zwei Ministerien das grundgesetzliche Asylrecht gebrochen haben, die Sache der sechs verbrannten Abschiebehäftlinge binnen einem Vierteljahr folgen.[6] Aber wie *kann* (in diesem Sinn) in einem Volke eigentlich nichts Konsequenzen haben: weder Grauen noch Lächerlichkeit töten, ja es noch immer so wenig tun, wie schon Wilhelm 1908 zwar das Gespött sogar der eigenen Gesellschaft geworden war, sie aber

6 Ulrich Sonnemann, Die Einübung des Ungehorsams in Deutschland. Vorrede zur zwanzigjährigen Jubiläumsausgabe, Frankfurt am Main 1984, S. 13: »Kein ganzes Vierteljahr danach« – nämlich nach dem Fall *Altun,* von dem in zitiertem Passus die Rede ist – »verbrannten in einem Berliner Gefängnis sechs in *Abschiebehaft* befindliche Ausländer: die Beamten hatten ihre Zellentüren *nach Ausbruch des Brandes* geschlossen.«

trotzdem sechs Jahre später in seinen dummen nibelungischen Krieg führte, und wie erträgt sie heute Parlamentarier, die so marionettenhaft in *Untersuchungsausschüssen* nach ihrer jeweiligen Parteizugehörigkeit abstimmen, daß eine bundesdeutsche Aufdeckkung von Watergate-Art den Horizont jeglicher Vorstellung übersteigt: schon den deutscher Kinder? Offenbar läuft die Zentrifugalität, deren geschichtliche Macht hier vermerkt wurde, durch die Menschen auch selbst: Unrecht bereitet *Angst*, da sie diese nach deutschen Sozialisationszwängen aber nicht haben dürfen, deshalb Angst vor der Angst – und dann wiederum welche vor jener – haben, sind sie mit diesem infiniten Regreß viel zu beschäftigt, um in öffentliche Mißstände einzugreifen.«[7]

Dieser infinite Angstregreß ist nicht nur, aber auch und sehr wesentlich, in den labyrinthischen Gewirken der deutschen Seele eine Hinterlassenschaft *Preußens*. Als diese gesamtgesellschaftlich, nicht auf eine herrschende Schicht beschränkt, sorgt er anders als in einer Welt, in der man, wie zumal jetzt im Osten, vor seiner unruhevollen Erscheinung zwar Angst hat, sich aber diese auch eingesteht, im Landesinnern – da er dort ein solches Eingeständnis nicht zuläßt – für eine ungleich verwickeltere Schaltordnung (oder Schaltunordnung) der Affekte. Daher dann auch des Geschehens: In den nicht miteinander vermittelbaren, *auseinandergespaltenen* Einstellungen der Deutschen zum Begriffsfeld des *Nationalen* spiegelt sich eine pathologische Unfreiheit wider, die der Angstregreß produziert.

Diese seine Leistung verdient es, daß wir einige Augenblicke bei ihr verweilen. Der Angstregreß könnte sie nicht vollbringen, operierte er nicht mit schon genanntem Spaltprinzip in Fusion. Während dieses in der Regel mit Räumlichem – oder quasi-räumlich Vorstellbarem – befaßt ist, unterliegt ihm nicht weniger – hier als Geschichtsvergangenheit zu verstehen – die *Zeit:* Während ihre kantische Bestimmung als Anschauungsform (der ihre innigere Beziehung zum Gehör entgeht) kritisierbar ist, konzediert auch

7 Ibid., S. 21

Schellings differenziertere ihre Anlage, sich qua Vergangenheit zu verräumlichen, die deutsche Geschichtsverdrängung läßt also durchaus auch als jenes Walten des genannten Prinzips sich begreifen, das Zeit als Erinnerung – hier diejenige einer ganzen Gesellschaft – mit einer Berührungsangst *abschneidet*, die der Fall besagter divergierender Einstellungen mit vergleichsloser Unverkennbarkeit demonstriert. Geschähe es nämlich nicht, wäre offenbar die Auseinanderspaltung, Unvermittelbarkeit, fraglicher Auffassungen der *Nation* gar nicht möglich: Jede Nachprüfung an Geschichte des als konservativ vermeinten, als »national« sich verstehenden Standpunktes machte ihr von selbst den Garaus.

Zum Verständnis der berührten Pathologie ist also zuallererst diese Verdrängung und Abspaltung aufzuheben; was ja leicht die Mißdeutung ergibt, es gehe dabei um die Ausbreitung von selbstverständlicherem historischem Wissen, Durchsetzung eines Fachinteresses. Etwas mehr Leichtigkeit darin könnte nach französischem Muster wie auch als Ausgleich für eine überbordende Raumtouristik sicher nicht schaden, aber nicht das ist es, was in dieser Sache den Ausschlag gibt, sondern daß als Folge genannter Verdrängung und des Reichsersatzschnittmusters, auf das sie die Deutschen vernagelt hat, sie einen Begriff vom Nationalen mit sich herumschleppen, der es aufs aberwitzigste pervertiert. Man bekommt das erst zu fassen, wenn man den deutschen Nationalismus endlich bei seinen eigenen Kriterien nimmt, unter ihnen sich besieht, was er bewerkstelligte. Von Bismarcks Auflösung des Deutschen Bundes, seiner Ausgrenzung Österreichs 1866, die den angeblichen Nationalstaat – schlüsselhaft widersinnig – mit einer Selbstverkleinerung des eigenen Landes beginnen läßt, über den deutschen Angriffskrieg schon von 1914 mit seinen noch verhältnismäßig moderaten Gebietsverlusten bis zu der unauslotbaren Katastrophe, diesem Opfer für buchstäblich nichts, die das Dritte Reich war: zig Millionen Tote, Territorien von einer Ausdehnung ohne Beispiel und mit den erst ausgegrenzten, dann ermordeten Juden der deutschen Sprache, deren dortige Träger sie waren, ihre Position als lingua franca ganz Ost- und Südosteuropas gekostet hat, ist der tradierte deutsche Begriff vom Nationalen das Pathologische selber. Dieser Kritik kann Bismarck selbst nicht entgehen, auf das schlüssigste hat, was als Blut- und Eisengründung mit der Lüge der *Emser Depesche* begann, auch als Lüge geendet: Rechtens ist, was Gewalt zusammengeschustert hatte und was nichts dann – das aber demonstrativ – als ein stechschrittseliger Machtstaat von so auffallend totaler Ideenleere gewesen ist, wie zur Zeit seiner Entstehung schon Nietzsche sah, von Gewalt dann zerschlagen worden. Bismarcks Friedenspolitik in den ersten Jahrzehnten des »Reichs«, mit der Wilhelm der Zweite dann Schluß machte, ändert nichts daran, daß seine Gründung schon als Konstitutionsmuster im Europa von damals in so unverantwortbar ominösem Maß anachronistisch war, wie ihm seine eigene *Entlassung* dann demonstriert hat.

Fazit: Grauenvoll hat sich in Deutschland – an diesem Geschichtsergebnis ist nicht vorbeizukommen – das »Nationale« blamiert. Also könnte man meinen, daß die deutsche Linke alles daransetzt, mit dieser Lüge, impertinenten Verklärung einer einzigen, unablässigen, *furiosen Selbstverstümmelung* aufzuräumen; und wäre komplett damit – eine weitere deutsche Merkwürdigkeit – auf dem Holzweg. Diese ihrer selber spottende Vorstellung vom nationalen Interesse wird *hingenommen*, die Hinnahme vollzieht sich in zwei Spielarten, deren Inspektion an der Zeit ist. Die *undogmatische* – um von der einfacheren Spielart zuerst zu reden – folgt angesichts des jetzigen Geschehens der sehr verständlichen, aber unperzeptiven, im politischen Ergebnis daher beunruhigend unkritischen Neigung, vom »Nationalen« gar nichts hören zu können, ohne zu sofortiger Abwehr schon des Themas – das mit einem Thesengerüst dabei verwechselt wird – alarmiert zu sein; und überläßt es damit eben schon als Thema nur seiner weiteren rechten Monopolisierung durch die Selbstverstümmelungsfurie, die es in sein Gegenteil umlügt. Die komplexere Spielart ist die, der seit jeher die SPD frönt; welcher Unterschied ihre Ingredienzien betrifft, denn desto einfältig simpler gerät, als ihre Vereinigung und Verdeckung zugleich fungierend, das politische Resultat. Es besteht in einem so mechanischen wie beeilten »Wir auch!«, das sie schrilleren Rufen des Vaterlands, ohne deren Authentizität zuvor geprüft zu haben, entgegenbringt; wie 1914 modellhaft. Die Ingredienzien sind, was sie sind, nicht als einzelne voneinander unabhängige, die erst zusammenträten, sondern selbst bereits ineinander verschränkt, aufeinander verwiesen; daher die Komplexion. Auch unter ihnen figuriert, was zur Bestimmung der erstgenannten Spielart schon ausreicht, die Verwechslung einer gegnerischen These mit ihrem Thema, die nur einstimmender hier als in dem ersten Fall auf dessen Überlassung an den Gegner hinausläuft, sich gerade dort also, wo zu *denken* wäre, mit einem Assoziieren begnügt, das dessen Gegenteil und Ersatz ist. Für eine Partei von sozialökonomischer Interessenpriorität, »vertikaler« also, liegt das beim Auftritt einer »horizontalen« Thematik einerseits nahe, andererseits ist stille Bedingung dieses Naheliegens, daß am *von oben* waltenden Kriterium für die Verläßlichkeit eben »horizontaler« Bestimmungen, einer idealen Einheit des Volksinteresses mit dem *Staat* nämlich, nicht ernstlich gezweifelt wird; zweites Ingrediens ist also die notorische Teilhabe, von Lassalle und Bebel bis zu Wehner und Schmidt, der SPD am deutschen Staatsfimmel, dieser Bestimmung eben schon des Nationalen selber von einer an den Himmel projizierten Abstraktion her statt jakobinisch von unten; welchen Fimmel es in anderen Parteien der gleichen Internationale nicht gibt. Da er nichts als Unheil gezeitigt hat, ein normal funktionierendes Gedächtnis das melden müßte, reicht nur schließlich auch er nicht, und in der Tat gibt es ja auch sonst Indizien, daß die Geschichtsverdrängung der Bundesdeutschen jetzt ein Charakteristikum der ganzen Bevölkerung, jedenfalls auf die gesellschaftlich Herrschenden nicht beschränkt ist; womit wir bei jenem dritten der Ingredienzien sind, ohne das unbegreiflich bliebe, warum so geschichtsnotorisch Offenkundiges wie die Selbstverstümmelungsfurie, deren Monopol auf das Nationale zuvörderst in Deutschland zu brechen wäre, in der Öffentlichkeitsarbeit der SPD nie auch nur die mindeste Rolle spielt, oder wiese sie je etwa auf den einfachen Sachverhalt hin, daß in ihre mörderischen Geschichtskatastrophen, die inzwischen ihr Sprachgebiet in Mitteleuropa fast auf die Hälfte seines Umfangs im 18. Jahrhundert vermindert haben, die Deutschen ohne Ausnahme von Regierungen der Rechten geführt wurden? Viel zu verstrickt hat die SPD an genannter Abschneidung von Zeit als Erinnerung durch das Spaltprinzip, jener sonderbaren *Diskontinuität des Bewußtseins,* die ihrerseits zum Kontinuierlichsten an den Irrgängen der deutschen Geschichte zählt, selber schon teil.

Eine denkbar unpraktische Amnesie: Wie kann aus Erfahrung gelernt werden, wenn man sie immerfort bloß verdrängt? Da die Bewilligung der Kriegskredite 1914, dort die Übernahme – deren fürchterliche Konsequenzen sich ab 1932 herausstellen – des kaiserlichen Militär-, Justiz- und Beamtenapparats 1918. Man hört nichts Artikuliertes. Da sie die Befunde seriöser deutscher Historiker, die an einem rezenten *Historikerstreit,* der eher seinen Begriff parodierte, als überhaupt einer war, sehr bezeichnender, ja erleichternder Weise denn auch gar nicht beteiligt waren: Fritz Fischers, Immanuel Geiss' und Wilhelm Alffs offenbar nicht zur Kenntnis nimmt – als einziges unter den Kabinetten steuerte zielstrebig die Wilhelmstraße vom Beginn der europäischen Krise an auf den Krieg zu –, verteidigt die SPD von 1914 bis heute das Vaterland; bis heute die von 1918 die *Ruhe und Ordnung,* deren Qualität sich herausstellte. »Offenbar wird das nicht gesehen; darf es nicht, da es unbestreitbar ja peinlich ist. Ob die Peinlichkeit nicht durch ihre Verschweigung wächst, könnte geprüft werden. Solange man es nicht tut, wird auch mit keinem Wort der SPD zur Disziplinseligkeit ihrer Erklärung bei Gelegenheit der Machtergreifung Hitlers zu rechnen sein. Otto Wels in Ehren, als er im Frühling 1933 seine höchst tapfere Rede hielt, aber ausrichten konnte sie nichts mehr: im Unterschied zu dem Generalstreik, den man ein Jahr zuvor, als Papen seinen Gewaltstreich verübte und Severing *nur der Gewalt wich,* zu proklamieren versäumt hat.«[8]

So deutsch ist die SPD«, resümiert die gerade zitierte Erörterung; daß es bei der implizierten Bestimmung dessen aber, was deutsch sei, nicht auf ewige Zeit bleiben müßte, führt dann schon ihre

8 Ulrich Sonnemann: ˙Klios klinischste Klemme oder Kann die Geschichte der Deutschen gerettet werden?, in: Die neue Gesellschaft/Frankfurter Hefte, 32/4, 1985, S. 373 f.

Fortsetzung im gleichen Aufsatz vor einem halben Jahrzehnt aus. Seither ist das akuter geworden, hat der ostdeutsche Aufstand, was immer fürs erste sein Schicksal war, zumindest dies eine schon vorgeführt: daß sich die deutsche Staatsvergötzung erschüttern läßt.

Damit dann den *Nachholbedarf*, den eine Bevölkerung, der die Freiheit geschenkt wurde, am Geist einer anderen gleicher Sprache hat, die sie sich selber gewann. Das allein sollte hinreichen, die jetzt vorherrschende simple West-Ost-Richtung interstaatlich bestimmender Einflüsse, die eine einzige platte Verleugnung jener kostbarsten aller in Deutschland denkbaren politischen Initiativen ist, in eine Ost-West-Richtung umzukehren, bedenkt man, was die Bundesdeutschen unter Institutionen aus der geschenkten Freiheit gemacht haben, in die NS-Wendehälsen sich auf das nachgewiesenste seit der Republikgründung Einlaß bot. Vom Bruch seines Verfassungseids 1975 durch das höchste Gremium der bundesdeutschen Justiz, als es den Radikalenerlaß einer Bonner Regierung, die sich aus unerfindlichen Gründen für sozialliberal gehalten hat, sanktionierte, über eine Lebensbescheinigung durch die gleiche Instanz, seit deren *Rechtskraft* das *Reich* in einem Karlsruher Leitzordner auf der Lauer liegt, bis zur Erschleichung eben der gleichen Justiz einer effektiven Amnestie für kollegiale Mordgehilfen, die einer kriminellen Vereinigung mit zig Millionen Todesopfern gedient haben, keinen einzigen von ihnen hat diese Justiz hinter Schloß und Riegel gebracht, ist die Geschichte der Bundesrepublik eine einzige Bezeugung der zähen Macht wendehalsiger Apparatschiks; aber der *Nachholbedarf* kann nicht gedeckt werden, solange nicht mit der *Hinnahme*, in beiden Spielarten, einer Selbstverstümmelungsfurie, die alle ihre Anrichtungen überdauert hat, dieser Überlassung des Nationalen als *Thema* an dessen todessüchtige Monopolträger, Schluß ist.

Allzulange sind die Deutschen den Verkündigungen der Menschenrechte wie der Freiheit selber, die schon ihre Voraussetzung war, hinterhergehinkt; sollte es Zeit für sie sein, sich erstmals in einer politischen Struktur – da alles, was dem scheinbar vorausging, nur ein Dienst an den divergierenden Interessen ihrer verschollenen Dynasten war – zu vereinigen, ist es mindestens so sehr Zeit für sie, statt ihren Staat abermals zu einem Selbstzweck, machtbesessenen Monstrum, mißraten zu lassen, ihn als eine feiertägliche Instanz *wehrlosen Ratgebens rings den Königen und den Völkern* zu konzipieren, wie es Friedrich Hölderlin vor dem Geist stand.

Deutlich ließe eine solche Möglichkeit sich jetzt viel weniger von Bonn her verwirklichen als etwa von Leipzig. Es sei, befand schon Goethe, der dort studiert hat, »ein klein Paris und bildet seine Leute«, das Überraschende an jenem Novembertag war also lediglich, daß es das immer noch tut.

Und können die *Berliner* so sicher sein, daß die großen europäischen, West und Ost verklammernden Möglichkeiten ihrer Metropole nicht deren schon vorgesehen erscheinender Rolle als wiederhergestellter *Reichshauptstadt* widerstreiten, die den Nachbarn bloß angst macht? Bonn als Hauptstadt heißt »Anschluß«, Berlin »Reich«, wie wäre es, wenn nicht mit Leipzig, etwa mit dem schönen, im Krieg unzerstört gebliebenen, wenn auch aufs dringendste reparaturbedürftigen, da vom Verfall seiner Bausubstanz schon aufs höchste gefährdeten Erfurt? Selbst New York ist nicht Bundeshauptstadt, eben dies zu sein ist ihm mit Grund schon im amerikanischen Revolutionskrieg versagt worden; und wie immer föderativ oder konföderativ der neue deutsche Staat noch geraten sollte, erstmals könnten bereits in dieser Hauptstadtfrage die Deutschen ihre chronische Indifferenz für die sehr drastische psychische Wirklichkeit, die symbolische Imponderabilien sind, auswachsen.

Nein, das ist, wie relevant es sich auch steigend erweisen wird, im Moment nicht das Dringlichste, ohnedies zieht der deutsche Vereinigungsprozeß sich ja eher jetzt wieder, was allerdings zu erwarten war, etwas hin. Dringlicher bei weitem ist der bundesdeutsche psychische Notstand, der Mitte Juni 1990 als kollektiv triumphierende Straflust an der Verhaftung von Terroristen sich meldete, die die DDR protegiert hatte: Während RAF-Taten nicht zu entschuldigen sind, ist strikt unter Rechtsstaatskriterien es mindestens sowenig entschuldbar, die schon besagte *erschlichene Amnestie*, da sie rückgängig nicht mehr zu machen ist, nicht jetzt anständigerweise wenigstens auf eine viel spätere kriminelle Vereinigung auszudehnen, deren Blutspur nicht herunterzuspielen ist, aber infinitesimal winziger als die einzigartig gräßliche der NSDAP und ihrer judizierenden Helfer. Das ist, mit Theodor Fontane geredet, ein sehr weites Feld; wir können es hier nicht mehr beackern, daß aber keine Bekämpfung des Terrorismus, die den *Staatsterrorismus* außer acht läßt, seriös sein kann, hat die Geschichte des 20. Jahrhunderts mit einer Deutlichkeit und Dringlichkeit an den Tag gebracht, die wir denkbaren deutschen Nachfolgern jener Revolutionäre von Leipzig ans Herz legen.

Lutz Rathenow

Mit Befürchtungen, aber ohne Angst

Ich lebe in einem speziellen Teil der Noch-DDR – in Ost-Berlin. Da zögere ich schon, einfach einen Punkt hinter die Ortsbestimmung zu setzen, denn Ost-Berlin ist nicht mehr nur Ost-Berlin. Ein wenig vom Westduft der anderen Stadthälfte strömt unablässig ein in unseren Teil – wir verwestlichen. Colabüchsen überall, Hausbesetzer und Autonome, Videotheken und Copy-Shops (dabei hatte man doch erst vor ein paar Jahren die Kopierordnung in jedem DDR-Betrieb verschärft, jedes zu vervielfältigende Blatt sollte registriert und genehmigt sein), die Vielfalt der Zeitungen am Kiosk, die bunte Einfalt der Werbeprospekte im Briefkasten, die Taxifahrer halten beim Ein- und Aussteigen freundlich die Tür auf, die Müllfahrer streiken für mehr Lohn, und die Frauengruppen organisieren gerade eine Demo gegen den Paragraphen 218 – alles wie im Westen.

Auf der anderen Seite veröstlicht das ehemalige West-Berlin – auf eine aufregende und nicht unangenehme Art und Weise. Die Stadt verstopft, die Telephonzellen sind so kaputt, wie sie es früher bei uns waren, die Verkäuferinnen in den Kaufhäusern werden bei dem Andrang allmählich so unfreundlich, wie wir es gewohnt sind. Das baut Berührungsängste ab. Irgendwas ist irgendwo schon mal ausverkauft, manche S-Bahn fährt nicht mehr pünktlich, immer mehr Leute aus Ländern sind zu besichtigen, die der DDR-Tourist mit Westreiseverbot auch schon früher besuchen durfte. Kein Zweifel, Berlin hat eine reale Chance, zur Hauptstadt von Ostmitteleuropa und Südosteuropa zu werden.

In Berlin ist das zu beobachten, was mit ganz Deutschland passierte, wenn sich zwei gleichberechtigte Staaten vereinigen würden: Ein ungekanntes Drittes entsteht. Das vollzieht sich in Berlin, und wer die ehemalige Reichshauptstadt nicht als neue Hauptstadt von Deutschland haben will, bei dem wirkt vielleicht auch die Befürchtung, sich mit dieser Hauptstadt etwas höchst Unberechenbares einzuhandeln. Dieses Gefühl trügt nicht. Berlin – wie es sich heute unaufhaltsam zur Vielvölkerstadt wandelt – ist eine der Garantien für ein Deutschland, vor dem sich andere nicht fürchten müssen. Das Problem: Teile der Rest-DDR fürchten sich vor dem Berlin, in dem bei den ersten freien Wahlen die Partei der ehemaligen Diktatur 30 Prozent bekommt. Zuletzt verschwindet die DDR in Berlin. Hier konzentrierte sich schon immer das, was als DDR-Mentalität oft verklärt und manchmal bissig veralbert worden ist. Darüber habe ich ein Buch geschrieben. Als es ins Englische übersetzt werden sollte, mußte die Übersetzerin die Arbeit abbrechen, da sich die Mauer öffnete. Denn ein Ost-Berlin existiere nun bald nicht mehr, damit sei das Buch uninteressant.

Und hier liegt ein Grund für Befürchtungen. Vor Trotzreaktionen, die von einer Bevölkerung kommen, die sich in ihrer überwiegenden Mehrheit den Staat gern nehmen läßt, die aber nicht ihr ganzes Leben, ihre Erfahrungen als wertlos ignoriert bekommen will. Die DDR als Staat war von Anfang an eine Fehlgeburt – und man kann noch lange darüber spekulieren, unter welchen Bedingungen man ihn längere Zeit geschickter künstlich am Leben erhalten hätte können. DDR, das assoziierte schon sprachlich eine bedrohliche Nähe zum (leider in der DDR nicht verbotenen) Insektenvernichtungsmittel DDT. Doch die Erfahrungen der Menschen innerhalb einer Gesellschaft, in der ein Staat zwar über allem zu wachen, aber nicht jede Regung zu bestimmen schien, diese Erfahrungen lagern weiter in den Köpfen, sind konserviert und wirken fort in Gesten, Haltungen, Argumenten.

Es war einmal eine DDR, die wollte kein eigen Land mehr sein. Da erinnerte sie sich an etwas zurück, das sie immer auch gewesen war: Deutschland. Man nötigte den anderen Teil zur Vereinigung. Natürlich wäre es besser gewesen, die Staatsheirat hätte schon vor zehn Jahren auf dem Plan gestanden. Aber Geschichte vollzieht sich immer zu schnell (an ihren Knotenpunkten) oder quälend langsam. Im November gab es nur noch einen Weg, den deutschen Einheitsstaat zu verhindern: Honecker (an seinen letzten Tagen) oder Krenz (an seinen ersten Tagen) hätte Deutschland propagieren und als sofortiges Ziel der Partei definieren müssen. Da hätte sich das Volk gewundert, einen parteigemeinen Trick vermutet und sich dem Einheitsstreben energisch widersetzt. Daß nun die Bevölkerung neugierig verstört in die Zukunft schaut, scheint logisch.

Ich meine: die ehemalige Bevölkerung der DDR. Warum aber wirken aus der Bundesrepublik zahlreiche Stimmen beunruhigt? Angst vor wirtschaftlichem Abstieg, Statusverlust? Als ob Leben nur von der Ökonomie bestimmt würde, selbst Stalin schreckte vor solchem Vulgärmarxismus zurück. Auch wenn ihm die Seele eher als Störfaktor erschien, wollte er sie immerhin von den »Ingenieuren der Seele« (gleich Schriftstellern) repariert wissen. Versteckt sich auf bundesdeutscher Seite nur Angst vor Wohlstandsverlusten hinter der Abwehr von DDR-Erfahrungen? Dabei sind das auch deutsche Erfahrungen, die Mentalität, Erkenntnisvermögen, Sensibilität weiter prägen werden. Vierzig Jahre DDR sind eben nicht nur vierzig Jahre blinde Knechtschaft, totale Anpassung an ein übergestülptes System. Allein die differenzierte Analyse einer Verblendung wäre nützlich – für jeden möglichen künftigen Krisenfall einer Entwicklung, an dem Teile der Gesellschaft zu totalitären Lösungen neigen mögen. Auch außenpolitisch bleibt es wichtig zu verstehen, wie ein fundamentalistisch geprägtes Denken von einem Menschen oder einem Staat Besitz ergreifen kann.

DDR, das heißt aber auch die Erfahrung von Zivilcourage und Widerstand. Natürlich existierte eine unverschämte Anpassung großer Teile der Intelligenz an das Prinzip. Sie funktionierte offenbar so gut, da man in Detailfragen durchaus widersprach. In diesem Sinne gab es innerhalb der DDR-Gesellschaft in den letzten Jahren viel partiellen Widerspruch. Auf einen berühmten westdeutschen Fernsehkommentator wirkte dieses Land 1985 zwar noch nicht demokratisch, aber immerhin schon posttotalitär. Eine Redakteurin einer Zeitung, die weitaus anspruchsvoller als der Pressedurchschnitt war: »Wir haben uns durchaus wohl gefühlt. Wir lebten wie auf einer Insel, abgeschirmt von vielen Problemen.«

Nicht alle fühlten sich so wohl. Nicht alle Schriftsteller versagten, wenn einige bekannte Autoren keine Sensibilität für den Grad an Verkommenheit ihres Staates bewiesen. Es ist nicht die Schuld von Gert Neumann, Jürgen Fuchs, Gabriele Eckart, Uwe Kolbe, Freja Klier und Wolfgang Hilbig, wenn ihr subversives Wirken in der DDR aus bundesdeutschen Diskussionen ausgeklammert wird. Dabei ist doch gerade die real praktizierte Zivilcourage in der Noch-DDR ein Element, das als angstnehmendes Positivum in den Vereinigungsprozeß eingehen könnte.

Natürlich wandelt sich auch die Bundesrepublik. Aber nicht völlig. Deutschland wird auf kürzere Sicht erst einmal eine vergrößerte Bundesrepublik sein. Allerdings mit einer Zukunft, die nicht nur eine Bestätigung der Gegenwart darstellt. Die Zukunft der Bundesrepublik war sie selbst. Die Zukunft Deutschlands muß ein Platz in Europa sein, in einer völlig neuen Qualität international verflochten. Es existieren Befürchtungen unter den Bundesdeutschen. Angst vor zu selbstbewußten DDR-Bürgern, die es lernten, sich Rechte zu erkämpfen? Angst vor dem schon erwähnten Statusverlust, nicht mehr schlechthin »die erfolgreichen Deutschen« zu sein? Denn nun gibt es ja einen Teil Deutschlands, dessen jüngere Geschichte mehr Respekt außerhalb der Landesgrenzen auslöst.

Ein Schlüssel für jedes zukünftige Selbstverständnis liegt eben in der Vergangenheit. Auch in den ostdeutschen Stasi-Akten, die neben der Geschichte einer Repression auch die einer Opposition dokumentieren.

Diese Akten zu vernichten, nur weil ein paar Westpolitiker fürchten, dort mit unangenehmen Sachverhalten oder mit reizvoll wirkenden Damen fixiert zu sein, müßte jeder DDR-Oppositionelle als persönliche Demütigung empfinden. Der Beleg seines Wirkens wäre ausgelöscht, die Analyse seiner Erfahrung (samt Irrtümern) nicht mehr möglich. Die Aufarbeitung von machtbildenden Strukturen wäre erschwert, künftigen Unterstellungen einer Zuträgerschaft gegenüber dem Ministerium für Staatssicherheit stünde er hilflos gegenüber. Die Möglichkeit einer allmählichen, öffentlichen Aufarbeitung – einer Gesprächstherapie ähnlich

– bliebe der Gesellschaft versperrt. Die Vernichtung der Akten in der DDR wäre ein wirklicher Grund, sich Angst um die Zukunft Deutschlands machen zu müssen. Denn einzelne Aktenfragmente würden weiter kursieren, Politiker wären damit weiter und noch besser erpreßbar, weil kein umfassendes, überprüfbares Archiv mehr die Aussagen relativieren könnte.

Es führt kein Weg an dem vorhandenen Berg vorbei, wir müssen uns da durchlesen. Und »wir« meint zuallererst jene Menschen, die in der ehemaligen DDR unmittelbar in diese Geschichte verstrickt waren. Hier könnte ein Teil Deutschlands einen Lehrgang in puncto Demokratiefähigkeit absolvieren, der für Gesamtdeutschland ansteckend wirkt.

Die Vernichtung der Akten wäre eine Kapitulation davor, die vergangenes Unrecht nicht nur unvermeidbar in die Zukunft hineintrüge, sie würde es geradezu potenzieren. Aus den ehemaligen Gegnern des Staates DDR würden dann faktisch ihrer Geschichte beraubte Gegner des neuen Deutschland. Ein Haßpotential entstünde, das sich rasch Opfer suchen würde – zum Beispiel ehemalige Mittäter des Regimes, die als clevere, flexible Burschen in einem Klima der Verdrängung noch müheloser die Karriereleitern im neuen System erklettern, als dies ohnehin oft der Fall ist. Der Institutschef, der einem Mitarbeiter früher den Westkontakt untersagte, schmeißt den unbequemen Mitarbeiter nun raus, da er nicht bereit ist, den Sozialismus zum Grundübel der Menschheit zu erklären.

Und für die vielen anderen ehemaligen DDR-Bürger wäre die Vernichtung der Vergangenheit der Beginn ihrer Verklärung. Wenn sich die Mehrheit ihr Land wegwünscht, dann auf Grund ihrer gelebten DDR-Existenz. Würde diese negiert, könnte sich eine gefährliche Neigung entwickeln, zu einer solchen zurückzukehren. Besonders bei jungen Leuten, die kommerzielle Grobheiten des Westens enttäuschen. Es wird mindestens vierzig Jahre Auseinandersetzung mit einer Geschichte bedürfen, bevor es jedermann dämmert, in was für einem Land er eigentlich gelebt hat. Wer Angst vor einem geeinten Deutschland hat, muß sich die Frage gefallen lassen, ob zwei miteinander konkurrierende deutsche Staaten nicht viel mehr zu fürchten gewesen sind. Gerade der Ehrgeiz, jeweils der bessere deutsche Staat sein zu wollen, barg unkalkulierbare Risiken.

Inzwischen wurde viel über die moralische Skrupellosigkeit der ehemaligen DDR-Politik gesagt und enthüllt. Der Kern aller Betrachtungen wertet diese Aussagen zumeist innenpolitisch, auf die ehemalige DDR-Bevölkerung bezogen. Das verdrängt außenpolitische Momente, immerhin installierte die DDR in mehreren afrikanischen und arabischen Staaten Sicherheitsdienste, unterstützte aktiv Kriegshandlungen. Es wird wohl Jahrzehnte dauern, bis ehemalige Mittäter das ganze Ausmaß jener kriegerischen Verstrickung zu enthüllen wagen. Deshalb sei in geraffter Form nur eine These gewagt: *Mit der DDR verschwand eine Zeitzünderbombe.*

Die doppelte Wahrnehmungsbeschneidung durch das Eingesperrtsein in ein System zeigte Folgen. Weitgehend isoliert von den übrigen Ländern, deshalb extrem sprachlernfaul, wurden die Menschen außerdem noch eingekapselt in eine bevormundende Ideologie. Hier entstand ein Aggressivitäts- und Angstpotential, das nun zum größeren Teil als Erblast in die neue Gesellschaft mitgeschleppt werden muß. Als ein Autofahrer in einem Geschäft vergeblich nach verschiedenen Ersatzteilen fragt, sagt der Verkäufer genervt: »Auf dem Parkplatz stehen genügend intakte Wagen herum. Sie kennen doch unser Motto – Hammer, Sichel, Ährenkranz, klaue, was du klauen kannst!« Als ein anderer Mann bei der Übergabe seines Radios zur Reparatur sich erkundigt, was er machen könne, damit der eine DDR-Sender nicht ständig seinen geliebten und meistgehörten Rias überlappe, erklärt der Verkäufer kühl: »Den Sendemast sprengen!« Wenn im Sommer das Wasser knapp wird, darf zum Beispiel in Kleingartensiedlungen keines zum Befeuchten des Rasens und der Blumen verbraucht werden. Ich kann mich schon als Kind an die Wirkung solcher Befunde erinnern: Es wurde heimlich besonders viel Wasser vergeudet – man hatte dabei das gute Gefühl, den eigenen Garten zu nützen und dem Staat zu schaden.

Beispiele für die zutiefst destruktive Art von Identität, wie sie sich in allen realsozialistischen Staaten herausgebildet hat. Ihre

Aufarbeitung wäre auch eine Art osteuropäischer Geschichte als Teil der Gesamtgeschichte von Europa. In diesem Sinn kann die Vergangenheitsbewältigung in der DDR als Bindeglied zwischen der Vergangenheit Westeuropas und Osteuropas dienen. Mit starken Eigenheiten in der Art der Verkommenheit des jeweiligen Staatswesens. Der DDR-Bürger versuchte seinen Staat zu betrügen, der ihn versklavte. Diese nekrophilen Neigungen einzelner (»Es ist ja alles egal, irgendwie sterben wir sowieso«, war eine typische Reaktion auf Tschernobyl) hätten durchaus für einen kollektiven Suizid in Form eines militärischen Angriffs genutzt werden können. Zum Beispiel durch eine an die Macht gekommene demagogisch-populistische Führung. »Ich mache gern bei den Reservistenübungen der Armee mit. Schießen entspannt. Ich stelle mir dann immer vor, ich erschieße dieses ganze Kommunistenpack!« erklärte mir ein Mann in mittleren Jahren. Unzufriedenheit läßt sich kanalisieren, die Mauer aus dieser Sicht muß – ob bewußt oder unbewußt – als Teil der psychologischen Kriegsvorbereitung gesehen werden.

Nein, vor Deutschland habe ich weniger Angst, als ich sie vor der DDR in den letzten Jahren hatte. Ihr Verschwinden ist ein Glück für den Friedensprozeß in Europa. Allerdings kann ein unverhofftes Glück, auf das ein Mensch oder ein Volk in keiner Weise vorbereitet ist, auch zu seelischem Streß führen. Das Verschwinden der DDR ist keinesfalls ein politischer Erfolg für die Bundesrepublik, diese hat den östlichen Scheinstaat in den letzten Jahren eher stabilisiert. Insofern bleibt Selbstgerechtigkeit von jener Seite aus unangemessen, sie verführt zur Trägheit. Dennoch ist eine vergrößerte Bundesrepublik allein keine Bedrohung für andere, sie wäre ein wenig phantasielos und simpel, aber kein wirkliches Problem. Es droht bei zu raschem Vereinigungstempo ein deutscheres Deutschland, als es das jetzt auf beiden Seiten ist. Dies dürfte keine Frage der Größe, sondern des geistigen Horizontes sein.

Die deutschlandsüchtige Normalbevölkerung der DDR nutzt diesen Zustand, plötzlich in einem sehr viel größeren Land zu leben, doch zum Teil als Droge. Sie ist der wirkliche Unsicherheitsfaktor in diesem Vereinigungsprozeß. Sowohl die realsozialismusfeindliche Mehrheit, die die Ausschaltung linker Westintellektueller aus der öffentlichen Diskussion verlangen könnte, als auch die der DDR nachtrauernde poststalinistische Minderheit. Eine der unbeantworteten Fragen ist jene nach der Stärke der künftigen Autonomiebewegung auf dem Gebiet der ehemaligen DDR. Der Traum von einem besseren Deutschland wird dann jenen Träumern nicht mehr von einem realvegetierenden scheinsozialistischen Staat getrübt. Und den anderen fehlt etwas von der demokratischen Gelassenheit, Träume nicht einfach wegverbieten zu wollen.

All das reicht nicht aus, Angst vor Deutschland zu haben, doch ein paar Sorgen müssen vorbeugend artikuliert werden, um ihnen entgegenzuarbeiten. Europa heißt die Aufgabe – in vielfältigster Weise. Wahrscheinlich ist vielen Westlern gar nicht klar, wie sehr die osteuropäischen Staaten durch ihre Abschottung (und die DDR im besonderen Maße) zu den letzten Inseln der weißen Rasse inmitten einer sich immer mehr integrierenden Welt wurden. Ein amerikanischer Brieffreund verhalf mir zu der erhellenden Erkenntnis, daß die Fotos von Harald Hauswald in dem von uns zusammen erarbeiteten Ost-Berlin-Buch auf ihn völlig unwirklich wirkten, da er nur weiße Menschen sah. Das ist für Leute hier völlig normal, die DDR-Bevölkerung hat überhaupt keine Erfahrung auch nur mit dem Versuch der Integration anderer Völker. Die latent vorhandene Ausländerfeindlichkeit scheint mir das schwerste Erbe der Diktatur zu sein. Hier braucht es vielfältige Internationalisierungsaktivitäten, angefangen vom Jugendaustausch bis hin zu Spezialitätenrestaurants. Ich vergesse nie, wie kurz nach der Maueröffnung ein DDRler seinen Westberliner Freund verblüfft fragte, als ihn dieser »zum Griechen« einladen wollte: »Ist das Essen dort wirklich genießbar?«

Die Unkenntnis der Welt westlich, nördlich, südlich und eigentlich auch östlich der DDR ist so umfassend, daß erste Erfolge nach Reisen rasch eintreten. Die Erlebnisse von Besuchen in Paris oder Barcelona – selbst bei billigen Busreisen – wirken jetzt schon zersetzend auf die Überreste totalitären Denkens. Der Vereinigungsprozeß wird von einem größer werdenden Teil der Menschen als

Chance oder Pflicht begriffen, sich anderen Mentalitäten zu öffnen. In westlicher Richtung geschieht dies leichter als in östlicher. Deshalb braucht es auch einer ständigen Erinnerungsarbeit der Opposition in der PostDDR, daß ohne die Veränderungen in Polen es keine Veränderungen in der Sowjetunion gegeben hätte. Ohne den Machtwechsel dort, der einen Wechsel der politischen Konzeptionen einleitete, wäre Deutschland nicht möglich geworden! Und ohne ein einiges Deutschland, das einen völlig neuen Schub der Ost-West-Integration bewirkt, hätte Europa keine Chance – ein wirkliches Europa, das diesen auch Kontinent tatsächlich repräsentiert.

Patrick Süskind

Deutschland, eine Midlife-crisis

Am Donnerstag, dem 9. November 1989, um 19.15 Uhr – ich war damals vierzig und zweidrittel Jahre alt – hörte ich in Paris in den französischen Rundfunknachrichten die kurze Meldung, es habe die Ostberliner Regierung beschlossen, ab Mitternacht die Grenze zur Bundesrepublik und die zwischen Ost- und West-Berlin zu öffnen.

Sehr gut! dachte ich. Endlich tut sich was. Endlich bekommen diese Leute das Grundrecht auf Freizügigkeit. Endlich schwenkt auch die DDR auf den von Gorbatschow vorgezeichneten Weg der Reformen, der Demokratisierung und Liberalisierung ein, wie zuvor schon Ungarn und Polen, wie vermutlich bald die Tschechoslowakei und Bulgarien und wie hoffentlich eines Tages auch das unter dem widerwärtigsten der östlichen Potentaten darbende Rumänien. Ich schaltete das Radio ab und ging essen. Noch war die Welt in Ordnung. Noch begriff ich, was sich politisch tat, konnte dem raschen, aber durchaus vernünftig und kalkulierbar erscheinenden Tempo der europäischen Veränderungen folgen. Noch fühlte ich mich einigermaßen auf der Höhe der Zeit.

Dem war nicht mehr so, als ich ein paar Stunden später vom Essen zurückkehrte. Ich weiß nicht, war es vor oder nach Mitternacht, also noch der 9. oder schon der 10. November – jedenfalls schalte ich abermals das Radio an, diesmal den Deutschlandfunk, gerate in eine Direktreportage aus Berlin, wo unterdessen eine Art Karnevalsstimmung ausgebrochen zu sein scheint, und höre ein Interview mit dem Regierenden Bürgermeister Walter Momper, dessen Einlassungen in dem Satz gipfeln: »Heute nacht ist das deutsche Volk das glücklichste Volk auf der Welt!«

Ich war wie vom Schlag getroffen. Ich glaubte mich verhört zu haben. Ich mußte den Satz laut nachsprechen, um ihn zu begreifen: »Heute nacht ist das deutsche Volk das glücklichste Volk auf der Welt« – und begriff ihn trotzdem nicht. Hatte der Mann nicht mehr alle Tassen im Schrank? War er betrunken? War ich's? Was meinte er mit »das deutsche Volk«? Die Bürger der Bundesrepublik oder die der DDR? Die West- oder die Ostberliner? Alle zusammen? Womöglich sogar uns Bayern? Am Ende gar mich selbst? Und wieso glücklich? Seit wann kann ein Volk – gesetzt, es gäbe überhaupt so etwas wie *das* deutsche Volk – *glücklich* sein? Bin etwa ich glücklich? Und weshalb befindet Walter Momper darüber? Und ich erinnere mich eines Wortes von Gustav Heinemann, dem sprödesten, unspektakulärsten und deshalb vielleicht typischsten Präsidenten der Bundesrepublik, der auf die Frage eines Journalisten, ob er Deutschland liebe, trocken geantwortet hat: »Ich liebe meine Frau.«

Mein Gott, Walter Momper! dachte ich, wie konntest du dich so vergreifen! Deinen Satz wird man dir morgen in den Kommentaren um die Ohren hauen. Bis an dein Lebensende wird er dich verfolgen. Ein für allemal lächerlich gemacht hast du dich mit diesem einen, unbedacht dahingesprochenen Satz!

Doch als ich am nächsten Tag die Zeitungen studierte (deutsche gab es nicht mehr, die hatte man den Händlern aus den Händen gerissen) und eifrig Radio hörte, ist Walter Momper der Held des Tages. Nicht nur schlägt ihm niemand seinen Satz um die Ohren, nein, der Satz vom »glücklichsten Volk« geht um die Welt, ist die Losung der Stunde, wird später (ähnlich dem »Tor des Monats«) zum »Wort des Monats« gekürt, ja zum »Wort des Jahres 1989«.

Kaum erholt von diesem Schock entnehme ich ein paar Tage später der Zeitung, daß Willy Brandt, das Idol meiner Jugend, Sozialdemokrat wie Momper, die Parole ausgegeben hat: »Jetzt wächst zusammen, was zusammengehört«, womit er, ein Zweifel war nicht möglich, die DDR und die Bundesrepublik gemeint haben mußte, inklusive ganz Berlins.

Senilität, denke ich. Ein klarer Fall von Alzheimer oder einer sonstigen altersbedingten Störung des Denk- und Urteilsvermögens. Denn was gehört denn da zusammen, bitte sehr? Gar nichts! Im Gegenteil: Nichts Unzusammenhängenderes läßt sich denken als DDR und BRD! Verschiedene Gesellschaften, verschiedene Regierungen, verschiedene Wirtschaftssysteme, verschiedene Erziehungssysteme, verschiedener Lebensstandard, verschiedene Blockzugehörigkeit, verschiedene Geschichte, verschiedene Promillegrenze – gar nichts wächst da zusammen, weil gar nichts zusammengehört. Schade um Willy Brandt, der sich doch wahrlich in Ehren aufs Altenteil zurückziehen könnte! Warum muß er sich exponieren und solchen Unsinn verzapfen und damit seinen guten Ruf aufs Spiel setzen?

Und wieder liege ich falsch. Ebenso wie zuvor das Wort Mompers ist nun die Äußerung Brandts Parole des Tages, wird enthusiastisch beklatscht auf Massenkundgebungen in Ost und West, wird als Leitformel aufgegriffen, nicht nur von seiner eigenen Partei, sondern auch von den Regierungsparteien, ja sogar von den Grünen.

Und schließlich kam der dritte und letzte Schlag ins Kontor meines historisch-politischen Selbstverständnisses und Selbstbewußtseins, einige Zeit später zwar, aber im gleichen Zusammenhang stehend: Im Februar 1990 sehe ich im deutschen Fernsehen einen Bericht über den Rückflug des Kanzlers Kohl aus Moskau, wo er sich das prinzipielle Plazet der Sowjets zur deutschen Einheit abgeholt hatte – oder abgeholt zu haben glaubte, das tut nichts zur Sache. Der Kanzler Kohl steht im Gang des Flugzeugs, offensichtlich bester Laune, er hält ein gefülltes Sektglas in der Hand, in welchem sich, wie der Kommentator erläutert, Krimsekt befindet, und brüllt den im Fond sitzenden Journalisten und Delegationsmitgliedern zu: »Habt ihr alle was zu trinken da hinten?« Aha, denke ich, der Mann hat Geburtstag und will einen ausgeben, das ist ja nett von ihm. Weit gefehlt! Der Kanzler Kohl hat, wie ich später dem Lexikon entnehme, erst am 3. April Geburtstag und keineswegs im Februar. Und er will auch nicht einfach einen ausgeben, weil er gerade so guter Laune ist, sondern er hebt, nachdem ihm durch allgemeines zustimmendes Gemurmel signalisiert wurde, daß jedermann zu trinken habe, sein Glas und ruft: »Also dann: Auf Deutschland!« Und der hinter ihm stehende, zu vier Fünfteln von ihm verdeckte Außenminister beugt sich ein wenig zur Seite, damit man ihn besser sehen könne, und auch er hebt sein Glas, ein wenig zaghafter vielleicht, und trinkt: »Auf Deutschland!«

Mir blieb die Spucke weg. Bis dato hatte ich noch nie einen Menschen auf Deutschland trinken sehen.

Nun muß ich zugeben, daß ich mit Trinksprüchen an und für sich nicht viel anfangen kann. Dieses emphatische Ausbringen von Toasts und, schlimmer noch, das sich meist daran anschließende Aneinanderrammen von Gläsern kam mir immer überflüssig, peinlich und ein wenig unhygienisch vor. Allenfalls geht mir ein dahingesagtes »Zum Wohle!« von den Lippen und ein flüchtig angedeutetes Heben des Glases von der Hand. Wenn's sein müßte und wenn eine unvermeidliche feierliche Veranlassung es gebӧte, wäre ich womöglich bereit, auf eine Person zu trinken, einen Jubilar, einen Laureaten; meinetwegen auch noch auf so nebulöse Dinge wie »eine glückliche Zukunft«, »ein gutes Gelingen« oder ähnliches – niemals aber auf ein Land. Und von allen Ländern der Welt am allerwenigsten auf Deutschland, mit dessen Namen – es ist ja doch erst fünfzig Jahre her! – sich unwiderruflich der große Krieg und Auschwitz verbinden.

Jaja, ich weiß, so hat er's nicht gemeint, der Kanzler Kohl, als er »auf Deutschland!« trank. Nicht das alte, aggressive Deutschland hatte er im Sinn, sondern das gegenwärtige und zukünftige, ein friedliches, zivilisiertes und in Europa eingebundenes. In die Zukunft ging sein Blick, nicht in die Vergangenheit, ich glaub's ihm wohl...

Mag sein, daß ich in dieser Hinsicht rückwärtsgewandter oder empfindlicher bin als er, oder einfach eine andere Erziehung genossen habe, die mir den Gebrauch gewisser Wörter und Sprachwendungen, zu Recht oder Unrecht, verbietet. Mag sogar sein, daß es sich so verhält, wie der neuerdings als eine Art journalistischer Kohl-Adjutant auftretende Rudolf Augstein in einem »Spiegel«-Kommentar behauptete: »Die darwinistisch gestimmte Geschichte«, so Augstein, »läßt sich offenkundig nicht genug Zeit für den Blick zurück, für die dem Menschen doch so bekömmliche ›Trauerarbeit‹.« Mag sein. Ich selbst bin freilich gar nicht darwinistisch gestimmt, ich lasse mir gern Zeit für einen Blick zurück oder nach vorn oder nach oben, und wenn ich einen Trinkspruch wie den des Kanzlers Kohl höre, dann ist mir, als wäre plötzlich die darwinistisch gestimmte Geschichte mit einem großen Schritt über mich hinweggegangen. Ich falle dann aus der Zeit.

Etwa zur selben Zeit, als der Kanzler Kohl hoch über den Wolken seinen Trinkspruch ausbrachte, hielt sein Gegenkandidat für das Kanzleramt, Oskar Lafontaine, auf einer SPD-Veranstaltung eine Rede, in der er sagte, die Frage der deutschen Einheit sei für ihn ein durchaus sekundäres Problem; viel wichtiger erscheine es ihm, dafür zu sorgen, daß es den Menschen in Leipzig, Dresden und Ost-Berlin ebensogut gehe wie den Menschen in Wien, Frankfurt, Paris oder Madrid. Ich spitzte die Ohren. Endlich, nach so vielen unverständlichen Sätzen, ein Satz, den ich verstand. Abgesehen davon, ob die darin ausgedrückte These richtig oder falsch sein mochte, ob sie sich im harmonischen Einklang mit der darwinistisch gestimmten Geschichte befand oder nicht (oder vielleicht *noch* nicht) – hier war zumindest eine Sprache, die ich kapierte, eine politische Terminologie, unter der ich mir etwas vorstellen konnte. Allein, der Satz wurde zwar von den anwesenden Genossen höflich beklatscht, keineswegs aber wurde er zur Parole des Tages. Er ging vollkommen unter in den Trinksprüchen, in den erregten Kommentaren, in den neuerdings auf den Straßen skandierten »Deutsch-land-ei-nig-Va-ter-land«-Rufen. Der ihn gesprochen hatte, bekam wenig später von einer Wahnsinnigen ein Messer in den Hals gestoßen. Ich verstand die Welt nicht mehr.

Um das ganze Ausmaß meines Sturzes in die Geistesverwirrung zu verdeutlichen, möchte ich eine Episode aus dem Frühjahr des Jahres 1988 erzählen, als die Welt noch in Ordnung war und ich mich noch auf der Höhe der Zeit fühlte.

Ich hatte von einem Redakteur des »Zeit«-Feuilletons die Einladung erhalten, an einer in Aussicht genommenen Artikelserie zum Thema »Die Zukunft der deutschen Einheit« teilzunehmen. Postwendend und meiner selbst völlig sicher schrieb ich zurück, er solle mich mit solchem Unsinn verschonen. Über die deutsche Frage hätte ich mir vor zwanzig Jahren im historischen Proseminar Gedanken gemacht, damals wohl auch tage- und vor allem nächtelang mit Freunden über dieses unerschöpfliche akademische Thema diskutiert, immer mit demselben Ergebnis, nämlich keinem, oder, besser gesagt, mit dem Ergebnis, daß es für die deutsche Frage eine Lösung nicht gebe und auch gar nicht zu geben brauche, da sie sich eines fernen Tages in einer wie immer gearteten europäischen Suppe von selbst auflösen würde – hoffentlich. Bis dahin aber sei ich es leid, mir darüber Gedanken zu machen, zu Deutschland falle mir nichts mehr ein, ja, ich könne mir tatsächlich kein zweites Thema ausdenken, das mir dermaßen kreuz und quer zum Halse heraushinge wie das deutsche, und er, der Redakteur, solle sich gefälligst ein anderes suchen, gebe es doch in unserer Zeit weiß Gott wichtigere, drängendere und vor allem aktuellere Probleme auf der politischen Tagesordnung als das vollkommen obsolete Problem der deutschen Einheit.

Der Redakteur bedankte sich für den Absagebrief und fügte hinzu, er habe ähnliches von den einigen zwanzig oder dreißig anderen präsumtiven Autoren erhalten und sich daraufhin entschlossen, den Plan für die Artikelserie über die »Zukunft der deutschen Einheit« fallenzulassen. Das war – ich wiederhole es – Anfang 1988.

Keine achtzehn Monate später hatten wir den Salat. »Not with a bang but with a whimper« brach das Rentnerregime in Ost-Berlin zusammen, der bislang allmächtige Erich Honecker, der gerade erst mit krähender Stimme verkündet hatte, es werde die Mauer in hundert Jahren noch geben, fand sich über Nacht aller seiner Ämter, Wohnungen, Konten und Pornoheftchen beraubt und im Gartenhaus eines protestantischen Pastors wieder; ein flotter Mensch mit Namen Krenz betrat die Bühne, bleckte einem für ein paar Tage als DDR-Staatschef von den Zeitungsfotos entgegen, ehe er, wie eine Figur im Kasperletheater, der man mit der Pritsche aufs Haupt geschlagen hat, urplötzlich in der Versenkung verschwand und vom Konkursverwalter Modrow abgelöst wurde; ein gewisser Schalck-Golodkowski spielte eine sehr kurze und undurchsichtige

Rolle, dann traten blasse Damen und übernächtigte Herren in rascher Folge auf und ab – unmöglich, alle Namen zu behalten – sowie Kapellmeister, Schriftsteller, Rechtsanwälte und immer wieder Pfarrer; bei den Kerzenscheindemonstrationen in Leipzig wurde auf einmal nicht mehr »Wir sind das Volk!« gerufen, sondern das schon erwähnte, seltsam stupid klingende »Deutsch-land-ei-nig-Va-ter-land«; Wahlen wurden ausgeschrieben, vorgezogen, abgehalten; in wenigen Tagen eine Koalition und eine demokratische Regierung gebildet, in wenigen Wochen ein Staatsvertrag mit der Bundesrepublik ausgehandelt und unterzeichnet, die D-Mark eingeführt, und jetzt, zu dem Zeitpunkt, da ich dies schreibe, ist eben jene deutsche Einheit, deren bloße Erörterung mir noch vor zwei Jahren als die verstaubteste und überflüssigste politische Gedankenspielerei erschienen war, so gut wie abgemacht. Kein Mensch mehr – weder im Inland noch im Ausland – stellt sie noch in Frage, und in einem weiteren Jahr, wenn nicht schon in ein paar Monaten, wird sie Realität sein. Die Entwicklung... nein, Entwicklung ist gar nicht mehr das rechte Wort... die Überstürzung der Geschehnisse war wahrhaft schwindelerregend. Fast war mir zumute wie einem der Repräsentanten jenes Rentnerregimes, dem unterdessen verstorbenen DDR-Volkskammerpräsidenten Horst Sindermann, der im November 1989 das seither geflügelte Wort gesprochen hat: »Es war, als rutschten vierzig Jahre Sozialismus plötzlich unter unseren Füßen weg.«

Ähnlich erging es mir und – so nehme ich an – nicht wenigen meiner Altersgenossen. Zwar nicht vierzig Jahre Sozialismus, aber vierzig Jahre festgefügter, scheinbar unverrückbar solider europäischer Nachkriegsordnung rutschten und rutschen uns plötzlich unter unseren Füßen weg. In dieser Ordnung waren wir groß geworden. Eine andere kannten wir nicht. Nicht, daß wir sie besonders geschätzt hätten, vor allem, was ihren äußeren Aspekt betraf: Die Teilung Europas in Ost und West, die Teilung Berlins, die Teilung der Welt in zwei sich feindlich gesinnte, waffenstarrende Militärblöcke erschien uns als durchaus pervers und gefährlich – aber eben als die Konsequenz des von Hitlerdeutschland angezettelten Weltkriegs, mit der man sich abzufinden hatte und die man höchstens in säkularen Prozessen schrittchenweise würde überwinden können. Daß die Zeche des Krieges hauptsächlich von den Menschen jenseits des Eisernen Vorhangs bezahlt werden mußte, war bedauerlich, aber nicht zu ändern, es sei denn um den Preis eines weiteren, noch verheerenderen Krieges.

Freilich hatte man uns in der Schule beigebracht, daß die Teilung Deutschlands nicht von Dauer sei, daß die Präambel des Grundgesetzes jeden bundesdeutschen Politiker verpflichtete, auf ihre Überwindung hinzuarbeiten, daß die Bundesrepublik und ihre Hauptstadt Bonn nur ein Provisorium darstellten. Aber das haben wir schon damals nicht geglaubt und glaubten es mit den Jahren immer weniger. Man lebt nicht jahrzehntelang in einem Provisorium – schon gar nicht in einem so prächtig gedeihenden, schon gar nicht als junger Mensch –, und wenn in den Sonntagsansprachen von »unseren Brüdern und Schwestern in der Zone« die Rede war oder man uns nach dem Bau der Berliner Mauer aufforderte, zum Zeichen der nationalen Solidarität nächtens ein Adventslichtlein ins Fenster zu stellen, so kam uns das ebenso lächerlich und verlogen vor, als würde man von uns Heranwachsenden im Ernst verlangen, einen Stiefel in den Kamin zu stellen, damit der Nikolaus uns Schokolade hineinwürfe. Nein, die Einheit der Nation, das Nationale überhaupt, war unsere Sache nicht. Wir hielten es für eine vollkommen überholte und von der Geschichte widerlegte Idee aus dem 19. Jahrhundert, auf die man getrost verzichten konnte. Ob die Deutschen in zwei, drei, vier oder einem Dutzend Staaten lebten, war uns schnuppe. Am 17. Juni gingen wir segeln. Das Verhältnis zu dem Staat, in dem wir lebten – nämlich der Bundesrepublik –, war zunächst zurückhaltend skeptisch, später aufmüpfig, dann pragmatisch und zuletzt, vielleicht, sogar von distanzierter Sympathie geprägt. Dieser Staat hatte sich ganz unprovisorisch gut bewährt, er war freiheitlich, demokratisch, rechtlich, praktisch – und er war genauso alt oder jung wie wir und daher, in gewissem Sinne, unser Staat.

Ansonsten schauten wir nach Westen oder nach Süden. Österreich, die Schweiz, Venetien, die Toskana, das Elsaß, die Provence, ja selbst Kreta, Andalusien oder die Äußeren Hebriden lagen uns –

um nur von Europa zu sprechen – unendlich viel näher als so dubiose Ländereien wie Sachsen, Thüringen, Anhalt, Mecklen- oder Brandenburg, die wir höchstens notgedrungen durchquerten, um auf der Transitstrecke rasch nach Berlin-West zu gelangen. Was hatten wir mit Leipzig, Dresden oder Halle im Sinn? Nichts. Aber alles mit Florenz, Paris oder London. Städte wie Cottbus, Stralsund oder Zwickau kannten wir kaum dem Namen nach – ein Schicksal, das sie freilich in den Augen derjenigen unter uns, die von südlich der Mainlinie herstammten, mit so exotischen bundesrepublikanischen Städten wie Gütersloh, Wilhelmshaven oder Flensburg teilten.

Dies war unsere bewußte oder unbewußte Haltung zur Lage der Nation, dies der scheinbar so solide Boden, der uns am 9. November unter den Füßen wegrutschte. Ein Erdbeben, weiß Gott. Mit einem Schlag schien der Schwerpunkt Europas um einige hundert Kilometer ostwärts verschoben. Wo früher eine öde Wand stand, der wir nach Möglichkeit den Rücken kehrten, war nun eine ungewohnte, zugige Perspektive aufgetan, und verdattert wie die Kühe, denen man ein lang verschlossenes Gatter aufsperrt, standen und stehen wir da und glotzen in die neue Richtung und scheuen uns, sie einzuschlagen.

Anders geht es den Jungen, den Zwanzig-, Fünfundzwanzigjährigen, deren historisch-politisches Koordinatensystem sich erst zu bilden beginnt. Für sie sind das Ende des Kalten Krieges, die Veränderungen in Osteuropa und die deutsche Vereinigung die ersten wichtigen politischen Ereignisse ihres bewußten Lebens, die sie, wenn nicht mit Begeisterung, so doch mit erregtem Interesse verfolgen. In jenen hektischen Novembertagen traf ich in Paris ein junges Mädchen, das erst vor kurzem aus Berlin gekommen war, um für einige Monate in Frankreich zu arbeiten und Französisch zu lernen. Vor Nervosität rutschte sie alle Augenblicke auf ihrem Stuhl herum und paffte eine Zigarette nach der anderen – aber nicht etwa deshalb, weil sie zum ersten Mal allein im Ausland war und Paris so interessant und aufregend gefunden hätte wie ich vor zwanzig Jahren. Keineswegs. Sie hielt es vielmehr für »total idiotisch«, daß sie gezwungen war, in Paris herumzusitzen, »während in Berlin die *action*« sei. Drei Tage später hielt sie es nicht mehr aus und fuhr zurück, um, wie ich annehme, mit ihren Freunden Steinchen aus der Mauer zu klopfen, hinüber- und herüberzuwandeln, aufs Brandenburger Tor zu klettern oder Trabiluft zu schnuppern und alles total gut zu finden. Mich erinnerte das an den Sommer 1968, als wir die Schule schwänzten, um zur Anti-Springer-Demonstration zu gehen und uns von den Wasserwerfern der Polizei naßspritzen zu lassen. »Dabeisein, wo die *action* ist.« Total gut!

Ebenso die Älteren, die Mittfünfzig- bis Mittsechzigjährigen, deren Erinnerung noch in vorbundesrepublikanische Zeiten zurückreicht und die jetzt an den Hebeln der Macht sitzen. Sie finden es herrlich, daß wieder »Bewegung in die europäische Politik« gekommen ist; sie strahlen vor Zuversicht und vor Zufriedenheit, daß es ihnen vergönnt ist, endlich aus dem Schatten deutscher Alltagspolitik hervorzuspringen und den Zipfel des Mantels der Geschichte zu erhaschen, um das große Werk der Einheit zu vollenden.

Und erst die Greise! Die Polit- und Kulturgreise der Kriegs- und Vorkriegsgeneration, von Stefan Heym über Willy Brandt bis hin zum Junggreis Augstein! Als hätte man ihnen eine Dopingspritze eingestochen, so kregel stürzen sie sich ins Geschehen; als sei der deutsche Herbst ihr letzter Frühling, so hitzig nehmen sie Anteil, halten Reden, mischen mit, gerührt, erzürnt, sehen sich am Ziel ihrer Wünsche oder am Beginn der schönsten Hoffnungen, schreiben rotzfreche Kommentare und benehmen sich alles in allem vollkommen ungreisenhaft.

Die eigentlichen Greise sind wir, wir vierzigjährigen Kinder der Bundesrepublik. Uns hat das Erdbeben kalt erwischt. Uns hat es bis ins Mark erschüttert. Nicht nur wegen unserer geschichtlich geprägten Befindlichkeit, der Tatsache also, daß wir eine andere als die bestehende Ordnung nie kannten. Ein weiteres kommt hinzu: Uns treffen die Erschütterungen im denkbar ungünstigsten Moment, denn wir befinden uns in einem Lebensabschnitt, in dem der Mensch geneigt ist, eine Pause einzulegen, innezuhalten, zurückzuschauen, Bilanz zu ziehen und sich allmählich auf die zweite Hälfte seines Lebens einzustellen. Allmählich, sage ich, in aller

Ruhe, gemächlich fast. In einer solchen Phase ist einem nichts lästiger als Lärm und Getöse und eine solch schwindelerregende Beschleunigung der Ereignisse, wie wir sie zur Zeit erleben, oder vielmehr: wie sie zur Zeit über unsere Köpfe hinwegbrausen. Glaubten wir doch, die Stürme hinter uns zu haben. Hatten wir uns doch soeben erst arrangiert mit den Dingen des Lebens, politisch wie privatim. War es uns doch gerade erst gelungen, nach vielen Irrwegen und Verrenkungen, uns ein einigermaßen stabiles Weltbild zurechtzuzimmern, wie eine kleine Kommode mit vielen Schubladen, in die wir die tausend Stolpersteine unserer Existenz wie die Bauklötzchen eingeräumt und weggeschlossen hatten: dorthin die moralisch-ethischen, dorthin die politischen, dort die metaphysischen, da hinein die Ängste und Neurosen, hierhin den Sex, Familie, Beruf, Finanzen und so fort – alles ordentlich verpackt, Kinderzimmer endlich aufgeräumt. (Ja, ich gebe zu, wir haben uns ein wenig Zeit gelassen mit dem Erwachsenwerden, Zeit lassen können, länger als die vorangehende und als die uns folgende Generation; aber auch wir hatten es endlich geschafft.) Und nun, da wir glaubten, unsere Existenz im Griff und die Welt verstanden zu haben und wenigstens in groben Zügen zu wissen, wie der Hase läuft und wie er weiterlaufen wird... – jetzt kommt plötzlich die Midlife-crisis in Gestalt der deutschen Einheit über uns! Auf Potenzstörungen wären wir vorbereitet gewesen, auf Prostata, Zahnersatz, Menopause, auf ein zweites Tschernobyl, auf Krebs und Tod und Teufel – bloß nicht auf »Deutsch-land-ei-nig-Va-ter-land«! Diesen politischen Ladenhüter! Diese älteste der alten Kamellen, die wir längst in die hinterste Ecke der untersten Schublade gesteckt hatten! Rumms! – da liegt sie, unsere kleine Kommode, und ringsum verstreut liegen die Stolpersteine.

»Moment!« sagen wir, »Augenblick mal!« und reiben uns verblüfft die Augen, »was ist hier eigentlich passiert? Wie geht es weiter? Deutsche Einheit? Wieso das? Wozu? Wollen wir das überhaupt?« Aber ehe wir diese Fragen noch recht gestellt haben, tönt uns schon allenthalben – von links und rechts, von alt und jung – die Antwort entgegen: »Der Zug ist abgefahren!« – »Aha«, sagen wir, auf Zugfahren gar nicht eingestellt, »aber kann man diesen Zug denn nicht mehr anhalten... oder wenigstens in irgendeine Richtung lenken... oder zumindest ein wenig bremsen, damit er nicht so rast?

»Unmöglich«, sagen uns die Macher, sagen uns die, die auf der Höhe der Zeit sind, »die Sache rollt jetzt von alleine. Die Ereignisse werden jetzt nicht mehr von den Politikern bestimmt, die Ereignisse bestimmen sich selbst. Eins-zwei-drei, im Sauseschritt marschiert die darwinistisch gestimmte Geschichte: Währungsunion zum 1. Juli – Beitritt der DDR-Länder nach Artikel 23 Grundgesetz im Herbst – gesamtdeutsche Wahlen im Dezember – Hauptstadt Berlin – fertig, basta!«

Hauptstadt Berlin, auch das noch! Nichts bleibt uns erspart. Ob das denn unbedingt sein müsse, wenden wir zaghaft ein: Hauptstadt Berlin? Bonn sei doch auch ganz nett gewesen... »Unrealistisch, Opa. Auch dieser Zug ist abgefahren.« –

Angst? Nein, Angst ist nicht das rechte Wort. Wer unter Schock steht, hat nicht Angst. Verdattert bin ich, immer noch. Ein wenig mulmig ist mir, wie einem eben mulmig ist, wenn man in einem rasenden Zug sitzt, der auf unsicherem Gleis in eine Gegend fährt, die man nicht kennt. Vage Befürchtungen habe ich. Nicht die alten, daß etwa Deutschland zurückfallen könnte in Barbarei und Größenwahn der dreißiger und vierziger Jahre. Aber doch die Befürchtung, es könne schwere soziale Spannungen, viel Neid und Hickhack im Innern geben und, nicht bei uns, aber weiter im Osten, wo das sowjetische Imperium zerfällt, neue Kriege und Bürgerkriege.

Ja, und ein wenig traurig bin ich, wenn ich daran denke, daß es den faden, kleinen, ungeliebten, praktischen Staat Bundesrepublik Deutschland, in dem ich groß geworden bin, künftig nicht mehr geben wird.

LEA ROSH

… bis Vergessen einkehrt …

Italien, Mai 1990.

Ein Ferienhotel, ziemlich fest in deutscher Hand. Die Fahrstuhltür geht auf. Ein mächtiger Körper versperrt mir den Weg. Der Mann hat einen weißen, glänzenden Jogging-Anzug an. An dem geröteten Gesicht erkenne ich, daß er gerade vom Sport kommt. Ich will an dem Mann vorbei. Keine Chance.

Ihn würde, fängt er an zu reden, ja mal interessieren, wie ich denn so eine Sendung mache …

Ich habe keine Lust, darüber zu reden. Ich dreh' mich um, vielleicht etwas abrupt. Dennoch, ich komme nicht an ihm vorbei.

Er redet weiter: Über die andere Sendung würde er aber auch gern was erfahren. Wie viele Jahre ich denn daran gearbeitet hätte?

Ich bleibe sofort stehen. Mich interessiert, was er gesehen hat, was er zu dem Thema, *meinem* Thema, zu sagen hat. Wir stehen im Flur, verstellen anderen Leuten den Weg. Egal.

Er meint meine vierteilige Fernseh-Dokumentation über den Mord an den europäischen Juden, über die Kollaboration der europäischen Länder bei der Deportation – oder die Verweigerung, je nachdem.

Er sagt, er habe die Sendung über Rumänien gesehen.

»Also Teil 3«, sage ich, »war vielleicht die wichtigste. Aber da kam ja auch Polen vor. Die Vernichtungslager in Polen.«

Erwartungsvoll, lauernd, sehe ich ihn an.

»Polen?«

»Ja, Polen. Die Vernichtungslager!« Das müsse er doch noch wissen? Die Vernichtungslager: Sobibor. Belzec. Chelmno. Treblinka. Auschwitz. Majdanek.

Er wird verlegen.

»Ja, Polen, richtig! Aber da habe er abgeschaltet. Ganz ehrlich. Das konnte er nicht mehr sehen. Sonnabendabend! So grausam!

Ich schlucke: Hätte er es denn am Mittwoch gesehen?

Er lacht: »Vielleicht. Schon eher. Aber nicht so spät. Ist ja alles immer so spät.«

Ich würde ihn am liebsten an seinem weißen glänzenden Jogging-Anzug packen und rütteln; oder wenigstens schubsen. Aber ich höre mich ruhig sagen: »Wir haben sie verschleppt! Dorthin verschleppt! Und wir haben sie vergast! Dort vergast! Da müssen wir doch wenigstens hinsehen, uns die Gruben ansehen, die Gaskammern ansehen!«

Er starrt mich an, konsterniert, verständnislos: »Wir?«

Ich, ungeduldig: »Na ja, die Deutschen. Nicht Sie, nicht ich, wir natürlich nicht. Aber die Deutschen. Unsere Deutschen.«

Pause.

Wir haben offenbar beide keine Lust, weiter miteinander zu sprechen. Er wollte ja auch eigentlich eher über die Talk-Show talken als über den Holocaust debattieren.

Leicht den Kopf schüttelnd, geht er in seinem weißen, glänzenden Jogging-Anzug davon. Ein deutscher Mann um die Vierzig. Hat nichts mit den Dingen damals zu tun gehabt... Natürlich nicht.

Aber wenn die Umstände mal wieder so wären... Würde er dann...?

Deutschland, April 1990.

Ein Kleinstadthotel. Später Nachmittag. Ich sitze im Hotelrestaurant, trinke einen Kaffee, bereite mich auf den Abend vor, auf eine Lesung. Ich bin eingeladen, im Rathaus aus dem Buch zur Fernsehserie vorzulesen: »Der Tod ist ein Meister aus Deutschland. Deportation und Ermordung der Juden. Kollaboration und Verweigerung in Europa.« Ich mache mir Notizen, denn ich will nicht nur vorlesen, sondern zu den einzelnen Kapiteln noch jeweils historische Anmerkungen machen.

Beispiel: Sowjetunion. Dort wurden ab Juni 1941, dem Überfall der Deutschen auf die Sowjetunion, an die 1,3 Millionen Juden ermordet. Sie wurden an Erschießungsgruben erschossen. »Erschießungen unter freiem Himmel« wurde das genannt. Diese Erschießungen wurden durch die Männer der sogenannten »Einsatzgruppen« durchgeführt. Killerkommandos waren das, vier Killerkommandos. Sie begleiteten die deutsche Wehrmacht bei dem Überfall auf die Sowjetunion. Und diese vier Einsatzgruppen, bestehend aus rund dreitausend Mann, hatten ausschließlich den Befehl, alle Juden, aber auch Zigeuner, Geisteskranke, Partisanen, Kommunisten zu erschießen. Vor allem aber Juden. Mit der Hilfe der Wehrmacht ermordeten sie innerhalb eines guten halben Jahres 1,3 Millionen Juden.

Lachen. Lautes Lachen dringt zu mir. Ich sehe durch die große Glasscheibe auf die Terrasse. Männer. Draußen sitzen zehn, zwölf lachende, lärmende, Bier trinkende deutsche Männer.

Fotos schieben sich zwischen diese Männerrunde und mich. Fotos, die mich ein Leben lang begleiten werden. Ich habe sie für meine Fernsehdokumentation unzählige Male angesehen, gedreht und gewendet. Die Fotos zeigen Soldaten, an den Erschießungsgruben stehende, lachende deutsche Soldaten. Wehrmachtssoldaten. Sie lachen, obwohl sie schießen. Nein, *weil* sie schießen. So ist es wohl. Sie halten die Pistole an den Kopf, an die Schläfe. Gleich werden sie abdrücken. Und sie lachen.

Das Lachen der Männer draußen ist wie ein Schmerz für mich. Ein körperlicher Schmerz. Ich kann ihr lautes Lachen und ihren Anblick nicht ertragen. Ich weiß, ich bin ungerecht. Was haben die mit meinen Assoziationen zu tun? Gar nichts.

Oder vielleicht doch?

Es ist noch zu früh, aber ich zahle, ich gehe.

Gehe zu meiner Lesung, gehe zu den Leuten, die an einem schönen, warmen Sommerabend ins Rathaus kommen und sich den grausamen Mordgeschichten, von denen ich ihnen nun berichten werde, aussetzen. Der Rathaussaal füllt sich. Dreihundert, vierhundert Menschen.

Ich lese an die zwei Stunden.

Dann reden wir miteinander, diskutieren.

In Kassel, in Frankfurt, in Wolffenbüttel, in Braunschweig, Berlin, Kiel, Hannover, Freiburg und anderswo – volle Säle, immer viele hundert Menschen. Alte, junge, auch viele um die Dreißig.

Deutsche.

Auch sie: Deutsche.

Sie trösten mich. Geben mir die Möglichkeit, zu hoffen, es würde sich vielleicht doch nicht wiederholen.

Oder?

Berlin, 9. November 1989.

Abends. Ich bin im SFB, habe zu tun. Vorbereiten meiner Talk-Show. Zwischendurch sehe ich, wie immer, die Nachrichten. Fall der Mauer. Die Mauer fällt. Die Mauer! Ich höre die Nachrichten, aber ich begreife sie nicht. Immer wieder sehe ich die Bilder. Immer wieder höre ich die Botschaften. Aber ich begreife sie nicht.

Nachts, erst nach Mitternacht, fahren wir zum Brandenburger Tor. Da stehen die Menschen auf der Mauer. Wir stehen unten. Versuchen zu begreifen.

Später werden wir, an anderer Stelle, durch die geöffnete Mauer geschoben. Wir sind in einem Pulk von jubelnden, glücklich juchzenden Menschen. Sie drängen, sie schieben, sie lachen, sie weinen. Unbegreiflich das alles.

Eine Freundin von uns, ein halbes Jahr erst im Westen, läßt sich mit uns nach drüben schieben. Wir haben keine Papiere bei uns, nichts. Seit bald dreißig Jahren ist es das erste Mal, daß wir diese verfluchte Grenze ohne Papiere passieren. Wir probieren es vor lauter Glück und Übermut noch einmal. Geht das noch einmal?

Es geht.

Tiefes Glücksgefühl.

Auch Tränen. Wir denken in dieser Nacht an die Bernauer Straße. An das Bild der Menschen, die, auf Leitern stehend, nach drüben winkten, schluchzten. Ein weißes Taschentuch in der erhobenen Hand war das verzweifelte Zeichen nach drüben. Es zeigte Ohnmacht. Trauer, Schmerz, Liebe, Sehnsucht. Drüben standen die anderen. Hatten auch ein weißes Taschentuch in der Hand. Weinten und winkten zurück.

Auch hilflos. Auch verzweifelt.

Mein Gott. Ist das alles vorbei? Wirklich vorbei?

Das Nichtbegreifen dauerte Wochen, Monate. Die Erfahrung der Ohnmacht saß zu tief. Wir hatten uns darauf eingerichtet. Jetzt: Wochen des Taumels. Übermut. Glück. Von Tag zu Tag mehr.

Ohne mich.

Warum bloß?

Warum stand ich abseits?

Es hatte mich doch immer geschmerzt, in einer Stadt zu leben, in der sich die Wunden des Krieges nicht zu schließen schienen. Es hatte mich doch immer geschmerzt, daß ich eine Zeche zu begleichen hatte, für die ich nicht einzustehen hatte. Ich doch nicht. Mein Land? Mein Volk? Nein. Dieses Volk von 1933 bis 1945 war nicht »mein Volk«.

Und das davor? Und das danach?

Es hatte mich immer auch getröstet, mich sogar nach Berlin zurückgeholt, daß sich hier die Wunden des Krieges nicht schlossen. Es hatte mich getröstet, daß man in Berlin nicht so einfach zur Tagesordnung der Weltpolitik übergehen konnte. Das Menschenrecht war zu tief verletzt worden. Ein für allemal. Auch wenn es faktisch eben nicht so war, daß nach Auschwitz keine Gedichte mehr geschrieben wurden, in Berlin wuchs eben kein Beton und Glas über die Trennung und die Teilung, Teilung als Folge eines unerhörten Verbrechens. Wunden. Keine andere Stadt blieb so gezeichnet wie Berlin. München, Hamburg, Frankfurt, glatt, geschäftstüchtig, eiskalt. Krieg? Deportation und Mord?

Geschichten aus uralten Zeiten.

Natürlich, so schrieb ich 1986, würde auch ich gern in einer Weltstadt leben. Einer Weltstadt wie New York, Paris oder London. Wo alles, was wichtig und großartig ist, und alle, die wichtig und großartig sind, zusammenkommen. Berlin, eine Metropole? Vorbei. Berlin war keine Metropole mehr. Berlin behielt die Wunden. Geschichte blieb hier gegenwärtig. Die Bernauer Straße war Mahnmal nicht nur für Peter Fechter. Auch für die, die Jahrzehnte zuvor aus dieser Stadt entfernt worden waren, am hellichten Tage.

Verschleppt. Ermordet. Verscharrt. In deutschem Namen.

»Wie lange wollen Sie das den Deutschen noch vorhalten?«

Ja, wie lange noch?

Wie lange wollte ich mit den Wunden und Schmerzen leben in dieser meiner Stadt? Warum konnte ich nicht auch so vereinigt taumeln, so glücklich sein? Warum nicht so übermütig die meterbreiten Narben überschreiten, die im Asphalt geblieben waren, an den Stellen, wo einst die Mauer war?

Was war los mit mir?

Wieso mit mir?

Italien, Mai 1990.

Schwimmbad. Ich halte mich am Rand fest, habe keine Lust zum Schwimmen. Ich stehe im Wasser. Nur so.

Ein Mann steigt die Metalltreppe herunter, bleibt neben mir. Sieht blöd aus mit seiner Badekappe. Ich sicher auch.

Du lieber Himmel. Der Jogger.

Er sagt, das mit den Grabschändungen in Frankreich sei doch nur inszeniert worden, um noch mehr Geld herauszupressen. Dazu macht er die Geste des Geldzählens, mit Daumen und Zeigefinger.

Ich verstehe wirklich nicht.

»Das haben die Juden gemacht!«

»In Frankreich?«

»Ja. In Frankreich.«

»In Carpentras?«

»Ja, in Carpentras.«

»Die Schändung der Leiche, des alten Mannes, diese perverse Tat, das haben auch die Juden gemacht?«

»Wahrscheinlich.«

Ich tauche kurz unter Wasser. Tauche wieder auf.

»Warum? Warum sollten die Juden das gemacht haben?«

Er macht ein wichtiges Gesicht. Dann sagt er: »Die Politik in Amerika würde auch ganz anders laufen, wenn da nicht ... Na, Sie wissen schon ...«

»Nein, ich weiß nicht.«

»... wenn da nicht die Juden dauernd ihre Finger mit drin hätten.«

Er ist ganz erleichtert, nun ist es heraus.

»Was hat das mit den Grabschändungen zu tun?«

»Das alles ist nur, um den Bundesdeutschen immer noch mehr das Fell über die Ohren zu ziehen.«

Ich stelle eine letzte Frage: »Ist das hier allgemeine Meinung, unter den Deutschen?«

»Ja«, sagte er fröhlich. »Das war gestern hier übereinstimmende Meinung. Die Juden halten immer die Hand auf. Und können nicht genug kriegen. Kommen Sie mal abends an die Bar. Da können Sie was hören.«

Ich sehe ihn an. Sein Gesicht verliert die Konturen. Ein anderes Gesicht entsteht vor mir, das von Friedrich Schorlemmer, Pfarrer in Wittenberg. Wir hatten ihn im Sommer 1989 besucht, eine ganze Weile vor der Wende. Gespräch im Garten. Immer bei ziemlich lauter Radiomusik. Vor dem Haus ein ganz unauffälliger roter Wagen mit zwei Herren. Wir trugen Zeitungen, Bücher und Wein direkt an ihnen vorbei in den Garten. Dann Spaziergang durch Wittenberg. Erst die Schloßkirche, wo Luther seine Thesen angeschlagen, dann die Stadtkirche, in der er gepredigt hatte. Wir standen davor. Luthers Kirche also.

Ob uns was auffiele?

Uns fiel gar nichts auf.

Aber dann sahen wir es. Das, was man im Lexikon unter »Spottbild« findet: ein Relief, in Höhe des Dachgesimses, mit einer Sau. Ein Rabbi kniet hinter der Sau. Hebt den Schwanz an. Sieht der Sau in den After. Kinder, Judenkinder, saugen an den Zitzen. Über der Sau steht: Shem-Ha-Mphoras.

Was heißt das?

Das heißt soviel wie: »Der verborgene Name Gottes«.

Denn Gottes Name darf nicht genannt werden.

Wir starren auf das Relief. Das Schwein ist für die Juden ein unreines Tier. Man weiß das. Und dann das: ein Rabbi, der der Sau in den After sieht.

Schorlemmer wird ganz rot im Gesicht, als er sagt:

»Was für eine Gemeinheit. Was für eine Gemeinheit«.

»Von wann ist das?« frage ich ihn.

»16. Jahrhundert«, sagt er.

Ich weiß von antisemitischen Spottbildern aus dem 14. und 15. Jahrhundert. Aber das hier, an Luthers Kirche, trifft mich. Mitten ins Herz. Eine solche Schmähung, seit fünf Jahrhunderten, an einer christlichen Kirche, an der Kirche von Martin Luther. Das sitzt. Sonntag für Sonntag hat er unter dieser Schmähung seiner Christenheit das Evangelium gepredigt.

Mir wird heiß und kalt.

Ich verstehe. Verstehe mit einem Schlag.

Da ist nichts mehr zu machen.

Schorlemmer sieht mich an. Er versteht sofort, was ich verstanden habe. Er zeigt auf ein anderes Relief, eines, das in das Straßenpflaster eingelassen ist, senkrecht unter dem anderen:

> Gottes eigentlicher Name /
> der geschmähte Shem-Ha-Mphoras /
> den die Juden vor den Christen /
> unsagbar heilig hielten /
> starb in sechs Millionen Juden /
> unter einem Kreuzeszeichen.

Von wann ist das?«

»1988. 50. Jahrestag der Pogromnacht. Der Text ist von Jürgen Rennert.«

Ich lese die sechs Zeilen noch einmal: »Gottes eigentlicher Name, der geschmähte Shem-Ha-Mphoras, den die Juden vor den Christen unsagbar heilig hielten, starb in sechs Millionen Juden unter einem Kreuzeszeichen.«

Schöne Zeilen. Ja. Dank an Rennert. Aber es hilft alles nichts. Von nun an, seit Wittenberg, weiß ich, daß sie ihren Antisemitismus gelernt haben, diese christlichen Deutschen. Sie haben ihn seit Jahrhunderten eingesogen mit ihrer christlichen Lehre. Er ist seit über tausend Jahren Teil der christlichen, abendländischen Kultur. Sie haben ihren Antisemitismus gelernt, ein für allemal.

Ein für allemal?

Der Himmel war plötzlich ganz grau.

Ich weiß schon, weshalb ich abends nicht an die Bar gehe.

Lachen am Schwimmbad. Die Leute, die sich in ihren Liegestühlen räkeln und ihre Drinks schlürfen, lachen. Sie sprechen über ihre Einkäufe, ihre Geldausgaben. Die Lederwaren seien ja so billig hier. Billiger als in Deutschland. Dreißig Mark habe sie an einem Pulli gespart, erzählt eine Frau und gluckst dabei vor Glück. Dreißig Mark. Ist doch auch Geld. Oder?

Abends, im Zimmer. Ich lese in der Feuilleton-Beilage der »Süddeutschen Zeitung« einen Aufsatz von Günter Herburger über ein Gespräch, das er mit Kurt Hager geführt hatte. Den Schluß lese ich zweimal:

»Auf dem Polen-Markt, dem Potsdamer Platz, fiel mir ein Versäumnis ein: Wir [Kurt Hager und er] hatten nicht darüber gesprochen, daß mit der Öffnung der Grenze die sichtbare Wunde Deutschlands sich nun schlösse und die Frage nach Schuld und Vergangenheit noch leiser würde, bis Vergessen einkehrte, als habe es eine gemeinsame, grausame Geschichte nie gegeben. Die beginnende Einheit des Landes fing mit einem neuen Verlust an.«

Ich war nicht mehr so einsam. Noch einer, der abseits stand im Wiedervereinigungstaumel.

Berlin, Ende Juni 1990.

Rückkehr von einem kurzen Aufenthalt in der DDR.

Dreilinden, Grenze, kurz nach Mitternacht. Ein einziger Grenzposten geht, die Aktentasche fest im Griff, über den Asphalt. Sonst kein Uniformierter weit und breit. All die Postenhäuser nicht mehr besetzt.

Aus. Vorbei. Keine Kontrollen mehr.

Wirklich vorbei? Nie mehr Kontrollen? Nie mehr den Ausweis zeigen müssen? Nie mehr die dummen Fragen über sich ergehen lassen müssen? Nie mehr diese elende Unlust, die einen schon von weitem überkam, wenn man diese ärmlichen und erbärmlichen Postenhäuschen sah? Einfach die Stadt verlassen können, einfach so? Und zurückkommen, einfach so?

Wir fahren noch einmal zurück. Und wieder an den Postenhäuschen vorbei. Häuschen rechts, Häuschen links. Leer. Alle leer.

Wir sehen uns an, glücklich.

Krieg vorbei!

Vorbei.

Vergessen?

Nächster Tag: Ost-Berlin. Tour durch die Stadt. Wir landen in der Oranienburger Straße. In einer Ruine ein wilde Kneipe. Junge Leute. Gelbe und lila Haare, rot-weiße Ringelsocken, Stirnbänder. Ossis? Wessis? Nicht auszumachen. Hier waren vor Tagen die Skinheads und haben Besucher der Kneipe zusammengeschlagen.

Warum?

Nur so.

In Lichtenberg, zur gleichen Zeit, von uns unbemerkt, Zusammenstöße zwischen linken und rechten Jugendlichen. Schwerverletzte Polizisten. Die DDR holt nach.

Verschüttetes bricht auf.

Verdrängung rächt sich.

Mitternacht. Eine junge Frau steigt mit uns die Ruine hinauf, in die oberen Geschosse. Kein Licht, nur eine Taschenlampe. Das Straßenlicht erhellt das breite Treppenhaus. Wir steigen bis in den vierten Stock. Riesige Räume, übergroße Fenster. 1990? Oder ist es 1945? Solche Ruinen, solche Treppenhäuser, so viel Vergangenheit, noch heute? Wir stolpern in einen riesigen Raum. Geschwungenes Fenster. Schräg gegenüber wölbt sich eine Kuppel in den nächtlichen Himmel. Ein Holzgerüst. Ich weiß, das ist die alte große Synagoge von Berlin. So groß, so schön, so kaputt wie alles hier.

Ob sie wüßten, frage ich unsere jungen Begleiter, was in der Ruine, in der wir stehen, früher war?

Karstadt, sagt die junge Frau. Die Verwaltung von Karstadt. Nein, sagt ein junger Mann, der mitgegangen war, es war das Hauptquartier der AEG.

Hauptquartier?

Ist ihnen egal, Verwaltung oder Hauptquartier, AEG oder Karstadt. Spielt keine Rolle für sie. Die Synagoge, schräg gegenüber, auf der anderen Straßenseite, haben sie nicht einmal wahrgenommen. Sie wissen nicht, wie eng das zusammengehört, die Ruinen der Synagoge und die von AEG oder Karstadt.

Wir steigen die herrliche, breite, geschwungene Treppe wieder hinunter. Durch die Fenster des Treppenhauses sehen wir auf eine Wüste: Sand, Baukräne, Autowracks, Neubauten, nur bis zum dritten Geschoß hochgezogen. Dann ist Schluß. Auch das wird zuwachsen. Wie alles in Berlin.

Und die Geschichte? Wird auch zuwachsen. Die Wunden werden sich schließen, und die Frage nach Schuld und Vergangenheit, zu leise gestellt bisher, wird nicht lauter, sondern leiser werden, bis Vergessen einkehrt. Versäumtes wird nicht mehr nachgeholt werden. Zu spät. Die Chance ist vertan.

Am Fahrstuhl werden sie weiterhin sagen, die Geschichten seien ihnen zu grausam. Im Schwimmbad werden sie auch in Zukunft sagen, die Juden seien selber schuld.

Diese Deutschen sind verloren.

Sie wissen es nur nicht.

Aber ich weiß es.

Ich habe Angst vor denen.

Immer.

MARGARETE
MITSCHERLICH-NIELSEN

Eben doch Angst vor Deutschland?

Was als Angst vor Deutschland bezeichnet würde, sei – so äußerte sich in diesen Tagen wieder einmal der deutsche Bundeskanzler – vor allem Neid über den Erfolg der deutschen Wirtschaft. Diese Neid-Theorie wurde schon von vielen anderen deutschen Politikern und deutschen Volksgenossen und -genossinnen vertreten. Das Ausland halte der Bundesrepublik die nationalsozialistische Vergangenheit nur deswegen vor, weil es auf deren wirtschaftlichen Erfolg neidisch und eifersüchtig sei.

Daß den Erfolgreichen gegenüber oft Neid und Eifersucht empfunden wird, ist bekannt. Von uns Deutschen wird aber diese Neid-Theorie vor allem dazu benutzt, um die Erinnerung an die Vergangenheit zu verdrängen. Unser gegenwärtiger Wohlstand blockiert offenbar die Besinnung auf uns selbst und unsere verbrecherische Geschichte. Der Stolz der Bundesdeutschen auf ihre Ökonomie ersetzt den Nationalstolz von ehemals, und das Ausland reagiert entsprechend auf diesen Stolz und nicht auf den ihm u. a. zugrundeliegenden Wohlstand, den wir im übrigen ungern teilen. (Siehe die bundesdeutsche Reaktion auf die Asylanten aus den notleidenden Ländern der Dritten Welt oder neuerdings auf die »Ossis«.) Nicht, *daß* wir Mercedes fahren, sondern *wie* wir Mercedes fahren, nimmt man uns übel. Wir sollten uns nicht darüber täuschen: Der »deutsche Herrenmensch« offenbart sich immer noch an allen Ecken und Enden und gerät schon deswegen bei all denen, die unter ihm gelitten haben, so leicht nicht in Vergessenheit.

Seit der friedlichen Revolution '89 an dem geschichtsträchtigen Datum des 9. November erreichte das deutsche Nationalgefühl einmal wieder neue Höhepunkte. Die Freude über den Fall der Mauer, über die Befreiung von Millionen Menschen konnte jeder teilen. Angst trat erst auf, als aus dem revolutionären Schrei der Massen »Wir sind das Volk« der nationalistische »Wir sind ein Volk« wurde. »Und so brechen wir immer mal wieder aus – gelegentlich auch in einem gemeinsamen Urschrei.« (Martin Buchholz, Ein Ich ohne Vaterland, Construktiv, 3. Juni 1990) Dieser Urschrei brach nicht nur in Nürnberg und im Berliner Sportpalast aus, Anklänge davon vernimmt der dafür empfindliche Zeitgenosse auch bei den heutigen deutschen Feiern, wenn Massen zusammenfinden. Sei es die »Wiedervereinigung«, sei es die Fußballweltmeisterschaft, der Schrei »Wir sind die Größten!« wird wieder laut. »Die deutsche Mannschaft«, so »Kaiser Franz«, »ist in den nächsten Jahren von keinem in der Welt zu schlagen.« Jetzt schon sind wir die Größten, und was wird erst nach der »Wiedervereinigung« sein? Eben unschlagbar!

Auf den Straßen ist die Atmosphäre von Gewalttätigkeit und Neonationalismus oft mit Händen zu greifen und macht vielen Menschen angst. Sicherlich, es ist schade, wenn man beim Feiern Angst haben muß, aber wer einmal die Massen erlebte, wenn sie vom »Deutschland, Deutschland über alles«-Wahn ergriffen waren, ist ein gebranntes Kind und weiß, was auf ihn zukommen kann. Der Sport braucht eben nicht nur harmlos anmutende Begeisterungsorgien auszulösen, wie es überall in der Welt der Fall ist, sondern diese Orgien haben hier ihre besondere Tönung. Sie sind allzuoft, wie wir beobachten konnten, mit rechtsradikalen, deutschnationalen Gefühlsausbrüchen unmittelbar verbunden.

Betrachtete man die Massen, die auf den Straßen den deutschen Sieg begrölten, dann waren das vor allem Männer, seien es nun Rechtsradikale, Hooligans oder Fußballfans, die sich mit den »Helden« identifizierten, Fahnen schwenkten und nationalistische Lieder sangen oder, besser, schrien. Ich glaube, man kann ohne Übertreibung sagen, wer diese massenhaften Heldenorgien liebt, in denen das Denken und das Individuum völlig auf der Strecke bleiben, das sind nun einmal Männer. Nicht alle natürlich, aber bei der Fußballweltmeisterschaft, auf den Straßen, in den Kneipen und vor den Fernsehkameras war der männliche Teil der Bevölkerung mit einer überwältigenden Mehrheit vertreten. Und deutsche Männer waren, wenn sie – bis vor nicht allzulanger Zeit – in Massen auftraten, nun einmal das Schrecklichste, was die Welt je erlebt hat.

Das kann und sollte niemand vergessen, vor allem nicht die daran beteiligten Männer. Das ist ein frommer Wunsch, ich weiß, in Wirklichkeit denken die Betroffenen nicht daran. Denn wenn der Zug zum neuen Großdeutschland nun einmal abgefahren ist, dann hören offenbar selbst kritische Männer auf mit dem Denken, dann müssen wir – so fordern sie – alle aufspringen und mitmachen, sonst gnade uns Gott und die deutschnationalen Männer.

Habt ihr denn wirklich nichts aus der Vergangenheit gelernt? So möchte man diese Zeitgenossen fragen. Haben wir so schnell vergessen, daß gerade das Aufspringen auf den fahrenden Zug zur totalen Katastrophe führte?

Angst vor Deutschland scheint mir mehr als berechtigt, nachdem wieder die Gefahr besteht, daß wir die »Größten« werden, daß bei unseren das Vaterland neu entdeckenden Männern die Neigung zunimmt, auf den anfahrenden Zug deutschnationaler Größenphantasien aufzuspringen. So heißt es denn bei ihnen auch, die Deutschen seien nicht antisemitischer als die anderen europäischen Völker gewesen, nicht einmal zwischen 1933 und 1945. Mit anderen Worten: Wir können ruhig vergessen, daß es Auschwitz gab. Es war nur ein Zufall, daß es die deutschen Herrenmenschen waren, die den Massenmord an den Juden inszenierten und durchführten. Wir sind wie andere Nationen auch, eben nur ein wenig »tüchtiger« als die anderen, das ist alles. Also steht dem nichts mehr im Wege, daß wir endlich die Herrschaft der Welt antreten, sei es im Fußball, sei es in der Wirtschaft, sei es in der Gefühllosigkeit für andere Menschen und Andersdenkende.

Angst vor Deutschland? Der deutsche Übermensch, das deutsche Über-Wir, wenn das wieder über uns und andere kommt, gibt es nichts mehr zu lachen.

In Hitlers Schrift »Mein Kampf« war schon, was wir so gerne vergessen wollen, alles zusammengefaßt, was seit eh und je im deutschen »Wir-Gemüt« brütete und was dann in die Tat umgesetzt wurde: Krieg gegen den Osten, um der »überlegenen deutsch-arischen Rasse« »Lebensraum« durch rücksichtslose Germanisierung zu schaffen und die »Träger der 1918 offen über Deutschland hereingebrochenen Judenherrschaft« zu beseitigen. Die von Hitler geforderte »Technik der Entvölkerung« wurde vom deutschen »Über-Menschen« meisterhaft entwickelt und angewandt. Millionen und Abermillionen wurden ausgelöscht, ohne daß das so vielgerühmte deutsche »Gemüt« anderes als Eiseskälte dabei empfunden hätte. Und da sollen alle die, die sich noch ein wenig erinnern, denen die Bilder der Vernichtungslager, die um die Welt gingen und für immer ihrem inneren Auge eingeprägt wurden, alle die, die die Vernichtungsfeldzüge gegen Polen und Russen miterlebten, keine Angst vor Deutschland haben? Aber daß der *Tod ein Meister aus Deutschland* war, das sollten vor allem die Deutschen nicht vergessen, *sie* sollten lernen, Angst vor sich selber zu haben, sobald sie in Massen auftreten. Wenn ihr Über-Ich zum Über-Wir wird, kann sich Schlimmes wiederholen.

Zu vergessen und zu verdrängen befreit die heutige Jugend nicht, im Gegenteil, sie verlängert ihre Gefangenschaft in falschen Idealen und Wiederholungen. Was uns befreien und verändern kann, ist nur die Arbeit eines stetig sich erneuernden Erinnerns, eines kritischen und selbstkritischen Nachdenkens. Hitlers Macht über die Deutschen baute sich auf die bis dahin weitgehend unhinterfragten Werte und Ideale einer deutsch-konservativen Mehrheit auf. Hitler war die Inkarnation ihrer geheimen Wünsche und Bestrebungen, so daß ein einfaches Zurückbesinnen und Zurückgreifen auf eine deutsche Kultur und ihre Wertwelt heute nicht mehr möglich ist, ohne in Gefahr zu geraten, schreckliche Ideale und Größenphantasien neu zu beleben.

Eine Besinnung auf uns selbst, unsere Vergangenheit, unsere Schuld und Trauer haben wir bis heute ja kaum zugelassen. Die mit dieser Unterlassung verbundene Selbstentfremdung behindert Einsicht und Einfühlung in uns selbst wie in unsere Opfer.

Wenn eine neue Generation nur noch um den eigenen Wert, die eigene nationale Würde kreist, nach einer allen überlegenen

»Größe« strebt, verlieren wir als Deutsche jede Chance zu einer menschlich-nationalen Reife im Sinne einer Einfühlung in die Schwachen und Leidenden dieser Welt, im Sinne einer Entwicklung, die sich auf das besinnt, was ein mitmenschliches Leben ausmacht.

Es wäre gewiß eine Befreiung, sich als Deutscher einmal nicht in den Mittelpunkt der Welt zu stellen, wie es seit der »Wiedervereinigung«, seit »Kaiser Franz« und der Wiederbelebung alt/neuer Größenphantasien erneut geschieht. Nur mit der Fähigkeit, uns in andere einzufühlen, eine Situation mit den Augen des anderen wahrzunehmen, können wir uns von uns selbst und unserer Vergangenheit, unserer Härte und Humorlosigkeit befreien. Nur so läßt sich auch die Hoffnung aufrechterhalten, daß die Zeit kommt, in der die Welt tatsächlich keine Angst mehr vor Deutschland zu haben braucht.

II.

UNSICHERHEIT, SORGE, ANGST

ALFRED GROSSER

Es könnte doch viel schlimmer sein…
Eine kritische Betrachtung
aus Paris

Zunächst sei einiges vorausgeschickt, etwa daß man Unterschiedliches nicht vermischen sollte: die irrationale Angst, die von Trugbildern genährt wird; die aus ständig überbewerteten Fakten der Vergangenheit beibehaltene Angst vor jeder deutschen Zukunft; die aus Überbetonung des feststellbaren Negativen entstandenen Befürchtungen; die auf nüchterner Analyse fundierten Zukunftssorgen.

Sodann eine dringende Bitte an den deutschen Leser: Bevor er über eine etwaige Angst vor Deutschland nachdenkt, sollte er sich selbst prüfen und sich fragen, ob er nicht an einer recht unerfreulichen deutschen Krankheit leide – am tränenreichen Selbstmitleid. Es wütet heute besonders erschreckend in beiden deutschen Staaten. In der Bundesrepublik findet man, daß die Wiedervereinigung viel kosten wird, obwohl man doch an der DDR-Wirtschaftsschwäche nicht schuld sei; man vergißt dabei, daß der Aufschwung der Bundesrepublik so leicht vor sich gehen konnte, weil im Namen des Kalten Krieges der junge westdeutsche Staat keine Reparationen zu zahlen brauchte und von einer bereits durch Milliarden geschenkter Dollars sanierten Wirtschaft profitieren konnte. Und wie sehr ist man doch jetzt zu beklagen, weil das Vier-Mächte-System nicht sofort abgeschafft wird – als hätte es u. a. nie einen Schutz der Westmächte für West-Berlin gegeben: Die Drei haben ihre Schuldigkeit getan; die Drei dürfen gehen! Unterdessen vergleicht sich die DDR mit der reichen Bundesrepublik und nimmt die Bitterkeit gar nicht wahr, die in Polen, in Ungarn, in der Tschechoslowakei entstanden ist, weil unter den von der Sowjetunion unterdrückten Ländern nur eines die Gewißheit hat, in absehbarer Zeit wirtschaftlich zu gesunden und auf dem Wege dahin seine Arbeitslosen vernünftig unterstützt zu sehen – und dieses Land ist gerade jenes Deutschland, das erst selbst unterjocht und dann die Unterjochung der Russen hervorgerufen hat.

Wehleidigkeit und Selbstmitleid gibt es auch reichlich im Umgang mit der Angst vor Deutschland. Sollte man nicht vor allem mit freudigem Erstaunen zur Kenntnis nehmen, wie reibungslos die Wiedervereinigung in Gang gekommen ist? Ich persönlich bekenne mit Freude, daß ich jahrelang eine falsche Prophezeiung gemacht habe: Mit Skepsis und Ironie habe ich ständig verkündet, Frankreich würde nur für die Wiedervereinigung sein, solange diese eine Unmöglichkeit bliebe. Und ich bezweifelte, daß die Westmächte den Artikel 7 des Pariser Vertrages vom 23. Oktober 1954 wirklich ernst nehmen würden:

»Bis zum Abschluß der friedensvertraglichen Regelung werden die Unterzeichnerstaaten (USA, Großbritannien, Frankreich, Bundesrepublik) zusammenwirken, um mit friedlichen Mitteln ihr gemeinsames Ziel zu erreichen: ein wiedervereinigtes Deutschland, das eine freiheitlich-demokratische Verfassung, ähnlich wie die Bundesrepublik, besitzt und das in die europäische Gemeinschaft integriert ist.«

Es erschien höchst unwahrscheinlich, daß die Sowjetunion je die Verwestlichung der DDR zulassen und daß Konrad Adenauer je im Rückblick recht haben würde mit seiner Betrachtung, Europa-Integration und deutsche Einheit – im Sinne der Ausdehnung der Bundesrepublik bis zur polnischen Grenze – seien in einem Zusammenhang zu sehen. Und nun funktioniert die Einigung nach Artikel 23, das heißt als Triumph der nicht perfekten, aber doch recht vorbildlichen Bonner Demokratie und als Festlegung ihrer Verankerung, ihrer Verquickung in die Gemeinschaft der Zwölf. Und dies mit dem Ja-Wort, mit der Unterstützung Frankreichs und der anderen Partner. Also, bitte: Es gilt, die Klage über die schlimme Angst vor Deutschland erst einmal zurückzustellen; zunächst sollte es viel eher darum gehen, Genugtuung zu empfinden und auch zu zeigen!

Das schließt auch Auswirkungen auf das Deutschlandbild in Frankreich und die Tatsache mit ein, daß es Hitler nun einmal in der Vergangenheit gegeben hat. Gewiß sind unberechtigte Ängste festzustellen, und es soll von ihnen auch bald die Rede sein. Aber der deutsche Leser muß ermahnt werden, etwas näher hinzuschauen und etwas mehr Weitblick zu zeigen. Gerade wegen Hitler sind die positiven deutsch-französischen Beziehungen nach dem Kriege entstanden. Die Präambel der französischen Verfassung von 1946 – ein Text, der heute noch gültig ist und die Grundlage so mancher Entscheidung unserer Verfassungsgerichtsbarkeit bildet – begann mit der Formulierung, der Sieg sei über »die Regime davongetragen« worden, »die versucht hatten, die menschliche Person zu unterjochen und zu entwürdigen«. 1919 hätte man vom besiegten »Volk«, von der besiegten »Nation« gesprochen. Das Wort »Regime« versprach dagegen die Zusammenarbeit mit einem demokratischen Deutschland, und es waren gerade französische Opfer Hitlers, die eifrig an der Gestaltung der neuen deutschen Demokratie mitgewirkt haben. Nicht von ungefähr ist es der Bundesrepublik heute wie gestern vergönnt, in allen Umfragen unter den Spitzenreitern der französischen Sympathien zu stehen!

Es wäre allerdings sinnvoll, wenn die deutschen Medien mithelfen würden, das Positive im Nachbarland Frankreich und an dessen Deutschlandbild bekannt und bewußt zu machen. Es wird zu zeigen sein, wie oft und wie stark die französischen Medien ihrerseits in ihrer Deutschland-Berichterstattung versagen. Aber es wird doch allzuoft übersehen, welches verfälschte Bild des französischen Deutschlandbilds in der bundesdeutschen Presse dargeboten wird. Wie bei anderen Themen wird auch hier nach dem Prinzip verfahren, daß nur das Negative aufregend genug ist, um eine hohe Auflage zu sichern. Aber hier wird manchmal besonders schlimm und leider wirkungsvoll verfahren.

Das gilt besonders für den »Spiegel«. Nehmen wir nur ein Beispiel: In der Nummer vom 9. April 1990 stand ein alarmierender Bericht über die französische Stimmung, über eine französische Angstwelle gegenüber Deutschland. Falsch war weniges, aber das

Ganze war systematisch entstellt. Es genügte, alle positiven französischen Artikel, Stellungnahmen, demoskopischen Untersuchungen zu verschweigen. »Le Monde« hatte etliche Beiträge veröffentlicht, die einen zuversichtlich, andere vertrauensvoll besorgt, andere voller Ablehnung und Angst; nur letztere zitierte »Der Spiegel«.

Noch zwei andere Arten von Entstellung wirken sich aus. Da bringt »Der Spiegel« lange Auszüge eines Buches über Massensterben deutscher Kriegsgefangener in Frankreich. Ein französischer Journalist und ein französischer Historiker nehmen sich »Other Losses« von James Bacque vor, prüfen seine Dokumentation und stoßen auf Entstellungen und Fälschungen, die die These des Buches (Millionenmord an Deutschen von Eisenhower und den Franzosen gewollt) unhaltbar machen. »Der Spiegel« verspricht, die am 4. Dezember 1989 in der Tageszeitung »Libération« erschienene Studie zu veröffentlichen, um der Wahrheit gerecht zu werden. Monate später, als das Buch in der Bundesrepublik seine antifranzösische Wirkung in vierter Auflage erreicht hat, läßt die »Spiegel«-Redaktion den französischen Autor wissen, das Thema sei nun veraltet, so daß sich eine Gegendarstellung erübrige.

Das Deutschlandbild der Franzosen wird seinerseits durch das des »Spiegel« beeinflußt, der in den Redaktionsstuben in Paris und von den französischen Deutschland-Korrespondenten mehr gelesen wird als die kommentierten Dokumente. Wer nun in der »Spiegel«-Nummer vom 16. Mai 1990 den Bericht über die Tagung des Jüdischen Weltkongresses in Berlin las, mit erbarmungslos herabsetzenden Stellen über Kohls Rede vor den Kongreßteilnehmern, der konnte gar nicht wissen, wie würdig und eindeutig sich der volle Text der Rede im »Bulletin« des Presseamts der Bundesregierung vom 9. Mai hatte lesen lassen.

Ein solches Beispiel darf nicht verharmlost werden, denn die »Spiegel«-Redakteure gehören zu den deutschen Intellektuellen, deren negatives Bild der Bundesrepublik, der DDR-Wahlresultate vom 18. März und des Ablaufs der Wiedervereinigung das französische Deutschlandbild mitprägt, gerade durch den Einfluß, den sie auf die französischen Medien haben. Ähnliches war schon in den siebziger Jahren geschehen, als der Junge Deutsche Film in Frankreich erfolgreich war und als Folge die Bundesrepublik der Terrorismus-Zeit negativ beurteilt wurde, weil man in Paris dem Urteil von Fassbinder und Margarete von Trotta folgte. Sie waren u. a. diejenigen Deutschen, die in einem erinnerungslosen Deutschland zur Erinnerung aufriefen – dies unter völliger Verkennung all dessen, was jahrzehntelang auf dem Gebiet der aufrichtigen und fruchtbaren Vergangenheitsbewältigung geleistet worden war. Und 1990 wird vom französischen Fernsehen ausgerechnet Stefan Heym als Kronzeuge gezeigt, und der gerechte Ruf, den Günter Grass im Ausland genießt, läßt seine ungerechten Beurteilungen als die Wahrheit über Deutschland dastehen.

Es gibt aber auch ohne äußere Einwirkung französische Trugbilder, die um so mehr beibehalten werden, je stärker manche Fernseh- oder Zeitungsjournalisten sie hegen – und somit in Bild und Wort die Verzerrungen der Begriffe beim Publikum bestärken und verschärfen. Dies gilt insbesondere für die Angst vor Preußen.

Zwei persönliche Erfahrungen dazu: Im Februar 1962 wurde ich in den Elysée-Palast gebeten, weil General de Gaulle mir seine Reaktionen auf ein Buch mitteilen wollte, das ich gerade der französischen Außenpolitik gewidmet hatte; als er auf die Teilung Deutschlands zu sprechen kam, sagte er: »De l'autre côté, c'est la Prusse!« Im Mai 1990 hielt ich vor französischen Kollegen ein Referat über die Wiedervereinigung; das Gegenreferat eines fünfundvierzigjährigen Wirtschaftsexperten beschrieb alle Vorteile, die die französische Wirtschaft durch die Einverleibung der DDR in die EG haben würde, doch er fügte hinzu: »Malheureusement, sur le plan politique, il y a le danger de la Prusse.« Ich versuchte, schonend zu erklären, daß es Preußen seit etlichen Jahrzehnten schon nicht mehr gebe.

Es ist eine alte Geschichte. Der Krieg 1870/71 war gegen »la Prusse« geführt worden. Die Novellen von Maupassant und von Alphonse Daudet sprechen nur von »les Prussiens«. Und vor kurzem hat Professor Rainer Hudemann in den Archiven das Dokument N° 1 – vom 20. Juli 1945 – gefunden, das die französische

Deutschlandpolitik (inklusive der Besatzungspolitik) festlegte. Von Hitler und vom Nationalsozialismus war darin weniger die Rede als von Preußen und vom Preußentum, die übrigens in enge Verbindung gebracht wurden. Daß von dieser Vorstellung manches übriggeblieben ist, beruht nicht nur auf irrigen Vorstellungen. Die DDR hat manches getan (und sei es nur die Neueinführung des alten Paradeschritts), um sich als das neue Preußen darzustellen, was für die Bundesrepublik recht günstig war: Die Freundschaft Frankreichs war leicht mit dem guten Rheinland- und Bayern-Deutschland, während das Böse der DDR um so offenbarer wurde, je mehr diese die geographische und militärische Nachfolge Preußens betonte (übrigens inklusive des deutsch-russischen Zangengriffs um Polen).

Aber das negative Preußenbild (wobei oft vergessen wird – trotz Ulrich de Maizière –, daß nichtpreußische Protestanten bei Ludwig XIV. Zuflucht suchen mußten!) ist doch weniger schwerwiegend als die ständig aufgefrischte Erinnerung an die Hitlerzeit. Dies besorgt das französische Fernsehen besonders gut, nicht so sehr aus Deutschland-Feindlichkeit, sondern aus Bequemlichkeit: Es ist leichter (und außerdem stößt es niemanden vor den Kopf), Kriegsfilme und Archivbilder zu zeigen als gute Berichte über Politik und Gesellschaft der Bundesrepublik zu erarbeiten oder die (allerdings sehr wenigen) deutschen Filme, die von dem neuen Deutschland sprechen, aufzufinden und anzukaufen. In seinem Bericht »Das Bild vom Nachbarn im Fernsehen« hat Henri Ménudier 1983 gezeigt und mit Zahlen belegt, wie häufig während der vorhergehenden zwanzig Jahre das Deutschland der Jahre von 1940 bis 1944 und wie selten das Nachkriegs-Deutschland auf den französischen Fernsehscheiben präsent war. Dies hat sich in der letzten Zeit kaum verändert. Manchmal handelt es sich allerdings keineswegs um Bequemlichkeit. So, als im April 1990 der Bundeskanzler in einer vielgesehenen politischen Sendung interviewt wurde (und bei Fernsehzuschauern und Presse die bestmögliche Wirkung erzielte): Vor dem Gespräch sollte eine Stunde lang das heutige Deutschland mit seinen Problemen gezeigt werden; das Gegenwärtige war negativ, und die Vergangenheit nahm viel Platz ein, dargestellt durch die Pilgerschaft nach Buchenwald eines ehemaligen französischen Deportierten (ein übrigens sehr würdiger Mann), ohne ein Wort des Kommentars, um zu erklären, daß ja bereits Abertausende von Deutschen (darunter Eugen Kogon, geistiger Mitbegründer der Europäischen Gemeinschaft) dort gelitten hatten, bevor die ersten ausländischen Häftlinge eingeliefert wurden.

Die tägliche Berichterstattung in Funk und Fernsehen ist jedoch nach der Öffnung der Mauer üppig und im großen ganzen fair gewesen, mit viel Freude und Begeisterung am 9. November und danach.

In der Presse ist viel geschehen. Vorbildlich berichtete die größte französische Tageszeitung, »Ouest-France« – mit einer schönen Mischung aus Nüchternheit und Wärme. Das gleiche gilt für die bei weitem kleinere, einzige katholische Tageszeitung »La Croix«. Zu Recht haben »Le Monde« und »Libération« gegensätzliche Stimmen zu Wort kommen lassen, wobei erstere doch manchmal der leidenschaftlichen Unvernunft etwas zuviel Platz einräumte. Beide haben enorm viel über die Entwicklungen um Deutschland berichtet und kommentiert, während »Le Figaro« in seinen Beurteilungen manchmal geschwankt, aber doch im ganzen eher ermutigend als furchterregend schrieb.

Die drei politisch bedeutendsten »News«-Wochenmagazine wiesen große Unterschiede auf. Trotz innerer Konflikte über das Deutschland-Problem ist »L'Express« nach einigem Zögern einer positiven Linie treu geblieben, während »Le Point« weitgehend die Angst vor Deutschland walten ließ. So war es schon 1977 gewesen, und wie 1977 wurde auch diesmal einer angriffslustigen Gegenstimme Platz eingeräumt. Damals hatte ich für »Le Point« einen langen, die Zeitschrift kritisierenden Beitrag schreiben dürfen, dessen Schluß lautete: »Müssen wir Angst vor den Deutschen haben? Gewiß nicht. Angst *um* die Deutschen? Dafür gibt es Gründe. Doch diese Angst wird nur fruchtbar, wenn wir sie *mit* den Deutschen empfinden. Solidarisch!« Am 26. März 1990 wurde Ingo Kolboom, Leiter des deutsch-französischen Forschungszentrums der Gesellschaft für Außenpolitik in Bonn, eine ganze

Seite in »Le Point« für einen »Brief an die Franzosen« zur Verfügung gestellt, der u. a. mit »Le Point« energisch abrechnete. Und wenn auch im weiter links stehenden »Nouvel Observateur« eine oft furchterfüllte Sorge vor Deutschland überwog (u. a. mit einer Horror-Landkarte am 2. November, die ein mögliches vereintes Deutschland mit Einflußsphären bis in die Schweiz und Belgien, bis nach Litauen, Estland, ja sogar bis nach Griechenland darstellte, wobei die Farbe dieses Deutschlands braun war!), so gab es doch manche redaktionelle Gegenstimme im eigenen Blatt. Am 19. April 1990 kommentierte der einflußreiche Herausgeber von »Le Point«, Jean Daniel, in einem erstaunlichen Leitartikel den Text der neuen Volkskammer, wobei er mit den Worten schloß: »Warum es nicht sagen? Alle diejenigen, die, wie wir geglaubt haben, am deutschen Volk zweifeln zu dürfen, sind nun zu einer Selbstkritik aufgefordert, der auch ich mich mit Freude unterziehe.«

Mit der berühmten »öffentlichen Meinung« muß man vorsichtig umgehen, weil es so viel Unterschiedliches gibt. Um ein Beispiel zu nehmen: In ein und derselben Woche habe ich in Paris und Grenoble vor je zweihundert Primanern und Primanerinnen gesprochen. Aus der einen Gruppe kamen klare, informierte, zukunftsbejahende Fragen zu Deutschland, aus der anderen nur sorgen- und sogar angsterfüllte. Bei demoskopischen Umfragen der letzten Zeit hing einerseits – wie üblich – viel von den Formulierungen der Fragen ab, andererseits haben die zuversichtlichen Antworten ständig ein starkes Übergewicht behalten. Allerdings mit einer langsamen Entwicklung zu mehr Distanz, wobei dahingestellt bleibt, inwieweit eine Beeinflussung durch einen Teil der Medien und des furchterfüllten Teils des Establishments, der Nomenklatura, zu verspüren war. Im Februar etwa sah das in einer größeren Umfrage des sehr seriösen SOFRES-Instituts folgendermaßen aus:

Wünschen Sie die Wiedervereinigung von West- und Ostdeutschland oder die Beibehaltung zweier deutscher Staaten?

Wiedervereinigung: 58 Prozent;
zwei Staaten: 28 Prozent.

Wenn Deutschland wiedervereinigt ist, glauben Sie, daß es sich leicht in die Europäische Gemeinschaft (das Europa der Zwölf) integrieren wird oder daß es wie in der Vergangenheit versuchen wird, Europa zu beherrschen?

Integrieren: 58 Prozent;

beherrschen: 30 Prozent

(nach Alter: 18- bis 24jährige: 70 Prozent »integrieren«, gegen 22; über 65 Jahre: 49 Prozent integrieren, 39 Prozent beherrschen).

Doch scheint es im April bei einer weiteren Umfrage desselben Instituts anders auszusehen:

Wird die Wiedervereinigung von West- und Ostdeutschland
– die politische Vereinigung Europas erschweren: 43 Prozent,
– sie erleichtern: 20 Prozent,
– weder noch: 25 Prozent.

Wird die Wiedervereinigung
– die Stellung Frankreichs in Europa schwächen: 37 Prozent,
– sie stärken: 19 Prozent,
– weder noch: 31 Prozent.

In meinen Augen ist die Veränderung nur scheinbar – weil ich ja auch unter den 37 Prozent gewesen wäre, die eine Schwächung Frankreichs voraussehen, denn es gibt nicht nur erregte Gefühle; es gibt auch ganz konkrete politisch-wirtschaftliche Entwicklungen, die in Frankreich Besorgnisse erregen müssen, auch wenn sie vorurteilslos analysiert werden. Besorgnisse, deren Berechtigung in Deutschland nicht genügend anerkannt wird.

Die Frage der Ostgrenze des wiedervereinigten Deutschland hätte nicht zu diesen Besorgnissen zu gehören brauchen. Seit den Verträgen von 1970 schien die Frage gelöst, und man fand in Frankreich nur offene Ohren, wenn man erklärte, wie groß das Opfer war, das die Bundesrepublik, dank Eingliederung der Vertriebenen, dem Frieden gebracht hat, indem sie auf mehr als ein Fünftel des deutschen Gebiets verzichtete. Dann aber kamen die absurden juristischen Vorbehalte von Bundeskanzler Kohl, und plötzlich hieß es wieder bei manchen einflußreichen Franzosen: »Ach so – die DDR, das ist nur ein Anfang, dann geht es um

Pommern, Schlesien und auch Königsberg!« Nicht nur in Polen gab es plötzlich neue Angst! Helmut Kohl scheint nicht gesehen zu haben, welches Porzellan er zerschlug, auch das des französischen Glaubens an die endgültige Verankerung der Bundesrepublik in der Europäischen Gemeinschaft: Wenn sie nach Osten keine endgültige Regelung verabschieden konnte und dies einem Einheitsdeutschland überlassen blieb, so konnte sie es nach Westen auch nicht. Völlig verblüffend war das Beibehalten des Arguments »Warten auf die Friedensregelung«, als die Anwendung von Artikel 23 gefordert wurde, denn dieser Artikel sicherte ja das Fortbestehen der Bundesrepublik ab, also ihre Fähigkeit, zukunftsgestaltende Beschlüsse zu fassen. Daß die Westgrenze Polens nun doch nicht endgültig sei – das glauben nun mit Sorge und Mißtrauen manche Franzosen, besonders wenn sie erfahren, daß es viel mehr Deutsche oder wenigstens Deutschsprachige in den polnisch gewordenen Gebieten gibt, als man es ihnen gesagt hatte, und auch daß ein Teil des Bodens von Bundesdeutschen angekauft wird.

Die Hauptsorge gilt jedoch der Gewichtsveränderung zwischen Frankreich und Deutschland. Auf dem Gebiet der Wirtschaft ist da allerdings ein doppelter Widerspruch zu verzeichnen. Einerseits beklagen manche gleichzeitig, daß die Schwäche der DDR die Gemeinschaft verarmen läßt das Hinzukommen der DDR das wirtschaftliche Übergewicht der Bundesrepublik aber verstärken wird. Ganz falsch ist das natürlich nicht, denn es mag sich um zwei Etappen der Entwicklung handeln, aber zukunftsbejahender sind doch die Industriellen, Bankiers und hohen Beamten, die über die aus der Liberalisierung in Osteuropa allgemein und aus der Verwestlichung der DDR im besonderen entstehenden Chancen erfreut sind. Ein weiterer Widerspruch ähnelt dem Witz, den man in der deutschen Presse der fünfziger Jahre lesen konnte: Frankreich wolle eine deutsche Armee, die zugleich kleiner sei als die französische und größer als die russische. Heute hieße es eher: Frankreich möchte eine deutsche Wirtschaft, die schwächer ist als die französische, aber viel stärker als die japanische. Denn jedesmal, wenn von der Europäischen Gemeinschaft in der Weltwirtschaft gesprochen wird und von der Hoffnung, Japan und die

USA in Schach zu halten, so ist natürlich der deutsche Beitrag inbegriffen.

Jenseits des Widerspruchs gibt es jedoch die keineswegs unbegründete Sorge, die deutschen Wirtschaftsmächtigen – zu denen die Bundesbank zählt – seien zu manchem Alleingang nach Osten bereit und nur insoweit europäisch, als dieses Europa sich von der deutschen Währung, den deutschen Banken und der deutschen Industrie führen ließe. Nicht wenige deutsche Worte, Taten und Gebaren geben zu solcher Sorge Anlaß.

Die politische Konsequenz dieser Sorge wird jedoch in Paris und noch mehr in London ziemlich widersprüchlich gezogen. Man möchte eine Vertiefung der politischen Gemeinschaft der Zwölf (sogar Margaret Thatcher hat sich dazu weitgehend durchgerungen), aber sie soll auf dem Gebiet der Regierungen, auf der Ebene des Rates stattfinden, durch Vermehrung der Mehrheitsbeschlüsse, wo doch gerade da das durch die DDR vergrößerte Deutschland mehr Gewicht haben würde – und nicht durch Erweiterung der Kompetenzen des Europäischen Parlaments, wo die Fraktionen transnational organisiert sind und z. B. die Sozialdemokraten nicht als Deutsche, als Franzosen oder als Spanier tagen.

In Deutschland sollte man ohne Genugtuung wahrnehmen, daß die Ereignisse von 1989 auf jeden Fall in dreifacher Hinsicht Frankreichs politische Stellung geschwächt haben. Zunächst, weil die »Zwei plus Vier«-Regelung das Vier-Mächte-System abschaffen wird, was Frankreich wenigstens symbolisch zu einem der vier Souveräne Deutschlands, zu einem der drei Vorgesetzten der Bundesrepublik, gemacht hatte, was zum Ausgleich mit dem deutschen wirtschaftlichen Übergewicht beitrug. Dann, weil die allgemeine Entwicklung zur Abrüstung die politischen Vorteile, einzige Atommacht auf dem westeuropäischen Kontinent zu sein, abgeschwächt hat. Und schließlich, weil die Liberalisierung im Osten den Schwerpunkt des Kontinents Europa nach Osten verschoben hat, was wiederum die Symbolik von Berlin verändert.

Von der Luftbrücke 1948 bis zur (und inklusive der) großen Freude vom 9. November 1989 war die ehemalige Hauptstadt Preußens und Hitlers zum Symbol der Freiheit und ihrer solidarischen Verteidigung geworden. Nun gibt es wieder emotionale Furcht, aber auch berechtigte Sorge um eine neue Hauptstadtrolle Berlins – Hauptstadt eines nach Westen und nach Osten überge- wichtigen Deutschland. Viel wird davon abhängen, wie man auf deutscher Seite mit der Symbolik Berlins umgehen wird, mit wie- viel oder wie wenig Selbstgerechtigkeit und Selbstverherrlichung. In der Bundesrepublik scheint man nicht gesehen zu haben, daß ein Teil des Inhalts des Staatsvertrags mit der DDR hier kein gutes Zeichen setzt. Es geht nicht um Währung und Wirtschaft, sondern um das Soziale: In den Leitsätzen wie im Vertrag selbst gibt es keine Stelle, in der die Möglichkeit offengelassen würde, irgend- eine Sozialgesetzgebung oder Sozialleistung in der DDR sei besser als die vergleichbare in der Bundesrepublik und könnte also von dieser übernommen werden: Da ist lediglich die Verpflichtung der DDR, sich anzupassen. So selbstsicher, so selbstüberzeugt ist man also in Bonn!

Das Fazit wird dem Leser zugleich zu knapp und zu persönlich erscheinen: Es ist notwendiger denn je, in jedem der beiden Län- der über den Nachbarn aufzuklären, aber zuweilen können die Mittler versucht sein, aus doppelter Irritation oder aus Überdruß müde zu werden, oder versucht sein, alles liegenzulassen. Da hilft nur noch der Optimismus weiter, der darin besteht, sich ständig zu sagen, es könnte noch viel schlimmer sein!

HELENO SAÑA

Deutschlands neuer Patriotismus
Der Wille zur Macht

Das Grübeln über die Deutschen ist zukunftsbezogen, aber sein genetisches Moment ist in den Erfahrungen der Vergangenheit zu suchen, die hintergründig als Mahnung und als Erinnerung weiterleben. Diese Vergangenheit, von der die Mehrheit der Deutschen meint, daß sie längst bewältigt sei, ist jedoch Teil der Gegenwart, vor allem für jene Völker und ethnischen Minderheiten (Juden, Zigeuner), die den NS-Terror direkt erlebt haben. Das Gedächtnis der Menchen draußen funktioniert immer noch besser, als es den Deutschen lieb ist. Auch wenn kaum jemand an eine zwangsläufige Wiederholung der Vergangenheit glaubt – allein die Vorstellung eines Großdeutschlands erweckt bei vielen Menschen finstere Assoziationen.

Ob es die Deutschen wahrhaben wollen oder nicht: Für weite Teile des Auslands gelten sie, auch fünfundvierzig Jahre nach Kriegsende, als unberechenbar und machtbesessen. Es mag sein, daß in dieser Abwehrstellung ein beträchtliches Quantum an Voreingenommenheit steckt, aber das bedeutet nicht, daß es sich nur um vorgefaßte Meinungen und Vorurteile handelt, wie nicht wenige Deutsche selbstgefällig behaupten. Mögen die Deutschen (oder die Unbelehrbaren unter ihnen) durch Verdrängung und bewußtes Vergessen die Schattenseiten ihrer neueren Geschichte zunehmend hemmungsloser relativieren: diese Selbstabsolution wird die Menschen im Ausland kaum davon abhalten, Angst vor der Machtfülle eines vereinigten Deutschland zu haben. Im Gegenteil!

Tatsache ist, daß es den Deutschen nicht gelungen ist, das Ausland restlos davon zu überzeugen, daß sie ein völlig harmloses Volk geworden sind. Die Deutschen wehren sich emsig gegen die

Unterstellung, sie könnten wieder rückfällig werden. Deshalb beziehen sie sich auf die Gnade der späten Geburt und wiederholen laufend, daß kein Grund mehr bestehe, Angst vor ihnen zu haben. Aber diese Angst ist nicht so leicht zu vertreiben, wie es die Deutschen möchten. Sie sitzt auch tiefer, als es die wohlwollende Haltung ausländischer Staatskanzleien vermuten läßt. Nichts ist abwegiger, als geschichtliche Situationen, Zusammenhänge und Hintergründe anhand der offiziellen Sprache von Politikern und Amtsträgern zu beurteilen. Aber auch dann, wenn man die stereotypen Zustimmungs- und Sympathiefloskeln der Siegermächte über die Wiedervereinigung Deutschlands für bare Münze nimmt, entdeckt man unschwer ihre Unaufrichtigkeit. Denn während sie sich zur vollen, uneingeschränkten Souveränität Deutschlands bekennen – Bush am lautesten, dicht gefolgt von Mitterrand –, beeilen sie sich hinzuzufügen, das zukünftige Deutschland müsse in einen gesamteuropäischen Rahmen eingebettet sein. So werden die Deutschen einerseits ermuntert, sogar hofiert, andererseits mißtraut man ihnen. Sie sollen zwar über ihre Zukunft frei bestimmen, aber wiederum nicht ganz frei. Ein bündnisfreies, ungebundenes Deutschland kommt für keine der Siegermächte in Frage. Makropolitisch bleibt Deutschland zunächst ein heteronomes Land, seine Selbstbestimmung ist nicht absolut, sondern relativ.

Aber der Rest von Hegemonie, den Washington, Paris, London und Moskau auf Deutschland noch ausüben, bedeutet keineswegs, daß Deutschland als bloßes Objekt der Siegermächte zu werten ist oder es bleiben wird. Der gegenwärtige Zustand wird kaum von Dauer sein. Irgendwann wird es Deutschland gelingen, selbst über sein Schicksal – und womöglich das Schicksal Europas – zu bestimmen. Dies nicht zu erkennen hieße, statisch zu denken und die Durchsetzungskraft der Deutschen zu unterschätzen. Die Theorie über das angebliche Herr-Knecht-Verhältnis zwischen den Siegermächten und dem besiegten Deutschland hat nie ganz gestimmt, am allerwenigsten, was die Bundesrepublik Deutschland anbetrifft. Sie konnte zwar nicht umhin, sich in entscheidenden Bereichen dem Diktat der Alliierten zu fügen, aber sie hat es immer wieder geschafft, dabei auch ihre eigenen Interessen zu verfolgen.

Die spektakuläre Überwindung der Zweiteilung war ein Lehrstück politischer Eigenständigkeit. Die Siegermächte wurden von Bonn zu Zaungästen degradiert.

Vordergründig sieht es so aus, als sei Europa im Begriff, zu vollenden, was Walter Lippmann einmal die »unfinished mission of liberalism« nannte; und die Deutschen scheinen diesmal bereit zu sein, aufrichtig mitzumachen und sich endgültig von der fixen Idee ihres Sonderschicksals zu verabschieden. Diese Aussicht könnte in der Tat die Chance bieten, die ewige Gefahr germanischer Alleingänge definitiv aus der Welt zu schaffen, aber leider ist die Problematik Deutschlands verwickelter als die Frage seiner Zugehörigkeit zu bestimmten westlichen oder gesamteuropäischen Bündnissen und übernationalen Institutionen.

Der in der zweiten Hälfte der vierziger Jahre entstandene Kalte Krieg zwischen zwei ideologisch und militärisch rivalisierenden Machtblöcken hat in den letzten Jahrzehnten die Illusion aufkommen lassen, das »klassische« Problem des Nationalismus sei überholt. Wie trügerisch diese angebliche Entnationalisierung gewesen ist, belegt der Zusammenbruch des real existierenden Sozialismus. Die nationale Frage steht in Europa wieder auf der Tagesordnung, und man braucht kein Prophet zu sein, um vorauszusehen, daß sie zunehmend an Brisanz und Schärfe gewinnen wird. Sie stellt schon jetzt, neben den sozialen und ökologischen Fragen, die wichtigste Herausforderung Europas dar. Die Toten, die in den letzten Jahren Nationalitätenkonflikte und Irredentismus gefordert haben, lassen nichts Gutes ahnen.

Der Internationalismus, der im letzten Jahrhundert als sozialistische und proletarische Alternative zum bürgerlichen Nationalismus entstand, hat sich immer wieder als eine gutgemeinte, aber romantische und abstrakte Utopie erwiesen. Auch der bürgerliche Kosmopolitismus ist nicht so krisenfest, wie die Apologeten und Schwärmer der westlich-kapitalistischen Welt behaupten. Die supranationale Zusammenarbeit zwischen den westlichen Staaten ist unbestreitbar eine der hervorstechendsten Züge der Nachkriegszeit, aber es wäre verfrüht, daraus schließen zu wollen, daß diese Entwicklung das Ende der nationalen Querelen und Meinungsverschiedenheiten zur Folge haben wird. Vieles deutet im Gegenteil darauf hin, daß Europa an der Schwelle eines neuen Ausbruchs nationalistischer und völkischer Bewegungen und Emotionen steht, wie der überall grassierende und steigende Chauvinismus, Rechtsradikalismus, Rassismus und Neofaschismus hinlänglich beweisen.

Deutschland wird im Zentrum dieser sich anbahnenden Renationalisierung Europas stehen, sowohl aus geschichtlichen wie aus geographischen Gründen. Die in Deutschland längst eingetretene Rückbesinnung auf die eigene Identität – so wird heute in der Bundesrepublik Deutschland der neue Patriotismus umschrieben – ist teilweise eine bloße Reproduktion alter Nostalgien und regressiver Geltungsansprüche. Aber sie enthält eine neue Dimension, die, zumindest strategisch, im Widerspruch zum Nationalismus herkömmlicher Prägung steht.

Im Gegensatz zu den Verfechtern einer aggressiven, verschlossenen und engstirnigen Deutschtümelei zeigen sich die neuen deutschen Patrioten tatsächlich weltoffen und kooperationswillig, unter anderem deshalb, weil sie erkannt haben, daß dies der beste, bequemste und erfolgversprechendste Weg ist, um die Position Deutschlands in Europa zu stärken. Mit dieser neuen Taktik vollziehen sie – allerdings mit großer Verspätung – das, was Clemenceau schon erkannt hatte: Wenn die Deutschen nicht so töricht gewesen wären, den Ersten Weltkrieg zu entfesseln, hätten sie auf friedlichen Wegen Europa erobert. Die Ansicht Heinrich Heines, daß sich der deutsche Patriotismus wie Leder in der Kälte zusammenzieht, stimmt weiterhin – wie das neue, restriktiv verfaßte Ausländergesetz belegt –, nur sein Modus operandi ist jetzt makropolitisch und makroökonomisch kontaktfreudig und nach außen gerichtet. Das Ziel der neuen Patrioten ist nicht mehr der »geschlossene Handelsstaat« Fichtes, sondern ein nach allen Seiten hin möglichst weit geöffnetes Deutschland. Diese Haltung bedeutet keineswegs eine Abnahme des nationalen Selbstbewußtseins; sie ist vielmehr ein Zeichen dafür, daß sich die Deutschen trauen, auf dem bürgerlichen Weg der friedlichen Konkurrenz die erste Macht Europas zu werden.

Der Versuch, mit Krupp-Kanonen und Panzerdivisionen Europa zu erobern, ist zweimal gescheitert. Die Deutschen haben ihre Lektion gelernt und werden in Zukunft ihren (ungebrochenen) Willen zur Macht durch Leistung, Organisation und gewaltlose Expansion in die Tat umsetzen. Die Militärs werden in den Kasernen bleiben. Waffen werden zwar produziert und exportiert, aber nicht gegen andere Völker eingesetzt. Das Sagen werden die Industriebosse und die Finanzinstitute haben. Die politische Kaste wird die Rhetorik liefern und das Volk mit schönklingenden Worten über die soziale Marktwirtschaft bei der Stange gehalten. Die Ideologie dieser sich ankündigenden neuen Ära germanischen Glanzes und althergebrachter Gloria wird selbstverständlich nicht der Nationalsozialismus sein, sondern der Spätkapitalismus.

Auch wenn man generös denken will und den Deutschen nicht unterstellt, daß sie bewußt eine hegemoniale Politik anstreben – die auf Expansion ausgerichtete Dynamik ihres Wirtschaftspotentials wird sie dazu verdammen, Machtpolitik zu betreiben. In Europa – vor allem im Osten – gibt es Nationen, die zu schwach oder zu klein sind, um sich dem Einfluß und der Bevormundung ihrer mächtigeren Nachbarn zu entziehen, und es ist kaum anzunehmen, daß Deutschland der Versuchung widerstehen wird, sein Übergewicht auszunutzen, um eine Schar mehr oder weniger gefügiger Nationen an sich zu binden.

Der Gegensatz zwischen mächtigen und ohnmächtigen Ländern stellt historisch und politisch ein viel tiefergreifendes Phänomen dar als der Supranationalismus der EG oder des RGW. Dieser Supranationalismus ist nichts anderes als die Institutionalisierung der ungleichen Machtverhältnisse zwischen den europäischen Staaten, im Osten genauso wie im Westen. Die direkte oder indirekte Beherrschung bestimmter Länder durch andere entspricht den Herrschaftsverhältnissen, wie sie in der spätkapitalistischen Gesellschaft auch zwischen den Individuen und den Klassen walten. Formell ist jeder einzelne frei und gleichberechtigt; tatsächlich liegt die gesellschaftliche Macht in den Händen der privilegierten Schichten. Der nach dem Zweiten Weltkrieg entstandene zwischenstaatliche Integrationsprozeß ist weitgehend von Machtpolitik bestimmt; die Entscheidungen werden von den einflußreichen, starken Ländern getroffen, während die kleineren sich mit einer Statistenrolle begnügen müssen.

Wenn die Bundesrepublik Deutschland allein schon seit langem die Rolle eines »Primus inter pares« in Westeuropa spielt, ist es leicht, sich vorzustellen, wie in naher Zukunft die deutsche Dominanz aussehen kann. Was die Bundesrepublik Deutschland seit ihrer Gründung im Rahmen ihrer Möglichkeiten getan hat, ist gerade dies: ihren Aktionsradius immer mehr auszudehnen; wäre dem nicht so, hätte Westdeutschland nicht die Machtfülle erreichen können, die es heute besitzt. Es gibt keinen stichhaltigen Grund anzunehmen, daß die Wiederherstellung der Einstaatlichkeit mäßigend auf die von der Bundesrepublik Deutschland schon praktizierte Machtpolitik einwirken wird; eher dürfte sich das Streben nach Macht und Einfluß noch gewaltig steigern.

Das offizielle Deutschland wird kaum zugeben, daß es nach Machtvermehrung dürstet. Deshalb sind die bundesdeutschen Politiker eifrig dabei zu behaupten, die Wiedervereinigung Deutschlands werde Europa zugute kommen; es sei dann besser in der Lage, eine Vermittlerrolle zwischen Ost und West auszuüben. Bei ihrem Bestreben, die Welt zu beruhigen, merken die Herrschaften freilich nicht, daß schon allein der Anspruch auf eine Vermittlerrolle ein unbewußtes machtpolitisches Bedürfnis verrät.

Hier zeigt sich nicht nur die Neigung der Deutschen zur Selbsttäuschung, auch die in der Vergangenheit oft praktizierte Politik, rein exklusive deutsche Ziele und Interessen als supranational hochzustilisieren, kommt dabei ins Spiel, nach dem Motto: Was gut für uns ist, ist auch gut für die anderen.

Man sollte sich daran erinnern, daß das wilhelminische Deutschland den Ersten Weltkrieg mit dem Argument legitimieren wollte, man müsse Englands Hegemonie brechen, damit eine neue Ära der Freiheit in der Welt einsetze. Hitler argumentierte ähnlich, nur war der Hauptfeind nicht mehr das »perfide Albion«, sondern das »Weltjudentum«. Auch wenn eine Analogie zwischen damals und heute kaum zulässig ist, so muß man immer mit dem tiefverankerten Hang der Deutschen rechnen, ihre Handlungen – auch die verwerflichsten – mit hochtrabenden Motiven zu schmücken, damit sie nicht in Konflikt mit ihrem Idealismus geraten.

Die Politik der europäischen Großmächte war jahrhundertelang darauf ausgerichtet, sich Einflußzonen zu sichern. Diese Politik ist keineswegs vorüber, sie wird weiter und wieder exerziert, nur mit neuen Methoden und innerhalb einer stark veränderten geschichtlichen Konstellation. Ich gehe davon aus, daß diese Fortsetzung der Großmachtpolitik gerade von den Deutschen am zielstrebigsten und systematischsten betrieben wird. Die Deutschen sind jetzt damit beschäftigt, den ramponierten Zustand der DDR in Ordnung zu bringen, und sie werden noch eine Weile mit dieser Aufgabe zu tun haben. Aber nach Abtragung dieser Hypothek aus dem Zweiten Weltkrieg werden sie die Augen nach dem Osten richten. Die Einverleibung bzw. der Anschluß der DDR ist nur der erste Schritt zu einem großangelegten Marsch durch die zentral- und osteuropäischen Länder. Die Deutschen werden sich in diese Richtung bewegen, nicht nur wegen ihres berühmten Drangs nach Osten, sondern auch, weil dies die Region Europas ist, in der sich ihre Macht- und Expansionssehnsüchte am leichtesten durchsetzen lassen.

Und diesmal werden sie es nicht einmal nötig haben, ihre Ausdehnungs- und Durchdringungsoffensive mit Gewalt durchzuführen. Nach der abrupten Götterdämmerung des real existierenden Sozialismus und nach dem antisowjetischen Effekt, den die jahrzehntelange Herrschaft Moskaus hinterlassen hat, schauen fast alle Länder des Ostens sehnsüchtig nach Deutschland als dem Retter in letzter Not. Natürlich haben sie Krieg und NS-Herrschaft nicht vergessen, aber diese Erinnerungen werden von der Not der Stunde und dem Primat des nackten Überlebens verdrängt oder heruntergespielt. Selbst die Supermacht Sowjetunion geniert sich nicht, offen zu bekennen, daß sie auf den deutschen materiellen Beistand angewiesen ist. Wenn Moskau gegenüber dem deutschen Wiedervereinigungsprozeß eine wohlwollende Haltung gezeigt hat, dann deshalb, weil es wirtschaftliche, technische und finanzielle Hilfe in großem Ausmaß von Deutschland als Gegenleistung für sein politisches Entgegenkommen erwartet. Und nicht zu vergessen: Österreich, Ungarn, Rumänien und Bulgarien waren im Zweiten Weltkrieg Alliierte oder bereitwillige Helfershelfer Deutschlands, wie es schon (mit Ausnahme Rumäniens) im Ersten Weltkrieg der Fall war.

Es sind also geschichtliche Bindungen und Wahlverwandtschaften vorhanden, die das Vordringen Deutschlands in Osteuropa erleichtern werden. Die Deutschen haben dort nicht nur Feinde und Widersacher; es gibt in diesem Teil des Kontinents unzählige Menschen und gesellschaftliche Gruppen, die germanophil eingestellt sind und entsprechend für eine starke Präsenz Germaniens in dieser Region schwärmen, die Deutschland als Bollwerk gegen Rußland sehen, genauso wie es früher unter den slawischen, balkanischen und magyarischen Völkern zahlreiche Habsburg-Anhänger gab. Wie dem auch sei: Deutschland wird demnächst die führende Macht in Zentral- und Osteuropa werden.

Steht also ein neuer Sonderweg Deutschlands bevor und damit eine Abkehr von den westlichen Nachbarn? Mitnichten. Deutschland wird im Osten Politik auf eigene Faust betreiben, aber es wird es tun, ohne mit dem Westen zu brechen oder sich von ihm zu entfernen. Deutschland wird nicht, wie schon zweimal in diesem Jahrhundert, denselben Irrtum begehen, sich zugleich gegen den Osten und den Westen zu stellen. Die Vorstellung einer Abkoppelung Deutschlands vom Westen stammt aus einer anachronistisch gewordenen militärischen Logistik, während es in Zukunft um politisch-wirtschaftliche Strategien geht. Nein, Deutschland wird weiterhin eng mit Westeuropa verbunden bleiben, nicht, weil die Siegermächte es dazu zwingen werden, sondern vielmehr, weil diese Bindung die Grundlage seiner Macht und seiner Expansion nach Osten bilden wird. Zugespitzt formuliert: Deutschland wird seine Expansion nach Osten mit dem Geld finanzieren, das es in Westeuropa verdient hat und weiter verdienen wird. Westeuropa ist schon längst von den (West-)Deutschen zurückerobert worden, und sie werden nicht so töricht sein, sich aus dieser eroberten Hochburg der Konsummärkte zurückzuziehen.

Die entscheidende Frage ist nicht, ob sich Deutschland mehr nach Westen oder nach Osten orientieren wird. Wichtiger ist zu wissen, wie es mit seiner jetzigen und zukünftigen Machtfülle umgehen wird, was wiederum eng mit der ethischen und politischen Gesinnung der Deutschen zusammenhängt. Der Kern dieser Problematik lautet: Haben sich die Deutschen wirklich so geändert, wie sie behaupten? Sowohl die Bundesrepublik Deutschland wie die Deutsche Demokratische Republik haben gewiß wenig zu tun mit dem Dritten Reich, aber daraus zu schließen, daß die Deutschen ein anderes Volk geworden seien, scheint mir genauso naiv wie gefährlich. Neue Institutionen und neue politische und gesellschaftliche Verhältnisse schließen nicht unbedingt die Hervorbringung neuer Menschen ein. Es ist unrealistisch anzunehmen, daß sich ein Volk innerhalb von knapp fünfzig Jahren von Grund auf ändern kann. Die Erfahrung zeigt vielmehr, daß nationale Wesenszüge und Charakterattribute in der Regel sehr zäh sein können. Im Ausland ahnt man dies, und deshalb besteht der unterschwellige Argwohn gegenüber den Deutschen weiter.

Die beeindruckenden Erfolge, die die BRD seit Kriegsende erzielt hat, und ihr kometenhafter Wiederaufstieg als neue europäische Macht haben den Deutschen ein neues Selbstwertgefühl vermittelt und ihrem traditionellen, nie ausgelöschten Sendungsbewußtsein neuen Auftrieb gegeben. Wenn sie sich mit ihren Nachbarn vergleichen, empfinden sie Stolz auf das Geleistete und meinen – viele von ihnen zumindest –, daß sie doch Angehörige eines begnadeten und überlegenen Volkes seien. Diese Selbstverherrlichung wäre weiter nicht schlimm, wenn sie nicht mit anderen, dunkleren Elementen aufträte. Nationaler Narzißmus ist natürlich kein Monopol der Deutschen, anderswo nimmt er sogar noch groteskere Formen an. Aber im Gegensatz zu vergleichbaren Ländern ist Deutschland als Nation – wie früher als Reich – gescheitert. Aufgrund dieser verfehlten geschichtlichen Vollendung ist Deutschland ein mit allen möglichen Ressentiments beladenes Volk. Der Revanchismus der Vertriebenenverbände und der rechtsradikalen Parteien hat seinen wahren Ursprung in diesem verdrängten »unglücklichen Bewußtsein«.

Deutschland war und ist ein weltgeschichtliches Volk geblieben, aber ein unerfülltes und frustriertes. Hegels phantasievolle Auslegung des Germanentums als Höhe- und Angelpunkt des Weltgeistes und Fichtes erhabene und pathosbeladene Schwärmerei über die deutsche Nation haben sich als unhaltbare romantische Spekulationen entpuppt. Andere, eher nüchterne Völker hätten aus dem erlittenen Fiasko vielleicht die Lehre gezogen, daß es unklug sei, die Welt beherrschen zu wollen, aber die Deutschen wären sich selbst nicht treu, wenn sie nach jeder Niederlage nicht das Bedürfnis empfunden hätten, eine neue Konfrontation mit der Welt zu suchen.

Aus der Mischung aus Selbstverliebtheit und Frustration entsteht die deutsche Unruhe, die triebhafte Neigung, alles in Frage zu stellen, eine Veranlagung, die besonders von Dostojewski und Nietzsche unterstrichen worden ist. Diese Unruhe, die früher Kulturwissenschaftler à la Spengler mit dem poetischen Begriff »faustische Seele« sublimierten, wird »den Deutschen« immer dazu verleiten, querzuschießen, eigene Wege zu gehen und sich außerhalb der Weltordnung zu stellen. Denn die zu Hause so ordnungsliebenden Deutschen haben paradoxerweise nach außen hin vornehmlich Unordnung gestiftet, wie ihre wechselvolle, instabile und im ganzen aggressive Geschichte beweist.

Ich meine, daß die heutigen Deutschen diese und andere seelische Atavismen weitgehend mit sich herumschleppen, und solange dies der Fall ist, wird die Welt Grund haben, auf der Hut vor ihnen zu sein. Es gibt allerdings nicht wenige Deutsche, die äußerst kritisch gegenüber der eigenen Geschichte eingestellt sind und allergisch auf jedes Symptom nationaler Nostalgie reagieren. Die Zukunft Deutschlands und die Art und Weise, wie die Deutschen mit ihrer neuerworbenen Machtfülle umgehen werden, werden davon abhängen, inwieweit sich diese selbstkritischen und verantwortungsvollen Kräfte gegen die regressiven Tendenzen durchsetzen.

Das deutsche Problem – und es besteht weiter, dieses deutsche Problem – muß und kann nur von den Deutschen selbst gelöst werden. Wenn sie es aus eigenem Entschluß und aus eigener Kraft nicht schaffen, ihre zerstörerischen, nihilistischen Triebe und Sehnsüchte durch einen tiefgreifenden Umdenkungsprozeß zu überwinden, werden sie immer Gefangene ihrer Vergangenheit und ein Risiko für die Völkergemeinschaft bleiben. Auf Dauer kann man kein Volk gegen seinen eigenen Willen bändigen, weder mit eisernen noch mit goldenen Käfigen. Der Versuch einiger europäischer Kanzleien – allen voran Paris –, die politische Integration der EG zu beschleunigen, nur um Deutschland an der Kandare zu halten und einem eventuellen Alleingang zuvorzukommen, scheint mir so kurzsichtig wie steril. Mit solchen formalistisch-kartesianischen Konstruktionen kann man das Übel nicht beseitigen; man verdrängt es nur.

Deutschlands Wille zur Macht war immer das dialektische Produkt seiner inneren Unfreiheit. Zumindest seit der Niederschlagung der Bauernrevolte im 16. Jahrhundert wurde aus Deutschland das Land der verhinderten Revolution und der verhinderten Demokratie. Diese autoritäre Entwicklung hat tiefe Spuren hinterlassen, die noch heute für einen halbwegs aufmerksamen Beobachter leicht festzustellen sind. Und solange die Deutschen nicht selbst das unaufschiebbare Bedürfnis empfinden, sich von diesem Ballast zu befreien, werden sie immer wieder der Versuchung unterliegen, ihre innere Unfreiheit anderen Ländern aufzuzwingen.

MAARTEN VAN TRAA

Deutschland ja – aber nicht ohne uns!

Anfang Februar 1990 durfte ich für den SPD-Ortsverband des Städtchens Luckau (DDR) meine erste Wahlrede östlich der Elbe halten. Im Kino, das, so meine ich mich zu erinnern, den würdevollen Namen »Casino« trug, hatten sich etwa hundert Menschen eingefunden. Mein Vorredner war der Bezirksvorsitzende, der den Leuten viel Blut, Schweiß und Tränen versprach, aber auch westdeutsches Bier im Supermarkt, und zwar aufgrund eines Vertrags, den er persönlich im Saarland unterzeichnet hatte.

Ein älterer Mann sprach mich in der Diskussion als einziger mit »Genosse« an. Dieses Wort hatte ich in meiner Rede glücklich vermieden, indem ich mich auf »meine lieben Damen und Herren« beschränkte. Die Worte »meine lieben Freunde« kommen mir – ich bin ja kein Geistlicher – nämlich nicht so leicht über die Lippen. Seine Frage lautete: »Stimmt es denn nun wirklich, wenn Sie sagen, daß unsere Nachbarn keine Angst vor einem großen Deutschland haben? Ich weiß doch selbst, wie es in der Hitlerzeit gewesen ist.«

Die Stichwörter kontrastierten merkwürdig mit der kleinbürgerlichen, beinahe biedermeierlichen Atmosphäre der Versammlung. Angst? schoß es mir durch den Kopf.

Sollte ich vor diesem Deutschland Angst haben? Mehr als vor dem Deutschland, in dem mir auf der Autobahn der Fahrer eines Mercedes 500, eines BMW oder Porsche im Genick sitzt? Nein, dazu glaube ich keinen Grund zu haben.

Für meine Antwort brauchte ich nicht lange nachzudenken: »Meine einundachtzigjährige Mutter hat Angst vor der deutschen Einheit – ich nicht. Diese Angst habe ich nach Willy Brandts Kniefall vor dem Denkmal am Warschauer Ghetto verloren.«

Aber stimmte das wirklich, seit die deutsche Einheit nach Artikel 23 des Grundgesetzes auf uns zurast? So einfach kann die Antwort auf diese vertrackte Frage doch nicht sein.

Ich kann es meiner Mutter wirklich nicht verdenken, daß ihr unbehaglich zumute ist. Im Frühjahr 1990 hat Helmut Kohls Dampfwalzendiplomatie mit ihrem Hin und Her zur polnischen Westgrenze ihre Vorurteile noch verstärkt.

Im »Spiegel« vom 14. Mai 1990 erzählt Rudi Menzel aus Görlitz, daß er »Polnisch-Schlesien und Hinterpommern gern zurück hätte«. Und Gerhard Eichberg, ein alter SED-Bürgermeister, hat dagegen wenig einzuwenden.

Was bedeutet das? Bin ich zu voreilig, wenn ich mich über die Aufhebung der deutschen Teilung freue, wenn ich die Beschlüsse der Konferenz von Jalta als überholt erachte, wenn ich die Notwendigkeit sehe, Europa als etwas zu begreifen, das größer ist als die Europäische Gemeinschaft?

Ich bin zwar zu Kriegsende geboren, doch aufgewachsen mit »dem Krieg« – ein Ausdruck, der in den Niederlanden ein Synonym ist für die deutsche Besetzung von 1940 bis 1945. Meine Mutter war als Redakteurin der Zeitung »Het Parool« aktiv im Widerstand tätig gewesen. Mein Großvater, der in den zwanziger Jahren als kleiner Pinselfabrikant durch Sachsen gereist war und es wie seine Westentasche kannte, schwor nach 1945, nie wieder einen Fuß auf deutschen Boden zu setzen.

Täglich wurde in unserer Familie über »den Krieg« und »die Moffen« geredet. Der Zweite Weltkrieg ist für die Niederländer, für die seit Napoleons Zeiten alles so sehr ruhig und geordnet verlaufen war, das traumatischste Ereignis ihrer neueren Geschichte gewesen. Unter keinem anderen Volk haben die Niederländer seit Erlangung der Selbständigkeit so viel zu leiden gehabt wie unter den Deutschen.

Das erklärt, warum Adenauers Staatssekretär Globke, der als Kommentator der Nürnberger Rassengesetze eine NS-Vergangenheit hatte, in meiner Jugend als lebendiger Beweis für das Unvermögen der Bundesrepublik galt, ihre Vergangenheit zu bewältigen. Oder warum wir Strauß als den halben Faschisten betrachteten, der er keineswegs war. Und warum wir es auch später nur schwer begreifen konnten, daß Kurt Georg Kiesinger in der ersten Regierung, an der die SPD beteiligt war, Bundeskanzler wurde. Wie konnte Willy Brandt, das Symbol des guten Deutschen, mit einem ehemaligen Mitglied der NSDAP zusammenarbeiten!

Deutschland war noch immer ein Land, das uns fern war. Zu vieles stand in direktem Zusammenhang mit »dem Krieg«. Tatsächlich wußte man zuwenig über die Geschichte der SPD, die 1966 eine große Koalition mit der CDU eingehen mußte, um dann 1969 selbst an die Macht zu kommen. Damals verstand ich das nicht. Wir lebten unter der Last der unbewältigten Vergangenheit, die durch Adenauer ausdrücklich unbewältigt geblieben war.

Die sechziger Jahre mit ihren Provos und der Vietnam-Bewegung verstärkten die Abneigung gegen die offensichtliche Kleinkariertheit und den manchmal bleischweren Konformismus des »Modells Deutschland«. Gab es keine anderen Mittel, die Außerparlamentarische Opposition zu bekämpfen, als Radikalenerlaß und Notstandsgesetze? War das wirklich eine Demokratie? Und wie formalistisch sprang man mit dem Begriff Demokratie um? Als könnte alles in ein Regelwerk gezwängt werden. Wir vergaßen dabei das Trauma von Weimar.

Diese Haltung erklärt zum Teil die manchmal grenzenlos naive Einstellung der Partij van de Arbeid (der niederländischen Sozialdemokratie) gegenüber der DDR: Sie war uns noch viel ferner als die Bundesrepublik und erfüllte, mangels einer besseren Alternative, für viele die Rolle des »guten Deutschland«. Dort wenigstens hatte man rigoros abgerechnet mit der NS-Vergangenheit! Natürlich war die Berliner Mauer ein Unding, aber wenn man sie hinter sich gelassen hatte, begegneten einem keine alten Nazis mehr. So jedenfalls konnte man es an so manchem linken Stammtisch hören. Das »gute Deutschland« war eigentlich gar kein Deutschland mehr, sondern ein ferner Staat, der viel Aufhebens von seiner Rolle als Friedensbewahrer machte und die Oder-Neiße-Grenze bereits 1950 anerkannt hatte. Vor dem preußischen Stechschritt am Mahnmal Unter den Linden verschlossen wir die Augen, und Stefan Heyms »Fünf Tage im Juni« sollten wir erst viel später lesen.

Einige waren sogar der Ansicht, daß eine diplomatische Anerkennung der DDR sozusagen eine gute Investition wäre, die zu einer größeren Stabilität in Mitteleuropa beitragen würde. So konnte ein führender Parteifunktionär der PvdA noch 1975 erklären, der Mauerbau sei »historisch richtig« gewesen. Man wollte offenbar wenig wissen von der Stasi-Gesellschaft und war, was Deutschland betraf, noch zu sehr im Bann der eigenen Geschichte gefangen. Erst als Wolf Biermann Ende der siebziger Jahre ausgebürgert wurde, änderte sich etwas an dieser Haltung. Der Sozialismus war offenbar doch nicht ganz so gut...

Glücklicherweise hat es auch durch die Ära Brandt einen deutlichen Umschwung in der öffentlichen Meinung gegeben. Brandt war im Ausland populärer als in Deutschland. Die Ostpolitik war ein Zeichen dafür, daß Deutschland sich wirklich mit den Folgen des Zweiten Weltkriegs auseinandersetzen wollte. Brandts Kniefall in Warschau beendete meine Abneigung gegen die unheimlichen Nachbarn.

Ich wurde ein leidenschaftlicher Befürworter der Ostpolitik und machte mir Egon Bahrs Wort vom »Wandel durch Annäherung« zu eigen. Ich hatte den Eindruck, daß Deutschland mehr für Frieden und Sicherheit tun konnte als England oder Frankreich. Später wurde offenkundig, daß die Ostpolitik noch keine Garantie für die Einhaltung der Menschenrechte in Osteuropa war.

In der Ära Schmidt verflüchtigten sich die Ressentiments, die ich wegen des Krieges gehabt hatte. Sie wurden ersetzt durch eine manchmal große Verärgerung über Schmidts ständige Besserwisserei und den offensichtlichen Konformismus der Bundesbürger. Aber die westdeutsche Demokratie machte glücklicherweise Platz für »Die Grünen«.

Wir im westlichen Ausland haben in den achtziger Jahren einen großen Fehler gemacht. Wir haben in unserem Denken Deutschland auf die Bundesrepublik und vielleicht noch West-Berlin reduziert. Der Rest war sozusagen gar nicht mehr Deutschland. Die Bestrebungen der DDR, durch das Luther-Jahr, das Bach-Jahr und die Rückkehr des Alten Fritz auf seinen angestammten Platz

Unter den Linden Anspruch auf die deutsche Geschichte zu erheben, machten keinen großen Eindruck auf uns. Die unter den Linken in der Bundesrepublik aufflammende Diskussion über die deutsche Nation und die Mittellage Deutschlands blieb bei uns größtenteils unbeachtet.

Was tat denn die Bundesregierung eigentlich, außer das DDR-Regime durch Großkredite und übermäßiges Verständnis zu stützen, selbst als Honecker und Genossen sich weigerten, Gorbatschows Linie zu folgen?

Wir machten es uns bequem in der offiziellen Politik, zu bequem. Wir akzeptierten das Modell einer deutschen Nation, die aus zwei Staaten bestand, denn der deutsche Bundespräsident von Weizsäcker hatte gesagt, die deutsche Frage bleibe so lange offen, wie das Brandburger Tor verschlossen sei. Mit anderen Worten: Es ging nicht darum, die Einheit Deutschlands wiederherzustellen, sondern darum, daß man genauso leicht von Leipzig nach Köln fahren können sollte wie von Düsseldorf nach Amsterdam. Die menschlichen Erleichterungen und vielleicht sogar die Möglichkeit, die DDR könnte eines Tages so aussehen wie Ungarn – das war es, was uns beschäftigte, nicht die deutsche Einheit.

Über dieses Thema wurden zwar in Deutschland Symposien veranstaltet, nicht aber im Ausland. Dort machte man sich eher unbestimmte Sorgen über die Gefahr eines neuen Rapallo. Aber als François Mitterrand im Frühjahr 1989 seine Unterschrift unter das »Comprehensive Concept« der NATO setzte, ahnte er sicher nicht, daß der Passus über die angestrebte deutsche Einheit binnen Jahresfrist Wirklichkeit werden würde – sonst hätte er diesen Vertrag wahrscheinlich nicht unterzeichnet.

Timothy Garton Ash schrieb 1985 zu Recht, daß man erst etwas werde unternehmen können, wenn die Deutschen aufhören würden, sich über die deutsche Frage Sorgen zu machen. Aber am Ende seines Beitrages stellte er die berechtigte Frage, die wir geflissentlich überlasen: »Wir mögen zwar, wie François Mauriac, manchmal das Gefühl haben, ›Deutschland so sehr [zu] lieben, daß wir froh sind, daß es zwei davon gibt‹. Andererseits ist es offensichtlich, daß eine schließliche europäische Wiedervereinigung nur über Deutschland führen kann. Wenn es uns also ernst ist mit einer langfristigen, friedlichen ›evolutionären Befreiung‹ Mittel- und Osteuropas von der sowjetischen Bevormundung, mit der Überwindung der Folgen der Konferenz von Jalta, dann muß es uns auch ernst sein mit der Überwindung der deutschen Teilung. Aber wie soll sie erfolgen?«[1]

Wir haben uns darum gedrückt, uns mit diesem »Wie« ernsthaft zu befassen. Und die deutschen Publizisten haben uns das nicht allzu schwer gemacht. Stellvertretend für andere sei hier Sebastian Haffner zitiert: »... die Aussicht auf die Wiederherstellung oder Neugründung eines wie auch immer gearteten gesamtdeutschen Staates, eines neuen deutschen Reiches [ist] schließlich dahingeschwunden ... Es gibt keinen europäischen Staat in West und Ost, der eine solche Wiedervereinigung wünschen oder auch nur willig hinnehmen könnte...«[2] »Nicht einmal theoretisch« schien ihm vorstellbar, daß die beiden deutschen Staaten so, »wie sie nun einmal sind und geworden sind, zu einem funktionierenden Staate verschmolzen« würden.[3]

Es ist anders gekommen. Die Mauer ist gefallen. Nur: Wo liegt Deutschland jetzt? Welche Ortsbestimmung trifft am ehesten zu?

Es ist nicht mehr dort, wo der Krieg ausbrechen wird, wie noch Günter Gaus prophezeite. Das atomare Schlachtfeld existiert nicht mehr; es ist zumindest auf das Territorium der Atommächte zurückverschoben. Die Gefahr eines Atomkrieges im deutschen Teil Europas ist tatsächlich nicht mehr gegeben. Schneller, als es Konferenzen zur Rüstungsbegrenzung vermocht hätten, ist die Nationale Volksarmee überflüssig geworden, kann die Bundeswehr auf eine kleinere Truppenstärke reduziert werden. Ein ehemaliges Mitglied der Friedensbewegung ist – auch dies ein Novum in Europa – Minister für Abrüstung und Verteidigung geworden. Es ist alles fast zu schön, um wahr zu sein.

Warum dann aber einen Artikel schreiben zum Generalthema

1 In: The Uses of Adversity, London 1989
2 Von Bismarck zu Hitler. Ein Rückblick, München 1987, S. 323
3 Ebd.

»Angst vor Deutschland«? Ist das nun unser Problem oder das der Deutschen, die ebensowenig mit der deutschen Einheit gerechnet haben wie wir? Hatte die Mehrheit der »Bundis«, genau wie wir, vergessen, daß die Entfernung zwischen der DDR und Hamburg oder Amsterdam nur ein Drittel jener zu spanischen Stränden oder italienischen Fußballplätzen beträgt? Ist dieser Beitrag der Versuch, den »Bundis« ein historisches Verständnis zu vermitteln, das viele, die nie in der DDR gewesen sind, vielleicht nicht gehabt haben?

Ein französischer Herausgeber jedenfalls würde sich nie an einen Ausländer wenden mit der Bitte um einen Beitrag zu dem Thema »Angst vor Frankreich«. Der Titel würde in diesem Fall lauten: »La France face au défi Européen«. Ist dieser Unterschied lediglich historischer Natur, oder spricht daraus der tief empfundene deutsche Wunsch, endlich zu einem Ende der Nachkriegszeit zu kommen?

Was sollen wir anderen tun? Sollen wir die Deutschen fünfundvierzig Jahre nach dem Krieg beruhigen? Uns Rechenschaft ablegen, ob wir Deutschland gegenüber ehrlich sind, und uns die Frage stellen, warum wir nun eben doch ein vereintes Deutschland akzeptieren, gegen das so viele vor einem Jahr noch erhebliche Bedenken hatten? Oder sollen wir jetzt die Beschwörungsformeln als solche entlarven – wie das von Genscher so oft zitierte Wort Thomas Manns: »Es geht nicht um ein deutsches Europa, sondern um ein europäisches Deutschland«? Sind sie ehrlich gemeint, oder sind sie ein Alibi für das deutsche Unvermögen, eine wirkliche Ortsbestimmung für Deutschland innerhalb Europas vorzunehmen? Denn wir glauben nicht, daß man uns wirklich zuhört, solange ein ARD-Reporter mir bloß fünfundvierzig Sekunden zugesteht, um meine Meinung zur deutschen Einheit zu formulieren. Ich kann nur rufen: »Nicht ohne uns.«

Aber was heißt das? Wahrscheinlich folgendes: Wir Niederländer werden uns bewußt, daß die Deutschen doch Mitteleuropäer sind und verständlicherweise mit großer Aufmerksamkeit beobachten, was in der Tschechoslowakei, in Polen und der Sowjetunion geschieht. Sind wir gar überflüssig geworden? Oder müssen wir uns nur an eine neue deutsche Ortsbestimmung gewöhnen? Ist es von Berlin, Prag und Warschau nun mit einemmal viel näher nach Köln als von Amsterdam? Davor habe ich vielleicht Angst. Oder steckt dahinter bloß Überheblichkeit?

Nein, es ist vielmehr der Ausdruck unseres grundsätzlichen Problems. Können wir den kommenden Entwicklungen in Deutschland beruhigt entgegensehen oder nicht? Soll Deutschland, auch fünfundvierzig Jahre nach dem Zweiten Weltkrieg, tatsächlich seinen Sonderstatus behalten, weil wir kein Vertrauen zu ihm haben? Oder soll Deutschland, da es nun einmal bei jedem Abkommen über die Sicherheit in Europa eine zentrale Rolle spielt, zusätzliche Garantien abgeben?

Durch die deutsche Teilung konnten wir diesen beiden Fragen aus dem Weg gehen. Jetzt können wir das nicht mehr.

Politisch ist die Antwort bereits gegeben worden. Wir glauben, daß auch ein vereinigtes Deutschland sowohl demokratisch als auch europäisch sein wird. Also keine Angst!

M. C. Brands, einer unserer bekanntesten Historiker, will jedoch von einer solchen, in seinen Augen simplifizierenden Argumentation nichts wissen. Im »Nederlandse Internationale Spectator« schreibt er: »Unsere Zeitungen sind, was die deutsche Frage betrifft, in letzter Zeit voller hohler Beschwichtigungen: Dies sei nicht mehr das alte Deutschland, es sei demographisch völlig anders strukturiert als um 1900 und darum auch nicht mehr aggressiv, Deutschland sei viel europäischer geworden, der Nationalismus sei am Ende. Kurz gesagt: Eigentlich sei alles in Ordnung.«

Dem kann man entgegenhalten, daß hier ein Element vergessen wird, nämlich die tiefere Wirkung der Europäischen Gemeinschaft, die zwischen den Erzfeinden Frankreich und Deutschland (drei kriegerische Konflikte seit 1870) eine gemeinsame Sicherheit »avant la lettre« entstehen ließ. Die Bundesrepublik ist dadurch im Westen verankert, und zwar nicht allein durch politische Entscheidungen, sondern auch durch Institutionen wie EG und Nato. Dies ist in der Geschichte zum ersten Mal der Fall. Und warum sollte ein Land mit beinahe achtzig Millionen Deutschen bestrebt sein, die Geschichte zu wiederholen, wenn ein Land mit mehr als sechzig Millionen Deutschen (die heutige Bundesrepublik also) keinerlei Neigung dazu zeigt? Das ist nicht logisch. Der Historiker allerdings hält uns vor, die Geschichte sei nicht logisch. »Die Hartnäkkigkeit, die Zähigkeit der Geschichte – wer könnte an ihr noch zweifeln?« schreibt Brands.

Gut, zugegebenermaßen kann niemand garantieren, daß sich die deutsche Geschichte nicht wiederholen wird. Ich glaube es allerdings nicht. Brandt und von Weizsäcker haben nicht umsonst ihren Platz in der deutschen Geschichte gefunden.

Daß Kohl Anfang 1990 in der Frage der polnischen Westgrenze laviert hat, kann daran nichts Wesentliches ändern. Schließlich hat die EG die Aufnahme der DDR von einer Klärung der Frage der deutsch-polnischen Grenze abhängig gemacht.

Ein Vergangenheitsproblem allerdings bleibt bestehen: Wird die Erinnerung lebendig und wachsam bleiben, auch wenn Brandt, von Weizsäcker und Grass die Bühne eines Tages verlassen? Wie werden wir in Zukunft ein Gleichgewicht finden zwischen dem berechtigten Wunsch der Deutschen, keine lediglich auf der Vergangenheit basierende Sonderposition mehr einnehmen zu müssen, und unserem berechtigten Wunsch, diese Vergangenheit nicht der Vergessenheit anheimzugeben.

Diese Frage kann einem schon angst machen. In der Vergangenheitsbewältigung kann es zu einem Rückschlag kommen, zumal sie in der DDR kaum stattgefunden hat. Wird infolge der Verdrängung der Vergangenheit durch die Machthaber in der DDR, für die ihr Staat ein Neubeginn war, nun doch ein ekelhafter Skinhead-Nationalismus Oberwasser bekommen? Hier wird es noch eine Menge zu tun geben, besonders da der Antifaschismus in der DDR jetzt allzuoft gleichgesetzt wird mit dem alten verrotteten SED-Regime.

Aber es gibt einen Trost: Die Deutschen meiner Generation, der Nachkriegsgeneration, sind nicht nationalistischer als die Franzosen, Engländer oder Niederländer. Sie haben eher Schwierigkeiten, ihre Identität ehrlich zu bestimmen: Wie deutsch dürfen sie sein, solange »europäisch« noch keine Identität beinhaltet? Denn, so schreibt Egon Bahr: »Es gibt eine sehr simple Tatsache: Wer über Europa nachdenkt, kommt nicht an Deutschland vorbei. Nicht einmal die Teilung dieses ›großen Volkes‹ in der Mitte des Kontinents, wie de Gaulle formuliert hat, hat das Problem für Europa gelöst, wenn Europa nach seiner Identität sucht.«[4] Das ist jetzt, da die Einheit Deutschlands früher kommt als die Einheit Europas, noch wahrer als zuvor.

Darum muß zuallererst ein Gleichgewicht gefunden werden zwischen Genschers Beschwörungen und dem Wunsch, unter die Nachkriegszeit einen Strich zu ziehen. In diesem Fall braucht die Vergangenheit kein Hemmschuh mehr zu sein. (Meine Frau ist in diesem Punkt allerdings anderer Meinung.) »Erinnerungen sind ein Bestandteil unserer politischen und menschlichen Existenz. Daran darf sich auch nichts ändern. Wie man kein Mensch sein kann ohne eine Vergangenheit, so kann man auch kein Volk sein ohne eine Geschichte. Aber gleichzeitig muß man die Erinnerungen verbinden können mit einer vernünftigen Art, in die Zukunft zu sehen und zusammenzuarbeiten«, sagt Herr von der Gablentz, der frühere Botschafter der Bundesrepublik in Den Haag, zu Recht. Das will ich nun versuchen.

Wenn mich etwas an der deutschen Einheit stört, dann ist es das Tempo, mit dem sie vollzogen wird – nicht die Sache an sich und auch nicht die Vergangenheit. Unsere deutschen Nachbarn haben zuwenig Zeit, sich vom Status-quo-Denken zu lösen, von der Geisteshaltung, die in Aussprüchen des bereits zitierten François Mauriac und des ersten Nato-Generalsekretärs Lord Isnay zum Ausdruck kamen. Dieser sagte, der Zweck der Nato sei, »to keep the Americans in, the Russians out, and the Germans under«. Noch im November 1989 schrieb ich, die deutsche Wiedervereinigung stehe »nicht auf der Tagesordnung«. Darin zeigte sich eher ein Festhalten am Status quo statt eines Gefühls für die deutsche Revolution.

Im weiteren Verlauf der Ereignisse änderte ich meine Meinung –

4 Zum Europäischen Frieden, Berlin 1988, S. 38

vor allem als klar wurde, wie lächerlich jene Beschwörungsformeln waren, die in Richtung eines »echten demokratischen Sozialismus« in der DDR zielten. So etwas kann man ohne die Mehrheit der Bevölkerung ja nicht aufbauen. Die Mehrheit aber wählte am 18. März 1990 nicht einen demokratischen Sozialismus, sondern die D-Mark. Die Unaufrichtigkeit dieser Entwicklung liegt nicht in der Tatsache, daß dadurch die deutsche Einheit besiegelt wurde, sondern darin, daß die Revolution ihre eigenen Revolutionäre vom Neuen Forum schon wieder vergessen hatte. Die echten Revolutionäre zogen sich in eine neue Nischengesellschaft zurück.

Wenn Demokratie wichtiger ist als Sozialismus, dann hatten die Wähler recht. (Es sei denn, sie hätten sich in freier Wahl für eine Diktatur entschieden, aber das ist hier ja nicht der Fall.)

Das gilt auch für die Deutschen. Wenn wir die Teilung Europas wirklich überwinden wollen, dürfen wir die Deutschen nicht ausschließen. Das ist »die Moral aus der Geschichte«, auch wenn mich der in den Niederlanden vorherrschende Unmut über das Tempo der deutschen Vereinigung nicht unberührt läßt. Das vordringlichste Problem ist nicht mehr Deutschlands Vergangenheit, sondern Deutschlands Zukunft.

Welche Rolle kann Deutschland in Europa einnehmen, und wie wird dieses Europa aussehen? Die künftige Landkarte Europas wird jedoch nicht durch Fortschritte bei Abrüstungsgesprächen oder der KSZE bestimmt, sondern durch die demokratische Revolution von 1989. Diese hat nämlich die mühsamen Wiener Verhandlungen über die Reduzierungen von Truppen, Panzern und Flugzeugen längst eingeholt. Sie verlangt von den Politikern eine Kreativität, die nicht ausreichend vorhanden ist. Sie müssen einen Mittelweg zwischen Traum und Tat, Utopie und Wirklichkeit finden.

Das verlieren die Deutschen manchmal aus dem Auge. So exakt sie in Detail- und Organisationsfragen sind, so schwärmerisch können sie werden, wenn es um die neue Friedensordnung geht. Darum war ich einigermaßen ratlos, als der Vorschlag von Hans Modrow, dem Übergangspremierminister der DDR, das vereinigte Deutschland solle neutral sein, auch in der Bundesrepublik

Anklang fand. Worauf zielte das ab? Wäre das wieder der Anfang einer unabhängigen deutschen Wehrmacht gewesen, oder stand hinter diesem Vorschlag lediglich die Sehnsucht nach einer raschen Quadratur des Keises?

Unsere Reaktion, auch der Linken (und auch der niederländischen Grünen!), ließ nicht auf sich warten: Deutschland muß in der Nato bleiben. Die Nato hat nämlich einen großen Vorteil: Sie integriert unabhängige Armeen und verhindert, daß ein Staat nationale Strategien entwickelt. Tatsächlich liegt in diesem Gedankengang noch zum Teil die Angst vor der Vergangenheit: keine unabhängigen Armeen mehr.

Aber wie kann diese Idee ausgeweitet werden auf ganz Europa? Der Warschauer Pakt kann hierzu nichts mehr beitragen. Für Strategen konservativen Zuschnitts ist es vielleicht nicht sehr angenehm, wenn sie in Zukunft nicht mehr mit einem Warschauer Pakt rechnen müssen, aber die Menschen in Polen, der Tschechoslowakei und in Ungarn denken im Grunde ihres Herzens anders darüber. Nach einer langen Periode erzwungener Integration unter Federführung der Sowjetunion wollen sie ihrer Souveränität auf andere Weise Ausdruck verleihen. Die Sowjetunion wird nie mehr die Rolle spielen, die sie früher eingenommen hat.

Aber ebensowenig wird es Anfang 1991 bereits ein fertiges europäisches Friedensinstrument der fünfunddreißig Unterzeichnerstaaten der Akte von Helsinki geben, ein Instrument, das Ausdruck des Wunsches wäre, eine »gerechte und friedliche Ordnung in Europa« zu schaffen. Einstweilen haben wir es noch zu tun mit einer Nato einerseits und einem Warschauer Pakt andererseits – in welchem aber die Sowjetunion vielleicht keine adäquate Sicherheitsgarantie mehr sieht. Würde die Nato sich nicht ändern, hätte Gorbatschow recht gehabt, sich der Aufnahme Gesamtdeutschlands in die Nato zu widersetzen. Den Preis für die deutsche Revolution, die er, neben anderen, selbst ermöglicht hat, hätte nämlich dann hauptsächlich er bezahlen müssen.

Aber was, wenn die Nato bereit wäre, ihre Strategie vollkommen zu revidieren? Damit meine ich: Abschied von der Vorneverteidigung, Abschied von der »flexible response« mit ihrem frühzeitigen Einsatz von Atomwaffen, Zurückstellung einer Modernisierung der in Europa stationierten Atomwaffen und die Bereitschaft zu Verhandlungen über den Abzug aller Atomwaffen aus Europa. Das Ergebnis wäre eine echt defensive und berechenbare Strategie. Und mehr noch: Die Nato müßte bereit sein, sich einer künftigen gesamteuropäischen Friedensordnung unterzuordnen. Die Nato müßte dann allen demokratischen Staaten offenstehen – also auch der Sowjetunion, falls die demokratische Revolution dort tatsächlich Erfolg haben sollte. Walter Stützle, der deutsche Direktor des SIPRI-Institutes in Stockholm, hat im Mai 1990 in der »Zeit« einen ähnlichen Gedanken formuliert und für einen neuen Namen plädiert: EATO (European-American Treaty Organization). Auch das wäre möglich, vorausgesetzt, die Partnerschaft mit den USA und mit Kanada bliebe weiter bestehen.

Leider ist man in den westeuropäischen Hauptstädten noch nicht soweit. Man weiß zwar genau, wie wir unsere Verteidigungsausgaben etwas reduzieren können, aber was das fehlende Feindbild betrifft, weiß man sich keinen Rat. Darum werden in unseren Plänen die jetzt freien Völker Osteuropas mehr oder weniger ihrem Schicksal überlassen. Dennoch müssen sie in die Sicherheitsüberlegungen einbezogen werden. Aber auch mit der Sowjetunion ist ein gemeinsames Sicherheitskonzept möglich, sofern sie bereit ist, ihre Atomwaffenarsenale auf ein strategisches Minimum zu reduzieren. (Ich habe meinen Wunschtraum von einer atomwaffenfreien Welt noch nicht aufgegeben. Es ist ja immerhin vorstellbar, daß die heutigen Atommächte ein paar Dutzend Atomwaffen behalten, die dann nur noch der Abschreckung dienen würden. Davon sind wir heute allerdings noch Lichtjahre entfernt.)

Die große Frage ist, ob es in Zukunft möglich sein wird, die Sicherheit Europas in Zusammenarbeit mit der Sowjetunion oder einem sowjetischen Staatenbund zu organisieren, oder ob wir doch auf unser altes System, das jetzt auch Deutschland umfaßt, fixiert sein werden. In diesem Fall bliebe die zusätzliche Gefahr eines aufkommenden Nationalismus und Irredentismus bestehen. Wer könnte dann etwas unternehmen, wenn ein Konflikt zwischen Ungarn und Rumänien oder zwischen Polen und Weißrussen drohte?

Man stelle sich vor: ein Vakuum zwischen Deutschland und Rußland und eine in keine Organisation eingebundene Russische Republik, die im Besitz von Atomwaffen ist. Um das zu verhindern, brauchen wir eine integrierte europäische Sicherheitsordnung. Ob sie erreicht werden kann, wird davon abhängen, ob es in der Sowjetunion zu einer wirklichen demokratischen Revolution kommt. Die russische Frage ist ebenso bedeutsam wie die deutsche, aber schwieriger zu lösen. Doch ein historischer Fatalismus ist im Fall der russischen Frage auf lange Sicht ebenso unproduktiv wie im Fall der deutschen. Es ist nicht ausgeschlossen, daß mit Rußland auch andere Beziehungen möglich sind als unter den Zaren oder den Kommunisten. Aber der Schlußstein der Ostpolitik, soweit sie Rußland betrifft, darf nicht allein von den Deutschen gesetzt werden. Das geht auch uns etwas an.

Daher das Beharren auf der weiteren Mitgliedschaft Deutschlands in der Nato – was übrigens nicht bedeutet, daß das Vertragsgebiet der Nato ausgeweitet werden soll. Aber darüber ist schon genug geschrieben worden. (Es bleibt die Frage, wie sich vermeiden ließe, daß es in Deutschland zwei Armeen gibt: die Bundeswehr, eine Armee erster Klasse, mit einer sehr reduzierten Truppenstärke, und die Nationale Volksarmee, eine Armee zweiter Klasse, die dann von der Nato ausgeschlossen wäre. Das wird jedoch hoffentlich nur eine Übergangsphase sein.)

Wer den Eindruck hat, das eben Gesagte gehe zu weit, dem mag das Beharren auf einer deutschen Mitgliedschaft in der Nato suspekt erscheinen. Würde es sich dabei nicht um einen Vorwand handeln, um die Nato als Instrument zur Niederhaltung Deutschlands zu mißbrauchen? Das kann doch nicht der Sinn dieser Organisation sein.

Was ich wirklich fürchte, sind eine Unbeweglichkeit des Westens und ein Zusammenbruch der Sowjetunion, bei dem ein militärischer Apparat, der von Gorbatschows Kurs abweicht, eine stärkere Rolle bekommt, in Litauen eingreift und den Weg der Entspannung verläßt. Was geschieht dann mit den Ländern zwischen Deutschland und Rußland? Und was wird aus der europäischen Friedensordnung? Ich weiß es nicht; ich weiß nur, daß Europa und die Vereinigten Staaten ein starkes Interesse daran haben sollten, das zu verhindern.

Es gibt noch eine andere Angst: daß die Entwicklung Deutschland zum Vorteil gereicht, seinen östlichen Nachbarn jedoch nicht. Wird die zunehmende Arbeitslosigkeit in der DDR nicht dafür sorgen, daß der Rest von Mittel- und Osteuropa auf die dringend benötigte Hilfe des Westens verzichten muß? Sind wir bereit, mehr als bisher zu teilen – nicht nur für Frieden und Freiheit, sondern auch für Brot und Umweltschutz? Was jetzt in den Küchen der EG aufgewärmt wird, ist wenig, viel zuwenig. Es sind nicht nur neue Assoziationsregelungen erforderlich, sondern auch genaue Termine für Beitritte zur EG.

Was für Spanien und Portugal nach der Überwindung ihrer rechten Diktaturen galt, muß auch für Osteuropa nach der Überwindung des Kommunismus gelten. Sonst könnte der ungarische Witz Wirklichkeit werden: »Der Kommunismus ist der mühsamste Weg vom 19. Jahrhundert zum Kapitalismus des 19. Jahrhunderts.« Das kann ich als Sozialdemokrat nicht wollen, und das können auch die eifrigen Verfechter der sozialen Marktwirtschaft in CDU und FDP nicht wollen.

Das also sind meine Sorgen. Wenn Deutschland seinen Weg auf eigene Faust geht, werden die Sorgen zunehmen. Darum sage ich: »Nicht ohne uns.«

Die Oder-Neiße-Linie darf kein Rio Grande werden. Die Einheit und Freiheit des deutschen Volkes wird sich vollenden. Die Ortsbestimmung aber ist nur klar, wenn wir alle wissen, was mit der EG, mit den Russen, mit der Sicherheit und Zusammenarbeit in Europa geschieht. Nur so läßt sich das Erbe Hitlers und Stalins überwinden.

Aus dem Holländischen von Dirk van Gunsteren.

Arthur Miller

Die »unsicheren« Deutschen

Übernehmen die Deutschen die Verantwortung für die Verbrechen der Nazizeit? Ist ihre Reue so echt, daß man ihnen zutrauen kann, die Vergangenheit nie zu wiederholen? Wer sich Sorgen über die Vereinigung Deutschlands macht, stellt sich im allgemeinen solche und ähnliche Fragen. Mich beschäftigt ein tieferes Geheimnis: die Idee vom Nationalstaat in Geist und Seele der Deutschen.

Drei Versuche, einen erfolgreichen Staat zu gründen, schlugen allein in den zweiundsiebzig Jahren nach der deutschen Niederlage von 1918 fehl. Und wenn wir heute auch Zeugen eines großen Sieges des demokratischen Systems über eine Einparteiendiktatur sind, so ist dieses demokratische System keine Erfindung der Deutschen. Die Nation, die jetzt geboren wird, ist eine neue, wie sie zuvor nie existiert hat. Und mit ihrer Angst davor, was das bedeuten kann, stehen die Juden bei weitem nicht allein. Die Briten machen sich Sorgen, ebenso die Franzosen, ganz zu schweigen von den Russen und vielen anderen, deren Land und Leben durch die deutsche Aggression zerstört wurden.

Ich habe mehr als den üblichen Kontakt zu Deutschen und deutschsprechenden Menschen. Meine Frau, die aus Österreich stammt, verbrachte die Kriegsjahre in Deutschland, ihre Familie ist mit der deutschen Industrie verbunden; ich bin mit deutschen Journalisten befreundet, mit Kollegen aus dem deutschen Theater, aus dem Film und anderen Medien. Würde ich kundtun, daß ich mir keine besonderen Sorgen um die Vereinigung mache und Vertrauen in das demokratische Engagement der jungen Generation habe, wären meine Freunde zweifellos froh, das zu hören – und würden sich weiter ganz privat ängstigen.

Niemand kann behaupten, den Weg, den ein Land nehmen wird, vorhersagen zu können. Auch die Zukunft der deutschen Demokratie ist, meine ich, für die Deutschen – auch für jene, die der Vereinigung entgegenfiebern – ebenso ein Rätsel wie für den Rest der Welt. Sie wissen einfach nicht, was da auf sie zukommt. Oder genauer, sie sind sich fast sicher, daß alles gut werden wird. Doch dieses »fast« ist ein großes Wort.

In West-Berlin äußerte sich vor einigen Wochen eine alte Schulfreundin meiner Frau, die fast siebzig Jahre alt ist und Deutschland während des Aufstiegs des Faschismus, des Krieges und des Wiederaufbaus nie verlassen hat, in problematischer, wenn nicht sogar dunkler Weise zu dieser Situation. »Es ist immer das gleiche in Deutschland«, sagte sie. »Wir steigen sehr hoch – und fallen am Ende tief. Wir gewinnen und gewinnen und gewinnen, und dann verlieren wir. Und wenn wir schließlich in Schwierigkeiten sind, suchen wir nach Autoritäten; Arbeit und Gehorchen machen uns am glücklichsten.«

Seit sie bei Eis und Glätte gestürzt ist, benutzt sie einen Stock. Sie hat eine ausgesprochen warmherzig-bäuerliche Ausstrahlung, hennagefärbtes, schütteres Haar, rosig-frische Wangen. Als Überlebende einer beschädigten Generation scheint sie sich mehr auf ihre eigenen Erfahrungen zu verlassen als auf Bücherwissen. »Wir müssen die Vereinigung langsam betreiben«, sagt sie. »Die Zukunft ist ganz ungewiß.« Und wenn die Zukunft schon für Westdeutsche unklar ist, dann fragt sie sich: »Was geht in den Köpfen der Ostdeutschen vor? Das wissen wir nicht. Für uns war es schon schlimm genug. Wir hatten zwölf Jahre lang eine Diktatur, aber dann fast fünfzig Jahre Demokratie. Sie haben seit 1933 nichts anderes als Diktaturen gekannt. Reicht es für ein echtes demokratisches Bewußtsein, einen guten Job und ein Auto zu wollen und die Linken zu hassen?«

Unsere Freundin ist trotz ihrer Verletzung zu Besuch gekommen, weil sie in ihren Kreisen kaum mehr eine offene Unterhaltung führen kann. »Ich fürchte, all das ist sehr künstlich«, sagt sie. »Es ist, in gewissem Sinn, die alte Geschichte. Wir sind nicht wie die Franzosen, die Briten, die Amerikaner. Wir haben nie unsere eigene Demokratie geschaffen, nicht einmal unser eigenes Regime wie die Russen; wir bekamen sie von den Alliierten und geben sie weiter an das Volk der DDR. Doch hatten wir zumindest die Erinnerung an eine Demokratie vor Hitler. Selbst die Väter haben drüben keine solche Erinnerungen mehr. Wer wird wen beeinflussen – wir sie oder sie uns?«

Die alte Dame spricht über die Republikaner, die nur ein paar Monate nach ihrer Gründung bei der Wahl in West-Berlin 90 000 Stimmen erhielten. »Die Leute sagen, daß sie unbedeutend, eine winzige Minderheit sind«, erzählt sie. »Das erinnert mich an die andere winzige, unbedeutende Minderheit, die so schnell die Macht übernahm. Und bedenken Sie, daß wir heute wohlhabend sind. Was geschieht, wenn wir harte Zeiten und Arbeitslosigkeit haben?«

Solche Gespräche könnten sich überall in Deutschland abspielen. Sehr wahrscheinlich aber ist, daß zwei Drittel der Deutschen – jene unter fünfzig, die sich kaum an den Faschismus erinnern können – fast keine Verbindung zu den Gefühlen und Sorgen dieser Frau haben. Manche von ihnen stehen jeglicher Einmischung der Regierung in ihr Leben so feindselig gegenüber, daß sie es vor einigen Jahren fast unmöglich machten, eine Volkszählung durchzuführen, weil sie die Fragen, die dabei gestellt wurden, als Bedrohung und Reglementierung von oben empfanden. Fragen mußten geändert werden, Volkszähler wurden von Aufsehern begleitet, um sicherzustellen, daß keine persönlicheren Fragen als die vorgeschriebenen gestellt wurden.

Nichtsdestotrotz hinterlassen die Befürchtungen der Frau aus Berlin nagende Zweifel. Pflanzte die Bundesrepublik Deutschland erhabene demokratische Gefühle in die Herzen ihrer Bürger, oder ist sie schlichtweg ein System historischer Bequemlichkeit, das von Ausländern erfunden wurde? Sicherlich hat dieses System der Nation zu nie gekanntem Wohlstand verholfen, doch heute stellt sich die Frage, wie tief seine demokratischen Wurzeln gehen, wie unantastbar sie sind und ob sie harte Zeiten überstehen werden.

Ich habe oft den Eindruck gehabt, daß die Deutschen – über alle politischen Differenzen hinweg – ein etwas äußerliches Verhältnis zu ihrer Gesellschaftsform haben. Auch wenn man den lauen Winden oder den Wolken Rechnung trägt, die Gespräche mit Ausländern, besonders mit jüdischen Liberalen wie mir, vernebeln, scheint sich die Realität des deutschen Staates immer noch nicht ganz in den Köpfen und Herzen festgesetzt zu haben. Ich zum Beispiel habe niemals das Gefühl gehabt, daß die Deutschen von besonders hohen Gefühlen für ihre Bundesrepublik, von sublimen Empfindungen, erfüllt sind – auch jene nicht, die dieses System als Triumph des deutschen bürgerlichen Bewußtseins betrachten, das den Ruinen des Krieges entsprang.

Zumindest meiner Erfahrung nach entspricht nichts auch nur annähernd den Emotionen, die Franzosen ihrer Republik entgegenbringen, Briten ihrer irritierenden Monarchie, Schweizer ihrer mehrsprachigen Demokratie oder Amerikaner ihrem Land – dem wenigstens einmal in jedem Vierteljahrhundert der baldige Untergang durch Depression, Krieg, Rassenkonflikte oder Korruption prophezeit wird und das daher die lautesten Beschwörungen patriotischen Eifers auf der ganzen Welt nötig hat. Kurz gesagt: Das Schiff der Nation scheint leicht durch das deutsche Bewußtsein zu gleiten, ohne viel Tiefgang. Dieser Eindruck mag bei mir auch entstanden sein, weil sich Deutsche gern indirekt für sich selbst entschuldigen, was bei manchen eine Form heimlicher Prahlerei ist, auf dem Hintergrund des unglaublichen Erfolgs der deutschen Wirtschaft.

Das Gespür dieser Berliner Frau dafür, daß das System den Deutschen eher übergeben als von ihnen geschaffen wurde – eine durchaus nicht ungewöhnliche Vorstellung in Deutschland –, erfaßt die mangelnde Substantialität oder, wie sie es ausdrückte, die Künstlichkeit der Gesellschaft, die jetzt durch Vereinigung bloß vergrößert wird. Mir schien es manchmal so, als gebe es in Deutschland ein Gefühl, auf synthetischem statt auf natürlichem Rasen zu wandeln. Vielleicht auch nur einfach ein Gefühl, daß man die Schuhe anbehält.

Doch wenn man an die politischen Gebilde denkt, die sie fraglos allein geschaffen haben – das Preußen Friedrichs des Großen, den Staat Bismarcks oder Hitlers –, so waren sie alle totalitärer oder zumindest sehr autoritärer Natur und zu ihrer Zeit bemerkenswert erfolgreich. Das war es auch, was die Berliner Freundin meiner Frau mir mitteilen wollte, nämlich daß sie als Deutsche dem bürgerlich-liberalen Instinkt ihrer Landsleute nicht ganz traue, wenn es darum geht, eine freie Gesellschaft aufzubauen. Und ich frage mich, ob das nicht der unausgesprochene Quell des Mißtrauens ist, das sehr viele Menschen innerhalb und außerhalb Westdeutschlands verspüren.

Natürlich sind der Holocaust und die Angriffskriege Hitlers für den Ausländer die vollendetste Form des Versagens einer bürgerlichen deutschen Gesellschaft. Ich habe mich jedoch oft gefragt, ob – die Anklägerhaltung von Ausländern bei diesen Punkten einmal dahingestellt – eine andere und weniger offensichtliche historische Erfahrung noch stärkeres Unbehagen hervorruft, eine ausschließlich deutsche Erfahrung.

Es ist oft gesagt worden, daß von allen größeren Völkern allein die Deutschen niemals eine erfolgreiche Revolution durchgeführt haben. Statt dessen war der intensive Ausbau eines Netzes aus sozialen Einrichtungen, Wirtschaft und Kultur in Deutschland Sache der Könige, Prinzen und großen Kanzler wie des Fürsten von Bismarck (der, wenn auch gewählt, königlich und strikt paternalistisch herrschte), dann eines rasenden Diktators und nach 1945 der Siegermächte des Krieges. Das ist so, als ob George Washington dem vielfachen Wunsch gefolgt wäre, sich zum König krönen zu lassen, und dann eine neue Gesellschaft mit geringer oder überhaupt keiner Mitwirkung eines Parlaments gebildet hätte. Daraus hätte Amerika sehr leicht als schöngeordnete Gesellschaft mit klaren Regeln und einem von der Wiege bis zur Bahre durchorganisierten Leben hervorgehen können.

Im Gegensatz dazu wurden die Entscheidungen des Staates zur rechtmäßigen Angelegenheit des amerikanischen Bürgers, was ihn aus der altehrwürdigen Beziehung, in der er bloßer Gegenstand staatlicher Aufmerksamkeit und Bemühungen war, befreite. Das Selbstbildnis des Bürgers unterschied sich also erheblich von dem in anderen postfeudalen Gesellschaften jener Zeit – und dem der meisten Leute in unserer heutigen Zeit.

Abgesehen vom Fehlen einer revolutionären Vergangenheit ist die Bundesrepublik noch in anderer Hinsicht einzigartig unter den großen Mächten: Kein Blutstropfen wurde bei ihrer Geburt vergossen. Kein deutscher Soldat kann sagen: »Ich habe für die Demokratie gekämpft.« Dies gewährte ihm die Geschichte nicht. Westdeutschland wurde nicht mit Waffen, sondern mit Arbeit geschaffen. Das japanische System – praktisch auch eine amerikanische Kreation – ist ein ganz anderer Fall, weil die Monarchie und die Regierung als solche nie zerstört wurden; ja, MacArthur bemühte sich sehr, die geschichtliche Kontinuität für alle deutlich zu machen.

In Deutschland aber mußte es einen völligen Bruch mit dem Hitlersystem geben. Die deutsche Gesellschaft mußte buchstäblich aus einem Trümmerhaufen, der die schändliche Vergangenheit zuzudecken, auszutilgen und anzuklagen hatte, neu erschaffen werden.

Wenn diese Beobachtungen von einiger Tragweite sind, und ich wüßte nicht, wie man ihre Richtigkeit oder Unrichtigkeit beweisen sollte, dann fehlt es den Deutschen heute an einer Bluttaufe ihres demokratischen Staates. Die Ströme deutschen Blutes, die in den von Hitler angezettelten Kriegen flossen, sollten gerade die Existenz eines solchen Staates verhindern.

Aus diesem Grund erscheinen mir die deutschen Bekenntnisse zum demokratischen Glauben irgendwie blutleer und die Beteuerungen, daß ihre ökonomische Macht keine Bedrohung für die Welt darstelle, nicht so recht glaubwürdig. In der Praxis allerdings funktionierte die westdeutsche bürgerliche Gesellschaft seit mehr als vierzig Jahren ebenso demokratisch wie die jeder anderen Nation; und sie ist sogar weniger repressiv und regulativ als zum Beispiel die Frankreichs mit ihrer vergleichsweise erdrückenden Bürokratie.

Ich kenne Deutsche, die sich so sicher sind, daß die Demokratie halten wird, wie man überhaupt nur einer Sache sicher sein kann; ich kenne andere Deutsche, die das überhaupt nicht glauben. Die Welt, so meine ich, hat keine andere Wahl, als die positive Seite zu unterstützen und einem demokratischen Deutschland die Hand zu reichen. Gibt man ihr die Anerkennung, die sie verdient, kann man die deutsche Demokratie nur stärken; andauerndes Mißtrauen dagegen vermag jede Hoffnung im Keim zu ersticken.

Einer kürzlichen Umfrage der »New York Times/CBS News« zufolge ist eine große Mehrheit der Amerikaner für die Wiedervereinigung – ein Vertrauensbeweis, dem ich zustimme. Gleichzeitig sollte es kein Deutscher krummnehmen, wenn man daran erinnert, daß sein Land in einer früheren Gestalt aggressive Kräfte freisetzte, die vierzig Millionen Menschen den Tod brachten. Diese Erinnerung sollte man nie verdrängen: Sie schützt das demokratische Deutschland unter anderem vor der Versuchung, einem künftigen extremen Nationalismus zu erliegen.

Es nützt niemandem, die Deutschen an jene grauenhaften Zahlen zu erinnern, wenn man damit nur seine Rachebedürfnisse befriedigen will. Aber vergessen darf man auf keinen Fall, wohin nationalistische Blutgier führen kann, auf daß so etwas niemals wieder geschieht.

Gleichzeitig aber muß man die deutsche Empfindlichkeit angesichts dieser Erinnerungen verstehen. Niemand kann ohne Verstimmung in einem permanenten Zustand der Reue leben. Das Ausmaß und der Abgrund menschlicher Entartung der Nazis sind in der Neuzeit ohne Beispiel, doch jedes Land kennt den Geschmack der Reue, hat sie in verschiedenen Stufen erlebt und damit für die Unterdrückung anderer Menschen bezahlt. Was wäre, wenn jede Nation ihre Untaten und Schuld offen bekennen würde? Wären wir wirklich bereit, an ihre Gewissensbisse zu glauben? Und wenn die Reue der Täter auch ein moralisches Bedürfnis für diejenigen sein mag, die die Schikanen überlebten – sie macht die Toten nicht wieder lebendig. Ist es daher nicht wichtiger, daß die Nachkommen der Verfolger etwas mehr als Zerknirschung zeigen, nämlich politische Verantwortung?

Was bringt es mir, wenn ein Nazi sagt, daß es ihm leid tut? Mich interessiert, welche Vorkehrungen die Verfassung und das Bildungswesen in Deutschland vorsehen, um die Demokratie unter möglicherweise schwierigen Umständen in der Zukunft zu verteidigen. Das ist für mich und meine Kinder ausschlaggebend. Genauso bedeutsam ist es, daß die Demokratie nicht nur in den Institutionen lebt, sondern auch im Herzen der Deutschen. Aber ganz ehrlich: Wie sollen wir das jemals erfahren, außer wenn Krisen demokratisch gemeistert werden?

Die Welt hat ein Recht – die Toten des Zweiten Weltkriegs haben ihr dieses Recht gegeben –, die Deutschen zu tadeln, zu kritisieren und an sie Forderungen zu stellen, wenn sie zu ihren häßlichen Gewohnheiten zurückkehren. Eine lange Zeit noch werden die Deutschen den Nachlaß ihres letzten Versuchs, andere Nationen zu unterwerfen, verwalten müssen.

Doch es gibt ein anderes Deutschland – das Deutschland edelmütiger Ziele. Es existiert wirklich und muß mit offenen Armen empfangen werden, in der Hoffnung, daß es eines Tages auf Dauer die Oberhand gewinnt. Kurz gesagt, die Zeit ist reif, mit dem Schlimmsten zu rechnen und dennoch das Beste zu hoffen.

Eine deutsche Journalistin in den Vierzigern – typisch für ihre Generation, auch wenn sie aus dem Großbürgertum des Schwarzwalds stammt – hat sich viele Jahre lang mit der Vergangenheit ihres Landes auseinandergesetzt und schwankt zwischen Hoffnung und Verzweiflung. »Das Problem«, sagt sie, »oder ein Teil davon ist, daß das Deutschlandbild im Ausland immer noch das der Nazizeit oder kurz danach ist. Aber in den letzten vierzig Jahren hat sich in Deutschland viel getan!« Und indem ihre Stimme lauter wird, werde ich einer eigentümlichen Ähnlichkeit mit der Haltung der Berliner Frau gewahr. Beide scheinen an ihren Feststellungen zu zweifeln: Es ist, als ob die Ereignisse wie wilde Pferde vorbeirasen und keiner so recht weiß, wie man sie zähmen soll. »Zum Beispiel«, fährt sie fort, »der Einfluß der französischen Studentenunruhen von 1968. Sie krempelten das deutsche Erziehungswesen um und machten es zum ersten Mal möglich, daß deutsche Arbeiter studieren konnten – wie in Amerika. Bis dahin hatten wir ein sehr engmaschiges Elitesystem. Heute allerdings geht es bei uns demokratischer zu als in Frankreich oder England, und wir bezahlen Leuten ein Universitätsstudium, wenn die Eltern zusammen nicht genug verdienen. Die Universitätsausbildung ist kostenlos. Das hat gute und schlechte Folgen gehabt – das

Niveau ist gesunken..., aber das Klassensystem ist aufgebrochen worden.«

Sehr schlank, elegant gekleidet, zündet sie sich eine Zigarette nach der anderen an und ist unfähig, psychisch zur Ruhe zu kommen. »Diese Generation hat wenig mit den dummen Massenmenschen zu tun, die Hitler nachliefen«, sagt sie. »Dazu reist diese Generation unglaublich viel. Sie ist mit der engstirnigen, von der Welt isolierten Masse, die Hitler so leicht mit fremdenfeindlicher Propaganda vergiften konnte, kaum zu vergleichen. Dies ist in keiner Hinsicht mehr das deutsche Volk vor Hitler.«

Dann, kaum einen Augenblick später: »Das Problem der Deutschen, die eine große Charakterschwäche, ist ihre Wertschätzung der Loyalität. Loyalität! Loyalität! Das ist die höchste Tugend, die Kette, die ihre Herzen gefangenhält...« Und plötzlich ist sie richtig ärgerlich und, ein paar Minuten lang, unsicher und verloren – und vielleicht verängstigt.

Kurz und gut, das Unbehagen am Nationalcharakter ist subjektiv, schwer zu fassen mit den Netzen der Rationalität, und doch mag es ein entscheidenderer Punkt sein als manch anderer.

Die Angst, die die Journalistin und die Berliner Freundin meiner Frau zeigten, liegt jenseits politischer Standpunkte, glaube ich. Sie ist auch nicht nur ein Ergebnis der Katastrophe des letzten Krieges und des Holocaust. Ich kenne ein paar liberale Deutsche, ein Häufchen Radikale und einige sehr konservative Geschäftsleute, und allen war ein ähnliches Gefühl der Unsicherheit anzumerken, wenn sie sagen wollten, was der Deutsche nun wirklich ist – und folglich, welche Art Gesellschaft zu ihm paßt; was seinem so widersprüchlichen Wesen gemäß ist. Und darauf, meine ich, läßt sich die verwirrte Verlegenheit letztlich zurückführen.

Die Bundesrepublik Deutschland ist nicht wie andere Nationen aus einer selbstbestimmten Revolution geboren. Westdeutschland ist, vielleicht paradoxerweise, die erste große Gesellschaft, die aus dem Frieden heraus entstand; wenn sie eine tiefgreifende Identität erlangen will, muß sie echt sein, nicht verstohlen apologetisch, eine Identität, die die schlechte Vergangenheit zusammen mit der heutigen Wiederauferstehung reflektiert.

Mag Deutschland auch noch lange stillschweigend auf der Anklagebank sitzen, angesichts guter Taten und bewiesener Hingabe an demokratische Ideale und Praxis sollten wir uns um seine Freisprechung bemühen. Die Vergangenheit kann man nicht mehr ändern, die Zukunft der Demokratie jedoch liegt in den Händen der Nation. Vielleicht wird Deutschland einmal für andere neue Gesellschaften ein Beispiel dafür sein, wie man sich statt mit Waffen durch Arbeit und klugen Einsatz der Wissenschaft in der Welt Rang und Namen verschafft.

Heute übernimmt eine Generation Verantwortung, die den Krieg und die Naziherrschaft nicht mehr erlebt hat und der es wahrhaftig schwerfällt, sie zu begreifen, vor allem den unglaublichen Grad der Reglementierung des Lebens unter den Nazis, dem sich die Deutschen mehr oder minder freiwillig unterworfen haben. Vielleicht wird es Zeit, daß sich die Deutschen mit den Anfängen ihrer Gesellschaft beschäftigen, nicht um ihr Bild zu verschönern, sondern um sich selbst wirklicher zu fühlen. Wenn ich aus »Zwischenfall in Vichy« zitieren darf: Dort konfrontiert der jüdische Psychoanalytiker den sich selbst anklagenden österreichischen Prinzen mit der Aussage: »Ich will nicht, daß Sie sich schuldig bekennen, sondern Verantwortung übernehmen.« Das heißt, mit anderen Worten, nicht mehr länger abzuleugnen und sich das, was die Geschichte dem eigenen Charakter und dem des eigenen Volkes vermacht hat, zu Herzen zu nehmen – die schmerzlichste und lohnendste Aufgabe, der sich ein Volk widmen kann.

Erstveröffentlichung unter dem Titel »Uneasy about the Germans« in: New York Times-Magazine, vom 6. 5. 1990. Aus dem Amerikanischen übersetzt von Elke Hosfeld.

Rafael Seligmann

Angstverwertung

Es ist verständlich, daß Juden, denen von deutschen Menschen beispiellose Verbrechen zugefügt worden sind, tiefe Ängste vor Deutschen zeigen. Daher wird niemand, der mitleidensfähig ist oder Geschichtsverständnis besitzt, Juden das Recht absprechen, Angst vor »Deutschland« zu haben.

Diese Einsicht bedarf allerdings einer Ergänzung. Denn zur Angst gehören meistens zwei: der Fürchtende und derjenige, an den er sich in seiner Angst wendet. Einerlei, ob die Angst objektiv gerechtfertigt ist (etwa vor Krieg, Krankheit, Tod u. a.) oder »nur« subjektiv empfunden wird (beispielsweise Phobien), vom Betroffenen wird sie stets erlitten. Der Angstheiler oder derjenige, der sich dafür ausgibt, hingegen lebt von der Angst. Von humanitären Prinzipien geleitet, versucht er die Ängste des Hilfesuchenden zu heilen oder zumindest zu lindern. Der Angstverwerter dagegen, ob Politiker, Seelenguru oder Quacksalber, ist daran interessiert, die Ängste des ihm Vertrauenden zu vertiefen. Denn auf diese Weise gewinnt er Macht über den Furchtsamen und kann ihn fast nach Belieben manipulieren.

Nicht anders verhält es sich mit den Deutschenängsten vieler Juden. Noch Jahrzehnte nach dem Ende des nazistischen Massenmordes können zahlreiche Überlebende nicht begreifen, warum gerade sie als einzige ihrer Familie mit dem Leben davongekommen sind. Sie werden von Schuldgefühlen geplagt, von der Vorstellung, dank einer unbegreiflichen Fügung überlebt zu haben, und von der Angst, die Mordorgie könnte sich jederzeit wiederholen. Diese Ängste sind so allgegenwärtig, daß zu ihrer Aktivierung ein Hinweis auf die Gefahr genügt – ob diese *tatsächlich*

(»objektiv«) besteht, ist einerlei. Deshalb wird fast jeder Verständnis zeigen, wenn etwa ein ehemaliger KZ-Häftling noch heute beim Anblick eines Wachhundes in Panik gerät oder sich vor deutschen Uniformierten fürchtet, selbst wenn diese erst Jahrzehnte nach dem Kriegsende geboren wurden. Denn die irrationalen Ängste haben ihre Ursache in realen Verbrechen, die in ihrer Gesamtheit den nazistischen Völkermord an den Juden bilden.[1]

Dieser Genozid geschah im Namen Deutschlands. Der Architekt der Mordorgie, Adolf Hitler, und seine Partei hatten unversöhnliche Judenfeindschaft in den Mittelpunkt ihres Weltbilds gestellt. Dennoch wurde die NSDAP von einer relativen Mehrheit der Deutschen »an die Macht« gewählt. Nicht wenige votierten für die Partei Hitlers auf Grund ihres Judenhasses, die übrigen nahmen die Judenfeindschaft der Nazis zumindest hin.

Damit trifft Deutschland eine Kollektivverantwortung für den Völkermord an den Juden. Dies bedeutet mehr als passive Scham. Verantwortung aber gebietet das Bemühen, die Leiden der Opfer zu begreifen.

Ein weit größeres Maß an Verantwortung für die Davongekommenen tragen indessen die gewählten Repräsentanten des jüdischen Volkes, besonders die Politiker des Staates Israel, der seine Existenz unter anderem mit der Fürsorge gegenüber der Gesamtheit des jüdischen Volkes legitimiert. Man muß sich also die Frage stellen: Was geschieht von offizieller jüdischer Seite, um eine Wiederholung antijüdischer Pogrome zu verhindern, und was, um die Ängste der Überlebenden und ihrer Kinder vor einer Wiederholung des Völkermordes zu überwinden?

Ein erster entscheidender Schritt zur Aufarbeitung des Geschehens von israelischer Seite war 1953 die Errichtung der Gedenkstätte Yad Vashem in Jerusalem, um »an die sechs Millionen, die

---

1 Die Begriffe *Holocaust* (griechisch: Ganzopfer) und *Shoah* (hebräisch: Katastrophe) sollen im vorliegenden Beitrag nur verwendet werden, wenn dies aus Verständnisgründen notwendig ist. Ansonsten soll auf diese Ausdrücke, die durch Fernseh- bzw. Kinofilme hierzulande in Mode gekommen sind, ebenso verzichtet werden wie auf den Naziterminus »*Endlösung* (der Judenfrage)«.

den Märtyrertod durch die Nazis und ihre Helfer erlitten«, zu erinnern.

Auf der Basis der Auseinandersetzung mit der Vergangenheit gedachte Israels Staatsgründer und langjähriger Ministerpräsident David Ben Gurion die Beziehungen »zu einem neuen Deutschland« aufzubauen. Ben Gurion hatte dabei nicht nur finanzielle Leistungen Bonns im Auge, auf die Israel in seiner Aufbauphase angewiesen war. Ebenso wichtig war ihm, das Verhältnis von Deutschen und Juden sowie Deutschland und Israel durch den zunehmenden Ausbau der Beziehungen zu normalisieren. Auf diese Weise sollte die Basis des Antisemitismus in Deutschland immer schmaler, in Israel das Vertrauen in »Deutschlands neue Generation« aber zunehmend gestärkt werden. Ben Gurions Nachfolger Levi Eshkol, Golda Meir und Yitzhak Rabin setzten sein Werk fort.

Diese Politik wurde 1977 abrupt beendet, als Israels Rechte die Regierung in Jerusalem übernahm. Der neue Ministerpräsident Menachem Begin ist bis heute ein seelischer Gefangener des Völkermords geblieben. Seine Eltern wurden in der polnischen Grenzstadt Brest-Litowsk von SS-Schergen ermordet, er selbst überlebte als Gefangener in sowjetischer Haft. Der von der jüdischen Untergrundarmee »Irgun Zwaï Leumi« ab 1944 in Palästina geführte Untergrundkrieg gegen Araber und Briten war in den Augen ihres Kommandeurs Begin Teil des Kampfes der Juden gegen ihre allgegenwärtigen Feinde. Denn in Begins Weltverständnis existiert eine globale Verschwörung der Antisemiten. Kein Wunder, daß Begin seit Anbeginn der erbittertste Feind der deutsch-jüdisch-israelischen Aussöhnungspolitik Ben Gurions war und blieb. Auch als Premier weigerte sich Begin, von wenigen Ausnahmen wie Beate Klarsfeld und Axel Springer abgesehen, mit Deutschen zusammenzutreffen. Durch seine pauschalen Beschimpfungen des deutschen Volkes und des damaligen Bundeskanzlers Helmut Schmidt fügte er den sich bis dahin stetig verbessernden deutsch-israelischen Beziehungen Anfang der achtziger Jahre schweren Schaden zu. Viele Deutsche, Israelis und Juden sahen sich vor dem Scherbenhaufen ihrer jahrelangen Arbeit.

Die Regierung Begin sorgte auch dafür, daß der »Holocaust« zu einem zentralen Faktor israelischer Identität gemacht wurde. Diese Politik ging zeitlich einher mit entsprechenden Bestrebungen jüdischer Organisationen in der Diaspora, deren Ursachen vorwiegend in soziokulturellen Entwicklungen des amerikanischen Judentums zu finden sind. Da die Bedeutung der Religion wie das Wissen über die jüdische Geschichte und Kultur in dieser größten und wichtigsten Diasporagemeinde seit Jahrzehnten abnimmt, wurde der »Holocaust«, der allen Juden gegenwärtig ist, auch außerhalb Israels zu einer Ersatzreligion, zumindest zu *dem* entscheidenden Bestandteil jüdischer Nachkriegsidentität. Das Judentum, dessen Religion Diesseitsgläubigkeit und -verantwortlichkeit betont, droht so, zu einem Totenkult zu verkümmern. Was Wunder, daß jede Entwicklung in Deutschland, die auch nur im entferntesten »jüdische Interessen« zu berühren scheint, von israelischen und jüdischen Organisationen mit Argusaugen beobachtet wird.

Die nach Freiheit und Wohlstand strebende deutsche Revolution des vergangenen Herbstes ist als historische Chance zu begreifen: Friedlich, ohne Gewalt entschied sich die Mehrheit der DDR-Bevölkerung für die humanen Grundwerte der Demokratie. Dies wurde trotz mancher Irritationen – vor allem hervorgerufen durch die unnötige und opportunistische Diskussion um die deutsch-polnische Grenze – weltweit anerkannt, obgleich auch Polen, Sowjets, Jugoslawen und andere die Verbrechen Deutschlands mit Millionen Menschenleben hatten bezahlen müssen. Allenthalben betrieb man dort eine Politik mit Augenmaß: Wiedervereinigung ja, aber mit Grenzgarantien, Bündniszusicherungen etc.

Anders auf jüdischer Seite: Statt die friedlich-humane Wende der deutschen Geschichte anzuerkennen, in ihr die Gelegenheit zu sehen und zu ergreifen, an die Reste der beispiellos langen und fruchtbaren deutsch-jüdischen Symbiose anzuknüpfen, verbreitet man Angst und Schrecken im eigenen Volk. »Wartet ab (mit der Wiedervereinigung)! Deutschland ist noch nicht bereit für einen solchen Wechsel. Und wir (Juden) sind auch noch nicht bereit«, mahnte etwa Elie Wiesel, der selbsternannte literarische Gralshüter des Holocaust.

Elie Wiesel, der als Jugendlicher die Schrecken der nazistischen Judenverfolgung am eigenen Leib erlitt, ist persönliche Betroffenheit und mangelnder politischer Überblick zuzugestehen. Auf dieses Verständnis kann Israels Premier Shamir nicht zählen, wenn er verkündet: »Ein starkes und vereinigtes Deutschland wird vielleicht wieder versuchen, das jüdische Volk zu vernichten.«

Shamir begeht mit dieser Warnung und ähnlichen Aussagen eine politische Torheit, indem er gegen die Interessen seines Landes verstößt, das der politischen und wirtschaftlichen Unterstützung Deutschlands dringend bedarf. Weit schlimmer wiegt jedoch Shamirs sittliche Untat: indem er die seelischen Wunden der Überlebenden erneut aufreißt, ihre Ängste vor Deutschland reaktiviert und darüber hinaus bei Israels Jugend Furcht vor einer nichtvorhandenen »deutschen Gefahr« wachruft.

Als langjähriger Außenminister und Premier seines Landes, der die Bundesrepublik aus eigenem Augenschein kennt, weiß Shamir, daß von Deutschland heute keine Gefahr ausgeht, schon gar nicht für das jüdische Volk. Weshalb beschwört Yitzhak Shamir dennoch den deutschen Nazi-Popanz? Shamir und mit ihm Israels nationalistisches Lager sind zionistische »Revisionisten«. Sie bekennen sich zu der Ideologie von Wladimir Jabotinsky, der verkündete, ein jüdischer Staat werde nur hinter einer »eisernen Wand« Bestand haben: Kampf gegen eine vermeintlich feindliche Umwelt als Kern der eigenen Identität – die Grundzüge solcher Ideologien sind in Deutschland nur allzu bekannt. Israels Rechte sieht sich stets von äußeren und inneren Feinden umringt. So zählt etwa die konstruierte Parallele Arafat–Hitler zu ihrem Standardrepertoire. Ständig wird die eigene Bevölkerung, vor allem die Jugend, zum Kampf gegen Judenfeinde in nah und fern mobilisiert.

Hier entwickelt sich auf israelischer Seite erneut ein Fanatismus, der die Juden bereits vor fast zweitausend Jahren in einen aussichtslosen Kampf gegen das römische Weltreich trieb. Der »jüdische Krieg« endete damals mit der Zerstörung Judäas, dem kollektiven Selbstmord der jüdischen Zeloten in ihrer letzten Festung Masada – die bemerkenswerterweise zunehmend zu einer nationalen Gedenkstätte des heutigen Staates Israel stilisiert wird – sowie der Vertreibung der jüdischen Bevölkerung in die Diaspora.

Gegenwärtig führen die Epigonen Jabotinskys einen verbissenen Kampf um die »Sicherheit« Israels. Sie sind unfähig oder nicht willens zu begreifen, daß »absolute Sicherheit für ein Land absolute Unsicherheit für seine Nachbarn bedeutet«, wie der frühere amerikanische Außenminister Kissinger zutreffend feststellte. Über nationalistische Phrasen vergißt Israels Rechte die realen Interessen des eigenen Landes, die, ebenso wie bei jedem anderen Staat, primär im Auskommen mit den Nachbarländer begründet sind.

Gewiß hat Israel gefährliche Feinde, etwa Iraks Staatschef Saddam Hussein, der nicht zögerte, im Golfkrieg Hunderttausende Soldaten und Zivilisten mit Sprengstoff und Giftgas umbringen zu lassen, oder Libyens Ghadafi, der sich als Patron des internationalen Terrorismus gefällt. Bemerkenswerterweise rühren die stärksten Ängste im jüdischen Staat jedoch von den Palästinensern, dem schwächsten und am meisten gedemütigten Volk in der Region. Gerade sie stellen angeblich die größte Gefährdung des hochgerüsteten jüdischen Staates dar.

Die Paradoxie dieser Furcht entlarvt Israels ehemaliger Außenminister Abba Eban: »Man kann sagen, ein palästinensischer Staat ist eine kluge Lösung oder keine kluge Lösung des Konflikts. Aber von der Gefahr einer nationalen Vernichtung Israels zu sprechen, wie es Shamir tut, ist skandalös. Es ist, als würde jemand sagen, Luxemburg könnte die Sowjetunion vernichten oder Monaco Frankreich... Das größte Paradox ist die Kluft zwischen der Wirklichkeit unserer Macht und der Psychologie unserer Impotenz... Ich habe keine Angst vor einem unabhängigen palästinensischen Staat. Wer immer behauptet, die Palästinenser seien in der Lage, uns zu vernichten, begeht eine historische Sünde wider den Zionismus. Es handelt sich um eine psychotische Reaktion... Das jüdische Volk hat sich dermaßen daran gewöhnt, Opfer zu sein, bedroht zu werden, daß selbst dann, wenn diese Situation nicht mehr existiert, wir noch immer so tun, als ob sie da wäre.«

Die angebliche aktuelle Gefährdung durch die Palästinenser ergänzen Israels nationalistische Politiker durch den Hinweis auf die vermeintlich von Deutschland, dem »schlimmsten Judenfeind«, erneut ausgehende Bedrohung. Die Folgen sind katastrophal.

Über dem permanenten Kampf gegen »eine Welt voller Feinde« geht die Besinnung auf die positiven Werte des Judentums in Religion, Kultur, Wissenschaft und Politik verloren – eine beklemmende Parallelität zum deutschen Nationalismus dieses Jahrhunderts drängt sich geradezu auf. Es entsetzt, wenn beispielsweise der jüdische Religionswissenschaftler und Philosoph Shalom Ben Chorin heute verkündet, neben der Religion sei die *Schicksalsgemeinschaft* des Kampfes gegen den äußeren Feind und die Besinnung auf den Holocaust die entscheidenden Bestandteile jüdischer Identität«. Es schmerzt zu lesen, wenn Rudolf Augstein fragt, »warum in Jerusalem geschossen wird und in Berlin nicht?« – aber es stimmt.

Israel heute: Die Intifada tobt seit Jahren, Hunderte von Toten sind auf arabischer, Dutzende auf israelischer Seite zu beklagen. Das Land lebt in ständiger Spannung. Kritik von Freunden an Israels Politik wird mit Feindschaft gegen den jüdischen Staat gleichgesetzt. Israelische Jugendliche brennen darauf, in der Armee zu dienen, »um unser Land und damit die Juden in aller Welt zu verteidigen«; ihre arabischen Altersgenossen wiederum wollen »einen palästinensischen Staat in ganz Palästina« und »die Juden ins Meer werfen«.

Bei Gesprächen mit Israelis wird Angst vor Deutschland spürbar: »Sobald sie sich stark fühlen, gehen sie wieder auf uns los«, hört man häufig. Ein aus der Bundesrepublik eingewandertes jüdisches Kind wird von seinen Klassenkameraden als »Deutscher« beschimpft, die Lehrerin hält es nicht für nötig einzugreifen: »Das ist ganz natürlich«, meint sie.

Die Demagogie Shamirs und seiner Freunde trägt Früchte. Er und Gleichgesinnte begreifen nicht, daß ihre Politik die Israelis ihres Judentums beraubt.

Und Deutschland? Es wäre unredlich und zwecklos, mit belehrend erhobenem Zeigefinger den gegenwärtigen Kurs vieler israelischer Politiker zu begleiten. Nutzbringend für Deutsche, Israelis und Juden ist vielmehr, den Willen zur Versöhnung, gerade in der kritischen Gegenwartssituation, beizubehalten und zu betonen – also die Hand ausgestreckt zu lassen. Auch dies ist ein Teil der deutschen Verantwortung gegenüber den Juden – gewiß nicht der unwichtigste.

ALEXEJ GRIGORJEW

Zwei Seelen wohnen, ach!
in meiner Brust…

Man schrieb 1942. Ich wohnte damals mit meiner Mutter und meinem jüngeren Bruder Wsenolod in der südrussischen Stadt Woronesh, die täglich unter faschistischen Bombenangriffen erbebte. Jeden Morgen ging ich, ein sechsjähriger Bub, in den Kindergarten, eine Tasche mit einer kleinen Gasmaske hinter mir herschleifend. Es war schrecklich, sie aufsetzen zu müssen, dafür aber wahnsinnig interessant, ihr Glas mit besonderen Fettstäbchen zu reinigen.

Und jeden Morgen las ich silbenweise auf der Wand eines riesigen Hauses: Tod dem Menschenfresser Hitler! Mein Vater hatte es geschrieben. Er war Künstler, und er kämpfte an der Front. (Später, als die Deutschen die Stadt eroberten, wurde das Haus zerstört, doch die Wand mit der Aufschrift blieb stehen. Die Losung ist bis zur Befreiung meiner Geburtsstadt durch die Rote Armee erhalten geblieben.)

Wenn kein Luftangriff zu erwarten war, also bei regnerischem Wetter, führte uns die Kindergärtnerin Maria Petrowna (Oma Mascha) zu einem Spaziergang in den Stadtpark. Von dort sahen wir dann einmal direkt über uns ein Luftgefecht: drei Flieger mit schwarzen Kreuzen auf den Flügeln gegen einen mit roten Sternen.

Mit zusammengeballten Fäusten, die kleinen Köpfe in den Nakken gedrückt, verfolgten wir schweigend den Kampf. Und die vielen Erwachsenen – Frauen und alte Männer – blickten ebenfalls wortlos zum Himmel. Wie wir ihm die Daumen drückten, diesem Jungen mit den Sternen auf den Flügeln! Seine alte Maschine hatte nicht einmal eine Schutzhaube, man konnte den Kopf des Piloten aus der Kabine herausragen sehen.

Plötzlich quoll schwarzer Rauch aus einem der deutschen Flugzeuge, und wir kreischten vor Stolz, doch in dem Augenblick flammte die Maschine mit den roten Sternen auf und ging mit Geheul irgendwo in der Steppe, hinter dem Fluß Woronesh, nieder, wo gleich darauf eine Explosion erfolgte. Der deutsche Flieger dagegen schwebte mit einem Fallschirm direkt auf unseren Park zu und blieb in einem Baum hängen. Die Halteleinen hatten sich verfangen. Die Feuerwehr kam und holte ihn herunter. Zum erstenmal in unserem Leben sahen wir einen Deutschen.

Hatte ich etwa Angst vor ihm? Gar keine.

Ein Deutscher. Ein echter...

Deutsch, das war für mich damals etwas Besonderes, etwas Anregendes und Aufregendes, auch etwas Unheimliches und Feindliches. Aber Angst?

Blondes Haar, blaue Augen, schmales Gesicht – er stand mitten in der Menge, welche schrie und ihn mit Fäusten bedrohte. Er stand da in seiner schwarzen Lederkombination und kaute ein glänzendes Täfelchen. Er kaute und spuckte glänzende Stückchen auf die Erde. Und schwieg.

»Waska, was kaut der Fritz da?« fragte ich einen Freund.

»Du bist aber dumm«, antwortete der allwissende Waska. »Das ist ›Tschikolade‹, die muß man aber auswickeln, und der Fritz kaut sie mit dem Papier. Wahrscheinlich vor Angst...«

Ein schwarzes NKWD-Auto kam angefahren und nahm den Piloten mit. Wir gingen nach Hause, weil der Kindergarten nur bis mittags geöffnet war. An diesem Tag war uns das ganz besonders recht, da ich, Waska, Petka, Mischka und noch fünf, sechs andere kleine Burschen etwas äußerst Wichtiges vorhatten, was natürlich niemand von den Erwachsenen wissen durfte: Wir hatten uns vorgenommen, eine nichtdetonierte deutsche Bombe hinter unserem Garten zu entschärfen...

Als wir so richtig dabei waren, rief mich die Mutter zum Mittagessen, und nach der zehnten oder zwölften Aufforderung schlenderte ich, wie ein Rohrspatz schimpfend, nach Hause. Als wir dann bei Tisch saßen, spritzte uns aus dem Teller plötzlich die Suppe ins Gesicht, denn die Erde und das ganze Haus erbebten von einer Detonation. Hinter unserem Garten, wo eben noch die Bombe gelegen hatte, fand ich nichts mehr außer einem riesigen, rauchenden Trichter.

Anfang Juli 1942 kam die große Flucht. Die ganze Stadt wurde zerbombt und brannte nieder, deutsche Panzer rollten bis an den Stadtrand, und meine Mutter entschloß sich, Woronesh mit ihren zwei Söhnen (sechs und zwei Jahre jung) zu verlassen.

Wir flohen über die letzte noch nicht zerstörte Holzbrücke – Frauen, Kinder, Greise, Rinder, Hunde, alle versuchten sich durch die Flucht Richtung Osten zu retten. Aber nur wenige schafften es. Ein deutscher Flieger setzte zum Tiefflug an und feuerte in die dichtgedrängten, schreienden Menschen. Gelber Bauch, scharfe Haizähne am Cockpit, furchterregende schwarze Kreuze auf den Flügeln – da wurde auch mir angst und bange. Und es waren nicht die Toten und die Verwundeten, die mich so sehr erschreckten, sondern eine brüllende Kuh, die über die Brücke mitlief, obwohl mehrere kleine Blutbrunnen aus ihrem Fell hervorquollen. Da hatte ich richtige Angst – Angst vor Deutschen.

Dreißig Jahre später, als ich schon TASS-Korrespondent in der DDR war, sollte ich einmal aus einem großen Hüttenwerk berichten. Abends saß man zusammen in einer Gaststätte, und ich lernte einen Ingenieur kennen. Blondes spärliches Haar, blaue Augen, schmales, runzliges Gesicht, SED-Abzeichen. Er war ziemlich schweigsam. Erzählte dann aber doch von sich. Und ich erfuhr, daß er während des Krieges bei der Luftwaffe gedient hatte, abgeschossen wurde, einige Jahre in sowjetischer Kriegsgefangenschaft verbracht und eine Antifa-Schule absolviert habe.

»Wo wurden Sie abgeschossen?« fragte ich.

»Über Woronesh.«

»Über Woronesh? Wann denn?«

Und dann nannte er ebendiesen Tag, den ich niemals vergessen werde, weil es nämlich mein Geburtstag war. Und er erzählte, wie er in einem Baum hing, daß er dann von schreienden und schluchzenden Frauen umringt war, und konnte sich sogar an zwei Rotznasen erinnern, die die Augen aufrissen, als er Schokolade aß.

Nein, es gab und konnte auch keine Erbitterung mehr zwischen uns geben. Und doch war diese zweite Begegnung nach dreißig Jahren schmerzhaft und beklemmend. Mein Bekannter war im Krieg Jagdflieger gewesen; also hatte nicht er jene Bombe abgeworfen. Und doch, es war mir und ihm schwer ums Herz.

»Sie wissen ja, ich war Jagdflieger. Also, die Bombe...«

»Ja, stimmt schon...«, erwiderte ich. »Und der... der mit den Haizähnen am Cockpit? Den kannten Sie?«

»Nur vom Hörensagen...«

Er schwieg eine Weile.

»Wissen Sie«, sagte er, »in den letzten Jahren glaubte ich manchmal, daß ich alles getan hätte, um die Schmach meiner Jugend wiedergutzumachen. Doch nach der heutigen Begegnung, die nur einem wunderlichen und merkwürdigen Zufall zu verdanken ist, weiß ich, daß die kleinen Jungen von Woronesh bis zu meinem Lebensende nicht nur ein stummer Vorwurf sein werden, sondern auch eine ständige Mahnung.«

Fast mit den gleichen Worten hatte mir seinerzeit mein Onkel, ein Hauptmann der Roten Armee, seine Kriegserlebnisse von Kämpfen in Ostpreußen und um Königsberg erzählt. Er sprach von schrecklichen Leiden der deutschen Zivilbevölkerung und weinte.

Man hätte beinahe zum Fatalisten werden können: Die Kluft zwischen unseren Völkern sei unüberbrückbar, Entfremdung und Mißtrauen, beiderseitige Ängste seien historisch programmiert...

Die Leser dieses Buches mögen mir dieses Abschweifen in die Geschichte, die deutsche und die russische, verzeihen, zumal es sich um so persönliche Erlebnisse handelt. Doch bin ich – sind alle meine Verwandten – in die Sache verwickelt. Und die Geschichte eines der größten europäischen Staaten ist auch ein Stück Geschichte meiner Familie, ein Teil der Geschichte von uns allen, ganz gleich, ob wir deutsch, französisch, polnisch oder russisch sprechen. Weil wir uns zusammen freuen oder bedauern werden, je nachdem, was auf uns zukommt. Oder, genauer gesagt, je nachdem, wie wir unsere gemeinsame europäische Zukunft gestalten.

So kurz und so persönlich meine Aufzeichnungen auch sind – sie zeigen (hoffentlich), daß die Zeiten vorüber sind, als wir in zwei miteinander verfeindeten Welten (Ostblock und Westliche Allianz) lebten, als hohe Wände von Vorurteilen, des Mißtrauens, des Erbes des blutigsten aller Kriege und von leeren, vergeudeten Jahren der Konfrontation in allen Bereichen, an allen Seiten unseres Lebens aufragten.

Übrigens, all das war historisch bzw. genetisch gar nicht programmiert. »Die gemeinsame Geschichte der Deutschen und Russen ist weder eine Kette kriegerischer Auseinandersetzungen noch eine Demonstration unversöhnlichen Hasses. Den beiden Weltkriegen gingen nur wenige blutige Zusammenstöße voraus, aber lange Epochen fruchtbaren Zusammenwirkens, in denen nicht nur Handelswaren ausgetauscht wurden, sondern Können und Wissen, Verständnis und Sympathie.« So weit der deutsche Schriftsteller Leo Sievers in der Vorbemerkung zu seinem Buch »Deutsche und Russen«. Und in diesem Zusammenhang möchte ich auch daran erinnern, daß sowohl am Ende des Zweiten Weltkriegs als auch einige Jahre danach die Sowjetunion an die Einheit der deutschen Nation und Deutschlands glaubte und in diese Richtung arbeitete.

Doch zurück zu meinen Erinnerungen. Wir Sowjetmenschen (nicht nur Russen) haben für das Deutsche einen besonderen Sinn. »Ihr seid überempfindlich«, meinen manche Deutschen und sprechen dabei von der »geheimnisvollen russischen Seele«. Ja, wahrscheinlich haben wir einen bestimmten Komplex gegenüber den Deutschen. »Zwei Seelen wohnen, ach! in meiner Brust...« Achtung vor Deutschen, ihrer Kultur und Technik, ihrer Disziplin und Zielstrebigkeit, ihrem Arbeitsfleiß – und andererseits tief verwurzelte, nicht immer bewußte Angst.

Nein, das vielbehauptete Bild vom »häßlichen Deutschen« ist in der Sowjetunion schon längst nicht mehr verbreitet. Daß es wirklich so ist, bestätigt auch der bekannte deutsche Journalist Norbert Kuchinke, der in den siebziger Jahren als »Stern«-Korrespondent in Moskau tätig war und auch heute noch öfter in unserem Lande weilt: »Die Vergangenheit läßt sich nicht vergessen oder aus dem Bewußtsein der Menschen auslöschen. Die Menschen wollen aber, ob im Westen oder im Osten, zuversichtlich in die Zukunft sehen, sie wollen einen Krieg verhindern. Nach der Unterzeichnung des Moskauer Vertrages am 12. August 1970 sprach ich mit Hunderten Menschen – Kommunisten und Parteilosen, Akademiemitgliedern und Arbeitern, Politikern und dem Mann von der Straße. Und kein einziges Mal habe ich eine deutschfeindliche Stimmung gespürt; ich wurde überall gastfreundlich, auf russische Art, herzlich empfangen. Die Menschen wollten diskutieren. Ich mußte immer wieder darüber staunen, wie kenntnisreich Russen über deutsche Literatur und Kultur reden, wie sie versuchen, mehr über mein Land zu erfahren. Das Interesse ist echt, und die Sympathien sind groß.«

Eine Idylle? Keineswegs. Sonst hätten mich im Frühjahr 1972, als ich TASS-Korrespondent in der DDR werden sollte, nicht manche Leute aus meiner Umgebung für einen halben Landesverräter gehalten. »Warum ausgerechnet nach Deutschland? Hast du etwa keine Angst? Keine Abneigung?« wunderte sich einer. »Guckt mal den Herrn an!« rief empört ein anderer: »Er will unter denen leben, die millionenfachen Mord am jüdischen Volk verübt haben...« Und der dritte, ein älterer Mensch, seufzte leise: »Deutschland ist ja überhaupt an allem schuld...«

Und wenn ich die finstersten Ecken meiner eigenen Seele durchforsche, muß ich gestehen, im Jahre 1954, als Student des ersten Kursus der Moskauer Universität, gar keine Lust gehabt zu haben, die deutsche Sprache neben Englisch und Französisch zu lernen. Zum Glück hat unsere Deutschlehrerin Galina Jaegermann damals versucht, meine dummen Voreingenommenheiten und Vorurteile auf die einfachste und beste Weise abzuschaffen. Sie fing an, uns vorzulesen:

»Ich weiß nicht, was soll es bedeuten,
daß ich so traurig bin...«

Diese Erfahrung war für mich die beste Lehrmeisterin, die erste Bewegung in Richtung Aussöhnung. Und später kam der gute Rat von einem anderen großen Deutschen:

»Wer den Dichter will verstehen,
muß in Dichters Lande gehen...«

Was mich und meine Frau, die den Krieg auch als Kind miterlebt hatte, 1972 bei Deutschen in der DDR und später in der Bundesrepublik besonders überraschte, war der Eindruck, daß sehr viele Menschen dort noch dabei waren, ihre Kriegserlebnisse zu verarbeiten. Dazu schienen sie sich – in Arbeit zu stürzen. Ich konnte an einer Hand abzählen, wie oft es außerhalb der vorgeschriebenen Pausen zu Kaffeegesprächen zwischen Angestellten oder zu Rauchpausen bei Arbeitern kam. In meinen Gedanken stellte ich mir diese fleißigen Menschen in Rußland vor...

Oft haben wir darüber nachgedacht, ob die Deutschen nach dem Krieg anders geworden sind, vielleicht toleranter und anpassungsfähiger. Ich glaube, man kann und soll die Frage bejahen, weil sehr viele Menschen in Deutschland einen Schlußstrich unter ihre traurige Vergangenheit ziehen wollten und sich sowohl in der DDR als auch in der Bundesrepublik Deutschland bemühten, die Gräben gemeinsam zu überbrücken. In der DDR aber spielte sich die Bewältigung der Vergangenheit meines Erachtens viel mehr in staatlichen, offiziellen Formen (»Wir sind Mitgestalter der Geschichte!«) ab, in der Bundesrepublik dagegen vor allem im persönlichen Bereich (ich habe Bundesbürger kennengelernt, die es für längere Zeit nicht gewagt haben, ins Ausland zu fahren, eben weil sie sich ihrer deutschen Vergangenheit schämten).

Ob ich den sowjetischen Lesern solche Erfahrungen auch in meiner Berichterstattung aus Berlin (1972 bis 1976) und Bonn (1978 bis 1984) vermittelte? Die Frage läßt sich mit dem schönen deutschen Wörtchen »Jein« beantworten, und zwar in dem Sinne, daß das DDR-Bild in den Augen meiner Landsleute ziemlich problemlos aussah, wogegen auf dem bundesdeutschen Bild Licht und Schatten nicht immer lebenswahr verteilt waren.

Kein Wunder, daß die immer dreistere Ausländerfeindlichkeit, die neonazistischen und antisowjetischen Provokationen in der Noch-DDR auf die Sowjetmenschen wie eine kalte Dusche wirken. Dazu noch die vorangetriebene Nato-Mitgliedschaft eines vereinten Deutschland. Man muß auch im Auge behalten, daß das gegenseitige Vertrauen, mit dem wir – Deutsche und Russen – es uns nicht leichtgemacht hatten, noch nicht felsenfest, unbegrenzt und unerschütterlich ist.

Ob nach der schrecklichen Vergangenheit und der nicht immer problemlosen Gegenwart uns vielleicht eine gefährliche Zukunft erwartet, fragen meine Landsleute immer häufiger. In meinen journalistischen Beiträgen, in vielen Podiumsgesprächen versuche ich unsere Menschen davon zu überzeugen, daß, erstens, die deutsche Wiedervereinigung ein ganz natürlicher, obwohl für alle nicht leichter Prozeß ist und daß, zweitens, die künftige Zusammenarbeit mit dem vereinten Deutschland unserem Land zu großem wirtschaftlichem Erfolg verhelfen kann.

Was die traurige Vergangenheit angeht, sage ich, wäre es nicht überall möglich gewesen, was die Nazis in Deutschland und um Deutschland gemacht haben? Jedes Land hat seine geschichtlichen Tabus, aber keine Nation in der heutigen Welt hat es so schwer und macht es sich so schwer, mit der verbrecherischen Vergangenheit fertig zu werden, wie die Deutschen. Die Deutschenangst, sage und schreibe ich, ließ uns manchmal übersehen, was im eigenen Land geschah und bis heute geschieht.

Um nur ein Beispiel anzuführen: Ich habe in der Zeitschrift »Echo Planety« mehrmals über das traurige und grausame Schicksal unserer deutschen Mitbürger berichtet, der »Rußlanddeutschen«, deren schwäbische Vorfahren vor über zweihundert Jahren von einer zierlichen und klugen Prinzessin aus Anhalt, die zur Zarin Katharina II. wurde, nach Rußland eingeladen wurden, hier eine neue Heimat gefunden und nach der Oktoberrevolution 1917 ihre Autonomie an der Wolga bekommen hatten. Zwei Monate nach Ausbruch der Feindseligkeiten zwischen dem Deutschen Reich und der UdSSR im Jahre 1941 wurden alle Sowjetdeutschen auf Stalins Befehl aus ihren Wohngebieten gewaltsam ausgesiedelt und nach Sibirien und Mittelasien verbannt. Der Oberste Sowjet hat sich vor kurzem für die Wiederherstellung der Autonomen Republik der Wolgadeutschen ausgesprochen; dagegen aber wurde die Tätigkeit der Gegner der Autonomie, die im Wolgagebiet antideutsche Massenkundgebungen organisieren, rapide aktiviert. Was für Leserbriefe bekomme ich von diesen Menschen! Die mildeste Anschuldigung besteht darin, daß ich »schon wieder das Blutvergießen durch Deutsche an der Wolga« wolle. Solche Stimmungen werden bei uns durch den beschleunigten Vereinigungsprozeß beider deutscher Staaten bedauerlicherweise verstärkt.

Es wäre eine unlösbare Aufgabe, in einem so kurzen Beitrag alle »Ja« und »Nein« bezüglich der Deutschen Wiedervereinigung aufzählen oder gar beschreiben zu wollen. Darum lieber zum Schluß eine Berliner Geschichte vom Zeitpunkt der Unterzeichnung des Staatsvertrages BRD-DDR.

Als eine junge Sowjetbürgerin, die viele Jahre mit ihren Eltern in beiden deutschen Staaten gelebt hatte, Mitte Mai 1990 zu Besuch bei Freunden in Ost-Berlin war, fühlte sie sich heimisch, und man sah es ihr nicht an, daß sie keine Deutsche ist. Und als sie von ihrer Freundin, einer gebürtigen Berlinerin, eingeladen wurde, einen Tag in West-Berlin zu verbringen, sagte sie mit Freuden zu. Die beiden kamen zum Grenzübergang Friedrichstraße, und die junge Russin zeigte ihren roten Inlandspaß vor mit der Einreisegenehmigung, die nur für die DDR ausgestellt war. Man wies sie zurück. Die gleiche Geschichte wiederholte sich an drei anderen Grenzübergängen. Einige Grenzpolizisten schlugen ihr vor, einen Antrag beim Botschafter der UdSSR in der DDR höchstpersönlich zu stellen, aber Genosse Exzellenz war momentan nicht anwesend; außerdem hatte die Reisende auch keine Zeit, denn am nächsten Tag sollte sie nach Moskau zurückfliegen.

Endlich, an einem der Grenzübergänge kam ein wenig Hoffnung auf: Der junge DDR-Polizist zögerte, denn einen solchen Paß hatte er noch nie gesehen. Nach einer Rückfrage bei seinen Vorgesetzten bedauerte auch er aufrichtig, nichts für die beiden Mädchen tun zu können. Vorschrift sei Vorschrift.

Nach einem Gespräch, in dem er sich abermals wunderte, daß die junge Dame keine Deutsche ist, und nachdem die beiden Freundinnen dem jungen Mann zigmal zugelächelt hatten, war das Eis geschmolzen. Er erklärte ihnen, daß einen Häuserblock vom

Grenzübergang entfernt, in den beiden Mauern, die damals Berlin noch trennten, zwei riesengroße Löcher seien, die die Kinder von beiden Stadtteilen geschlagen hatten. Und die Mädchen konnten dort problemlos nach West-Berlin gelangen. Übrigens, auf die Frage der russischen Besucherin, ob vom nächstgelegenen Wachturm auf sie mit MG geschossen würde, sagte der Polizist lächelnd, daß diese Zeiten längst vorbei seien. Vier Stunden später sind beide Mädchen, Berlinerin und Moskauerin, auf gleiche Art in die Hauptstadt der DDR zurückgekehrt.

Diese Geschichte hat mir, als sie mir von meiner einundzwanzigjährigen Tochter erzählt wurde, schlotternde Angst eingejagt. Sie aber lachte Tränen über die Vaterängste.

Vielleicht sollte ich mich darüber tatsächlich freuen, daß mein schon groß gewordenes Kind nicht nur Deutsch als zweite Muttersprache beherrscht, sondern sich auch ohne Hemmungen in einer anderen Welt bewegt, geschweige denn, daß sie Angst vor Deutschland hätte.

François Bondy

Deutschland aus zweiter Hand
Zur nächsten Vergangenheit

> »Als interessiert und sympathisch eingestellter Ausländer
> (...) finde ich die Abneigung gegen ihre nationale Identität
> bei vielen deutschen Freunden meiner Generation
> übertrieben.«
> *Lars Gustaffson*

> »Es ist eins, daß die eigene Nation nie mehr das Letzte sein
> darf. Darf sie darum nie das Selbstverständliche sein?«
> *Adolf Muschg*

Angelsächsischen Historikern wurde in diesen Hundstagen vorgeworfen, sie hätten Premierministerin Margaret Thatcher eine Ansammlung von Schablonen über den ewigen Deutschen angeboten. Teilnehmer an jenem Gespräch in Chequers haben festgestellt, daß solche Klischees nur kurz erwähnt wurden, um sie als irrelevant wegzuwischen. Dennoch hat das verfälschende Resümee Verwunderung und Verärgerung hinterlassen, als hätten Minister Ridleys Auslassungen in »The Spectator« nicht genügt. Dabei handelt es sich um die Koinzidenz zweier nicht vergleichbarer Ereignisse.

Immerhin ist vor einem halben Jahrhundert einem Engländer, der Deutschland gut kannte, eine deutsche Eigenart aufgefallen – nämlich die Neigung, auf Begriffe wie Schicksal zurückzugreifen, wo von handelnden Menschen gesprochen werden könnte: »Zehn Jahre nach dem Krieg war Deutschland voll von Frieden, es tropfte von Frieden, wir schwammen in Frieden, niemand wußte, was er mit so viel deutschem Frieden anfangen sollte (...) Es gab den Krieg, dann gab es Inflation, dann gab es die Jugend und die Weimarer Republik, dann gab es die Krise, und dann gab es Hitler. Jeder Deutsche kann sich erklären mit ›was wir durchgemacht haben‹.« (Stephen Spender, Tagebuch, September 1939)

Für die Personifizierung von Gegebenheiten, Strukturen, Systemen fanden sich in diesen bewegten Monaten viele Beispiele. Es gab auch Kritik daran.

Der DDR-Historiker Blaschke schrieb: »Die Rede von der tiefen Krise der Geschichtswissenschaft klingt abstrakt und anonym. Nicht Menschen haben sie heraufbeschworen, sondern die Struktur, das System, der Apparat.« (FAZ, 27. 6. 1990)

Der Verfasser dieses Beitrags – Schweizer Journalist »kakanischer« Herkunft – hatte Gelegenheit zu eigenen Eindrücken durch Begegnungen und Teilnahme an Gesprächen von Schriftstellern und von Historikern zwischen Bonn, München, Stuttgart, Berlin, Dresden, hat aber insgesamt mehr vom Lesen als vom Erleben gelernt, deutsche und ausländische Bücher, Zeugnisse, Analysen, Polemiken zur Kenntnis genommen, Ähnlichkeiten wie Unterschiede zwischen deutschen und nichtdeutschen Perspektiven bemerkt. Die Lesefrüchte mögen auch für manche, die sie einzeln zur Kenntnis nahmen, von Interesse sein. »Es ist wichtiger, die Leute an etwas zu erinnern als sie zu informieren«, sagte Samuel Johnson. Die Zitate sind »aus dem Zusammenhang gerissen«, aber das gehört zu ihrem Wesen. In keinem Fall widerspricht der Zusammenhang den herausgerissenen Sätzen.

Von Volk zu Pöbel

Was den Ausländer überrascht, ist die häufige Schmähung von demonstrierenden oder sonst kollektiv in Erscheinung tretenden Menschen der DDR. Sie wurden gefeiert, als sie riefen: »Wir sind das Volk«, aber fielen zum Gegenstand der Verachtung, als sie dann »Wir sind *ein* Volk« und aus Bechers Hymne die drei Worte skandierten: »Deutschland, einig Vaterland« – wie in der Bundesrepublik von der Nationalhymne die dritte Strophe zählt.

Eben noch sollte Leipzig zur »Heldenstadt« erhoben werden – nichts in Christoph Heins Prosa ließ von ihm so DDR-typisches Pathos erwarten –, da wußte Heiner Müller: »Wo in Deutschland Volk ist, ist der Feind nicht weit.« Der Dramatiker wußte freilich auch, daß nunmehr die Schriftsteller, auch selbstkritische und behelligte, als Teil der Privilegierten galten, zu jenen Autoritäten gerechnet wurden, die nun stürzten. Da die Schriftsteller nicht mehr in und zwischen den Zeilen die »Stimme der Stummen« waren, ging ihr Wort im Stimmengewirr unter.

Von »Pöbel«, von dem sich echter Adel und linker Geist abwenden mußten – »das Einheitsgeschrei des DDR-Pöbels« kotze ihn an –, schrieb Joseph von Westphalen. Erheblich ist in diesem Fall nicht der Autor, sondern der Erscheinungsort: »Die Zeit«.

In der Schweiz wird das sich politisch ausdrückende Volk »der Souverän« genannt. Was als Pöbel gilt, bleibt Meinungssache. Anpöbler sind erkennbarer.

Gestern Nazis, heute Konsumenten – immer gleich schrecklich: »Die Majorität der Deutschen wurde für Hitler ›reuelos‹ zum Verbrecher. Sie wendet sich heute ›reuelos‹ dem Konsum mit allen seinen Folgen zu.« (Margarete Mitscherlich-Nielsen, Reden über das eigene Land, Deutschland 3, München 1985)

Immerhin fehlt es dem Volk nicht an philologischer Schulung: »Durch eine winzige semantische Operation wurde aus dem revolutionären Appell eine nationale Einheitsformel (...) Volkssouveränität regrediert zum Volksgeist.«

So klagt Hauke Brunkhorst (Neue Gesellschaft, Berlin, April 1990), der tautologisch von »identitärem Selbstmißverständnis« redet und meint, der Modus des Zusammenwachsens werde »am besten von den Beamten in Brüssel entschieden«.

Schier fassungslos war Stefan Heym angesichts der Gier der Horden. Das sei »Jagd nach dem glitzernden Tinnef. Welche Gesichter, da sie mit kannibalischer Lust in den Grabbeltischen, von westlichen Krämern ihnen absichtsvoll in den Weg plaziert, wühlten.« Ein neuer Abraham a Sancta Clara. Zugleich ein Mauerspringer, der ohne aufgestauten Frust weiß, wo und wie man einkauft.

Der Geisteswissenschaftler und Schriftsteller Tzvetan Todoroff, Franzose bulgarischer Herkunft, erhebt Einspruch: »Manche deutsche Intellektuelle und Politiker fanden harte Worte an die Adresse ihrer Mitbürger, die sich, als sie es konnten, auf die Läden im Westen stürzten. Glaubten wir jenen, so hätten die Bürgertugenden zugunsten der Bananen abgedankt. So können nur solche reden, die nie erfahren oder vergessen haben, welche Demütigung der ständige Mangel bedeutet, das Schlangestehen, die mißmutigen Verkäufer. Die systematische Knappheit an materiellen Gütern ist ein Anschlag auf die Würde des einzelnen.« (Lettre Internationale, Paris, Sommer 1990)

Nicht sehr viel feiner als Heym – ich zitiere es ungern – reagiert Walter Jens: »Der CDU-Sekretär pfeift seine schwarz-weiß-rote Melodie, der Mob fällt ein.« Mag der Mob sich auf semantische Tricks verstehen, die wahre philosophische Bildung des deutschen Idealismus geht ihm ab. In der Absage an den Sozialismus vermißt Walter Jens die Rücksicht auf den »Unterschied von Erscheinung und Wesen, Perversion und Essenz«. Das paßt in Spenders Tagebuch. Die Begriffe handeln, leiden – Opfer auch sie.

In der Bundesrepublik hat das Drängen der Bevölkerung im Osten nach Vereinigung nirgends Jubel ausgelöst. »Nationalistischer Rausch«, wurde von Franzosen wie Pascal Bruckner festgestellt, der nicht dabei war. Unvermeidlich hat das Streben nach schneller Einheit im Ausland Bedenken und Sorgen hervorgerufen, doch als unnatürlich, gar als widerlich wurde es nie bezeichnet.

Auf höherem Niveau der Reflexion warnt Lothar Baier vor dem »Volk« – in »Der Freibeuter« und anderwärts. Ihm gilt, wenn ich ihn nicht mißverstehe, »Volk«, ganz wie Regierung, als ein Wesen, zu dem sich der kritische Intellektuelle »kontrafaktisch« verhalten, gegenüber dem er Distanz wahren soll. Wie Friedrich Schiller findet er »Vernunft stets nur bei wen'gen«. Da wäre einzuwenden, daß ein kritischer Geist mit einer Regierung – je nachdem – einverstanden sein kann oder nicht. Das nämliche gilt für den Volkswillen. Es ist nicht Sache des Prinzips, sondern der jeweiligen Prüfung. Kompromiß und Konsens gehören ebenso zur Demokratie wie Widerspruch und Gegnerschaft. Jürgen Habermas warnte einmal im Rückblick vor den Wonnen der Marginalität.

Auf jene »winzige semantische Operation«, die aus populus Pöbel macht, reagieren in der DDR aufgewachsene Schriftsteller der jüngeren Generation ganz anders.

Uwe Kolbe schreibt: »Wenn sich die Sprechchöre innerhalb eines Jahres von ›Wir wollen raus‹ über ›Wir bleiben hier‹ bis zu ›Deutschland einig Vaterland‹ wandelten, bedeutet das nicht, daß sich einmal das gute, einmal das böse Volk artikuliert (...) es zeigt verschiedene Schichten des Denkens, die man ernst nehmen sollte, auch wenn sie einem nicht passen.« (Mein Deutschland findet sich in keinem Atlas, Frankfurt 1990)

Monika Maron hat, weil sie der Volksmeinung näher ist als manchen ihrer Kollegen, auf einem Schriftstellertreffen in Berlin im Literarischen Kolloquium scharfen Widerspruch erfahren – auch einigen Zuspruch. Ihr wurde, so schien mir, die Zensur »falsch erlebt« erteilt, die eine Ostberliner Schülerin – ich verdanke die Mitteilung Thomas Brasch – auf ihrem Bericht über einen Ausflug fand. Ihr wurde gesagt, das hätte sie so nicht schreiben sollen, nicht in gerade diesem Organ. Auch mit dem Wohnort war etwas falsch. Frappierende Analogie zur Behördensprache.

In ihrer »Rede über das eigene Land« (Deutschland 7) hatte Monika Maron sich allerdings deutlich für das Volk und gegen seine Verächter ausgesprochen: »Das Volk (in der DDR) sollte sich wehren gegen die neuen Ideologen aus den eigenen Reihen, die schon wieder bereit sind, ihm geistige und politische Unreife zu bescheinigen. Noch ist die Frage nicht beantwortet, wie eine Idee, die zum Glück aller erdacht war, sich in das Unglück aller, selbst seiner getreuesten Anhänger, verkehren konnte.«

Auch Helga Schubert fühlt sich dem Volk näher als manchen Kollegen: »Wir sind mißtrauisch geworden gegenüber allen mit Macht ausgestatteten Ideologien, die nie funktionierten und deshalb ihr edles Antlitz immer erneut zurechtlügen müssen. Das Volk braucht nicht die heimliche Gewalt prominenter Weltbild-Vorbeter, sondern wird in eigener Selbstbestimmung in freien Wahlen sein Gesellschaftskonzept aus den verschiedenen ihm angebotenen wählen.« (Neue Zeit, 7. 12. 1989)

Der Aufruf von Schriftstellern und Künstlern »Für unser Land«, mit dem sich westdeutsche und Schweizer Schriftsteller solidarisiert haben, fand kein Verständnis bei Lutz Rathenow, der dieses sein Land als Verfolgung und Maulkorb erfahren hat:

»Wahrscheinlich können sich mehrere Autoren gar nicht vorstellen, wie wütend Leute auf so etwas reagieren (...) Man soll das nicht als Intellektuellenschelte bezeichnen. Es zeigt einfach eine Entfernung von Haltungen und Stimmungen an. Es kommt noch dazu, daß manche Schriftsteller hier einen sehr pädagogischen lehrhaften Ton draufhaben, der sie viel mehr als Opfer und Resultat einer Diktatur ausweist, als sie das wahrhaben wollen. Selbst bei Christa Wolf fiel mir das auf, als sie sagte, das Volk der DDR wäre jetzt unter Entscheidungsstreß gesetzt und könnte das nicht so rasch verkraften (...) Das kommt nicht so gut an bei vielen Leuten; die fühlen sich nicht alle als unmündige Kinder, und so mancher sagt: Ich wollte das seit vierzig Jahren, ich durfte es nicht sagen, und wie kommen die jetzt dazu, zu sagen, ich sei nicht mündig.« (Wespennest, Nr. 78, Wien 1990)

Theologen in der DDR haben gegen den schnellen Untergang des Staates ihrerseits geltend gemacht, der Bevölkerung solle Zeit zur Trauerarbeit gelassen werden. Es geht beim Wort, das so sonderbar Schmerz mit Fleiß verkoppelt, jedenfalls um einen individuellen seelischen Vorgang, der da zur Kollektivpflicht erhoben wird.

Welche Identität?

Schuf die DDR eine Identität, wenn nicht im positiven Sinn, so im gemeinsamen Erleiden, im Widerstand, in der Solidarität? Die vorgegebene Identität von Staat und Gesellschaft, auf die sich noch Krenz und sogar Modrow beriefen, war es nicht. Und die Kluft selber? Da war doch die Nischengesellschaft, das besondere Verhalten unter einem allgegenwärtigen, allüberwachenden, die meisten mitverstrickenden Regime. Das war prägend.

Günter Gaus forderte allerdings, daß die Bundesdeutschen die DDR, wie sie war, nicht nur anerkennen, sondern auch lieben sollten – am Ende von George Orwells »1984« liebt Winston Smith den Großen Bruder. Gaus empfahl auch der BRD, sich politisch mit der DDR mindestens so zu verbinden wie mit Frankreich.

Unvoreingenommene haben das Fehlen eines DDR-Patriotismus konstatiert. Ulrich Schacht, der einige Jahre im Kerker war, hat im genannten Berliner Gespräch berichtet, wie westdeutsche Schriftsteller ihn auf die DDR-Identität fixieren wollten.

Ein Argument wurde oft geltend gemacht: die Bedeutung des Bekenntnisses zum Antifaschismus. Erwähnen wir nur nebenbei, daß Faschismus und Nationalsozialismus nicht identisch waren. Bis zur deutschen Bevormundung kannte Italien keinen Rassismus, im Horizont Mussolinis war kein Genozid, bevor er sich unterwarf. Auch jene, die im Historikerstreit mit Recht auf die Einzigartigkeit der Menschheitsverbrechen des Dritten Reiches verwiesen haben, ignorierten oft diesen Unterschied. Der Antifaschismus der DDR war mit einer Definition verbunden, an der nicht gedeutet werden durfte – also auf Kosten des Forschens und des Denkens. Die einer guten Sache gewidmete Indoktrinierung mit ihren starren Formen hat den Antifaschismus kompromittiert. Kein Wunder, daß sich in der DDR mehr positives Interesse für den Hitlerismus findet als bei der Jugend der Bundesrepublik.

Wolf Biermann meinte, um dem Übel des Totalitarismus an der Wurzel zu begegnen, hätte das Regime sich selbst ausreißen müssen. Er dichtete:

> Die DDR mein Vaterland
> Ist sauber immerhin
> Die Wiederkehr der Nazizeit
> Ist absolut nicht drin
>
> So gründlich haben wir geschrubbt
> Mit Stalins hartem Besen
> Daß rotverschrammt der Hintern ist
> Der vorher braun gewesen.

Diese Strophen zitiert der englische Historiker und Journalist Timothy Garton Ash in »Und willst Du nicht mein Bruder sein... Die DDR heute« (Reinbek 1981). Das Buch, das der sechsundzwanzigjährige Student an der Humboldt-Universität über die DDR schrieb, ist eines der wenigen zum Thema, deren Neuauflage dem Verfasser nicht peinlich sein müßte.

Gian Enrico Rusconi, von dem seither ein Buch über Deutschland erschienen ist, wies auf die italienische Erfahrung hin: »Die gewaltsame Reduktion der Demokratie auf einige Formen des historischen Faschismus war ein Mißverständnis.«. (Il Mulino, Bologna, Januar/Februar 1990)

Im »Deutschland Handbuch« (Hg. Werner Weidenfeld und Hartmut Zimmermann, Bonn 1989), das vor den Ereignissen erschien, schrieb Johannes Kuppe, die Bundesrepublik habe als Maßstab für die DDR keineswegs an Attraktivität verloren. Die DDR habe »kein Gran an Glaubwürdigkeit zugewonnen«.

Sechs Jahre zuvor stellte Hermann Rudolph fest, daß der Bevölkerung der DDR »jegliche einigermaßen politisch tragfähige belastbare Identifikation mit dem Staat selbst« fehle: »Die politisch-gesellschaftliche Konstruktion hat verhindert, daß die DDR-Gesellschaft bei allen Versuchen (...) mit ihrer Situation ins reine zu kommen, je auch nur in die Nähe eines Zustands gelangt wäre, in dem sie ihren Schwerpunkt in sich selbst gefunden hätte.« (Die Identität der Deutschen, hg. Werner Weidenfeld, München 1983)

Mit Strukturen, die Staat und Gesellschaft wieder versöhnen würden, rechnete noch am 8. Oktober 1989 Christa Wolf: »Ich hoffe immer noch, daß in diese Niederlage nicht die – Sie sagen Utopie – hineingezogen wird.« Es gehe um die »reale Möglichkeit, in der DDR Strukturen zu entwickeln, die sich produktiv auf eine sozialistische Gesellschaft hinbewegen können«. Diese selbsttätigen, produktiv sich hinbewegenden Strukturen gehören zu den tatendurstigen Abstraktionen, die leisten sollen, was sonst von Menschen getan werden muß. Wiederum sind wir in Spenderland.

Der Gegenpol ist die Wiedervereinigung. Ein Tabuwort, konnte es doch meinen, daß die Bonner Regierung nicht ruhen werde, bis sie das Reich mindestens in den Grenzen von 1937 hergestellt habe. David Marsh, Deutschlandkorrespondent der »Financial Times«, zitiert in seinem informationsreichen Buch »The Germans, rich, bothered and divided« (London 1989) – es erscheint auch auf deutsch – einflußreiche Persönlichkeiten der Politik und Industrie. Keiner der Befragten glaubte an diese Vereinigung, noch wünschte er sie. Noch schroffere Ablehnung konstatierte Patrick Démerin (Deutschlandreise. Ein Franzose sieht die Bundesrepublik und die DDR, Hamburg 1989) bei den verschiedensten Gesprächspartnern – kein ausländisches Buch gibt den Alltag und die Atmosphäre in Deutschland so gut wieder wie dieses. Er erhielt stets die Antwort: Ich kann sehr gut mit der Teilung leben. Die einzige Ausnahme ist hier der unbequeme Satiriker Klaus Staeck.

Unter westdeutschen Schriftstellern sind zwei sehr unterschiedliche arg gebeutelt worden: Botho Strauss, Martin Walser. Caroline Neubaur rief Botho Strauss streng zur Ordnung. Er stelle in seinem langen Gedicht Fragen über Deutschland, wo doch die Antworten längst feststünden. Doch Botho Strauss reizte damals mehr zu literarischen als zu politischen Angriffen. Anders Martin Walser.

Wer die politischen Wege dieses Schriftstellers verfolgt hat, konnte früher, wenn er den Erzähler schätzte, geneigt sein, seine Eskapaden zu vergessen. Walser hat sich 1974 für den sowjetischen Schriftstellerverband eingesetzt und über Autoren, die er ausstieß und damit mit Berufsverbot schlug, gespottet. Er verglich Solschenizyn mit dem Landvogt Geßler – man müsse einem alten Hut Respekt erweisen. Diese Äußerungen hat Joachim Kaiser damals mit Knut Hamsuns Beschimpfung Carl von Ossietzkys verglichen.

Doch verhält es sich so, daß Martin Walser an der Trennung Deutschlands, so wie sie sich ausdrückte, Anstoß nahm und ihr Ende voraussagte – in Reden und Schriften. Er hat sich exponiert, wurde weiterhin beschimpft, insbesondere in »Der Spiegel«, wo er allerdings als Prügelknabe anstelle des dort nicht angreifbaren Rudolf Augstein fungierte. Als es so kam, wie er angekündigt hatte, wurde das Walser doppelt übelgenommen, fast, als hätte er das Unheil gestiftet. In »Neue Gesellschaft« (Februar 1990) waren entgegengesetzte Überlegungen zu finden. Das macht diese Zeitschrift so spannend.

Elmar Wortmann wendet Walsers Bekenntnis zum Kleinbürgertum gegen ihn. Er vermerkt »mit zunehmender Irritation«, wie Walsers Denken »(...) von einem immer offensiver propagierten

Leiden an der deutschen Teilung durchsetzt wird«. Schon in einer Rede vom August 1978 sei das aufgefallen. Walser sei gar kein Bekenner, sondern »steigert sich in den Gestus des authentischen Bekenners hinein«. Walser: »Alle, die bei uns diese Grenze für vernünftig und endgültig halten, sollten sie öfters einmal passieren.« Solche Verirrung muß eine Ursache haben. Gefunden! »Der Verdacht liegt nahe, daß Walsers drängender Wunsch nach Wiederherstellung der ungeteilten deutschen Nation einmal mehr der Sehnsucht nach Orientierung den Stoff liefert, aus dem die kleinbürgerlichen Träume sind.«

Anders Eckard Fuhr im gleichen Heft.

»Mit Adenauer sind die meisten Sozialdemokraten heute der Auffassung, daß man die Deutschen vor sich selber schützen müsse, die Teilung deswegen nicht ein Fluch, sondern ein Segen sei. ›Nationales Tremolo‹, ›dumpfer Nationalismus‹, ›nationale Besoffenheit‹ heißen die mechanisch heruntergebeteten Abwehrvokabeln (...) Die Heroen der Drittelparität eroberten Lehrstühle, Redaktionen und Parteiapparate und formulieren seither emsig jenen bundesrepublikanischen Mittelschichtenkonsens, der sich jetzt als fauler Zauber erweist (...) das ist das ganze Trauma.«

Fazit: Haust du meinen Kleinbürger, haue ich deine Mittelschicht.

Günter Grass, dem soziologische »Entlarvung« Andersdenkender fremd ist, schrieb zum Streit um Walser: »Ich finde es sehr gut, daß er sich – auch wenn ich anderer Meinung bin – äußert, sich in dieses Gespräch einmischt und zum Widerspruch reizt. Mir ist das lieber als das mufflige Nichtssagen vieler und derer, die sich andauernd an dem Thema vorbeidrücken.«

Besonders zornig hat sich Jurek Becker in »Die Zeit« über Walser geäußert, an dessen geistiger Gesundheit er zweifelt. »Stammtischgeblöke« war eine seiner Liebenswürdigkeiten. Wenn Jurek Becker nicht schäumt, sondern denkt, tönt es anders. In »Der Freibeuter« überlegt er, warum ihm selber nicht so bald »Gründe dafür einfallen, daß die DDR weiterexistieren solle«. Denn wo bleibt das Positive? Nicht im Sichtbaren, keineswegs, aber in der nur hier und in Osteuropa offengehaltenen Möglichkeit. Becker spricht von den Möglichkeiten wie Christa Wolf von den mobilen Strukturen.

Bernd Wagner (Mein Deutschland befindet sich auf keinem Atlas) sieht es nüchterner: »Im Grunde gibt es nur zwischen zwei Nationalismen zu wählen, einem gesamtdeutschen und einem DDR-Nationalismus. Das aktuelle Pulverfaß, das Sicherheitsrisiko in Europa, ist nicht Deutschland, es ist eine allein gelassene und von allen Seiten bedrängte DDR.«

Ihrerseits hofft Monika Maron, daß sich »die Tatenlust westdeutscher Utopisten nicht weiterhin auf das Brachland DDR richten wird«. (taz, 6. 2. 1990) Damit sind wir beim letzten Abschnitt.

Eure Utopie – unsere Ruhe

Niemand, der sich oft äußert, hat immer unrecht. Die Rede ist wiederum von Stefan Heym. Rückblickend beklagte er am 13. Oktober 1989, daß die Chance der Mauer nicht wahrgenommen wurde. »Jetzt wäre Zeit und Gelegenheit gewesen, aus dem real existierenden Sozialismus der DDR einen Sozialismus zu machen, dem die Menschen sich zuwenden würden.«

Hier verrät Heym – weiß er es? – das Geheimnis der Utopie. Es ist der geschlossene Raum. Wir finden ihn in jeder ausgearbeiteten Utopie, denn ein Experiment braucht Laboratoriumsbedingungen, die unkontrollierbare äußere Einwirkungen ausschließen. Beglükken und Abschotten sind eins. Thomas Morus, der der Utopie ihren Namen und das Meisterwerk gab, läßt auf jener Insel nur Gruppenreisen zu. »Streift einer auf eigene Faust außerhalb seines Bezirkes herum und wird er ohne obrigkeitlichen Erlaubnisschein angetroffen, so wird er als Ausreißer betrachtet, schmählich zurückgebracht und hart gezüchtigt. Wagt er dasselbe noch einmal, wird er mit Zwangsarbeit bestraft.«

Heym hatte schon früher, im Orwell-Jahr, recht. Im »Schwarzenberg« schrieb er 1984: »Der Schrägstrich durch Deutschland bleibt eine offene Wunde. Wir können noch soviel Antibiotika daraufstreuen, sie wird weitereitern.«

Ideologie hat mit Utopie die mangelnde Erfahrungsresistenz gemein. Im Gespräch mit Katja Havemann sagte Bärbel Bohley: »Wenn mich vieles angezogen hat vom marxistischen Gedankengut, dann war doch im nächsten Moment klar, daß es im tiefsten Kontrast steht zu meiner täglichen wirklichen Erfahrung (...) Und unsere Kinder, die interessieren sich schon gar nicht für diese Gedanken. Für die ist die Wirklichkeit so durchschlagend (...)« (Vierzig Jahre DDR – und die Bürger melden sich zu Wort, Berlin 1989)

Der 39jährige Tischler Eckhardt sagt – es steht im gleichen Buch: »Der Begriff ist so abgeritten.« Und schärfer drückt es Monika Maron aus: »Wo immer ich sehe, daß einer alten Ideologie frische Schminke aufgelegt wird, um ihren Tod zu maskieren, packt mich Entsetzen.« (Rede über das eigene Land)

Irene Böhme, die in der DDR viele Erfahrungen in der Kulturarbeit gesammelt hat, sieht die Utopie als im Westen gepflegte Illusion: »Dort drüben würde eine bessere Welt entstehen (...) auch dafür ist die DDR gut – und man wohnt schließlich im Westen.«

Von einer »Vielfalt unerprobter Möglichkeiten« schwärmt der Präses der evangelischen Kirche im Rheinland, Peter Baier, der das »unaufgebbare Humanum« gegen »wohlfeile Sozialismusschelte« in Schutz nimmt. Die kam auf der anderen Seite manchen nicht wohlfeil zu stehen.

Über Utopie als westliche Seelenmassage mokierte sich Hans Magnus Enzensberger: »Es gibt Menschen unter uns – wir kennen sie alle –, die in armen Gesellschaften manches wiederzuentdecken glauben, das wir verloren haben: elementare Erfahrungen, gegenseitige Hilfe, langsame Sonntage, selbstlose Gefühle (...) Gleichheit in gemeinsamer Not (...) Ihre Klagen über ›Leere‹ und ›Sinnlosigkeit‹ gehen uns schon seit geraumer Zeit auf die Nerven.« (Politische Brosamen, Frankfurt 1982)

Der westliche Wunsch nach einer bewahrten DDR irritiert Lutz Rathenow: »Das Plädoyer für die Eigenstaatlichkeit der DDR gerade auch unter Schriftstellern ist mit unter dem Eindruck entstanden, daß uns in den letzten Jahren ständig auch von Intellektuellen aus der Bundesrepublik gesagt wurde: Ihr müßt für die Eigenstaatlichkeit der DDR eintreten, um gegen die politische Rechte aufzutreten. Es gibt ein Beharren auf Eigenstaatlichkeit, das sozusagen gesamtdeutsch motiviert ist.«

Eine Besonderheit der DDR stellt Rathenow mit Beklemmung fest: »Dieses Nichtreisenkönnen hat eine ganz spezifische Ausländerfeindlichkeit erzeugt im Land, das im Prinzip keine Ausländer hat. Mangelnde Erfahrung, totale Ignoranz machen ein konservatives Potential wirksam.« (Wespennest)

Unter »konservativ« ist hier »reaktionär« zu verstehen.

Zwischen Restbeständen und Möglichkeiten, Nostalgie und Utopie fehlt bloß die Gegenwart. In Westdeutschland kommt oft etwas dazu. »Bleibt eurer Idee treu!« heißt zugleich: »Bleibt uns vom Leibe!« Es ist erstaunlich, wer jetzt alles Konrad Adenauer rehabilitiert und verklärt.

So will Michael Rutschky nicht mit einer »archaischen Erbschaft« konfrontiert werden. Die gehöre nicht in sein und Harrys Weltbild. »Als bei den Massendemonstrationen in Leipzig (...) ›Deutschland einig Vaterland‹ zur meistgerufenen Parole avancierte, haben Harry und ich und viele von unseresgleichen das als Regression verstanden.« (Merkur, April 1990)

»Die deutsche Frage beschäftigt mich nicht«, schreibt auch Hanns Joseph Ortheil. »Ich möchte vielmehr in die DDR reisen können, wann immer es mir beliebt, und ich möchte sehen, daß die Menschen dort Zustände und Gelegenheiten finden, ebenso ihr Glück zu verwirklichen wie Menschen hier.« (Merkur, September 1989) Mit »Reisen« ist die Beweglichkeit der Bundesbürger ausgedrückt, mit »Glück« und »dort« die Seßhaftigkeit des Bewohners der DDR.

Für ihn habe »diese deutsche Frage nie bestanden«, teilt auch Hauke Brunkhorst (Neue Gesellschaft, Juli 1990) mit. »Seit ich angefangen habe, mich für Politik zu interessieren, fühle ich mich ganz und gar westdeutsch und sehe heute lediglich, daß diese deutsche Frage gewissermaßen von außen auf einen zukommt und den rheinischen Republikanismus gefährdet.«

Wer sich die Probleme aussucht, die ihm genehm sind, und sich nicht mit denen abgibt, die von außen auf ihn zukommen, hat noch gar nicht angefangen, sich für Politik zu interessieren.

Zwei bedeutende Historiker wollten zunächst die DDR an ihrer Idee messen: Christian Meier und Heinrich August Winkler. Der Sozialismus sei in der DDR »identitätsverbürgend« und ein Gedanke, »der ja viel Schönes an sich hat«, schrieb Christian Meier (FAZ, 23. 11. 1989). Doch er nahm später im »Merkur« diesen Gedanken selbstkritisch zurück. Winkler fand zwar die Utopie der DDR erhaltenswert, doch hatte er gegen Günter Gaus eingewendet, es gäbe keinen Grund zur »innerlichen Anerkennung der DDR«, bevor »die Deutschen in der DDR uns darin vorangegangen sind«. (Jens Hacker, Die DDR und die deutsche Frage, Köln 1988).

Bekanntlich hat die deutsche Linke – aber nicht nur die Linke – den regimekritischen Bewegungen in Osteuropa wenig Sympathie und Verständnis entgegengebracht. Zu den Ausnahmen gehörte Heinrich Böll.

Anne-Marie Le Gloannec untersucht das im Buch »La Nation orpheline« (Paris 1989), das inzwischen auf deutsch erschienen sein dürfte. Die Sozialdemokraten, stellt sie fest, wendeten sich eher an die Regierenden als an die Regierten. »Egon Bahr fand die härtesten Worte, um Solidarność zu verurteilen. Die Polen sollten ihr nationales Interesse, in diesem Fall die Freiheit, auf dem Altar des Friedens opfern, wie die Deutschen ihre nationale Einheit geopfert haben. Erst 1988 geruhte Hans-Jochen Vogel, mit einem Vertreter der polnischen Opposition zu sprechen. Die jedoch sahen die Ursachen der Instabilität nicht in den Forderungen der Gesellschaft, sondern in den Regimes, die die Demokratie höhnten.« (Zusammengefaßtes Zitat)

Die Überlegung, die Egon Bahr am deutlichsten artikuliert hat, verdient jedoch ernst genommen zu werden, auch wenn wir es nachträglich anders wissen. Gleichgewicht und Symmetrie – so mag sie resümiert werden – waren Bedingungen des Friedens. Die Schwächung des anderen Blocks hätte eine neue Unsicherheit bewirkt und mochte den Frieden gefährden, dem die Oppositionellen eben nicht dienten. Je sicherer die Regierungen, desto beweglicher konnten sie außenpolitisch sein. Dieser Gedanke hatte seine Logik, doch die Durchführung war von einer unnötig eisernen Konsequenz ohne jede Elastizität. Linke Parteien anderer Länder sind zweigleisig gefahren, hielten Kontakt mit der Regierung *und* der Opposition. Wie eigenartig, daß heute hier Jaruzelski immer noch mehr Bewunderer findet als die Vertreter der basisdemokratischen Bewegung, die den »Kriegszustand« geschwächt, aber intakt überstanden hat!

Mußten Schriftsteller sich zu Werkzeugen dieser Diplomatie hergeben? Günter Grass hat sich seinerzeit gegen diese Konzeption gewendet, als er eine Einladung des deutschen Botschafters in Moskau absagte.

Friedrich Christian Delius schreibt den Schriftstellern der Bundesrepublik besondere Verdienste zu. Sie hätten »ihr größtes Opfer der Solidarność-Bewegung gebracht, ihr zuliebe ihren starken Verband VS geschwächt«. Da stimmt nichts. Es ging um die Auflösung des polnischen Schriftstellerverbandes und die behördliche Gründung eines neuen Verbandes, von dem sich die Schriftsteller fernhielten. Mit ihrem Protest fanden sich etliche Autoren und die Berliner Gruppen im Gegensatz zum Vorstand, und sie zogen die Konsequenz, nicht den Polen, sondern ihrem Verständnis von Freiheit zuliebe. Und wie es zwei polnische Verbände gab, gab es auch zweierlei Schriftsteller der Bundesrepublik. Die einen protestierten, die anderen nicht. Den letzteren kam es nicht auf die vielbeschworene Utopie an, auf die noch auszuschöpfenden Möglichkeiten, sondern auf die Unterstützung des real existierenden Sozialismus, der inzwischen real zusammenbrach.

Das Protokoll

Amerikanische und englische Experten über Deutschland und die Zukunft Europas

Anläßlich eines Deutschland-Gesprächs englischer und amerikanischer Experten mit Margaret Thatcher im März 1990 wurde vom außenpolitischen Sekretär des britischen Premierministers ein geheimes Memorandum angefertigt, das »Der Spiegel« in leicht gekürzter Form publiziert hat. Teilnehmer der Diskussionsrunde waren u. a.: Gordon Craig, Timothy Garton Ash, Fritz Stern, Norman Stone und Lord Dacre (Hugh Trevor-Roper).

[...]
Wer sind die Deutschen?

Wie andere Völker haben sie gewisse Merkmale, die man aus der Vergangenheit ablesen kann und wohl auch in der Zukunft wieder registrieren könne. Die Teilnehmer meinten, es sei einfacher und dieser Diskussion angemessen, an die weniger angenehmen Merkmale zu denken: an die mangelnde Sensibilität der Deutschen den Gefühlen anderer gegenüber (am deutlichsten in ihrem Verhalten in der Grenzfrage gegenüber Polen), ihre Selbstbezogenheit, einen starken Hang zu Selbstmitleid und das Verlangen, geliebt zu werden. Noch weniger schmeichelhafte Attribute wurden als typischer Teil des deutschen Charakters erwähnt: Angst, Aggressivität, Überheblichkeit, Rücksichtslosigkeit, Selbstgefälligkeit, Minderwertigkeitskomplex, Sentimentalität.

Zwei weitere Aspekte des deutschen Charakters wurden als Gründe dafür angeführt, daß man sich um die Zukunft zu sorgen habe. Zum einen die Neigung der Deutschen, Dinge zu übertreiben, über die Stränge zu schlagen. Zum anderen ihre Neigung, ihre Fähigkeiten und die eigene Stärke zu überschätzen.

Ein Beispiel dafür sei die Überzeugung der Deutschen, ihr Sieg über Frankreich 1871 sei das Ergebnis tiefer moralischer und kultureller Überlegenheit gewesen und nicht – wie tatsächlich – die Folge eines geringen Vorsprungs in der Militärtechnologie.

Haben die Deutschen sich geändert?

Mehrere Anwesende vertraten mit Nachdruck die Meinung, daß die heutigen Deutschen sich von ihren Vorgängern sehr deutlich unterschieden. Trotzdem orientiere sich unsere grundsätzliche Meinung über die Deutschen noch immer an der deutschen Geschichte von Bismarck bis 1945.

Das war die Zeit des Deutschen Reiches, die geprägt war durch den neurotischen Drang zur Selbstbehauptung, eine hohe Geburtenrate, ein geschlossenes Wirtschaftssystem, eine chauvinistische Kultur.

Die Niederlage von 1918, die in Deutschland als ungerecht empfunden wurde, hatte kaum eine verändernde Wirkung. Die deutsche Haltung dazu war auch nach 1918 unverändert, ebenso das Gefühl einer historischen Mission Deutschlands (aus diesem Grunde unterstützte der deutsche Adel Hitler, obwohl er in ihm nur einen Proleten sah).

1945 aber war völlig anders. Es war eine Wasserscheide. Da gab es kein Gefühl einer historischen Mission mehr, keine Lust auf Eroberungen, keinen Militarismus. Erziehung und Geschichtsschreibung hatten sich gewandelt. Die neue Generation der Deutschen stand ihrer Vergangenheit sozusagen unschuldig gegenüber. Sie sollten kein Grund zu ernsthafter Sorge sein.

Diese Ansicht wurde freilich nicht von allen geteilt. Man müsse doch fragen, wie ein Kulturvolk es habe zulassen können, sich durch Gehirnwäsche in Barbarei stürzen zu lassen. Wenn das einmal passiert sei, könnte es nicht wieder geschehen? Vorbehalte gegen Deutschland bezögen sich nicht allein auf die Nazizeit, sondern auf die gesamte Ära nach Bismarck, und hätten notwendigerweise zu einem tiefen Mißtrauen geführt. Die Art, wie die Deutschen gegenwärtig ihre Ellenbogen gebrauchten und ihr Gewicht in der Europäischen Gemeinschaft zum Tragen brächten, lasse vermuten, daß sich noch nicht allzuviel geändert habe.

Während wir alle die Deutschen für das, was sie in den letzten fünfundvierzig Jahren geschaffen haben, bewunderten, ja sogar beneideten, bleibe doch die Tatsache bestehen, daß ihr Staat bislang noch nicht durch ernsthafte Probleme, wie etwa einen größeren Wirtschaftseinbruch, auf die Probe gestellt worden sei. Wir könnten nicht beurteilen, wie die Deutschen unter solchen Umständen reagieren würden. Kurzum: Niemand hatte ernsthafte Bedenken gegen die derzeitige politische Führung in Deutschland. Aber wie sieht es in zehn, fünfzehn oder zwanzig Jahren aus? Könnten einige der unseligen Charakterzüge der Vergangenheit wiederaufleben – womöglich mit ebenso verheerenden Konsequenzen?

Welche Konsequenzen ergeben sich aus der Wiedervereinigung?

Selbst die Optimisten unter uns konnten gewisse Befürchtungen hinsichtlich der Auswirkungen der Vereinigung auf das Verhalten der Deutschen in Europa nicht unterdrücken. Wir könnten nicht erwarten, daß ein vereintes Deutschland genauso denken und handeln würde wie die Bundesrepublik, die wir seit fünfundvierzig Jahren kennen. Und das gelte, obgleich ein vereintes Deutschland mit großer Wahrscheinlichkeit die Institutionen der BRD übernähme.

Schon jetzt sei eine Art von Siegestaumel im deutschen Denken spürbar, die für alle andern ungemütlich sei. Es wurde auch auf die Bemerkung von Günter Grass verwiesen, am Ende werde die Wiedervereinigung alle gegen Deutschland aufbringen.

Wir könnten nicht annehmen, daß ein vereintes Deutschland sich so reibungslos in Westeuropa einfügen würde wie die BRD. Es werde die Neigung wachsen, das Konzept »Mitteleuropa« wiederzubeleben, in dem Deutschland die Rolle des Maklers zwischen Ost und West zufiele. Es sei bemerkenswert, daß Kanzler Kohl bereits von Deutschlands Partnern in Ost *und* West spreche.

Diese Tendenz könnte sich verstärken durch die Auswirkungen der Wiedervereinigung auf Deutschlands Parteiensystem. Das Votum für die konservative Allianz in Ostdeutschland könnte eher als ein Votum für rasche Vereinigung denn als Votum für die Werte und Politik der westdeutschen CDU angesehen werden.

Wird ein vereintes Deutschland danach streben, Osteuropa zu dominieren?

Diese Frage führte folgerichtig zu einer Debatte über Deutschlands wahrscheinliche Rolle und seine Ambitionen in Osteuropa. Wir stimmten weitgehend darin überein, daß Kanzler Kohls Verhalten in der Frage der polnischen Grenze, besonders sein Hinweis auf die Notwendigkeit, die deutsche Minderheit in Schlesien zu schützen, die falschen Signale gesetzt hat. Historische Ängste vor Deutschlands »Mission« in Ost- und Mitteleuropa seien dadurch wiederbelebt worden.

Aber die Tatsachen seien ermutigender. Die deutschen Minderheiten in Osteuropa seien stark reduziert worden, die meisten hätten es vorgezogen, sich innerhalb Deutschlands niederzulassen, als darauf zu warten, daß Deutschland wieder zu ihnen kommen würde.

Die Deutschen selbst hätten ein Interesse daran, ihre Minderheiten da zu belassen, wo sie seien, statt sie zur Rückkehr zu ermutigen. Das sei für sie auch der Grund, Osteuropa großzügig mit Finanzhilfe zu versorgen. Es gebe, zumindest für die absehbare Zukunft, keinen Grund zu der Annahme, daß Deutschland irgendwelche Gebietsansprüche geltend machen würde.

Es sei wahrscheinlich, daß Deutschland Ost- und Mitteleuropa in wirtschaftlicher Hinsicht beherrsche würde. Aber das müsse nicht gleich Unterjochung bedeuten. Es müsse auch nicht unbedingt heißen, daß ein vereinigtes Deutschland nun mit wirtschaftlichen Mitteln erreichen würde, was Hitler mit militärischen Mitteln nicht geschafft habe.

Gewiß gebe es einige, die davon überzeugt seien, daß Deutschland einen »zivilisatorischen Auftrag« im Osten habe. Tatsache aber sei, daß der Wunsch nach ökonomischer deutscher Präsenz mindestens ebensosehr von den Osteuropäern komme wie von den Deutschen selbst. Sie wollten und bräuchten deutsche Hilfe und deutsche Investitionen. Und dies sei wohl tatsächlich auch die einzige Möglichkeit, Osteuropa wieder mit Leben zu erfüllen (»Es gibt nur eine Sache, die schlimmer ist als ausgebeutet zu werden: nicht ausgebeutet zu werden«).

Es ist vielleicht eine Ironie der Geschichte, daß Osteuropa sich nach 1945 aufgemacht hat, nie wieder von Deutschland abhängig zu sein, aber nach fünfundvierzig Jahren Kommunismus abhängiger ist als je zuvor. Mag sein, daß die Osteuropäer sich lieber an Briten oder Franzosen halten würden. Aber keiner von beiden sei bereit, die nötigen Mittel bereitzustellen.

Bei den Deutschen erkenne man eine Tendenz, sich die Lorbeeren für die Vereinigung selbst ans Revers zu stecken. Dabei gebühre Dank eher den Osteuropäern und Gorbatschow. Sie hätten für den Rahmen gesorgt, in dem die Vereinigung sich vollziehen könne.

Deshalb müßten wir bei allen unseren Problemlösungen, wie immer sie aussähen, die Interessen der Osteuropäer und vor allem anderen die Position Gorbatschows berücksichtigen. Das betreffe besonders die Sicherheitsvorkehrungen für das Territorium der ehemaligen DDR in einem vereinigten Deutschland. Man könne die russischen Truppen ja nicht einfach rauswerfen.

In einem bestimmten Ausmaß seien sowjetische und osteuropäische Interessen mit denen Westeuropas identisch.

Wir wollten, daß Deutschland in einen Sicherheitsrahmen eingebunden werde, um das Wiederaufleben des deutschen Militarismus zu unterbinden. Wir wollten den Fortbestand der amerikanischen Präsenz als Gegengewicht zur deutschen Militärmacht. Wir würden gern eine Begrenzung der deutschen Streitkräfte sehen, die sich die Deutschen nach Möglichkeit selbst auferlegen sollten. Wir hätten gern eine erneute Verzichterklärung Deutschlands auf atomare und chemische Waffen. Wir würden gern die Sowjetunion an Diskussionen über Europas künftiges Sicherheitssystem im Rahmen der KSZE institutionell beteiligen. Nicht zuletzt, weil auf lange Sicht (unter der Voraussetzung ihrer fortgesetzten Demokratisierung) die Sowjetunion als einzige Macht in Europa in der Lage sei, ein Gegengewicht zu Deutschland zu bilden.

Das lege den allgemeinen Konsens darüber nahe, das vereinigte Deutschland in die Nato zu übernehmen. Und zwar mit einer Übergangslösung, die es der Sowjetunion gestatte, weiterhin Truppen in Ostdeutschland zu stationieren. Die Idee, das vereinigte

Deutschland könne gleichzeitig Mitglied der Nato und im Warschauer Pakt werden, wurde schnell verworfen.

Man war sich auch klar über die Möglichkeit, daß Gorbatschow durch eine weniger gemäßigte Führung ersetzt würde. Wegen dieses Risikos sei es so wichtig, die gegenwärtigen Nato-Strukturen zu erhalten. Die Tatsache, daß sich im vergangenen Jahr alles so günstig für den Westen entwickelt habe, entbinde uns nicht von der Verpflichtung, uns weiterhin vor Schlimmerem zu schützen.

Eine andere Gefahr bestehe darin, daß die Sowjetunion die Diskussion in der »Zwei plus Vier«-Runde über die Nato-Mitgliedschaft eines vereinigten Deutschland und über die Stationierung von Atomwaffen in Deutschland für sich ausbeuten werde, so daß sie zu tragenden Themen im nächsten deutschen Wahlkampf würden. Die öffentliche Meinung in Deutschland sei in beiden Punkten sehr sensibel, ganz besonders in der Frage der Atomwaffen.

Die schlimmsten Befürchtungen richteten sich auf die Gefahr, daß die Nato in den deutschen Wahlkampf hineingezogen werden könnte. Aus etwas positiverer Perspektive gesehen, lasse sich daraus auch erkennen, wie wichtig es sei, die Frage der Mitgliedschaft Gesamtdeutschlands in der Nato so schnell und präzise wie möglich zu klären.

Erstaunlicherweise wurde die Europäische Gemeinschaft nur am Rande erwähnt. Das deutsche Verhalten – »wir zahlen, also wollen wir auch bestimmen« – wurde von einigen Teilnehmern als Vorbote der deutschen Wirtschaftshegemonie in Westeuropa bewertet. Es gab unterschiedliche Ansichten darüber, wie ernst es die Deutschen mit ihren Beteuerungen meinten, sie wollten parallel zur deutschen Vereinigung ein politisch geschlossenes Europa – ob es nur Taktik sei, um die anderen zu beruhigen, oder der echte Wunsch, das latente nationalistische Potential eines vereinigten Deutschland in eine größere Sache zu integrieren.

Schlußfolgerungen.

Wir haben keine formellen Schlüsse gezogen. Das Gewicht der Beweise und Argumente gab vor allem denen recht, die hinsichtlich eines Zusammenlebens mit einem vereinigten Deutschland optimistisch waren. Wir wurden daran erinnert, daß es 1945 unser

Ziel war, ein vereinigtes Deutschland mit einer demokratischen und nichtkommunistischen Regierung ohne seine Ostprovinzen zu bilden. Die Staaten Osteuropas sollten die Freiheit haben, ihre eigenen Regierungen frei zu wählen. Das haben wir 1945 nicht erreicht, aber jetzt haben wir beides bekommen. Wir sollten uns darüber freuen, ohne gleich überschwenglich zu werden.

Wir wurden auch daran erinnert, daß deutsch-britische Querelen seit dem Fall Bismarcks schädlich für Europa gewesen seien und daß sie nicht wiedererstehen dürften. Die Deutschen hätten reichlich Fehler und Charakterschwächen, aber sie seien heute eher bereit, das auch anzuerkennen.

Die tragende Botschaft war unmißverständlich: Wir sollten nett zu den Deutschen sein. Doch selbst die Optimisten waren nicht frei von Unbehagen. Sie sorgten sich nicht um die Gegenwart oder die unmittelbare Zukunft, sondern um eine fernere Wegstrecke, die sich unserer heutigen Einsicht entzieht.

Der Abdruck erfolgt mit freundlicher Genehmigung des »Spiegel«. Erstveröffentlichung in: Der Spiegel, Nr. 29, vom 16. 7. 1990.

III.

EIN KORSETT FÜR DEUTSCHLAND

PIOTR NOWINA-KONOPKA

Mein Polen – mein Deutschland – mein Europa

Die Walze der Geschichte hat Europa auf eine besonders grausame Weise überrollt. Generationen und Völker haben Unvorstellbares erlitten. Um so unfaßbarer ist es, daß die auf so dramatische Weise geprüften Europäer auf ihr gemeinsames Erbe keineswegs verzichten wollen; daß sie – mehr noch – im Kampf um ein vereinigtes Europa zu Entscheidungen und Handlungen fähig sind, die für die Realisierung vieler nationalistischer Ideale ausreichen würden. Sind die Europäer so naiv, oder dünken sie sich so elitär? Was erwarten sie von diesem Schmelztiegel, in dem sie die Geschichte so übel zugerichtet hat und in dem sich die einzelnen Teilchen noch immer nicht zu einem Ganzen haben vereinen lassen? Bis heute haben die slawischen Völker ein anderes Gewicht als die germanischen oder romanischen, und sogar in ihrem Inneren zeigen sich Risse, die so alt sind wie sie selbst.

Das europäische Bewußtsein wurde vielfach zu einem Symptom politischer Arroganz. Daß wir eingeschlossen sind zwischen Atlantik und Ural, haben wir – wir Europäer – nicht einmal bemerkt, als wir uns dem Ende unserer Geschichte näherten und zur Heimat totalitärer Systeme wurden. Wir wehrten uns nicht, obwohl doch schon im Jahre 1939 von der anderen Seite des Atlantiks, aus den Spalten der »New York Times«, die Warnung zu uns drang: »Endlich ist die Sache klargeworden. Das Hitlertum ist ein brauner Kommunismus. Der Stalinismus ist ein roter Faschismus. Die Welt wird jetzt begreifen, daß als einziger realer ideologischer Streit der zwischen Demokratie, Freiheit und Frieden auf der einen Seite und Despotismus, Terror und Krieg auf der anderen Seite existiert.«

Die Erfahrung dieser beiden verbrecherischen Utopien liegt nun hinter uns. Der Abriß der Berliner Mauer wurde für viele Menschen zu *dem* Datum der europäischen Geschichte, das sich möglicherweise – wenn auch noch nicht unbedingt – als Durchbruch in unserer historischen Entwicklung erweisen könnte. Die Frage ist nur, ob wir Europäer in der Lage sind, den Kern des Stückes, das seit Jahrhunderten auf der europäischen Bühne gespielt wurde, zu begreifen und uns anzueignen. Durch alle Episoden und Aufzüge dieses Dramas ziehen sich Leitmotive, die dann und wann auftauchen; einmal stärker, einmal schwächer: auf der einen Seite die Sehnsucht einzelner Staaten oder ihrer Verbündeten nach Vorherrschaft auf dem ganzen Kontinent; und auf der anderen Seite die ewigen Provisorien, auf die die vom ständigen Kampf gegeneinander ermüdeten Mächte verfielen.

Zu einem Provisorium besonderer Art wurde die europäische Ordnung nach Jalta. Hätte man sich denn etwas Interimistischeres und Brüchigeres ausdenken können, als über die Karte Europas hinweg einen dicken Strich zu ziehen, über den man sogleich auch einen Eisernen Vorhang herunterließ? Lieferten denn irgendwelche zivilisatorischen, staatspolitischen oder geographischen Aspekte eine ausreichende Grundlage und eine Rechtfertigung für einen chirurgischen Eingriff, der den östlichen Lungenflügel vom westlichen trennte? War denn zu erwarten, daß ein Patient bei einer solchen Therapie wirklich genesen würde? Was hilft es da, daß eine beträchtliche Anzahl von Prothesen angebracht wurde: Als sanitäre Maßnahme wurde die Berliner Mauer errichtet und Stacheldraht in Minenfeldern installiert; es wurden spezielle Bereiche geschaffen, in die man intensiv Blut und Plasma pumpte, wie in der DDR oder in gewissem Sinne auch in Österreich und in Jugoslawien; es wurde ein groteskes Gleichgewicht der Kräfte zwischen Nato und Warschauer Pakt geschaffen. Was hilft das alles, solange der Patient lieber mit beiden Lungenflügeln atmen möchte?

In diesen Zusammenhang gehört auch die Behelfsmaßnahme, durch die Deutschland geteilt wurde. Dieses Land, das seit einem Jahrtausend Nachbar meines Landes ist, hat zweifellos viel auf dem Gewissen, und es hat oftmals Anlaß dazu gegeben, daß sich internationale Schiedsrichter seines Schicksals annahmen. Dies geschah auch nach dem Zweiten Weltkrieg, der von Deutschland provoziert, geführt und verloren wurde. Dennoch wurde von Anfang an der Stand der Dinge als Übergangslösung, als eigentümliche Zwangsjacke angesehen, in der niemand auf ewig festgehalten werden darf, nur weil er irgendwann einmal eine Wahnsinnstat begangen hat.

Auch in Polen, das wie kein anderes Land Erfahrungen mit schwierigen Nachbarn hat, denkt man so. Und es ist bezeichnend, daß Polen das erste Land Mittel- und Osteuropas war, das in der Stunde der Bewährung, beim Fall der Berliner Mauer, seine Stimme für das Recht des deutschen Volkes auf Selbstbestimmung erhoben hat.

Haben wir uns damals nicht vor einer Rückkehr zu der alten beschwerlichen Nachbarschaft gefürchtet? Selbstverständlich! Sind nicht Stimmen des Protestes laut geworden? Allerdings, auch sie gab es.

Trotzdem standen denjenigen, die das Vorgehen der polnischen Regierung und des Parlaments offiziell unterstützt haben, Argumente zur Verfügung, die in Polen Gewicht haben: Für eine neuerliche Einheit Deutschlands spricht die Notwendigkeit einer Rückkehr zu der Idee von einem gemeinsamen Europa; die rechtmäßige und moralische Grundlage der Selbstbestimmung verlangt es; schließlich ist das Deutschland vom Ende der achtziger Jahre ein anderes als das von 1945. Dagegen wurden vor allem zwei Einwände laut: Ein vereinigtes Deutschland könnte nach einer Vorherrschaft in Europa streben; und in Deutschland spielen immer noch Kreise eine wichtige Rolle, die mit der Grenzregelung der Nachkriegszeit nicht einverstanden sind und für die das westliche und nördliche Polen immer noch ihren alten Lebensraum darstellt. Diese Argumente lassen sich nicht so leicht beiseite schieben, aber eine Antwort darauf hängt nicht mehr nur von uns ab.

Schließlich kam eine simple menschliche Verbitterung darüber auf, daß die Ergebnisse des langen und einsam geführten Kampfes der polnischen »Solidarność« nun in erster Linie den Deutschen aus der DDR zugute kamen: denn ihnen wurden in einem wahren Eiltempo die Segnungen der EG zuteil, wobei sie weniger Verzicht leisten mußten, als die Polen hierfür in Kauf zu nehmen bereit wären; den Polen hingegen sagt man eine lange und ungewisse Prozedur voraus, und eine Vollmitgliedschaft in der Europäischen Gemeinschaft ist ihnen auch dann noch nicht sicher. Man darf allerdings annehmen, daß der Preis für eine Mitgliedschaft in der EG, wie ihn die Bevölkerung der DDR wird zahlen müssen, höher sein wird, als viele Menschen gegenwärtig wahrhaben wollen und die Wirtschaftsunion zunächst vermuten läßt. Im übrigen ist es immer bequem, einen reichen Verwandten zu haben, der den größten Teil der Kosten auf sich nimmt.

Gleichwohl gehört diese Verbitterung zu einer anderen Kategorie von Problemen und Argumenten als die, mit denen wir uns hier zu beschäftigen haben: die deutsche Vorherrschaft und das deutsche Heimweh bzw. der deutsche Revanchismus. Die Wahl der Worte hängt vom Temperament und vom Grad des Mißtrauens ab. Die Sorge vor einer deutschen Vorherrschaft muß ganz Europa begegnen. Wenn Europa beharrlich an seiner Einheit baut, wird es damit die Chancen für eine solche Vorherrschaft vermindern und die Angst davor dämpfen. Eine Hoffnung liegt in den europäischen Institutionen und Mechanismen, denen es gelungen ist, beispielsweise dem kleinen Luxemburg an der Seite Frankreichs, Italiens, Großbritanniens oder der Bundesrepublik Deutschland Geltung und Wertschätzung zu verschaffen, obwohl wir zugleich auch von Spannungen und Schwierigkeiten wissen, auf die diese Formel im Gemeinsamen Markt jetzt schon stößt.

Zweifellos kommt dieser Antwort aus der Sicht der Geschichte Europas und des »europäischen Geistes« eine Schlüsselstellung zu. Und gerade deshalb müssen die Deutschen – unabhängig von der Verantwortung Europa gegenüber – in erster Linie sich selbst die Antwort geben.

Sie können die Gunst der Stunde und die Gelegenheit nutzen, die sich ihnen in einer zusätzlichen Bevölkerung von sechzehn Millionen, einem zusätzlichen Territorium von 100 000 Quadratkilometer und schließlich einem zusätzlichen wirtschaftlichen, militärischen und intellektuellen Potential bietet. Sie können alle jene Mäander der Geschichte vergessen, als ein wachsendes Deutschland andere europäische Länder schwächte, indem es Europa jedesmal konsequent an den Abgrund führte.

Dennoch sollte man der Geschichte nicht mit Gedächtnisverlust begegnen. In Europa waren einige Länder im Laufe ihrer historischen Entwicklung dem Wahn der Vormachtstellung verfallen. Deutschland, Rußland, Großbritannien, Frankreich, ebenso Italien und auch Polen. Sie sind dafür bestraft worden. Und an dieser Stelle möchte ich auf die eingangs zitierten Worte zurückkommen, die, bereits im Jahre 1939 ausgesprochen, erst kürzlich wieder zu hören waren: »Die Sache ist endlich klargeworden... Die Welt wird jetzt begreifen...«

Die Zukunft Europas ist noch immer nicht gesichert. Die Fäulnisprozesse im Osten sind keineswegs abgeschlossen; Rußland und andere Sowjetrepubliken, Rumänien, Bulgarien und sicher auch Jugoslawien werden noch viele Erschütterungen zu überstehen haben. Die vier mitteleuropäischen Länder haben ihre Bestimmung entdeckt und steuern verschiedenen Widerständen zum Trotz immer sicherer die europäischen Normen von Demokratie an: Neben der DDR, Ungarn und der Tschechoslowakei gehört auch Polen zu ihnen, das Land, in dem die ganze Bewegung ihren Anfang genommen hat. Aber vorerst sind es eben nur vier Staaten, während die Entwicklung in den übrigen nicht zuletzt auch von Ereignissen in Westeuropa abhängen dürfte.

Wer fürchtet sich nicht vor einem großrussischen Nationalismus, der von einer großdeutschen Vorherrschaft genährt wird? Wäre es nicht denkbar, daß auf ein Nachgeben gegenüber dem Expansionismus eine neue Welle der Intoleranz und eine neue Utopie folgen – diesmal vielleicht nicht eine braune oder rote, sondern eine ganz andere?

Auf solche Fragen sollten nicht nur die Politiker antworten, sondern die Deutschen ganz allgemein. Wir haben in Polen ein waches Bewußtsein für die Gefährlichkeit des Populismus in sich wiederbelebenden Demokratien. Doch es gibt noch eine andere Spielart des Populismus: einen staatlichen, der die europäische

Staatsräson und die Demokratie auf der Ebene der zwischenstaatlichen Beziehungen mißachtet. Hüten sollte man sich vor beiden.

Und noch einmal möchte ich das zweite Gegenargument aufgreifen, auf das wir bei der Antwort auf die Herausforderung der fallenden Berliner Mauer gestoßen sind: das Heimweh bzw. den Revanchismus. Indem ich diese Worte schreibe, besitzen wir gleichlautende Erklärungen beider deutscher Parlamente, Erklärungen von großer moralischer und politischer Kraft, und wir glauben, daß eine international rechtmäßige Form der Anerkennung des Status quo der Grenzen folgen wird. Dabei geht es für die Polen nicht nur um eine territoriale Aussage, sondern um einen Intentionstest.

Kürzlich hat die polnische Presse den Artikel einer deutschen Journalistin abgedruckt, in dem sie sich mit Äußerungen wie, die Grenze an Oder und Neiße solle verbinden und nicht trennen, auseinandersetzte; ihr Kommentar gipfelte in dem einfachen und kurzen Satz: »Nun also ist es an der Zeit, die Deutschen beim Wort zu nehmen.« Dieser kluge und ehrliche Satz aus dem Mund einer Deutschen legt das beste Zeugnis ab für das gegenwärtige nationale Bewußtsein der deutschen Gesellschaft. Aber ist dies denn ein neues Bewußtsein?

Ein in deutscher Sprache schreibender großer Europäer namens Johann Gottfried Herder aus Mohrungen, in der Nähe von Olsztyn, brachte dieses Bewußtsein schon vor über zweihundert Jahren zum Ausdruck, als er in seinen »Ideen über die Philosophie der Geschichte der Menschheit« vermerkte (zit. nach: Sämtliche Werke, Berlin 1909): »Durch welches alles dann, weil die lange Völkerwanderung zu Lande dazu kam, endlich in diesem Welttheil die Anlage zu einem großen *Nationen-Verein* gemacht ist, zu dem ohnehin ihr Wissen schon die Römer durch ihre Eroberungen vorgearbeitet hatten, und der schwerlich anderswo, als hier zu Stande kommen konnte. In keinem Welttheil haben sich die Völker so vermischt, wie in Europa: in keinem haben sie so stark und oft ihre Wohnplätze, und mit denselben ihre Lebensart und Sitten verändert. In vielen Ländern würde es jetzo den Einwohnern, zumal einzelnen Familien und Menschen schwer seyn, zu sagen, welches Geschlechtes und Volkes sie sind? (...) Durch hundert Ursachen hat sich im Verfolg der Jahrhunderte die alte Stammesbildung mehrerer Europäischer Nationen gemildert und verändert; ohne welche Verschmelzung der *Allgemeingeist Europa's* schwerlich hätte erweckt werden mögen.« (Teil IV, Buch 16, Kap. 6,2)

Das Geburtshaus Herders besuchte ich vor einigen Wochen, als ich den deutschen Bundespräsidenten Richard von Weizsäcker und seine Frau Marianne auf ihrer Polenreise begleitete und dabei gewissermaßen die Rolle des Hausherrn spielte. Der Präsident ahnte wohl, was in einem Gastgeber vorgehen mochte, der die Rückkehr eines Deutschen in das ehemalige Ostpreußen beobachtete, das heute überwiegend von Polen bewohnt wird, die dort auch schon seit zwei Generationen leben und dieses Gebiet als ihre Heimat betrachten. Dort, in Mohrungen, wo wir gemeinsam eine Herder-Ausstellung besuchten, fand ich einen Modus für die Beschreibung dieser Situation, wenn Deutsche in unsere westlichen und nördlichen Gebiete kommen, wenn sie durch die Straßen Breslaus, Danzigs oder Mohrungens spazieren. Folgende Analogie bot sich mir an: Meine Großeltern lebten in der Nähe Krakaus auf einem alten Herrenhof der Familie. Der Krieg, den sie nicht verschuldet hatten, bewirkte, daß nach seiner Beendigung ein weiterer Sturm über mein Land hinwegging, durch den sie nicht nur ihr Haus verloren, sondern auch alles, was es umgab. Und heute weiß ich, daß ich, der ich in Schlesien geboren wurde und der ich mein ganzes bisheriges Leben in Danzig zugebracht habe, nicht mehr in mein elterliches Haus zurückkehren werde, denn meine Zeit dort ist vorüber, und würde ich es zurückerhalten, der Lauf der Geschichte würde sich auch dann nicht umkehren – und er war sicherlich ungerecht und unverschuldet.

Dennoch fahre ich einmal im Jahr mit meinen Kindern dorthin, und wir gehen in den Park und auf den Friedhof – obwohl ich nun Danziger bin. Diese Besuche kommen meinem Heimweh entgegen und dienen dazu, mir zu vergegenwärtigen, wie relativ meine Heimat ist – in ihr sind sowohl Krakau als auch Danzig enthalten und Warschau, wo ich zur Zeit übergangsweise lebe. Und vielleicht sogar noch mehr: Sie helfen mir zu vergegenwärtigen, von welch tiefer Wahrheit die Worte des Europäers aus Mohrungen waren, wie relativ mein Europa wirklich ist.

In diesem guten Glauben stand ich gemeinsam mit Präsident von Weizsäcker in der Herder-Ausstellung, und sicherlich überlegten wir beide, was für ein Zeichen für Polen, für Deutschland und für Europa die Anwesenheit eines deutschen Präsidenten im polnischen Mohrungen sein könnte, im Anwesen eines Denkers, in dem das germanische Gefühl der Überlegenheit mit dem europäischen Gefühl für Gemeinschaft kämpfte, denn deshalb schreibt er an einer Stelle seiner »Ideen« über die Germanen: »(...) mithin durch seine weiten Eroberungen, und die Verfassung, die allenthalben umher nach Deutscher Art errichtet, [hat dieser Volksstamm] zum Wohl und Weh dieses Welttheils mehr als andere Völker beigetragen.« (Teil IV, Buch 16, Kap. 3)

Und an anderer Stelle über die Slawen: »Denn da sie sich nie um die Oberherrschaft der Welt bewarben, keine kriegssüchtige erbliche Fürsten unter sich hatten, und lieber steuerpflichtig wurden, wenn sie ihr Land nur mit Ruhe bewohnen konnten: so haben sich mehrere Nationen, am meisten aber die vom Deutschen Stamme, an ihnen hart versündigt.« (Teil IV, Buch 16, Kap. 4)

Und wie würde Herder heute die Dinge sehen? Vielleicht ähnlich wie Richard von Weizsäcker, der mir nach seiner Rückkehr aus Polen schrieb: »Ich bleibe überzeugt, daß die zukünftige Gestaltung Europas in hohem Maße von der Entwicklung der Beziehungen zwischen Polen und Deutschen abhängen wird. Dabei scheinen mir die Interessen beider Länder bereits stärker gleichgerichtet und die Interessengemeinschaft weiter entwickelt, als dies gegenwärtig wahrgenommen wird. Wir sollten auch insoweit die Lehren aus der Vergangenheit beherzigen.«

Die Vergangenheit kehrt also immer wieder, und deshalb hat Golo Mann recht, wenn er in einer seiner Reflexionen feststellt: »Wichtig ist jetzt einzig eine klare Vergangenheit, denn die Vergangenheit können wir nicht verändern, wir müssen sie aber dennoch kennen.«

Die Herausforderungen der Zukunft sind das Zu-Rate-Gehen mit der Vergangenheit und der Sieg über sie – nicht durch Vergessen, sondern durch Erkenntnis und Verständnis. Schließlich trifft es nicht zu, daß wir – in Deutschland, in Polen, in Europa – wechselseitig auf die Vergangenheit angewiesen wären. Das Urteil der Geschichte ist noch immer nicht gefällt, und vielleicht lohnt es sich, zu jener Erfahrung zurückzukehren, wie sie die europäischen Chroniken im Jahre 1000 verzeichneten, in Gniezno, als sich dort die beiden Staatsoberhäupter Otto III. und Boleslaw der Tapfere trafen. Das, was sich damals ereignete, kann mit voller Berechtigung als Beginn des neuzeitlichen Europa, als *große Vereinigung der Völker* – gleichberechtigter und freier Völker – beschrieben werden. Von dieser Zeit an wurden auf europäischem Boden viele Sünden begangen, und ihr Schlußakkord war das, was nach der amerikanischen Zeitung ein Vor-Auge-Führen *des einzigen realen ideologischen Streites* sein sollte.

In der Tat, der einzige heute reale ideologische Streit ist der Streit über das Europa der Zukunft, darüber, ob ich werde sagen können, ob mein deutscher Leser wird sagen können: mein Polen, mein Deutschland, mein Europa. Ich möchte das zu mir sagen können. Und deshalb habe ich es beim Abschied von Richard von Weizsäcker vor dessen Abflug von Danzig nach Bonn für notwendig erachtet, ihm gegenüber das zuverlässige Bekenntnis abzulegen: »Wenn Sie, Herr Präsident, wirklich ein Deutscher der Gegenwart sind, dann möchte ich als Pole gern Ihr Nachbar sein.«

Aus dem Polnischen übersetzt von Bettina Eberspächer.

Andrej Kortunov

Die Vereinigung Deutschlands: Niederlage Gorbatschows oder Sieg des neuen Denkens?

Fürchten die Russen ein vereinigtes Deutschland? Wird dieses neue Deutschland zwangsläufig militärische Sicherheitsinteressen der Sowjetunion in Europa gefährden, oder wird es zu einem stabileren Gleichgewicht auf dem Kontinent führen und damit auch der UdSSR neue Chancen bringen? Können wir diese Entwicklung als eine bedeutende (oder sogar *die* bedeutende) Niederlage der Außenpolitik Gorbatschows und Schewardnadses betrachten – oder als erneuten Sieg des neuen Denkens? Was für einen Einfluß kann die deutsche Einheit auf den politischen Kampf innerhalb der Sowjetunion haben?

Alle diese Fragen werden heute in Moskau von außenpolitischen Experten, Diplomaten, in militärischen und journalistischen Kreisen intensiv diskutiert. Glasnost und unabhängige Massenmedien haben die wirklichen Ängste und Hoffnungen der Gesellschaft zutage gefördert und die »monolithische Einheit« der Breschnew-Ära abgelöst. Natürlich konnte man beobachten, daß sich die Menschen in der UdSSR heute zuallererst mit ihren eigenen inneren Problemen beschäftigen – mit dem wirtschaftlichen Niedergang, den nationalen Unruhen im Baltikum und anderen Gebieten, mit der politischen Instabilität und vielem anderen mehr. Doch Deutschland ist zu nah, und die Veränderungen dort sind zu radikal, als daß man unparteiisch bleiben könnte.

Im Westen ist die Meinung weit verbreitet, daß die Mehrheit der Bevölkerung in der Sowjetunion (vom Militär einmal ganz abgesehen) der deutschen Vereinigung besorgt entgegensieht und sie als potentielle Bedrohung für die UdSSR begreift – sowohl politisch als auch militärisch. Diese Ansicht wurde sicherlich durch einige

Aussagen führender sowjetischer Politiker bestätigt. Ich will solche Ängste nicht überbewerten, sie können aber auch nicht ganz ausgeschlossen werden und bedürfen einer besonderen Analyse.

Zuerst einmal gibt es in Rußland Menschen, die sich noch immer an den Zweiten Weltkrieg erinnern und dazu neigen, die Aussicht einer Vereinigung Deutschlands mit einer erneuten militärischen Bedrohung zu verknüpfen. Solche Sorgen bewegen sich normalerweise im Rahmen sehr allgemeiner und stereotyper Vorstellungen (wie »Das Vierte Reich«, »Deutscher Revanchismus«, »Deutschlands Drang nach Osten«, »Erweiterung seines Lebensraumes« usw.); niemand versucht, sich ein konkretes Szenario eines deutschen Angriffs auf die nukleare Supermacht Sowjetunion auszumalen. Was diesen Menschen beim Wort »deutsche Bedrohung« wirklich im Kopf herumgeht, ist schlicht der Alptraum vom Sommer 1941 – Panzer mit Hakenkreuzen, die alles auf ihrem Weg niederwalzen, Bomben, die auf russische Städte fallen, brennende Dörfer und Weizenfelder, Chaos und Panik der Evakuierung.

Selbstverständlich wird jemand, der die politischen Entwicklungen in beiden Teilen Deutschlands verfolgt und auch nur etwas über die gegenwärtige strategische Lage in Europa weiß, diese Ängste nicht ernst nehmen. Heute betrachten viele Sowjetbürger die Bundesrepublik als eine starke, liberale Demokratie mit vollentwickelter öffentlicher Verantwortung und tiefwurzelnder Verankerung des bürgerlichen Gesetzes. Dennoch hat vor kurzem das Auftauchen der Neo-Nazis und antisowjetischer Ressentiments in Ostdeutschland, das in der sowjetischen Presse weitgehend verschwiegen wurde, den Befürchtungen weitere Nahrung gegeben. Erwähnenswert ist ferner, daß die konservativen Medien in Moskau dem plötzlichen politischen Erfolg der deutschen Republikaner im letzten Jahr besondere Aufmerksamkeit schenkten und Unklarheiten in der Haltung Bonns zur Frage der Nachkriegsgrenzen entdeckten. Ihre Botschaft ist: »Man kann den Deutschen nicht vertrauen, ein starkes Deutschland ist immer gefährlich.«

Dennoch wäre es falsch zu meinen, daß solch irrationale Angst vor Deutschland die öffentliche Meinung in der Sowjetunion beherrscht. Charakteristisch ist sie für einen Teil der älteren Generation, die schon fast ausgestorben ist (ein Mann, der 1941 zwanzig war, als Deutschland die Sowjetunion angriff, ist heute fast siebzig). Für die Mehrheit der sowjetischen Bevölkerung ist der Zweite Weltkrieg nur eine Seite im Geschichtsbuch, etwas, das mit den heutigen politischen Verhältnissen in Europa wenig zu tun hat. Außerdem muß der Geist von Glasnost auch die Einstellung zur Geschichte des Zweiten Weltkriegs verändern: Heute sind nicht mehr allein Hitler und Deutschland für das, was 1941 geschah, verantwortlich zu machen; auch Stalin und seine Anhänger haben schuld daran.

Die Ängste der jüngeren Leute sind mehr politischer als militärischer Natur: Wenn »ihr« Deutschland »unser« Deutschland schluckt, wird das eine spürbare Verschiebung im Kräftegleichgewicht Europas und eine entscheidende Niederlage der Sowjetunion bedeuten. Diese Logik bezieht sich natürlich nicht nur auf Deutschland. Die umfassendere Frage ist: Wem ist das östliche Europa entglitten? Solch ein »imperiales« Denken kennzeichnet einen Teil der kommunistischen Parteibürokratie, die den Wandel in Osteuropa als offenkundiges Versagen Gorbatschows betrachtet; gescheitert sei der Anspruch der Perestroika, ein funktionierendes Modell des »reformierten Kommunismus« zu schaffen und damit die »natürliche« russische Einflußsphäre zu erhalten. Wegen dieses »Versagens« sah sich der sowjetische Führer auf der Plenarsitzung des Zentralkomitees der KPdSU im Februar scharfer Kritik von seiten der Rechten ausgesetzt.

Doch solch ein Verständnis der deutschen Frage wird von Vertretern des neuen Denkens heftig kritisiert. Bedeuten die Worte »ihr Deutschland« und »unser Deutschland« heute noch irgend etwas? Und werden sie morgen noch etwas bedeuten? Schließlich ist die Bundesrepublik einer der hartnäckigsten wirtschaftlichen Konkurrenten der Vereinigten Staaten. Und die politischen Ansichten Erich Honeckers waren den konservativen Gegnern von Gorbatschow in der Sowjetunion viel ähnlicher als den Konzepten von Glasnost und Perestroika. Wenn jemand trotz allem jedoch die Frage stellt, »Wer hat Deutschland verloren?«, muß klargestellt werden, daß Deutschland nicht 1989 und nicht 1985 – als Gorbatschow in Moskau an die Macht kam – »verlorenging«, sondern 1961, als der Bau der Berliner Mauer der ganzen Welt die Unfähigkeit dieses Staatssozialismus bewies, Geist und Seele des deutschen Volkes zu gewinnen.

Weiterhin unterstreichen Moskaus liberale Intellektuelle die moralische Dimension der Vereinigungsfrage. Moralische Werte haben erst dann wirkliche Bedeutung, wenn man auch bereit ist, für sie zu zahlen. Das Prinzip der »freien Wahlmöglichkeiten«, das Gorbatschow proklamierte, darf nicht auf auserwählte Völker und Nationen beschränkt werden, um den unmittelbaren Interessen der sowjetischen Außenpolitik zu dienen. Wenn die Deutschen jetzt ihre Wahl getroffen haben, sollte man das respektieren. Ein Großteil der russischen Intelligenz fühlt sich ohnehin insgeheim schuldig dafür, daß die Sowjetunion vier Jahrzehnte lang Familien und Freunde in Deutschland getrennt hat.

Auch die Logik des neuen Denkens unterstreicht, daß die Vereinigung nicht gefährlich sein kann, wenn sie zu einem demokratischen Deutschland in einem demokratischen Europa führt. Die Liberalen in Moskau kritisieren Gorbatschows Deutschlandpolitik durchaus, aber von links; von einem liberalen Standpunkt aus: Gorbatschow habe sich zu spät von dem autoritären Regime Honeckers losgesagt, er habe zu lange zur Mauer und zu Menschenrechtsverletzungen in der DDR geschwiegen, in der Vereinigungsfrage sei er zu vorsichtig und manchmal zu unklar gewesen, und so fort. Diese Kritik mag richtig oder falsch sein, sie untermauert jedenfalls kein konservatives Weltbild.

Mit der Frage der Einheit ist jedoch noch ein anderes, eher praktisches Problem verbunden. Viele Jahre lang war Ostdeutschland der Haupthandelspartner der UdSSR. Die sowjetische Wirtschaft und die sowjetischen Konsumenten sind von Warenimporten aus der DDR abhängig, und wenn dieser Handel auf Grund der Vereinigung und der Währungsreform drastisch beschnitten würde, wäre das ein harter Schlag – besonders unter den heutigen Bedingungen der schweren Wirtschaftskrise in der UdSSR.

Liberale sowjetische Wirtschaftsexperten sind von der Stichhaltigkeit dieses Arguments jedoch nicht überzeugt. Ohnehin verfolgt die Sowjetunion das Ziel, den Handel mit allen osteuropäischen Nationen künftig auf der Basis von Weltmarktpreisen und harter Währung abzuwickeln. Wir könnten unsere extrem künstlichen Handelsbeziehungen mit der DDR gar nicht aufrechterhalten, selbst wenn ein solches Land weiterexistiert. Und warum sollte die Sowjetunion nicht vom Vereinigungsprozeß profitieren und ihre verschiedenen Handels-, Wirtschafts-, Wissenschafts und Technikbeziehungen mit dem früheren Ostdeutschland dazu benutzen, um die Integration der Sowjetökonomie in gesamteuropäische Wirtschaftsstrukturen zu beschleunigen? Warum kann das Gebiet der einstigen DDR nicht eine Art natürliche Brücke zwischen der UdSSR und Westeuropa werden? Das verlangt zwar von sowjetischer Seite eine Menge Phantasie und Unternehmungsgeist, wäre aber ein echtes »Tor zur Welt«, durch das man gehen kann.

Trotz allem: Was denkt der Mann auf der Straße über die deutsche Vereinigung? Unterstützt er die Konservativen oder die Liberalen? Nach der letzten öffentlichen Meinungsumfrage, die im April 1990 in neun sowjetischen Republiken durchgeführt wurde, stehen 60 Prozent der Sowjetbürger der deutschen Einheit positiv gegenüber, 24 Prozent lehnen sie ab, 16 Prozent haben keine Meinung dazu. Die meisten empfinden Sympathie für die Deutschen, obgleich sie die Ostdeutschen immer noch für der Sowjetunion näherstehend halten als deren westliche Landsleute (66 Prozent mögen die Ostdeutschen, 23 Prozent haben den DDR-Bürgern gegenüber gemischte Gefühle, und nur 3 Prozent mögen die Ostdeutschen nicht; die Vergleichszahlen für die Bundesrepublik lauten 42, 36 und 11 Prozent).

Die Umfrage zeigt, daß die sowjetische Öffentlichkeit keine besonderen Gefühle gegen die Einheit hegt. Sie ist nicht ganz so optimistisch wie die Amerikaner (61 Prozent der Amerikaner sind für die Vereinigung, nur 15 Prozent dagegen), aber weniger skeptisch als die Briten (45 und 30 Prozent) und nicht so pessimistisch wie die Polen (41 und 44 Prozent).

Die Umfrage zeigt auch, daß die Erinnerungen zwar die öffentliche Meinung beeinflussen, aber nicht der wichtigste Faktor sind.

Nur 40 Prozent meinen, daß ihre Einstellung zur deutschen Wiedervereinigung von der Geschichte, und besonders der Erfahrung des Zweiten Weltkriegs, geprägt ist. Doch hier tut sich wirklich eine Kluft zwischen den Generationen auf: 68 Prozent der Menschen unter dreißig befürworten die Vereinigung, und nur 18 Prozent lehnen sie ab. Ältere Leute sind viel vorsichtiger mit ihrer Einschätzung. Erwartungsgemäß neigen Menschen mit höherem Bildungsgrad eher dazu, die Einheit zu unterstützen, als die weniger Gebildeten.

Hingegen macht sich die sowjetische Öffentlichkeit große Sorgen über die Frage der künftigen deutschen Grenzen. 63 Prozent der Leute meinen, daß Deutschland das Prinzip der Unverletzlichkeit der Nachkriegsgrenzen als Vorbedingung für die Vereinigung anerkennen müsse. 13 Prozent sehen eine solche Bestätigung als wünschenswert an, 11 Prozent halten das nicht für wesentlich, und 13 Prozent haben hierzu keine definitive Meinung.

Im großen und ganzen wird die deutsche Vereinigung in der Sowjetunion nicht als Niederlage Gorbatschows betrachtet. Die Gesellschaft ist insgesamt nicht sehr empfänglich für die Argumente der politischen Opposition; vielmehr glauben die Menschen, daß die Vereinigung ein natürlicher und letzten Endes wünschenswerter Prozeß ist und daß alle Versuche, sie zu verhindern oder auch nur zu verlangsamen, ungerecht und unproduktiv sind.

Was also sollte die Sowjetunion in der Frage der deutschen Vereinigung tun? Zuerst einmal wäre es unsinnig, die Möglichkeiten der UdSSR, der USA oder irgendeines anderen Landes zu überschätzen, Formen und Bedingungen der Vereinigung festlegen zu können. Auch der Prozeß kann kaum von außen bestimmt werden. Das vereinigte Deutschland soll und wird die volle Kontrolle über sein Territorium ohne diskriminierende Beschränkungen seiner Souveränität erhalten. Dennoch könnte ein gemeinsames Vorgehen von Ost und West in dieser Frage den Einigungsprozeß in Deutschland beeinflussen und – was noch wichtiger ist – die Vereinigung mit der Schaffung einer neuen Sicherheitsstruktur in Europa verbinden.

In diesem Punkt denkt die sowjetische Öffentlichkeit viel konservativer. Ihre Präferenz (enthalten in der ursprünglichen offiziellen Position der UdSSR, die Ende 1989 unterbreitet wurde) kann als eine »traditionalistische« Option bezeichnet werden, da sie von der Sowjetunion schon in den fünfziger Jahren vertreten wurde. Sie läuft auf ein neutrales Deutschland hinaus, mit dem Ergebnis, daß der Westen die Nato und der Osten den Warschauer Pakt verlassen und einen Staat nach dem Vorbild Österreichs bilden (der Friedensvertrag mit Deutschland wird sich in diesem Fall an den Staatsvertrag von 1955 anlehnen). Die vier Mächte würden die deutsche Neutralität garantieren und mit einer neuen deutschen Regierung einen besonderen Vertrag über Form und Stärke der Streitkräfte abschließen. Umfragen zufolge betrachten 67 Prozent der Sowjetbürger die Neutralität als – zumindest theoretisch – bestmögliche Lösung für Deutschland.

Viele Intellektuelle jedoch haben diese »traditionalistische« Option scharf kritisiert. Sie meinen, daß sich diese Lösung anbot, als der Kalte Krieg in vollem Gange war. Das Hauptziel war damals, die Konfrontation zweier Blöcke in Europa zu verfestigen, indem man einen Puffer zwischen ihnen schuf. Heute würde eine solche Blockfreiheit eher zur Instabilität in Europa als zur Entspannung beitragen: Der Kontinent bekäme ein unabhängiges »Machtzentrum« mit unklaren politischen Bestrebungen, einer unvorhersagbaren militärischen Strategie und einem enormen Wirtschaftspotential. Mit den Worten von Kanzler Kohl würde Deutschland ein »Wanderer zwischen zwei Welten« werden – sowohl politisch als auch militärisch.

Früher oder später würde sich dieses neue Machtzentrum zu einem Quell der Angst entwickeln und wäre dem Druck von seiten der Nachbarn ausgesetzt. Die Versuchung, ein neutrales Deutschland auf die eine oder andere Seite ›herüberzuziehen‹, wäre sowohl für die UdSSR als auch für die USA zu stark, um ihr widerstehen zu können – zumindest würde jede Seite der anderen solche Absichten unterstellen –, und der deutsche Zankapfel wäre damit zu einem neuen und sehr ernsten Problem der sowjetisch-amerikanischen Beziehungen und der zerbrechlichen Basis ihrer Zusammenarbeit geworden. Aber auch in der Zusammenarbeit der vier Mächte würde die deutsche Sicherheitsfrage zum Stein des Anstoßes werden. Eine bestimmte Haltung Frankreichs oder der Briten könnte das ganze Sicherheitssystem erschüttern. Insgesamt betrachtet, so meinen die Gegner der »traditionalistischen« Option, ist die neutralistische Konzeption nicht mehr angemessen, seit die Ost-West-Konfrontation abnimmt.

Vertreter des neuen Denkens haben sich einer »modernen« Lösung, wie ich das nennen würde, zugewandt. Dem näherte sich die sowjetische offizielle Position[1] im Frühjahr 1990 an. Danach sollten sich beide Teile Deutschlands vereinigen und zugleich in den militärischen, politischen und wirtschaftlichen Bündnissen bleiben, denen sie zur Zeit angehören. Die Bundesrepublik Deutschland bliebe dann in der Nato und der Europäischen Gemeinschaft und die DDR im Warschauer Pakt und im Comecon. Dadurch würde Deutschland zu einem Testfall konstruktiver Zusammenarbeit zwischen den Allianzen und zugleich Ort einer allmählichen Umwandlung in gesamteuropäische Sicherheits- und Wirtschaftsstrukturen. So ginge die deutsche Vereinigung Hand in Hand mit europäischen Entwicklungen und würde sie beschleunigen. Zum ersten Mal in der Geschichte würde Deutschland Europa eher verbinden als teilen.

Theoretisch sieht die »moderne« Lösung fehlerlos aus, in der Praxis jedoch wäre sie nur dann ideal, wenn man von der Vereinigung zweier gleich starker Staaten und der Zusammenarbeit zweier lebensfähiger Bündnisse sprechen könnte. Heute jedoch kann wahrlich keine Rede sein von einem »Gleichgewicht« im Vereinigungsprozeß. Die Bundesrepublik ist der starke und die DDR der schwache Teil. Daher ist es Bonn und nicht Berlin, das Formen und Bedingungen der Einheit diktiert.

Gleichermaßen schwierig ist es, von einem Gleichgewicht zwischen Nato und Warschauer Pakt zu sprechen, der europäischen Gemeinschaft und dem Comecon. Ist die Nato weitgehend ein

---

1 Vgl. dazu Eduard Schewardnadses Artikel in der Zeitschrift »Nato's fifteen nations«.

politisches Bündnis mit einer komplexen Struktur permanenter Einrichtungen und Gremien, hat es der Warschauer Pakt nicht vermocht, mehr oder weniger bedeutende politische Einrichtungen hervorzubringen – und seine militärischen zerfallen rapide. Daß der Warschauer Pakt in absehbarer Zukunft neue politische Strukturen entwickelt, scheint mehr als unwahrscheinlich. Jeder Vorstoß der Sowjetunion in dieser Richtung würde in den osteuropäischen Ländern nur Mißtrauen hervorrufen. (Noch vor zwei Jahren oder sogar einem Jahr hätte die Sowjetunion ein neues politisches Gesicht des Warschauer Pakts gegen den Abzug ihrer Truppen eintauschen können, heute ist es dazu zu spät.)

Ein Vergleich zwischen Europäischer Gemeinschaft und Comecon ist noch augenfälliger: Während die erste munter auf dem Weg zu einem gemeinsamen Markt für Waren, Arbeit und Kapital voranschreitet, erlebt die andere Wirtschaftszone eine tiefe Krise, die ihre Mitglieder nicht einmal mehr zu beheben suchen.

Aus diesem Grund ist die »moderne Option« wohl eher ein intellektuelles Sandkastenspiel als eine praktikable Lösung. Die deutsche Vereinigung sollte nicht als neue Quelle benutzt werden, um überholte Strukturen zu rechtfertigen.

Schließlich gibt es noch eine dritte, »realistische« oder »pragmatische« Lösung. Gesamtdeutschland wird Teil der Nato, erhält aber mit Rücksicht auf die Sicherheitsbelange seiner Nachbarn einen besonderen Status. Entweder wird die militärische Zuständigkeit der Nato nicht auf das ehemalige DDR-Territorium ausgedehnt (Ostdeutschland würde dann eine entmilitarisierte Pufferzone im Zentrum Europas), oder die Rolle Gesamtdeutschlands in der militärischen Organisation des Bündnisses wird verändert (das könnte praktisch auf eine reduzierte Mitgliedschaft in den militärischen Institutionen oder den völligen Austritt aus ihnen hinauslaufen). Doch scheint eine gewisse Einbindung Deutschlands in die militärischen Strukturen der Nato wünschenswert: In diesem Fall müßte Deutschland nämlich keinen eigenen Generalstab oder nukleare und chemische Potentiale entwickeln. Die sowjetischen Truppen werden allmählich vom Gebiet der einstigen DDR abgezogen, die amerikanische Militärpräsenz in Deutschland auf einen symbolischen Nenner verringert. Dabei ist die amerikanische Präsenz in Deutschland nicht mit der sowjetischen gleichzusetzen: Auch nach dem Abzug der Sowjets würden die Deutschen vermutlich gern ein paar Amerikaner dabehalten.

Auf den ersten Blick sieht diese Lösung nach nichts anderem aus als einer klaren sowjetischen Niederlage. Die Nato greift nach dem Osten. Die Hauptergebnisse des Zweiten Weltkriegs werden durchkreuzt. Das konventionelle Gleichgewicht in Europa verschiebt sich zugunsten des Westens (der einzige Gewinn ist, daß Polen stärker an der Zusammenarbeit mit der UdSSR in Sicherheitsfragen interessiert sein wird, wenn es einem vereinigten Deutschland gegenübersteht – ein Gewinn, der die Verluste nicht ausgleichen kann). Wen wundert es, daß Gorbatschow wenig Interesse an einem solchen Ergebnis gezeigt hat.

Ist aber diese irrationale Furcht vor der Nato nicht eben ein Überrest des alten Denkens? Was für eine Rolle wird der Atlantikpakt spielen, wenn der Ost-West-Konflikt der Vergangenheit angehört? Das System der Blöcke (falls man die Nato unter den neuen Bedingungen überhaupt noch als Block bezeichnen kann) wird zu einem »Sicherheitsmechanismus« der westlichen Länder, und das auch nur so lange, wie die politische Zukunft der Sowjetunion für den Westen unklar ist. Unfair wäre es, dem Westen solch einen »Sicherheitsmechanismus« zu verweigern, wenn wir in der UdSSR selbst nicht einmal wissen, was uns die Zukunft bringt.

Im übrigen aber wird die Nato den zentrifugalen Kräften nachgeben und sich allmählich in einen formlosen »politischen Klub« westlicher Demokratien verwandeln, dessen Erklärungen »atlantischer Solidarität« und gemeinsamer historischer Aufgaben mehr und mehr wie Rituale klingen werden. Man kann sich sogar eine osteuropäische und sowjetische Teilnahme in einigen politischen Institutionen der Nato vorstellen, zumindest als Beobachter. Zumal die Nato Konflikte und Widersprüche zwischen eigenen Mitgliedsstaaten nie sehr erfolgreich gelöst hat (der fortwährende griechisch-türkische Konflikt ist ein lebendiges Beispiel dieser Unfähigkeit), ist es sehr wahrscheinlich, daß praktische Fragen meist in den Gremien der Europäischen Gemeinschaft entschieden werden, in den neuen gesamteuropäischen Strukturen, im Rahmen der Vereinten Nationen und anderer Einrichtungen, die nichts mehr mit der Block-Konfrontation aus der Zeit des Kalten Kriegs zu tun haben werden. Anstelle der Nato wird die EG die Schlüsselrolle im künftigen Europa spielen, vorausgesetzt, daß die Gemeinschaft als Folge des gemeinsamen Marktes wirtschaftlich stärker und politisch mächtiger werden wird. Bemerkenswert ist, daß einige osteuropäische Nationen, die vor einem vereinigten Deutschland theoretisch mehr als die Sowjetunion zittern müßten, in der Praxis die deutsche Nato-Mitgliedschaft, einschließlich des militärischen Aspekts, unterstützen. Das sagt einiges über die veränderten Sicherheitskonzepte in Europa.

Jeder Versuch, die Nato durch ein striktes System militärischer und politischer Verpflichtungen für Deutschland zu stärken, wird nur den Zerfall des Bündnisses beschleunigen: Das vereinigte Deutschland wird es der Nato kaum erlauben, zur Zwangsjacke für die Deutschen zu werden, nur um ihrem angeschlagenen Nachkriegsstatus in Europa und der Weltpolitik neues Leben einzuhauchen. Und Brüssel und Washington sind sich dieser Entschlossenheit des deutschen Volkes bewußt.

Ich halte es für den besten Vorschlag der Sowjets, die Desintegration der Blöcke in Europa zu fördern, die Wiener Verhandlungen zu unterstützen, Truppen aus Ungarn, der Tschechoslowakei und Polen so bald wie möglich abzuziehen und die militärische Präsenz in Ostdeutschland radikal und einseitig zu reduzieren. Dem entspricht auch die öffentliche Meinung in der Sowjetunion, der zufolge nur elf Prozent den Verbleib der Sowjettruppen im vereinigten Deutschland für nötig halten.

Es mag verwundern, daß das Militär in dieser Frage eindeutiger denkt als irgendeine andere größere soziale Gruppe: 95 Prozent des sowjetischen Militärs unterstützen den vollständigen Abzug vom Territorium der einstigen DDR. In der Realität läßt sich also die vielberufene Opposition militärischer Kreise gegen Gorbatschow nicht belegen.

Den Sicherheitsinteressen der Sowjetunion ist mit der Truppenreduzierungsvereinbarung des Wien-II-Abkommens besser gedient als mit dem »Zwei plus Vier«-Treffen. Höchst unwahrscheinlich ist es, daß das vereinigte Deutschland mehr Streitkräfte braucht als die heutige Bundesrepublik. Die Einhaltung der Wiener Vereinbarungen wird streng überwacht und damit allen Beteiligten – einschließlich der Sowjetunion – zusätzliches Vertrauen in ihre Sicherheit geben. Was die »Zwei plus Vier«-Gespräche anbetrifft, so ist ihre Hauptaufgabe, die besonderen Rechte und Verantwortlichkeiten der vier Mächte für Berlin und Gesamtdeutschland abschließend zu klären.

Welchen Weg die Entwicklungen in Europa auch nehmen werden: Der politische Einfluß der Sowjets auf dem Kontinent muß sich in den kommenden Jahren verringern. Das ergibt sich aus dem absehbaren Ende der bipolaren Konfrontation auf dem Kontinent (hier muß sich auch die Position der Vereinigten Staaten verändern) und dem zunehmenden wirtschaftlichen, wissenschaftlichen und technologischen Vorsprung des Westens.

Doch auch wenn die sowjetische Rolle als Supermacht zu Ende geht, kann Rußland ein vollwertiges Mitglied der europäischen Politik werden, wie es das immerhin drei Jahrhunderte hindurch gewesen ist. Vielleicht wird es für ein kleineres und daher homogeneres Rußland leichter sein, sich mit Europa zu verbinden, als für die große Sowjetunion. Die neue deutsche Öffnung gen Osten gibt Rußland Gelegenheit, an der Schaffung einer umfassenden Europäischen Gemeinschaft teilzuhaben. Es wäre unklug, diese Chance zu verpassen.

Aus dem Englischen übersetzt von Elke Hosfeld.

András Hajdu

Systemwechsel voller Tücken

Nach dem Scheitern des gesellschaftlichen Experiments in Ostmitteleuropa ist auch der Handlungsrahmen einer fünfundvierzigjährigen internationalen Ordnung zum Scherbenhaufen geworden. Für Ungarn bedeutet das: eine Überprüfung seines inneren wie äußeren Gefüges und eine Erneuerung in wesentlichen Elementen. Älteren Menschen steht hier der vierte oder fünfte Systemwechsel bevor – wie er zum Beispiel einem glücklicheren Westeuropäer während seines ganzen Lebens kein einziges Mal abverlangt wurde. Man darf sich also nicht wundern, daß in Ungarn Angst um sich greift: Angst vor dem Systemwechsel, vor den damit unvermeidlich einhergehenden Erschütterungen, vor der Wirtschaftskrise – die schon seit mehreren Jahren andauert – und Angst vor dem Zusammenbruch der erwähnten internationalen Ordnung.

Die Deutschen spielen – für so manchen vielleicht erstaunlicherweise – in diesem Angstgefüge der Ungarn kaum eine entscheidende Rolle. Wir haben unsere eigene Angstkollektion. Die Deutschen gehören eher in ein anderes Stück; ihnen ist die positive Heldengestalt zugefallen, der Part, dem – bis jetzt – alles gelungen ist. Wenn also in Ungarn negative Gefühle den Deutschen gegenüber zu verzeichnen wären, dann allerhöchstens Neid.

Ein Systemwechsel ist keine einfache Angelegenheit: Da werden Eliten ausgetauscht, Werte geändert, menschliche Schicksale geraten in völlig neue Bahnen. In Ungarn konnten wir – bis jetzt – alles in geordneten Verhältnissen abwickeln; da floß kein Blut, Massendemonstrationen waren nicht nötig; im Zusammenhang mit dem Wechsel wurde niemand eingesperrt. Wir könnten also ein gewisses Selbstvertrauen haben, aber wir haben diese positiven Entwicklungen noch nicht in positive innere Einstellungen umgewandelt. Wir sind noch auf dem Weg zu neuen Orientierungspunkten: innen wie außen. Es wäre am besten, diese Suche im Zusammenhang mit den internationalen Entwicklungstendenzen abzuwickeln und gemeinsame innere und äußere Perspektiven zu finden, die auch beim Umbau der internationalen Umgebung Gültigkeit haben könnten. Und da fällt in jedem Gespräch, in jedem Vortrag und in jeder Studie das Zauberwort »Europa«. Dies ist der neue Orientierungspunkt für politische Institutionen, für Kultur, Wirtschaft und menschliche Dimensionen.

Einem zeitgeschichtlich einigermaßen Belesenen kommt diese Situation bekannt vor: Nach dem Zweiten Weltkrieg, einem wesentlich blutigeren »Systemwechsel«, fanden eben die Deutschen dieses Zauberwort für sich selbst als Orientierung, und sie hatten Erfolg damit. Es lohnt sich also, im Zuge des ungarischen Systemwechsels nach historischen Paralellen zu suchen und erfolgreiche Beispiele auf die ungarischen Verhältnisse zu übertragen. Die europäische Identität, ein Teilhaben an den europäischen Prozessen kann ebendiesen Systemwechsel abstützen, eventuell den ganzen Prozeß behutsam beschleunigen. Und das ist der zweite Punkt: In der Geschichte haben die Deutschen für die Ungarn immer wieder auch die Verbindung zu Europa bedeutet. Ein genaues Hinsehen ist also auch deswegen angebracht: aus aktuellem Anlaß, aber auch aus Gründen der historischen Tradition.

Es wäre nicht falsch anzunehmen, daß das deutsch-ungarische Verhältnis den ersten entscheidenden Anstoß im Jahre 955 auf dem Schlachtfeld bei Augsburg erhalten hat. Hier haben die Deutschen den ungarischen Streifzüglern eine blutige, endgültige Lektion erteilt und damit einen vielleicht maßgeblichen Impuls zur »Europäisierung« der Ungarn geliefert.

Staatliche Verbindungen gab es jahrhundertelang noch nicht, dafür aber ein verbreitetes Angstgefühl. Man fürchtete Germanisierungstendenzen – oder, anders ausgedrückt: den Sog des habsburgschen Zentralismus. Der Widerstand dagegen wurde zur progressiven Tradition der ungarischen Elite. Trotzdem befanden wir uns vom Ende des 19. Jahrhunderts an in einem gemeinsamen Lager mit den Deutschen sowohl Wiener als auch Berliner Provenienz, was zu schwerwiegenden Konsequenzen führte: Wir verloren als Allianzpartner gemeinsam den Ersten Weltkrieg. Die Folgen waren für Ungarn wesentlich verheerender als für die Deutschen. Ungarn mußte zwei Drittel seines Staatsgebietes abgeben, viele Millionen Landsleute gerieten unter Fremdherrschaft. Dieser Schock ist für Ungarn bis heute nicht ausgestanden, und das Gefühl einer Schicksalsgemeinschaft mit den Deutschen ist nie ganz erloschen.

In der Zwischenkriegszeit ist dieses Gefühl erhalten geblieben. Die Machtergreifung Hitlers aber wurde in Teilen der ungarischen politischen Elite zuerst mit Unbehagen, dann mit zunehmendem geistigem Widerstand aufgenommen; ein anderer – bedeutenderer – Teil dieser Elite dachte jedoch, daß die verlorenen Gebiete und Landsleute eben mit Hilfe der Deutschen zurückgeholt werden könnten. Auf diese Weise spaltete sich die politische Oberschicht in einer Schicksalsfrage der Nation, und das Verhältnis zu den Deutschen spielte dabei eine entscheidende Rolle. Die Deutschen ihrerseits wählten selbstverständlich »die deutsche Partei« als Partner, was nach 1945 das Verhältnis der beiden Nationen belasten mußte.

Nach der Niederlage begann Westdeutschland unter Aufsicht der Besatzungsmächte seinen Systemwechsel: Mit theoretischem und praktischem Beistand wurden demokratische Institutionen und Verfahren geschaffen, demokratisch nichtqualifizierte Personen wurden herausgefiltert, ein neuer Staatsaufbau wurde entworfen. Dieser Entwicklung hat man in Ungarn damals wenig Aufmerksamkeit geschenkt. Vorherrschende Meinung war, daß die Deutschen Ungarn schon zum zweitenmal in einen Krieg mit schlimmen Folgen gezerrt hatten. Es war also nicht besonders populär, deutschfreundlich zu sein. Konsequenzen für die hauptsächlich betroffene Elite waren unabwendbar.

Damit war aber auch eine Grundlage für den Systemwechsel in Ungarn geschaffen, ebenfalls unter Aufsicht einer Besatzungsmacht – mit wohlbekannten Folgen. Der Weg Ungarns führte – beziehungsweise wurde umgeleitet – in Richtung Sowjetunion, besser gesagt: hin zu stalinistischen Strukturen. Während ein Teil der Deutschen mit dem Ausbau demokratischer Institutionen begann, machte Ungarn eine falsche Entwicklung durch. Während die Westdeutschen mit der Aufarbeitung ihrer Vergangenheit beschäftigt waren, bewahrte Ungarn seine historische Verspätungstradition.

Trotzdem sind gewisse Analogien in der Situation Deutschlands im Jahre 1945 und Ungarns in den Jahren 1989/90 nicht zu leugnen. Es lohnt sich also, genauer anzusehen, wie es die Deutschen in der berühmten Stunde Null machten. Von wem nahmen sie Hilfe an? Von wem wurde diese Hilfe aufgezwungen? Was haben die Deutschen von ihren Traditionen bewahrt? Was passierte mit den Leuten des alten Regimes? Vielleicht könnten in Ungarn auf diese Weise damals begangene Fehler vermieden werden. Dieses Hinsehen haben die Ungarn damals versäumt – die Deutschen waren kein Beispiel, selbst »unsere« Deutschen (in der DDR) nicht.

Bei der Teilung der Welt mußten auch unsere Gefühle, unsere Seele hinsichtlich der Deutschen geteilt werden: wegen der »guten« und der »schlechten« Deutschen. Aber das ist eigentlich nie gelungen.

In allfälligen Diskussionen über »gute« und »schlechte« Deutsche gab es nur eine unverrückbare Größe: Willy Brandt. Er und seine Ostpolitik können gar nicht hoch genug eingeschätzt werden. Er schuf in Osteuropa das öffentliche – und »offiziell« bestätigte – Bild des guten Westdeutschen. Wir *durften* uns also nicht nur für Ulbricht und Honecker begeistern – was kaum jemand tat –, sondern auch für einen westdeutschen Politiker. Im Grunde hat die Herstellung der deutschen Einheit also in den Köpfen und in den Gefühlen der Ungarn, möglicherweise in Osteuropa überhaupt, mit der Ostpolitik begonnen.

Willy Brandt verkörperte den »guten« Deutschen. Er wirkte wahrscheinlich auch innerhalb der Bundesrepublik als Katalysator: Die Deutschen waren plötzlich wieder »wer«, auch in den Augen der Osteuropäer. Aber diese Rolle verursachte keine Ängste. Im Gegenteil: Brandt war die Negation des furchterregenden Deutschen. Damit hat er ein in Osteuropa wichtiges Herrschaftsinstrument, das immer wieder mißbrauchte Argument des Bedrohtseins, unwirksam gemacht. Nach Willy Brandt waren all jene, die es mit der militärischen Bedrohung durch die Deutschen versuchten, unglaubwürdig. Der Abriegelung den Deutschen gegenüber wurde damit auch die Grundlage entzogen, und der Slogan »Wandel durch Annäherung« begann seine Wirkung zu zeigen. Die Grundlagen der Teilung waren damit erschüttert. Plötzlich schien vieles möglich.

Auf der anderen Seite machten diese Lockerungen – zusammen mit anderen wichtigen inneren und äußeren Faktoren – Reformbestrebungen möglich. Vorhandene Tendenzen in dieser Richtung verstärkten sich und bekamen neue Aspekte. So konnte sich ein weltwirtschaftlich orientierendes Ungarn mit reinem Gewissen immer mehr seinen traditionellen Handelspartnern zuwenden. Historisch gewachsene Verbindungen konnten ohne Scheu offen reaktiviert werden. »Die deutsche Verbindung« erwies sich sogar als Gegenstand des Stolzes.

Auch die Ungarndeutschen kamen bei diesem Wandel auf ihre Kosten. Ein langsam erwachendes Bewußtsein für die ungarischen Minderheiten in den Nachbarstaaten – zuerst entgegen offiziellen Absichten, dann kurze Zeit geduldet, zuletzt als Teil der offiziellen Politik – richtete die Aufmerksamkeit auf die in Ungarn lebenden Minderheiten, unter ihnen auf die größte, die deutsche Minderheit. Ihre Lage war und ist zwar nicht völlig zufriedenstellend, aber die Beschäftigung mit ihr ist Teil der zwischenstaatlichen Kooperation. Die Situation der deutschen Minderheiten in Ungarn kann also nicht zum Zankapfel werden und schon gar nicht Gegenstand einer Bedrohung.

Heute befinden sich beide, Deutsche und Ungarn, wieder an einem Wendepunkt ihrer jeweiligen Geschichte: Die Deutschen vereinigen sich, die Ungarn machen ihren Systemwechsel durch. Wie stehen die Chancen der Beziehungen jetzt? Was ist mit den Ängsten?

Im ungarischen Parlament sind zur Zeit sechs Parteien vertreten. In einem relativ neuen Mehrparteiensystem sind markante Unterschiede zwischen den Parteien nicht zu erwarten. Aber man kann feststellen, daß diese sechs parlamentarischen Parteien ein offenes, europaorientiertes Ungarn wünschen. Unterschiede zwischen ihnen könnte man allenfalls in Schattierungen oder in ihren Vorstellungen über den Weg nach Europa ausmachen. Konsens besteht darin, daß in diesem Kontinent Deutschland eine entscheidende Rolle spielen wird; aus dieser Einschätzung, gepaart mit den historischen Traditionen, ist es angebracht, zwischen Ungarn und Deutschland beste Beziehungen zu unterhalten. Es gibt also zur Zeit keine »deutsche Partei« in Ungarn; die verschiedenen politischen Strömungen vertreten weitgehend die gleichen Ansichten. Die Verbindungen der christlich-konservativen Parteien zu ihren jeweiligen deutschen Schwesterparteien sind zwar besonders intensiv, aber, wie gesagt, dies sind nur Schattierungen.

Man kann mit gutem Gewissen feststellen: In der ungarischen öffentlichen Meinung steht, den historischen Traditionen gemäß, engen Verbindungen nichts im Wege. Dennoch sollte man hier kurz innehalten: Möchte man nur alte Traditionen wiederaufleben lassen, oder wollen wir eine neue Qualität schaffen? Und da fällt die Antwort eindeutig aus: Das Ziel Ungarns heißt heute Europa.

Alle Hoffnungen, die den Deutschen gegenüber formuliert werden, richten sich auf diesen Begriff. Alle Parteien betonen, alle politischen Meinungen, selbst die Meinungen der einfachen Bürger, unterstreichen, daß unsere internationalen Beziehungen vor allem diesem einen Hauptziel dienen sollen: den Anschluß an Europa zu erleichtern. Die deutsch-ungarischen Beziehungen geben diesem Element den entscheidenden Inhalt. Wir erwarten von den Deutschen, daß sie uns den Weg durch die europäischen Institutionen ebnen, wir wollen unsere »besonderen Beziehungen« für diese Zwecke mobilisieren.

So eindeutig wird es öffentlich vielleicht selten formuliert, aber bei dieser Gelegenheit muß man es betonen; hier liegt nämlich eine der wichtigsten Ursachen, weshalb von Angst keine Rede sein kann: *Die deutsche Einheit trägt zur Beschleunigung des europäischen Einigungsprozesses bei*. Das deutsch-ungarische Verhältnis ist somit vom Ziel auch zum Mittel geworden.

Das ist nun keine Weltneuheit. In den letzten Jahren, während des schon im Gange befindlichen Reformprozesses in Ungarn, betonten ungarische Politiker bei Kontakten mit deutschen Verhandlungspartnern immer wieder, daß Ungarn seine europäischen Bindungen mit Hilfe deutscher Fürsprache zu intensivieren beabsichtige. Und die Deutschen machten sich tatsächlich für die Ungarn stark, was eine Vertrauensbasis auf beiden Seiten schuf.

Diese Gedankengänge zielen auf eine neue Entwicklung: Lösungen für Probleme der europäischen Nationalstaaten werden nicht mehr im nationalstaatlichen Rahmen gesucht. Ein gutes Beispiel dafür ist die Mitgliedschaft des vereinigten Deutschland in der Nato. Die Einhelligkeit, mit der diese Lösung sowohl im Osten wie im Westen bejaht und jetzt auch durch die Sowjetunion akzeptiert wird, zeigt, daß übernationale Mechanismen heute die einzig echte Sicherheit bieten. Ich glaube nicht, daß eine militärische Bedrohung durch die Deutschen besondere Sicherungsmechanismen erforderlich macht.

Zu fürchten ist eher die Auswirkung der Wirtschaftskraft Deutschlands. Die weltwirtschaftlichen Verflechtungen einer modernen Wirtschaft sind allerdings beträchtlich, und somit ist eine »imperiale« Wirtschaftslenkung nicht möglich. Die unterentwikkelteren, mit schweren Strukturproblemen kämpfenden osteuropäischen Wirtschaften sehen einem Anschluß an Europa – an den europäischen Wirtschaftsraum – beunruhigt entgegen, was auch in Ungarn spürbar ist. Von den in der EG eine entscheidende Rolle spielenden Deutschen »geschluckt« zu werden ist keine schöne Aussicht für den Prozeß der Europäisierung. Gerade deshalb richtet man zur Zeit ein besonderes Augenmerk auf die Geschehnisse in der DDR: Zuerst gehen nämlich die Ostdeutschen durch das Fegefeuer des Zusammenwachsens, aber die Mittel- und Osteuropäer werden ihnen folgen. Wie die DDR kein Armenhaus Deutschlands sein möchte, so wollen die Osteuropäer dasselbe im Verhältnis zum ganzen Kontinent vermeiden. Dabei werden die Deutschen ebenfalls eine entscheidende Rolle zu spielen haben. Entsprechend groß ist auch ihre Verantwortung.

So verbinden die ungarischen politischen Kräfte, die auf die europäische Karte setzen, ihr politisches Schicksal mit dem Erfolg des europäischen Einigungsprozesses. Diese Kräfte werden durch alle im ungarischen Parlament vertretenen Parteien verkörpert. In gewissem Maße steht also die Demokratie selbst auf dem Spiel. Bleiben diese Kräfte und ihre Bemühungen vor den Bürgern und Wählern kreditwürdig – das heißt, werden diese Länder behutsam, bei Wahrung des in diesem Teil des Kontinents besonders entwikkelten Selbstwertgefühls der Bevölkerung, in ein Gesamteuropa überführt –, stellt dies einen Gewinn für die Demokratie insgesamt dar und damit einen für den ganzen Kontinent geltenden Vorteil. Mißlingt der Versuch, erleidet die Demokratie selbst eine Niederlage, war in diesen Gegenden demokratisches Gedankengut doch, historisch gesehen, nie besonders verbreitet. Das würde aber die Frage der Sicherheit wieder anders stellen.

Alle diese Probleme weisen in die gleiche Richtung: Wir müssen fünfundvierzigjährige Denkkategorien neu definieren; wir alle müssen unsere Denkweise ändern. Das ist nicht immer angenehm. Das verursacht Gefühle der Unsicherheit. Das kann sogar Angst erzeugen.

Die veränderte Lage aber entsteht vorerst nicht durch das Verhalten der Deutschen, sondern vor allem durch die Wandlungen in Mittel- und Osteuropa. Dort bildet sich eine neue Gruppe von Staaten heraus, die in ihrem inneren Gefüge dem europäischen Standard entsprechen möchten. Gemeinsame europäische politische Werte werden verkündet und praktiziert, und wenn diese wirklich voll in die Praxis übergehen, werden wir ein neues Europa haben: ein Europa der gemeinsamen Werte, eine Wertegemeinschaft. *Bewahrung der Menschenrechte, praktizierte pluralistische Demokratie, soziale Marktwirtschaft werden dann tragende Elemente eines einheitlichen Kontinents sein.*

Die gesamteuropäischen Probleme dürften also nicht auf die Frage der europäischen Sicherheit reduziert werden. Hier stehen völlig neue Aufgaben zur Lösung an: Ein gemeinsamer Sicherheitsrahmen ist auszuarbeiten – auch gegen Bedrohungen von außen auf Grund der Wertegemeinschaft, Mechanismen zur Sicherung der gegenseitigen wirtschaftlichen Prosperität, Vertiefung und Weiterentwicklung der regionalen Strukturen und Zusammenarbeit, intensive Kooperation im Bereich der Ökologie, Schutz der Minderheiten usw. Für Lösungsalternativen dieser immensen Probleme reicht die intellektuelle Kraft eines einzigen Landes nicht aus. Das bedeutet, daß kein europäisches Land fähig wäre, den anderen eine Lösung aufzuzwingen, und das heißt, *die Kooperation bei diesem Aufgabenkatalog ist unvermeidlich.*

Die neue Lage zwingt uns gleichzeitig dazu, die Rolle der einzelnen Länder neu zu definieren. Der Einfluß der Großmächte wird sich vermindern, die europäischen Mittelmächte – unter ihnen die Deutschen – werden an Einfluß gewinnen. Die kleineren und mittleren Staaten kommen bei der regionalen Zusammenarbeit besser auf ihre Kosten. Diese Struktur weist in Richtung einer tief gestaffelten, verzweigten Zusammenarbeit, woraus unvermeidlich eine völlig neue Qualität der europäischen Verhältnisse entstehen wird. Sollte irgendeine Hegemonialmacht versuchen, eine alleinbestimmende Rolle in diesem Gefüge zu übernehmen, würde dies durch die Zerstörung des notwendigerweise fein ausbalancierten Systems dieses neue Europa zum Einsturz bringen. Für eine durch die Hegemonie eines Staates verursachte Angst sehe ich also in diesem neuen Europa keine Grundlage.

Bis allerdings dieses neue System wesentliche Fortschritte macht, müßte man die Arbeit der schon vorhandenen europäischen Institutionen intensivieren und eine Prioritätenliste aufstellen. Diese Institutionen müssen – nach einer angemessenen Übergangsphase – zu tatsächlich gesamteuropäischen Einrichtungen werden. Das gilt nicht nur für wirtschaftliche und politische, sondern auch für sicherheitspolitische Organisationen. In der Zwischenzeit sind Übergangslösungen fällig; dafür können die Wiener Verhandlungen und gesamteuropäische Konferenzen den nötigen Rahmen liefern. Aus den geschilderten Überlegungen geht hervor, daß unter den zur Lösung anstehenden Fragen die Sicherheitspolitik zwar wichtig ist, aber nicht die entscheidende Rolle spielt. Es ist vielmehr ein komplexes Denken gefragt, in dem die *wirtschaftlichen Prozesse* den Ausschlag geben.

Im sicherheitspolitischen Bereich muß man davon ausgehen, daß sich die Lage der westlichen Allianz nach dem osteuropäischen Umbruch verbessert, die der osteuropäischen Länder aber dramatisch verschlechtert hat. Im Osten befindet sich die Sicherheitsstruktur in einem Auflösungsprozeß. Die in der gemeinsamen Wertegemeinschaft stehenden osteuropäischen Länder brauchen jedoch Stabilität und äußere Sicherheit. Wegen des Systemwechsels sind allerdings destabilisierende Elemente vorhanden. Diese Situation muß also gemeistert werden, wobei die genannten Übergangsstrukturen hilfreich sein könnten.

Diese Lösungen sind um so nötiger, als die schon behandelten Fragen nur Vorstufen zu einem noch bedeutenderen Problem sind: dem der Verhältnisse in einer multipolaren Welt. Ein vereinigtes Deutschland, ein einheitliches Europa muß seinen Platz in einer multipolaren Welt finden. Die deutschen, ungarischen und gesamteuropäischen Veränderungen sind Bestandteile eines weltweiten politischen Umbruchs, und im Zuge dessen müssen wir mit machtpolitischen Wandlungen, Kräfteverschiebungen rechnen. Die Rolle der einzelnen Staaten wird sich vermindern, und größeren – übernationalen – Strukturen kommt immer mehr Bedeutung zu. Die bestehenden Organisationen müssen ihre Rolle in manchen Fällen grundlegend verändern, die nicht funktionsfähigen müssen ausscheiden. Das bezieht sich sowohl auf sicherheitspolitische als auch auf wirtschaftliche und politische Organisationen.

Damit wird klar: Die deutsche Frage zu beantworten bedeutet gleichzeitig die Beantwortung weltpolitischer Fragen. Hier wird die Rolle der Großmächte grundlegend berührt; die europäische Einigung wird die globalen Kräfteverhältnisse entscheidend beeinflussen. Die deutsche Einheit wird auf Mittel- und Osteuropa – wo gleichzeitig historische Veränderungen vor sich gehen – eine fundamentale Wirkung ausüben. National begrenzte Antworten, und hier sind nicht nur die Deutschen gefragt, sind kaum noch möglich. Wir sind alle gefordert.

Ob dann noch die Formulierung »Angst vor Deutschland« berechtigt ist? Ich meine, Angst können wir nur vor unserer eigenen Verzagtheit bekommen, wenn wir es versäumen, diese historische Chance wahrzunehmen.

Dorota Simonides

Deutschland als Meilenstein auf dem Weg zu einem Europa ohne Grenzen

Besteht in Polen heute noch oder schon wieder Angst vor Deutschland? Auf diese Frage werde ich versuchen, aus volkskundlicher Sicht – als Erzählforscherin – und aus politischer Sicht – als Senatorin der Republik Polen – zu antworten.

Als Erzählforscherin führe ich seit Anfang der sechziger Jahre Feldforschungen durch, die unter anderem auch Familiengeschichten berücksichtigen. Dabei war für den genannten Zeitraum ein langsames Abklingen von Erzählungen über Schandtaten der Deutschen während des Zweiten Weltkrieges und über Konzentrationslager festzustellen. Je durchlässiger im Laufe der siebziger Jahre der Eiserne Vorhang wurde und je zahlreicher die persönlichen Kontakte mit Deutschen, desto mehr verblich der stereotype Nazideutsche. Die Überwindung dieses Stereotyps ging allerdings nicht ohne Schwierigkeiten vor sich, zumal die kommunistischen Machthaber von Zeit zu Zeit versuchten, das Gespenst des deutschen Revisionismus als Mittel zur Festigung der eigenen Macht zu gebrauchen.

Die Demokratisierung des öffentlichen Lebens in Polen Anfang der achtziger Jahre, die akute ökonomische Krise und die mit ihr verbundene ausländische Hilfe für die Bevölkerung, die hauptsächlich durch spontane Aktionen der Bürger der Bundesrepublik Deutschland gekennzeichnet war, ließen ein neues Bild der Deutschen entstehen. Die große Paketaktion fremder Spender führte vom Briefwechsel über persönliche Kontakte zu zahlreichen Freundschaften. Der Wandel der psychischen Einstellung der polnischen Bevölkerung den Deutschen gegenüber wurde auch durch Dankandachten in katholischen und evangelischen Pfarrgemeinden Polens vertieft. Die Gläubigen wurden durch die Priester aufgerufen, jeglichen Haß gegen Deutsche, sollte er auch noch so berechtigt sein, aus dem Herzen zu entfernen. Bewußt wurde immer wieder an den Brief der polnischen Bischöfe an die deutsche Bischofskonferenz im Jahre 1965 erinnert, dessen Hauptanliegen Vergebung und Bitte um Vergebung waren. Der Wandlungsprozeß vom nazistischen Totalitarismus in eine europäische Demokratie in Westdeutschland blieb in Polen nicht unbemerkt, wozu auch Tätigkeiten wie die des Bensberger Kreises und der Aktion Sühnezeichen beigetragen haben. Diese Wahrnehmung erfolgte hauptsächlich durch persönliche Kontakte und durch kirchliche Bemühungen. Das eben ermöglichte und erleichterte die positive Umgestaltung der psychischen Einstellung zu den Deutschen.

Die durch die offizielle Propaganda verbreitete These der Alleinschuld des deutschen Volkes an den Leiden der polnischen Bevölkerung während des Zweiten Weltkrieges fiel in der zweiten Hälfte der achtziger Jahre in sich zusammen. Gorbatschows neue Politik und der zweite Sieg der Gewerkschaft »Solidarität« am »Runden Tisch« im Frühling 1989 beseitigten die Mauer des Schweigens der polnischen Massenmedien über die Verbrechen des Stalinregimes. Zwar wußte man in Polen um die Tatsachen, aber man hatte darüber nie reden dürfen. Erst jetzt, nachdem die Massenmedien darüber berichteten, begegnete man Erzählungen über grauenhafte Erlebnisse der in die Sowjetunion zwangsverschickten polnischen Bevölkerung.

Am 4. Februar 1990 fand im Bezirk Opole (Oppeln) in Schlesien eine Zusatzwahl in die zweite Kammer des polnischen Parlaments, des Senats, statt. Unter den vier Kandidaten befand sich ein Vertreter der deutschen Minderheit. Er erhielt mit 39 Prozent die Mehrheit der gültig abgegebenen Stimmen, obwohl diese deutsche Minderheit nur ungefähr 25 Prozent der Bevölkerung des Bezirks ausmacht. Ich, als Kandidatin der Solidarność, erhielt 35 Prozent der Stimmen. In der Stichwahl zwischen uns beiden, am 18. Februar, erhielt er nur noch 33 Prozent und verlor so die Wahl. Während des ersten Wahlganges war nur die deutsche Minderheit aktiv, und erst der zweite Wahlgang brachte einen wesentlichen Zuwachs der allgemeinen Wahlbeteiligung. Was war zwischen den beiden Wahlgängen geschehen?

Die Wiedervereinigungsbestrebungen in der DDR hatten in dieser Zeit eine dramatische Beschleunigung erfahren. Von verschiedenen Seiten wurde Bundeskanzler Kohl zu einer Stellungnahme über die Oder-Neiße-Grenze aufgefordert. Seine Äußerungen vom Februar 1990 erschienen anfangs sehr zweideutig und verschleiert. Für die polnischen Politiker und Intellektuellen war klar, daß diese Aussagen schon im Zusammenhang mit den für Dezember 1990 angesetzten Wahlen zum Deutschen Bundestag standen. Das einfache Volk jedoch, vor allem die deutsche Minderheit im Bezirk Opole und die Bevölkerung in den polnischen Westgebieten, wurde hellhörig. Die deutsche Minderheit nahm Kohls Aussagen mit Freude auf; denn für sie war es ein Beweis, daß von offizieller Seite der Bundesrepublik Deutschland die Grenzfrage für offen gehalten wird. Die polnische Bevölkerung dagegen reagierte mit Angst und Unsicherheit. Hier ist wohl die Ursache dafür zu suchen, daß bei der Stichwahl die Wahlbeteiligung so sprunghaft anstieg (von 31 Prozent auf 55 Prozent) und daß ich mehr als 258 000 Stimmen erhielt (im ersten Wahlgang 77 000).

Es klingt absurd, aber man könnte fast sagen, daß mein Wahlkampf in den Straßen von Leipzig, Halle und Dresden ausgetragen wurde und ich meinen Sieg über den Kandidaten der deutschen Minderheit letzten Endes Bundeskanzler Kohls mißverständlichen Stellungnahmen zu verdanken habe.

Warum aber hat die im Grunde genommen lokale Wahl ein so großes Echo in ganz Polen hervorgerufen? Weil es heute in Polen keine Familie gibt, die nicht unmittelbar oder mittelbar an die ehemalig deutschen Ostgebiete gebunden ist. Man muß sich bewußtmachen, daß heute in diesen Gebieten rund 10,5 Millionen Einwohner leben, das ist fast ein Drittel aller Einwohner Polens. Nach den Vertragsbestimmungen der Alliierten vom 2. August 1945 in Potsdam, die ohne Mitbeteiligung von Polen zustande gekommen waren, wurde sowohl die deutsche Bevölkerung aus den ehemals *deutschen* Ostgebieten als auch die polnische Bevölkerung aus den ehemals *polnischen* Ostgebieten ausgesiedelt. Für beide unmittelbar betroffene Volksgruppen war es eine mit viel Leid verbundene Vertreibung aus der Heimat. Inzwischen aber hat die in den heutigen polnischen Westgebieten lebende Bevölkerung Wurzeln geschlagen. Hier wurden schon zwei Generationen geboren. Hier ist ihre *Heimat*. Man sollte deshalb verstehen, daß das, was für Bundeskanzler Kohl nur Wahltaktik war, für diese Polen eine Bedrohung ihrer Existenz bedeutet.

Als Reaktion auf diese Situation konnten wir bei Feldforschungen sofort eine stark ansteigende Tendenz zu Kriegserlebnissen feststellen. Die vom einfachen Volk verspürte Bedrohung verursachte eine Aktivierung längst vergessenen und ins Unterbewußtsein verdrängten Erzählgutes.

In Westdeutschland kritisieren gewisse Kreise empört – westdeutscher Ansicht nach – »überreizte Stellungnahmen« Polens zum Grenzproblem. So können sich nur Ignoranten äußern. Wie sollte denn die Reaktion aussehen, wenn heute, fünfundvierzig Jahre nach der Grenzverlegung, in Schlesien massenhaft westdeutsche Zeitschriften auftauchen, in denen die Stabilität der Oder-Neiße-Grenze in Frage gestellt und die Situation dann auch noch durch verschleierte Aussagen eines Bundeskanzlers verschlimmert wird? Wie sollte die Reaktion aussehen, wenn in den Westgebieten polnische Bauern von ehemaligen Guts- und Hofbesitzern, die heute in der DDR leben, aufgefordert werden, den Besitz gut zu pflegen, damit sie ihn in der allernächsten Zeit in gutem Stande wieder übernehmen können? Wie sollte die Reaktion aussehen, wenn in den von der deutschen Minderheit bewohnten Gebieten Emissäre auftauchen, die sich auf die Vertriebenenvereine berufen und die baldige Wiederherstellung der Grenzen von 1937 versprechen? Man mag hier wohl einwenden, daß in der Bundesrepublik Deutschland die Tätigkeit der Vertriebenenvereine eine Randerscheinung sei. Für die Bundesrepublik Deutschland trifft das bestimmt zu, aber für die deutsche Minderheit im Bezirk Opole sind das die einzigen deutschen Organisationen, die eine rege Zusammenarbeit mit ihr pflegen und dadurch auch den größten Einfluß auf sie ausüben.

Wenn man all das bedenkt, kann die polnische Reaktion auf das

Grenzproblem nur als sehr besonnen bezeichnet werden. Erst der Besuch des Bundespräsidenten von Weizsäcker und seine klare und eindeutige Aussage über die polnische Westgrenze und ihre bevorstehende vertragsrechtliche Verankerung haben zu einer Beruhigung der öffentlichen Meinung beigetragen.

Es gibt in Europa wohl kein Volk, das so gut weiß, was der Verlust der Souveränität und die Aufteilung des Staatsgebiets bedeutet, wie das polnische. Deshalb versteht es auch das Recht und den Willen des deutschen Volkes zur Wiedervereinigung. Negative Auswirkungen sehe ich allerdings in der Art und Weise, wie diese durchgeführt wird. Meiner Meinung nach wäre es besser gewesen, vor der Wiedervereinigung die europäischen Strukturen zu stärken, in welche dann das neue Deutschland eingebaut werden könnte. Findet die Wiedervereinigung *vorher* statt, könnte das dazu führen, daß die europäischen Strukturen an das wirtschaftlich dominierende wiedervereinigte Deutschland angepaßt werden. Auch ist der Verdacht nicht von der Hand zu weisen, daß in diesem Staat Kräfte Oberwasser bekommen könnten, die, sich auf die eigene wirtschaftliche Macht stützend, der Einfügung Deutschlands in die europäischen Strukturen entgegentreten könnten. Um diese Gefahren abzuwenden, sollte meiner Ansicht nach die Wiedervereinigung Deutschlands mit dem Aufbau europäischer Strukturen synchronisiert werden. Aus denselben Gründen bin ich gegen eine Neutralisierung Deutschlands und für sein Verbleiben in der Nato. Die in der Nato bestehenden Mechanismen sind für uns eine ausreichende Garantie, daß von deutschem Boden kein neuer Konflikt mehr ausgehen kann.

Ein zweiter Grund, warum ich für eine stufenweise Eingliederung der heutigen DDR in den gesamtdeutschen Staat bin, ist die Tatsache, daß die Bevölkerung der DDR nach dem Zweiten Weltkrieg gegen ihren Willen von einem totalitären System in ein anderes eingegliedert wurde. Darum konnte sie auch nicht demselben Entnazifizierungs- und Demokratisierungsprozeß unterliegen wie die westdeutsche Bevölkerung. Der von nationalsozialistischem Gedankengut nicht befreiten Mentalität wurde dann zusätzlich noch kommunistische Ideologie aufgepflanzt. Das führte dazu daß sich in der DDR das starrste und gehorsamste System der sogenannten Volksdemokratien entwickelte. Aus eigener Erfahrung wissen wir, daß es eine nicht geringe Zeitspanne dauern wird, bis sich diese Mentalität ändert. Die Gefahr, daß bei einer überstürzten und unvorbereiteten Wiedervereinigung Einrichtungen der westdeutschen Demokratie durch undemokratische Kräfte aus der DDR mißbraucht werden können, sollte nicht unterschätzt werden. Auch deswegen plädiere ich für eine stufenweise und sorgsam vorbereitete Art und Weise der Wiedervereinigung.

Von seiten des polnischen Volkes, besonders der Generation, welche die Leiden des Krieges am eigenen Leibe verspürt hat, wird die Neuordnung Europas mit dem mächtigen Deutschland als nächstem Nachbarn eine psychische Umstellung erfordern. Es ist klar, daß man den Abbau von Vorurteilen und Ängsten und den Aufbau normaler, gutnachbarlicher Beziehungen durch staatliche Verträge nicht erzielen kann. Man wird verstehen müssen, daß eine andere Lebensweise und eine andere Mentalität keine »schlechtere« bedeuten.

Der einzige Weg zur Erlangung dieser Ziele führt über enge persönliche Kontakte zwischen den beiden Völkern, über das gegenseitige Kennenlernen der Kultur und der Lebensweise des Nachbarn. Besonders wichtig ist das für die Jugend beider Völker, denn sie wird die Zukunft, sie wird das neue, vereinigte Europa aufbauen. Deswegen muß der Jugend- und Studentenaustausch intensiviert werden. Es wäre auch angebracht, in beiden Ländern Stellen für Berufspraktika für junge Leute einzurichten.

Ein gutes Zusammenleben mit allen Völkern Europas setzt jedoch ein gutes Zusammenleben mit den nächsten Nachbarn voraus. Einen wesentlichen Beitrag zum Abbau von Vorurteilen auf beiden Seiten können das Fernsehen, der Rundfunk und die Presse leisten. Wie sollen wir einander verstehen können, wenn wir so wenig voneinander wissen. Oft werden nur sensationelle Nachrichten gebracht, anstatt den Bürgern gründliche Kenntnisse über das Leben und Wirken der Nachbarn zu vermitteln. Wie wenig weiß doch der einfache Mensch in Polen über die Freuden und Sorgen des durchschnittlichen Deutschen und umgekehrt! Die

Kenntnis des anderen ist meist noch in den Kriegserlebnissen verankert. Dabei hat sich doch seit dieser Zeit so viel geändert.

Ich war anfangs der Meinung, daß die entstehende deutsche Minderheit in unserem Bezirk die Rolle einer Brücke zwischen der polnischen und der deutschen Kultur spielen und zu einem besseren Verstehen zwischen den deutschen und den polnischen Nachbarn beitragen könne. Diese meine Hoffnungen haben sich bisher jedoch nicht bestätigt. Das Deutschtum der oberschlesischen Minderheit befindet sich weiterhin im Entwicklungsstadium, und es braucht selbst noch kulturelle und sprachliche Hilfe von außen; es ist der Rolle einer Brücke nicht gewachsen. In dieser Situation sollte der kulturelle Austausch hauptsächlich von den Filialen des Goethe-Instituts in Polen und von den Polnischen Instituten in Deutschland getragen werden. Um diese Institutionen sollten sich Intellektuelle guten Willens beider Völker scharen, um die Verständigung voranzubringen, deren Ziel es sein sollte, normale, gutnachbarliche Beziehungen, frei von den bisherigen Stereotypen, zwischen Polen und Deutschland herzustellen. Es bestehen doch keine rationalen Hindernisse, um zwischen Polen und Deutschland dieselbe psychische Wandlung herbeizuführen, wie sie bereits zwischen Deutschland und Frankreich geschah. Nach der endgültigen Erledigung der Grenzfrage ist es nun an der Zeit, damit aufzuhören, immer wieder vernarbte Wunden aufzureißen, und damit anzufangen, dem gemeinsamen kulturellen Erbe nachzuspüren. Nur so können wir uns auf eine Zusammenarbeit im neuen Europa ohne Grenzen vorbereiten.

Jiří Dienstbier

Angst vor uns selbst

Auf den Fall der Berliner Mauer und die beinahe schlagartige
Gewißheit einer Wiedervereinigung Deutschlands war niemand
vorbereitet. Sofern sich überhaupt jemand über eine mögliche Vereinigung der beiden deutschen Staaten Gedanken gemacht hatte,
war als frühester Zeitpunkt der Beginn des nächsten Jahrtausends
in Erwägung gezogen worden, eher ein noch späterer.

Daher ist nicht verwunderlich, daß es angesichts der sich über-
stürzenden Ereignisse zu unbewußten Reaktionen gekommen ist,
die auf früheren, unzureichend verarbeiteten Erfahrungen oder auf
bloßen Vorurteilen beruhen. Und so gibt es – vermutlich viele –
Menschen, die, statt nachzudenken, wie sie der so plötzlich entstandenen neuen Wirklichkeit begegnen sollen, sich auf Grund der
Vergangenheit selbst Angst machen. Anstatt Überlegungen zur
Vereinigung anzustellen, ersinnen sie Hindernisse – wie Termine,
Artikel der Verfassung, die Mitgliedschaft Deutschlands in dieser
oder jener Allianz – oder Garantien für eine denkbare unsichere
Zukunft. Genaugenommen haben sie eine Diskussion darüber ent-
fesselt, ob die Deutschen gut oder böse sind oder unter welchen
Umständen sie gut oder böse werden könnten.

Dies ist jedoch die sicherste Art, um bei den Deutschen erneut
ein Gefühl der Demütigung hervorzurufen und damit die letzten
fünfundvierzig Jahre abzuwerten, in denen sie sich erfolgreich mit
den Problemen der nazistischen Vergangenheit auseinandergesetzt
haben. Es würde sich also genau um jene Empfindungen handeln,
die in den zwanziger und dreißiger Jahren Grundlage für den
»Versailler Komplex« waren, aus dem schließlich das Krebsge-
schwür des Faschismus hervorwucherte und metastasierte. Als

wäre das deutsche Volk das einzige gewesen, das dem Faschismus erlegen ist!

Noch heute, nach all den tragischen Erfahrungen des 20. Jahrhunderts, sind wir Zeugen diverser grassierender Fundamentalismen und Fanatismen. Das Beispiel des McCarthyismus in den Vereinigten Staaten zu Beginn der fünfziger Jahre zeigt, daß sich diese Seuche in jede Gesellschaft einschleichen kann, und es zeugt von der Stärke oder Schwäche der Tradition und des gesellschaftlichen Selbstbewußtseins, ob sie sich ausbreitet oder unterdrücken läßt. In der Geschichte der Völker und in ihren Beziehungen zueinander existieren und existierten schon immer die verschiedensten Möglichkeiten. Es liegt nicht nur daran, ob wir gute oder schlechte Schüler der uns stiefmütterlich behandelnden Geschichte sind, sondern auch, und möglicherweise vor allem, wie schöpferisch wir zu sein vermögen.

Während der tausendjährigen Nachbarschaft des deutschen und tschechischen Volkes waren Zwist und Auseinandersetzungen immer mit fruchtbarem Zusammenleben verflochten. In vielen Dingen haben wir uns gegenseitig beeinflußt und gemeinsam zum Lauf der europäischen Geschichte beigetragen. Die Beziehungen zwischen unseren Völkern waren oft ein Maßstab für die Stabilität Europas. Der Konflikt zwischen Tschechen und Deutschen war – unter anderem – auch im Komplex der Ursachen und Quellen beider Weltkriege dieses Jahrhunderts enthalten.

Deshalb muß heute mit Nachdruck gefragt werden: An welche Momente unserer gemeinsamen Geschichte werden wir anknüpfen? Welche von ihnen werden wir weiterentwickeln? Und welche unserer Beziehungen werden wir für immer aus dem Weg räumen?

In seiner Rede zum vierzigsten Jahrestag des Kriegsendes sagte Bundespräsident Richard von Weizsäcker: »Es hilft unendlich viel zum Frieden, nicht auf den anderen zu warten, bis er kommt, sondern auf ihn zuzugehen.« Den gleichen Gedanken sprach der tschechische Präsident Václav Havel bei Weizsäckers Besuch am 15. März 1990 in Prag aus: »Die Zeit ist reif, daß wir uns endlich in Freundschaft die Hand reichen, in der Gewißheit, daß wir einander nicht mehr fürchten müssen, da uns die gemeinsame und teuer erkaufte Achtung vor dem menschlichen Leben, vor den Menschenrechten, vor den bürgerlichen Freiheiten und dem allgemeinen Frieden verbindet.«

Die tschechoslowakische politische Opposition hat sich erst spät zur Teilung Deutschlands geäußert. Im Prager Aufruf vom 11. März 1985 forderten einige Dutzend tschechoslowakischer, um die Charta 77 versammelter Bürger zu einer Diskussion über europäische Fragen auf. Sie schrieben unter anderem: »Wir können auch nicht einigen bisher bestehenden Tabus ausweichen!« Eines davon war selbstverständlich die Teilung Deutschlands.

»Wenn man bei der künftigen Vereinigung Europas keinem das Recht auf Selbstverwirklichung vorenthält, gilt das auch für die Deutschen. Aber auch dieses Recht, wie jedes andere, kann man nicht zum Nachteil anderer Völker durchsetzen, nicht einmal ihre Befürchtungen übersehen. Wir erklären also eindeutig, daß der Ausgangspunkt nicht in einer weiteren Revision europäischer Grenzen gesucht werden kann. Grenzen sollten im Rahmen der europäischen Annäherung immer stärker an Bedeutung verlieren. Räumen wir doch offen den Deutschen das Recht ein, frei darüber zu entscheiden, ob und in welcher Form sie ihre beiden Staaten in seinen gegenwärtigen Grenzen verbinden wollen.«

Die tschechoslowakische Opposition war sich damals klar bewußt, daß die deutsche Frage eine europäische ist, daß nicht nur Deutschland geteilt ist, sondern daß Europa sich in Deutschland teilt, und in Berlin überdies durch eine abscheuliche Mauer, die diese Teilung symbolisiert. Wie Robert Havemann sagte: Das wiedervereinte Deutschland werde nicht einmal sosehr ein wiedervereintes Deutschland sein als vielmehr eine Vereinigung in Deutschland: als Ausgangspunkt einer großen Wiedervereinigung oder einer großen neuen Vereinigung in Europa.

Diese Erwägungen beginnen sich nunmehr zu bestätigen. Ist doch allein die Tatsache, daß eine Vereinigung der beiden deutschen Staaten *möglich* wurde, nicht das Resultat irgendwelcher innerdeutschen Anstrengungen, sondern das Ergebnis grundlegender politischer Veränderungen in der östlichen Hälfte des geteilten

Europa. Die Vereinigung Deutschlands wäre weiterhin ein ferner Traum geblieben, hätte es nicht Gorbatschows Politik, die polnische Solidarność, die tschechoslowakische Charta 77, die sowjetischen Helsinki-Gruppen, die ungarische Opposition gegeben. Das auslösende Moment war kein innenpolitisches Ereignis in Deutschland, sondern der Augenblick, in dem Ungarns Außenminister Gyula Horn die Grenze zwischen Ungarn und Österreich öffnete. Wie wir in den Jahren der künstlichen Sicherheit durch das Gleichgewicht des Kalten Krieges voneinander abhängig waren, so waren wir auch während unseres Ringens um Demokratie aufeinander angewiesen, denn ohne Rückhalt der mächtigen, freiheitlich denkenden Kräfte in der westlichen Hälfte des getrennten Europa hätten wir allein den politischen Umschwung nicht verwirklichen können. Es ist nur natürlich, daß wir auch in Zukunft nicht ohne gemeinsame Bemühungen den Frieden, die Sicherheit und Prosperität gewährleisten können.

Daraus folgt, daß wir die deutsche Vereinigung als Motor zur Vereinigung ganz Europas nützen sollten, zur Beschleunigung des Helsinki-Prozesses – und innerhalb dieses Rahmens zur Gründung von Institutionen, die es uns erleichtern, die Hindernisse auf dem Weg zu einem gemeinsamen Rechts- und Wirtschaftsraum, zur europäischen Einheit, zur Konföderation zu beseitigen. Es ist klar, daß sich eine Integration nicht mit großen Plänen und Worten erreichen läßt, sondern nur durch konkrete Arbeit: Durch Zusammenarbeit werden konkrete Probleme lösbar. So kann beispielsweise Westböhmen zusammen mit Bayern Fragen der Ökologie und des Verkehrs in aneinander angrenzenden Berg- und Waldgebieten anpacken. Die Tschechoslowakei kann mit Österreich, Ungarn, Jugoslawien und Italien in einer Art Adria-Donau-Pentagon für die Bereiche der Ökonomie, Ökologie, Verkehr, Energie, Kultur usw. eine Menge tun.

Diese neu zu schaffende Gruppe umfaßt Länder, die sich durch Jahrhunderte nahestanden, die sich kennen und aneinander gewöhnt sind. Sie wäre jedoch auch politisch von außergewöhnlicher Bedeutung. Vor einem Jahr wäre eine solche Kooperation überhaupt nicht denkbar gewesen, da diese Gruppe Italien, einen Mitgliedstaat der Nato und der Europäischen Gemeinschaft, zwei Mitglieder des Warschauer Pakts und zwei neutrale Länder einbezieht. Das zeugt davon, daß die alte ideologische Trennung definitiv hinter uns liegt und die Teilung in militärisch-politische Blöcke ein Relikt der Vergangenheit darstellt, die wir, wenn wir nur wollen, leicht überwinden können.

Von der Überwindung der Teilung Europas zeugt, daß der Europarat zu seinen dreiundzwanzig ordentlichen Mitgliedern schon etliche Länder Mittel- und Osteuropas als Gäste aufgenommen hat und die Chance besitzt, die erste, wirklich universale paneuropäische Institution zu werden. Grundlage für die Mitgliedschaft im Europarat sind die volle Achtung der Menschenrechte sowie die Schaffung und Festigung des Rechtsstaates, also jene Prinzipien europäischer politischer Kultur, die aus gemeinsamen jüdischen, antiken und christlichen Wurzeln hervorgegangen sind. Sie haben sich im Laufe der Jahrhunderte bis zur Deklaration der Menschenrechte in der Französischen und Amerikanischen Revolution entwickelt und sind heutzutage, bereichert durch soziale Rechte, in internationalen Abkommen und in der Konvention der Menschenrechte sowie den Grundfreiheiten kodifiziert. Wenn alle europäischen Staaten Mitglieder des Europarats werden, wenn sie sich also diesen Grundsätzen der politischen Kultur unterordnen, entfallen die ideologisch-politischen Gründe für die Teilung Europas.

Dominierend bleibt jedoch immer die Frage der Sicherheit, die mit der geplanten deutschen Vereinigung erneut in den Vordergrund des Interesses gerückt wird. Die Vereinigung Deutschlands zeigt, wie die abrupte politische Entwicklung in Mittel- und Osteuropa, daß unsere Institutionen und oft auch noch unser Denken hinter der realen Situation auf dem europäischen Kontinent zurückbleiben. Die Teilung in zwei militärisch-politische Blöcke ist überholt.

Wenn wir an die Nachkriegsentwicklung zurückdenken, stellen wir fest, daß ein militärischer Konflikt eigentlich immer ausgeschlossen war. Es gab nur militärische und polizeiliche Operationen innerhalb jeweils eines der Ostblockländer, wie die Unterdrückung des ungarischen Aufstands 1956, des Prager Frühlings 1968 oder der polnischen Solidarność im Jahre 1981. Der Westen hat diese Operationen kritisiert, sie jedoch als das kleinere Übel hingenommen, sozusagen als Tribut für die Aufrechterhaltung der eigenen Sicherheit. Doch auch diese inzwischen letzte Variante des »Gleichgewichts der Kräfte« ist durch die kürzliche Entwicklung überwunden. Wenn wir unsere Institutionen nicht ändern, droht uns im Gegenteil ein Ungleichgewicht, resultierend aus der Existenz der mächtigen militärisch-politischen Allianz von sechzehn in der Nato vereinten Staaten neben den atombewaffneten Staaten Mittel- und Osteuropas, in denen ohne gesamteuropäischen Integrationsdruck Konkurrenzdenken und nationaler Neid wuchern könnten – eben gerade jene Elemente, die allein in diesem Jahrhundert Hauptursache zweier Weltkriege war. Das ist übrigens, außer ökonomischen und kulturellen Gründen, die Erklärung dafür, daß die positiven politischen Kräfte aller Staaten Mittel- und Osteuropas einschließlich der Völker der Sowjetunion eine möglichst rasche gesamteuropäische Integration anstreben, und zwar auch im Sicherheits- respektive Verteidigungsbereich.

Wenn wir davon sprechen, daß verschiedene Fragen auch verschiedene Formen der Zusammenarbeit in verschieden großen Gebieten erforderlich machen, wird offensichtlich, daß im Bereich Sicherheit dieses europäische Gebiet einen Gürtel von San Francisco bis Wladiwostok umfaßt. Daraus resultiert auch unser Vorschlag, eine europäische Sicherheitskommission zu bilden. Der Gürtel von San Francisco bis Wladiwostok ist Bereich des Helsinki-Prozesses, der Konferenz über Sicherheit und Zusammenarbeit in Europa.

Der Helsinki-Prozeß und seine Nachfolgekonferenzen haben bereits eine außergewöhnliche Rolle gespielt. Unter ihrer Schirmherrschaft formierte sich in den meisten Ländern Mittel- und Osteuropas die politische Opposition, was einen verhältnismäßig ruhigen Übergang von den zerfallenden stalinistischen Strukturen zu den Grundlagen demokratischer Systeme ermöglichte. Der blutige

Verlauf des Umsturzes in Rumänien, wo es nicht gelang, eine solche Opposition zu schaffen, ist Beispiel dafür, was sich in diesem ganzen Gebiet hätte abspielen können. Heute benötigen wir jedoch dank des Erfolgs der ersten Phase des Helsinki-Prozesses Vereinbarungen der zweiten Generation. Praktisch heißt das: Schaffung stabiler Institutionen, die sukzessive die Funktionen der alten Institutionen übernehmen, welche auf Grund der bisherigen Teilung Europas geschaffen wurden. Nato und Warschauer Pakt sollten ihr Wirken vor allem auf den Bereich der Abrüstung konzentrieren. Das würde in der ersten Phase ihre politische Aufgabe stärken und ihre militärische Rolle verringern. Ihre Erfahrungen könnten sie bei der Schaffung gemeinsamer Institutionen zweckdienlich verwerten.

Die Tschechoslowakei schlägt deshalb eine Europäische Sicherheitskommission vor, die sich aus Beteiligten des Helsinki-Prozesses zusammensetzen sollte. Sie würde ihre Tätigkeit zunächst neben den existierenden Gruppierungen ausüben, wäre von ihnen jedoch unabhängig; sie würde vielmehr auf der Grundlage des Konsenses wirksam sein: Sie würde konsultative, koordinative und gewisse kontrollierende Funktionen ausüben, Fragen der europäischen Sicherheit beurteilen und geeignete Maßnahmen vorschlagen, sich mit zugespitzten Situationen, Auseinandersetzungen, Vorfällen beschäftigen und Schritte zu ihrer Lösung empfehlen; sie würde Bedrohungen und Verletzungen der Sicherheit aus ökonomischen, ökologischen und humanitären Gründen erörtern und sich mit Problemen der europäischen Sicherheit befassen. Die Kommission sollte auf Außenministerebene und ihrer ständigen Vertreter arbeiten; auch könnte sie einen Militärausschuß und unter Umständen bedarfsweise Hilfsausschüsse bilden.

Die Kommission würde im System des Helsinki-Prozesses eine bisher fehlende und dauernde gesamteuropäische Plattform darstellen. Dieser Vorschlag ist Bestandteil einer Neukonzeption Europas, und man sollte ihn als einen ersten Schritt zur Vereinigung der europäischen Länder auffassen. Die zweite Stufe dieses Prozesses sollte die Schaffung einer Organisation europäischer Staaten unter Beteiligung der USA und Kanadas oder in enger Koordination mit ihnen sein. Diese Organisation europäischer Staaten wäre eine regionale Organisation, aufgebaut im Einklang mit der Charta der UN. Die Organisation europäischer Staaten würde über ein Vertragssystem verfügen, das nicht nur die zehn Punkte von Helsinki beinhalten sollte, sondern auch die Verpflichtung zuverlässiger Verteidigung. Die dritte Phase dieses langwährenden Prozesses könnte dann ein einheitliches, konföderiertes Europa freier und unabhängiger Nationen sein, wie es beispielsweise François Mitterrand vorschwebt. Bei aktivem Interesse aller europäischen Staaten könnten wir die zwei ersten Stufen dieses Prozesses noch im letzten Jahrzehnt dieses Jahrhunderts realisieren, um für die Schlußphase des Friedensumbaus des europäischen Kontinents vorbereitet zu sein, der zu Beginn des neuen Jahrtausends seine Vollendung finden sollte. Zum ersten Mal in der Geschichte wäre es Europa, mit dem die Menschheit ihre Friedenshoffnungen verbände.

Müßte man sich in einem solchen Europa vor dem vereinigten Deutschland fürchten? Vor allem, wenn man berücksichtigt, daß dieser Prozeß mit der Abrüstung in allen Ländern einherginge – und zwar müßte abgerüstet werden bis zu einem Minimum, das gerade noch eine Verteidigung gegen unvermutete Umstürze in irgendeinem Land zuließe – und daß er auf die institutionell verankerten Verpflichtungen zu gemeinsamen Aktionen gegen Aggressoren gründen würde. Käme es tatsächlich dazu, dann würde von einem noch so starken Land keine Gefahr drohen, da es gegen die übrigen vierunddreißig Staaten keine Chance hätte.

Die bisherigen Vorstellungen traditioneller Gefahren für Europa, die aus den unseligen Erfahrungen zweier Weltkriege resultieren und in der inzwischen überwundenen Block-Ideologie gipfelten, haben sich schlicht selbst überlebt. Weder das demokratische Deutschland, das sich gegenwärtig unter dem Vorzeichen dieser europäischen humanitären Grundsätze vereint, noch der zweite Brennpunkt europäischer Beunruhigung, die Sowjetunion, die ihre inneren Kräfte jetzt darauf konzentriert, sich den Demokratisierungsprozessen Europas anzunähern, stellen fortan eine Gefahr für den Frieden in dem Sinne dar, wie ihn die Block-Ideologie vor den politischen Veränderungen in Ost- und Mitteleuropa definierte.

Unser Kontinent hat sich grundlegend gewandelt, und dementsprechend müssen sich auch unsere Vorstellungen wandeln. Wir müssen neu definieren, was im gegenwärtigen Europa gefährlich ist, wem wir unsere Aufmerksamkeit widmen wollen und müssen, was uns bedroht, und was, wie kürzlich in Bordeaux Adam Michnik es nannte, Sackgassen der neuen Entwicklung in unserem, das heißt im Bereich Mittel- und Osteuropa sind. Zu den Sackgassen gehören zweifelos eine primitive populistische Politik sowie alle Formen des Nationalismus, Rassismus und der Xenophobie. Gebe Gott, daß wir uns nicht von positiven Teilergebnissen im Kampf gegen Totalitarismen und Ideologien – die jahrzehntelang die Europäer untereinander zu Feinden machten – beschwichtigen lassen. Wir dürfen gefährliche Stimmen nicht überhören, die Parolen vom Übergewicht einer Nation über die andere ausgeben oder postulieren, daß das Leiden der einen durch das Leiden der anderen ausgeglichen sei. Vor dieser Gefahr müssen uns eine klare Entscheidung für die Menschenrechte in allen Bereichen des politischen, sozialen und ökonomischen Lebens wie unsere Bemühungen um den Aufbau eines Rechtsstaates schützen: als Garant für die Durchsetzung dieser Rechte aller gegenüber allen. Nur auf diese Weise läßt sich ein Rückfall in eine Ideologie der Feindschaft vermeiden; nur so kann möglichen politischen Rückschlägen vorgebeugt werden.

Wir haben uns also vor nichts zu fürchten, außer vor uns selbst, dem eigenen Versagen, einer nationalen oder anderen menschlichen Selbstsucht, vor der eigenen Dummheit.

Aus dem Tschechischen übersetzt von Marianne Pasetti-Swoboda.

Pierre Lellouche

Nach Jalta
Welche Sicherheit für Europa?

Die Revolution von 1989 wird als einer der Wendepunkte des 20. Jahrhunderts in die Geschichte eingehen. Damit endete die bipolare Ordnung Europas, ja eines großen Teils der Welt. Und gleichzeitig begann eine turbulente Übergangsperiode, die wohl oder übel die Entstehung einer neuen Sicherheits- oder Unsicherheitsordnung für Europa und die Welt zur Folge haben wird.

Es geht mir selbstverständlich nicht darum, den Hellseher zu spielen, und auch nicht, präzise vorherzusagen, wie sich die Machtverhältnisse in der Welt des 21. Jahrhunderts, von dem uns nicht einmal ein ganzes Jahrzehnt mehr trennt, gestalten werden. Ich werde mich vielmehr darauf beschränken, ausgehend von einer Rückbesinnung auf die gerade durchlebten Ereignisse, die großen Linien möglicher Entwicklungen aufzuzeigen und die wichtigen Probleme herauszuarbeiten, die wir noch zu lösen haben.

Die Bedeutung der Revolution von 1989

Wie in jeder äußerst komplizierten Lage ist es immer angebracht, auf das Wesentliche zurückzukommen. Und das ist in diesem Fall, daß das Reich Stalins – Ironie der Geschichte – nach Manier der einst vom Westen so gefürchteten Dominotheorie zusammengebrochen ist: Polen im Juni, Ungarn im Oktober, die DDR im November, Bulgarien und Rumänien im Dezember.

Anstelle eines Requiems für eine untergegangene stalinistische Ordnung möchte ich hier allerdings zwei in der Tonart sehr verschiedene, aber sehr komplementäre Bemerkungen machen:

In erster Linie ist das Ende der Ordnung von Jalta vor allem ein Sieg unserer Demokratien, unserer Werte, unserer Ideen. Zu allen Zeiten stellte die Wiedervereinigung ganz Europas in Freiheit ein entscheidendes Anliegen unserer jeweiligen Außenpolitik und unseres kollektiven Sicherheitssystems dar. Jetzt ist dieses Ziel erreicht, ohne Zugeständnisse unsererseits, durch den vollständigen Zusammenbruch des Totalitarismus.

Das Verdienst dafür kommt zunächst unserer Sicherheitspolitik zu und dem Zusammenhalt unserer Demokratien im Rahmen des Atlantischen Bündnisses. Ein Bündnis, das nicht nur die UdSSR in den schwersten Stunden des Kalten Krieges abzuschrecken und der Erpressung und Einschüchterung standzuhalten vermochte – ich denke da an den langen Streit um die Kurzstreckenraketen zwischen 1977 und 1987 –, sondern das vor allem auch den Durchhaltekampf gewonnen hat, den uns die Sowjets seit einem halben Jahrhundert geliefert haben. Angesichts des Bankrotts seiner Innen- und Außenpolitik und der Unmöglichkeit, den Status quo mit Gewalt zu brechen, blieb dem Kreml, nachdem er sich von der alten Stalin-Breschnew-Garde befreit hatte, keine andere Wahl, als die heute durchgeführten grundlegenden Reformen in Angriff zu nehmen. Wenn alles gutgeht, eröffnen diese Reformen nach und nach den Weg in eine neue Ära der Koexistenz und des Friedens in einem ausgesöhnten Europa.

Unser Sicherheitssystem, das auf einer starken Verteidigung und auf dem Rückgriff auf die atomare Abschreckung beruht, war die unerläßliche Voraussetzung für den friedlichen Zusammenbruch des Totalitarismus. Die beiden Weltkriege in der ersten Hälfte dieses Jahrhunderts haben mindestens siebzig Millionen Menschenleben gekostet. Dank der atomaren Abschreckung und unseres Bündnissystems wurde der Zerfall des Sowjetreiches erzielt, ohne daß auf unserem Kontinent ein einziger Schuß fiel.[1]

Diejenigen, die heute in der Euphorie dieses Triumphs meinen,

---

1 Wenn ich dies schreibe, denke ich natürlich an die zwischen den beiden Blöcken vermiedene Gewalt. Ich vergesse keineswegs die Opfer der stalinistischen Unterdrückung in Osteuropa und in der UdSSR selbst: von Budapest bis Berlin, von Prag bis zu den Gulags.

man müsse nunmehr Bündnisse und Abschreckung begraben, sind häufig dieselben, die in den letzten Jahren für eine einseitige Abrüstung und Entnuklearisierung unserer Länder eintraten. Oder die eine Begegnung mit Lech Wałesa ablehnten, um nicht die Politik der Annäherung zu den damaligen stalinistischen Regimen zu gefährden (ich denke da an Willy Brandt und viele andere). Wir wären heute sicher nicht so weit, wenn wir ihrem Rat – besonders während der großen pazifistischen Welle der Jahre 1980 bis 1983 – gefolgt wären...

Und schließlich ist es auch ein Sieg unseres liberalen Wirtschafts- und modernen Gesellschaftsmodells sowie der westeuropäischen Integration. Der Erfolg der Europäischen Gemeinschaft übte eine große Anziehungskraft auf die allzulange ihrer Freiheit beraubten und unter unerträglichen Bedingungen lebenden Völker aus.

Wir dürfen uns jedoch nicht selbstzufrieden zurücklehnen; denn der Sieg über den Totalitarismus und seine politisch-strategischen Äußerungen in Europa – das ist meine zweite Bemerkung – bedeutet nicht das Ende aller unserer Sicherheitsprobleme. Millionen Fernsehzuschauer haben die Bilder von der »Verurteilung« und Hinrichtung des Ehepaars Ceaușescu am 25. Dezember im Gedächtnis behalten. An diesem symbolischen Weihnachtstag 1989 ging die Welt der Kriege und Gewalt, der Unbeständigkeit und Machtrivalitäten jedoch keineswegs zugrunde.

Der vor uns liegende Zeitabschnitt kündigt sich ganz im Gegenteil als wesentlich komplexer und gefährlicher an. Er wird von unseren Ländern schwieriger zu handhaben sein als das überbewaffnete, aber eingefrorene und daher stabile Europa von Jalta. Und wenn man betrachtet, wie unsere Regierungen die durch die schnelle Wiedervereinigung Deutschlands seit dem Fall der Berliner Mauer am 9. November ausgelösten Probleme angingen – oder vielmehr schlecht angingen –, steht zu befürchten, daß wir nach unserem historischen Sieg über den Totalitarismus gemeinsam unseren Ausbruch aus Jalta verpassen. Mit einem Wort: daß wir, nachdem wir den Kalten Krieg 1989 gewonnen haben, heute den Frieden verlieren.

Warum aber diese Besorgnis, warum diese Befürchtungen? Ein Großteil der Schwierigkeiten unserer Länder angesichts der gänzlich neuen Situation in Europa rührt genau aus diesem plötzlichen Bruch zwischen der alten und der neuen Welt her. Denn dieses neue, aus dem Erdbeben von 1989 ganz verwundert aufgetauchte Europa ist weder intellektuell noch politisch vorbereitet auf die Herausforderung seiner eigenen Zukunft und weiß nicht, wo es künftig verankert ist.

Umgestürzt und ausgelöscht sind die Gewißheiten der vorhergehenden Epoche: »die Eindämmung« des Kommunismus durch das Atlantische Bündnis; die Abschreckung eines Angriffs oder der Machterpressung dank der Atomwaffen; die Europäische Gemeinschaft erschien auf einmal zu eng, da sie auf ein halbes Deutschland und eine Hälfte Europas beschränkt war; der einst langsame und beschwerliche Prozeß der Abrüstung nahm plötzlich eine überstürzte, unerwartete Dynamik an – und wirkt heute dennoch überholt durch den Zusammenbruch des Warschauer Pakts. Kurzum, nach dem Abbruch der Mauer liegt das ganze Europa Jaltas am Boden, ohne daß man so recht wüßte, welche Teile des Puzzles man bewahren (EG, Nato, KSZE) oder was man an seiner Stelle wiederaufbauen und – vor allem – womit man anfangen sollte.

Die nicht enden wollenden Debatten, die gestern noch Experten und Diplomaten beschäftigten, werden auf einmal gegenstandslos. Weggeblasen sind die esoterischen Handlungsabläufe über die sowjetische Bedrohung, die noch vor wenigen Monaten von den größten amerikanischen Strategen ausgearbeitet wurden.[2] Weggefegt auch die transatlantischen Streitereien über die Beibehaltung oder Nichtbeibehaltung der Doktrin der »flexible response« durch die Modernisierung der Lance-Raketen (Schlüsselthema des letzten Nato-Gipfels in Brüssel im Mai 1989): Was denn, Raketen von 500 Kilometer Reichweite, um auf wen zu schießen – auf Lech

---

2 Vgl. die im April 1988 vom Pentagon veröffentlichten Arbeiten der berühmten »Commission on Integrated Long Term Strategy«, deren Grundlehrsatz (trotz des Aufstiegs von Gorbatschow seit 1985) die Beibehaltung der Politik der militärischen Konfrontation darstellte.

Wałesa oder Václav Havel? Anachronistisch die europäische Diskussion über die Gemeinschaft von 1992: Was bedeutet noch der »große gemeinsame Markt« zur Stunde der »Konföderation« und des »gemeinsamen Hauses«? Sogar das berühmte deutsch-französische Paar, das doch das Hauptelement einer inzwischen auch schon überholten westeuropäischen Ordnung darstellte, ist von den Ereignissen überrollt worden – und vom Desinteresse der deutschen öffentlichen Meinung, die nur noch die Wiedervereinigung im Sinn hat.

Bequem eingerichtet in unseren Gewißheiten und geistigen Gewohnheiten, lebten wir oder – was meine nach Jalta geborene Generation angeht – wurden wir erzogen in einem schließlich sehr einfachen, fast schwarzweißen System:

– Die Geschichte begann 1945 mit der Teilung Europas und vor allem mit dem Atomzeitalter.

– Das »Spiel« bestand in der Abschreckung eines riesigen totalitären Reichs, das zugleich ideologisch und territorial expansionistisch wie militärisch übermächtig war. Die von allen – oder fast allen – auch in Frankreich akzeptierte Antwort lag in einem System der kollektiven Verteidigung, das wiederum auf dem Bündnis mit den Vereinigten Staaten beruhte und auf der äußersten Drohung, als erster von der Atomwaffe Gebrauch zu machen.

– Das Resultat: ein Frieden, obgleich bewaffnet und nur erzielt im Tausch für ein ständig geteiltes Deutschland und Europa, aber immerhin ein Frieden, der unseren Ländern eine außergewöhnliche Zeit der Demokratie und des wirtschaftlichen Wohlstands ermöglichte.

Gewiß, von Zeit zu Zeit rief man fast rituell ein endlich ausgesöhntes Europa an, das »über Jalta hinausginge«, um sich »vom Atlantik bis zum Ural« zu erstrecken. Traditionell beschworen auch die Kommuniqués der Nato die Wiedervereinigung Europas und Deutschlands. Und um die Beibehaltung der atomaren Abschreckung zu rechtfertigen, erwähnten die Politiker ebenso rituell eine weit entfernte strahlende Zukunft, in der keine Waffen mehr vonnöten seien, ein »echter Frieden« herrsche und kein »Gleichgewicht des Schreckens«.

Aber alle diese Beschwörungen galten einer weit entfernt geglaubten Zukunft, die wohl niemals eintreten würde. So hielten sich auch die Debatten während all dieser Jahre in den Grenzen der Gewißheiten: Erstens würde die UdSSR sich niemals ändern, genausowenig wie der Kommunismus, der eine besondere, fast unzerstörbare Form des Totalitarismus darstellte. Je nach der politischen Auffassung des einzelnen mußte man ihn demnach entweder total isolieren und durchhalten (»L'empire du mal« – das Reich des Bösen) oder aber mit ihm paktieren und versuchen, seine Auswirkungen, besonders die auf Osteuropa, abzuschwächen (so die These der Anhänger der Entspannung und der Ostpolitik). Zwischen den beiden Polen der Debatte drückte die im »Harmel-Bericht 1967« definierte Zweiheit »Verteidigung/Entspannung« den auf wackligen Füßen stehenden Versuch aus, innerhalb des Atlantischen Bündnisses die zwei Thesen in einer für unsere Demokratien in etwa kohärenten Politik miteinander zu versöhnen. Nach dem Beispiel Amerikas von Carter bis Reagan schwankten wir aber ständig zwischen den beiden Extremen hin und her.

Zweitens würde Deutschland immer geteilt bleiben, denn Moskau würde niemals eine Wiedervereinigung zulassen, die zu der Zeit von allen – auch im Westen – als ein *casus belli* für die Sowjets angesehen wurde. Unter diesen Umständen stellte die westdeutsche Ostpolitik nur eine ihrem Wesen nach und in ihren Zielen begrenzte Strategie dar, denn niemals würde Moskau den Schlüssel zur Wiedervereinigung herausgeben. Trotz der Ängste eines Kissinger oder Georges Pompidou vertrug sie sich ebensogut mit dem Aufbau Westeuropas wie mit der Beibehaltung der Nato.

Drittens rechtfertigte die Fortdauer der sowjetischen Bedrohung fast ohne Diskussion das Weiterbestehen des Atlantischen Bündnisses. Es war höchstens angebracht, seine Funktionsprinzipien weiterzuentwickeln unter Berücksichtigung der Zeitläufte, das heißt der Schwankungen in der öffentlichen Meinung beiderseits des Atlantiks: bessere »Lastenverteilung«, ein bißchen weniger Atomwaffen dieses oder jenes Typs, etwas mehr von diesen oder jenen klassischen Waffen – je nach der Militärdoktrin (FOFA – »Angriff der nachfolgenden Streitkräfte« – oder andere), die von den Experten des Pentagon ausgebrütet und dann durch das weitverzweigte Netz des Bündnisses weitergegeben wurde. In diesem Rahmen fielen die Rüstungsverhandlungen seit den ersten Unterhandlungen SALT (1969) und MBFR (1973) unter die Zuständigkeit der Waffenkontrolle und der Nicht-Abrüstung, sie dienten eher dazu, das Bündnissystem zu festigen, als es zum Verschwinden zu bringen.

Nach der Revolution

Wir befinden uns heute in einem ganz anderen Bereich, wo drei neue Realitäten vorherrschen:

Erste Realität: der Zusammenbruch der sowjetischen politisch-militärischen Präsenz in Mitteleuropa. Der Feind hat nicht nur uns betrogen, sondern er ist auch von seinen eigenen Verbündeten betrogen worden. Der Warschauer Pakt ist als Militärinstitution praktisch am Ende und auseinandergefallen. Die ostdeutsche Armee, das Prunkstück der ehemaligen Streitkräfte des Pakts, ist in Auflösung begriffen; die sowjetischen Armeen ziehen überall ab, und der sowjetische Führungsstab gibt selbst zu, daß nunmehr das »gemeinsame« (das heißt sowjetische) Befehlskommando des Pakts beendet werden müsse. Die kumulative Wirkung der Auflösung des Pakts und der laufenden einseitigen Verringerungen der sowjetischen Präsenz in Mitteleuropa, ganz zu schweigen vom jetzt endgültigen Abzug von zwanzig Divisionen und 380 000 sowjetischen Soldaten aus Ostdeutschland, machen heute die Hypothese eines massiven Überfallangriffs der Roten Armee höchst unwahrscheinlich, ja unmöglich. Hierauf beruhte aber die ganze westliche Militärorganisation...

Täuschen wir uns nicht, und die sowjetischen Militärstrategen sind sich auch darüber voll im klaren: Es handelt sich hier um einen grundlegenden Umsturz des strategischen Kräfteverhältnisses auf dem europäischen Kontinent – und folglich auch in der ganzen Welt. Vor rund einem Jahr stand die UdSSR strategisch führend da, gestützt auf ihre vorgeschobene Militärpräsenz in Mitteleuropa. Sie war stark überlegen in den konventionellen Streitkräften (3 bis 4 gegen 1), auch atomar stark überlegen, vor allem nach Abschluß des INF-Abkommens vom Dezember 1987, das das sowjetische Territorium durch das Ausscheiden der Pershing II und der Marschflugkörper unantastbar machte, während Europa selbst in der Schußlinie Tausender sowjetischer taktischer und strategischer Sprengköpfe blieb. Heute steht die UdSSR allein da, verlassen von den Verbündeten, mit dem Zerfall ihrer Militärpräsenz in Mitteleuropa konfrontiert und gezwungen, sich zurückzuziehen, bestenfalls indem sie ihr Gesicht wahrt durch formelle Abrüstungsabkommen, sonst – mangels rechtzeitiger Abkommen in Wien – unter dem Druck der neuen demokratischen Regierungen in Mitteleuropa.

Die zweite Realität – und das ist das ganze Paradox der aktuellen Lage – besteht darin, daß die Sicherheitsprobleme nicht verschwunden sind mit den Umwälzungen von 1989. Was sich verändert hat, ist, wie gesagt, die Bedrohung, mit der zu leben und gegen die zu verteidigen wir uns gewöhnt hatten: ein massiver Angriff im »Stil von 1939«. Wenn es nicht einen außerordentlich blutigen Staatsstreich in Moskau gibt und einen totalen Krieg, wird die UdSSR ihr Glacis in Mitteleuropa nicht wiedererlangen. Dagegen werden wir mindestens während der nächsten zehn bis fünfzehn Jahre einer tiefgehenden Unstabilität in Mitteleuropa wie auch in der UdSSR gegenüberstehen. Schuld daran werden sowohl die unausweichlichen politischen und sozialen Spannungen sein, die aus dem Übergang zur Demokratie und zur Marktwirtschaft hervorgehen, wie auch die Grenzprobleme und die Probleme ethnischer und religiöser Natur, die die Ordnung von Jalta seit einem halben Jahrhundert »eingefroren« hatte.

Schließlich geht die Instabilität zurück auf den derzeitigen »Umbau« (Perestroika) in der UdSSR. Die Sowjetunion wird notwendigerweise und trotz der in Wien vorgesehenen massiven Abrüstung ein großes, überbewaffnetes Land bleiben, das über Tausende von Atomsprengköpfen verfügt und auf jeden Fall über die größte militärische Streitmacht des Kontinents. Sie wird aber auch ein Land sein, das dabei ist, sich zu zersplittern. Es ist ziemlich unwahrscheinlich, daß die sowjetische Föderation, so, wie wir sie heute kennen, die von Lenin und Stalin übernommenen Nationalitätenprobleme überlebt, aus genau den gleichen Gründen, aus denen die großen westlichen Reiche vor dreißig und vierzig Jahren entkolonialisieren mußten oder aus denen es Frankreich – Gott sei Dank – nicht gelungen ist, das »französische Algerien« zu bewahren. Kurz, die »klassische« Gefahr eines Blitzkriegs wie »1939« verschwindet zugunsten einer genauso gefährlichen, aber viel diffuseren Instabilität, die an das balkanisierte Europa der Jahrhundertwende erinnert.

Ich möchte hinzufügen – und das ist mindestens ebenso wichtig für die Zukunft –, daß wir uns nicht nur um die Probleme sorgen müssen, die mit der einstigen »Hauptfront«, das heißt dem Europa der Mitte, zusammenhängen, sondern mehr noch um die aufkommenden Sicherheitsprobleme, die sich in unmittelbarer Nähe Europas bereits bemerkbar machen.

Tatsächlich erkennt man in diesen Gebieten schon eine dreifache unterirdische Revolution:

– zunächst eine demographische: Allein die Länder des südlichen Mittelmeers, von Marokko bis zum Sudan, werden zu Anfang des nächsten Jahrhunderts 300 Millionen Einwohner zählen, das heißt gleich viele wie die Länder der Gemeinschaft. Und dazu handelt es sich dort um eine noch sehr junge Bevölkerung, während die unsere älter wird. Das demographische Problem stellt sich in gleicher Weise – nicht stärker – der Sowjetunion, deren russische Bevölkerung zur Minderheit innerhalb der Föderation werden wird, während sie immer mehr den Druck zu spüren bekommt, der im Osten und Süden von zwei unermeßlichen Menschenreservoiren mit mehr als zwei Milliarden Einwohnern ausgeht: Indien und China.

– Dieser demographische Druck geht mit einer wachsenden wirtschaftlichen Diskrepanz zu den Völkern Nordeuropas einher, was den religiösen Integrismus und die massive Umsiedlung von in unseren Ländern schwer einzugliedernden Bevölkerungsteilen fördert. So gesehen sind die Immigrationsprobleme, die wir jetzt in Europa – und vor allem in Frankreich – kennen und die eine indirekte Bedrohung unserer demokratischen Werte darstellen, wenn ich so sagen darf, nur ein Vorgeschmack dessen, was noch auf uns wartet.

– Die dritte unterirdische strategische Revolution schließlich ist die Verbreitung massiver chemischer und atomarer Waffen sowie ihrer ballistischen Träger in den unmittelbar an Europa angrenzenden Gebieten, ganz abgesehen von dem konventionellen Militärpotential, das gewisse Länder schon angesammelt haben und das häufig über das der europäischen Armeen weit hinausgeht (ich denke zum Beispiel an den Irak und an Syrien). Gleichzeitig muß man bedenken, daß mit dem weiteren Wachstum in unseren Ländern und also der Verteuerung des Erdöls auch die Abhängigkeit der Vereinigten Staaten und ganz Europas vom Pulverfaß des Mittleren Ostens wächst. Nebenbei möchte ich bemerken, wie vollkommen unpassend der derzeitige Abrüstungsprozeß Ost/West ist, wo die chemischen Waffen, die Mittelstreckenraketen abgeschafft und die konventionellen Streitkräfte erheblich verringert werden, während zur selben Zeit chemische Waffen, Raketen und ultramoderne konventionelle Waffen in den an Europa angrenzenden Gebieten überhandnehmen. In zehn Jahren werden die Beobachter ohne Zweifel über unsere heutige Verblendung fassungslos sein...

Nachdem ich die strategische Umkehrung in Mitteleuropa, aber auch das wahrscheinliche Weiterbestehen der unsicheren Lage in Europa selbst und in seinen Randgebieten aufgezeigt habe, möchte ich jetzt eine dritte neue Realität nach Jalta ansprechen. Die westlichen Demokratien laufen Gefahr, den Rahmen ihrer kollektiven Sicherheit zu verlieren, nämlich die Nato. Die Daseinsberechtigung der aus dem Kalten Krieg hervorgegangenen Nato bestand darin, die militärische Bedrohung durch die UdSSR in Schranken zu halten und gleichzeitig das demokratische Deutschland politisch zu binden.

Das Verschwinden des sowjetischen »Blocks« und der unmittelbaren militärischen Bedrohung, die er bisher darstellte, wie auch die bevorstehende Wiedervereinigung Deutschlands stellen die Zukunft des Atlantischen Bündnisses offen in Frage.

Das Problem der Nato ist es, zu früh »gewonnen« zu haben. Zwischen einem Amerika, das nur davon träumt, seine Sachen zu packen und seine »Boys« nach Hause zu holen (Abrüstung und Haushaltsdefizit machen es nötig), einem Deutschland, das nur daran denkt, seine volle Souveränität wiederzufinden (das heißt ohne fremde Streitkräfte und Atomwaffen auf seinem Boden), und Rüstungsverhandlungen, die darauf hinauslaufen, die vorhandenen Streitkräfte drastisch zu reduzieren – also um die »flexible Antwort« des Bündnisses zu unterhöhlen –, verschwinden so die Daseinsberechtigung und Realität des westlichen Militärbündnisses in den Augen einer breiten Öffentlichkeit und einer großen Anzahl verantwortlicher Politiker unserer Länder.

Für uns alle wird die jetzt beginnende Debatte – besonders im Rahmen der »Zwei plus Vier«-Gespräche – über die Zukunft des Bündnisses und die Beteiligung des vereinten Deutschland am westlichen Sicherheitssystem von entscheidender Bedeutung sein.

Was kommt nach der Nato?

Im Grunde gibt es drei mögliche Europas:

– 500 Millionen vereinte und friedliebende Einwohner von morgen, die in der Lage sind, mit den Unbeständigkeiten fertig zu werden, die aus dem demokratischen Umbruch im Osten und den noch komplexeren Schwierigkeiten in der unmittelbaren Umgebung erwachsen. Sie wollen eine Hauptrolle in der Welt des 21. Jahrhunderts spielen gegenüber den großen Schwerpunkten Amerika und Japan. Dieses Europa bleibt noch aufzubauen. Wir werden sehen, wie.

– Das gestrige Europa von Jalta. Ich sagte bereits, daß mir jeder Rückschritt ausgeschlossen scheint, wenn man nicht einen von einem Nachfolger Gorbatschows ausgelösten totalen Krieg in Erwägung zieht.

– Schließlich das vorgestrige Europa der Balkanisierung, des nationalen Egoismus, das von der germanisch-slawischen Rivalität beherrscht wird und Frankreich und Großbritannien am Rande beläßt. Dieses Europa kostete zwei Weltkriege in einem Jahrhundert. Dennoch droht uns die Politik des einfachsten Weges, des geringsten Widerstands und hier und da des nationalen Egoismus dorthin zurückzuführen, wenn wir nicht achtgeben.

Wie sollen wir also vorgehen, um das Nach-Jalta aufzubauen, ohne nach 1914 zurückzukehren?

Erste Feststellung: Der Schlüssel hierzu liegt selbstverständlich bei Deutschland, seinem Statut und der Rolle, die es in den kommenden Monaten spielen wird. Die deutsche Vorrangstellung beruht auf drei Faktoren, nämlich der Geschichte, der geographischen Lage und dem demographischen und wirtschaftlichen Gewicht des Landes. Seit zwei Jahrhunderten ist Deutschland das Herz des geopolitischen Systems in Europa: Alle Bündnisse, die den wechselvollen Lauf der Geschichte des modernen Europa bestimmten, gingen entweder von ihm aus, bildeten sich darum herum oder richteten sich dagegen. Nach den zwei tragischen Weltkriegen in der ersten Hälfte des Jahrhunderts teilte Jalta Deutschland in zwei Hälften, und die Streitkräfte beider Bündnisse konzentrierten sich auf seinem Boden. Die Institutionen Nachkriegseuropas bildeten sich aus dieser physischen Teilung heraus: die Militärbündnisse sowieso, aber auch ihre politisch-wirtschaftlichen »Überbauten« EG und Comecon.

Die Wiedervereinigung Deutschlands stellt also notwendigerweise diese institutionelle Ordnung in Frage. In derselben Logik bestimmt auch das Deutschland von morgen durch seine Wahl über das Weiterbestehen des ganzen westeuropäischen kollektiven Sicherheitssystems und darüber hinaus über die Stabilität und den Frieden in ganz Europa. Die wichtigste Frage ist somit, welchen Weg die Deutschen wählen: Festhalten und Verankern im Westen, also mit westeuropäischem Schwerpunkt – sicherlich in einer noch auszuarbeitenden Form, aber doch unter Beibehaltung der westeuropäischen Institutionen wie Nato und EG –, oder Abgleiten in eine in Wirklichkeit fiktive Neutralität (ich werde noch darauf zurückkommen), die die Rückkehr zu einer strikt nationalen Politik einleiten würde, wenn erst einmal die volle deutsche Souveränität wiedererlangt ist.

Zweite Feststellung: Unmittelbar aus der deutschen Haltung ergibt sich die zentrale Frage, wie man vorgehen soll. Zwei entgegengesetzte Thesen tauchen auf:

– Die erste zielt darauf ab, den westeuropäischen Schwerpunkt des zukünftigen Europa zu stärken mit Hilfe des Bestehenden, als da sind EG und Nato. Dies setzt notwendigerweise das Verbleiben des wiedervereinten Deutschland in den zwei Institutionen voraus, selbst wenn man gewisse Änderungen vorsehen muß (im besonderen das Herstellen eines neuen Gleichgewichts im Bündnis mit einem starken westeuropäischen Pfeiler). Bei dieser ersten Möglichkeit geht man davon aus, daß die einzig stabile Struktur im Westen gegenüber der vorhersehbaren Unbeständigkeit im Osten erhalten bleiben muß, um nach und nach die neuen Demokratien Osteuropas zu festigen, während die engen Beziehungen zur UdSSR im Rahmen der 35 der KSZE-Konferenz erhalten bleiben.

– Die zweite These zielt darauf ab, der heutigen Gemeinschaft ganz im Gegenteil keine Priorität einzuräumen, sondern eher eine Erweiterung nach Osten hin zu suchen und die Nato aufzusplittern, um mit den Resten des Warschauer Pakts in einem großen »pan-europäischen« Friedensgebilde vom Typ »gemeinsames Haus« oder »Konföderation« zu fusionieren.

In dieser zweiten These könnte Deutschland nur für eine Übergangsphase in der Nato bleiben bis zum endgültigen Abzug der ausländischen Streitkräfte und ihrer Atomwaffen (im Rahmen eines Wien-II-Abkommens). Diese zweite Option entspricht der neuesten Haltung der sowjetischen Regierung und hat auch die Unterstützung eines Großteils der deutschen öffentlichen Meinung und der SPD.

Warum es verschweigen? Ich denke, daß diese zweite Option für ganz Europa katastrophal wäre und uns unausweichlich zu den schlimmsten Verirrungen der Vorkriegszeit zurückbrächte.

Die verschwommene und etwas utopische Formel eines Völkerbunds oder einer UNO in Europa auf der Basis der KSZE und der Abrüstung, die auf einem atomwaffenfreien, neutralisierten und weitgehend entmilitarisierten Deutschland fußt, würde nicht lange die vorhersehbare Instabilität im Osten und die wirtschaftliche

Macht eines vereinten Deutschland überleben... Deutschland würde garantiert in fünf oder zehn Jahren eigene Mittel für seine Sicherheit suchen. Und wie in der Vergangenheit würde die Remilitarisierung auf die Entmilitarisierung folgen.

In Wirklichkeit braucht Europa mehr denn je eine solide Sicherheitsverankerung im Westen, die die Länder der EG, das vereinte Deutschland eingeschlossen, die Vereinigten Staaten und Kanada umfaßt und sich weiterhin auf die atomare Abschreckung stützt. Dazu muß die Umgestaltung des Atlantischen Bündnisses entschlossen in die Hand genommen werden, und jeder, auch Frankreich, muß sich klar zu diesem Vorgang verpflichten.

Man ist gezwungen festzustellen, daß sich unsere Regierungen bis jetzt nicht besonders hervorgetan haben durch ihre Fähigkeit, in kohärenter Form diese entscheidende Etappe unserer Geschichte zu meistern. Zwischen der Passivität Washingtons, dem Zusammenbruch der sowjetischen Riegelstellung, Frau Thatchers Feindseligkeit gegenüber der Wiedervereinigung und den vielfachen diplomatischen Winkelzügen des Elysée hat das Deutschland Kohls hauptsächlich versucht, seine schnelle Wiedervereinigung »durchzuziehen«, ohne sich allzuviel um die strategischen Konsequenzen seiner Aktionen zu kümmern. Daher die Flucht nach vorn und die Folge einseitiger Beschlüsse der Bonner Regierung seit dem 28. November: Möge es sich nun um die Währungsunion mit der DDR (ohne Konsultation der doch immerhin direkt betroffenen EG), um die Ankündigung eines quasi entmilitarisierten Status für das Gebiet der Ex-DDR (auch hier ohne Konsultation der Verbündeten) handeln oder um die Weigerung Kohls, die Oder-Neiße-Grenze vor einer entsprechenden Abstimmung im zukünftigen Parlament eines vereinten Deutschland anzuerkennen. Der eine Beschluß ist noch schlimmer als der andere: der erste, weil er unweigerlich Inflation und Unordnung nach sich zieht; der zweite, weil er das Verbleiben Deutschlands in der Nato sehr erschwert; der dritte, weil er die schlimmsten Dämonen der Vorkriegszeit wiederaufleben läßt.

Der vom Fest der Freiheit ausgelöste Freudentaumel ist binnen weniger Monate einem mehr und mehr um sich greifenden Gefühl der Beunruhigung, ja sogar Angst vor einem »Groß-Deutschland« gewichen. Die Angst wird noch verstärkt durch das Höllentempo des Kanzlers Kohl, seine groben wahlpolitischen Ungeschicklichkeiten (die Affäre der Oder-Neiße-Grenze) und durch die bei einigen beobachtete Rückkehr zu Reflexen der dreißiger Jahre (besonders in Polen). Bei diesem Rhythmus steht zu befürchten, daß das aus einem halben Jahrhundert stalinistischer Betäubung hervorgehende neue Europa gar nicht so neu ist, daß es vielmehr seine alten bösen Geister von 1914 wiederfindet, anstatt die Welt des 21. Jahrhunderts vorzubereiten.

Dies alles hätte vermieden werden können, wenn wir unseren deutschen Freunden gegenüber ein bißchen mehr Wärme gezeigt hätten, aber auch mehr Festigkeit. So könnten wir verhindern, daß diese Tendenzen sich in den nächsten Monaten fortsetzen, wenn jeder sich nur darüber klar wird, was auf dem Spiel steht, und nicht den Weg des geringsten Widerstandes geht.

Vor allem müssen die Deutschen verstehen, daß ihre Wiedervereinigung auch Europa angeht und vier Grundvoraussetzungen erfüllen muß:

– das Verbleiben in der EG,
– das Verbleiben in der Nato,
– Verzicht auf Atomwaffen,
– Anerkennung bestehender Grenzen.

Aber auch Frankreich und Großbritannien haben eine wesentliche Rolle zu spielen. Um nicht erneut in das Europa von 1914 zurückzufallen, müssen wir uns dafür einsetzen, die Errungenschaften der letzten fünfundvierzig Jahre zu festigen, und uns so die Mittel sichern, um dem Zerfall des sowjetischen Riesenreichs mit den geringsten eigenen Risiken zu begegnen. Vergessen wir nicht, daß dies auch immer das Schlüsselproblem für die Sicherheit Europas ist.

Diese Aufgabe müssen in erster Linie die Europäer im Rahmen der Gemeinschaft zu Ende bringen. Dazu muß die Gemeinschaft verstärkt werden, ohne jedoch in eine sterile Debatte über die Supranationalität zu verfallen. Auch muß die Aufgabe parallel hierzu im Rahmen eines neu ins Gleichgewicht gebrachten Bündnisses mit den Vereinigten Staaten gelöst werden. Frankreich könnte hier eine Schlüsselrolle spielen, die jedoch schwierig ist, weil dann unweigerlich sein ganzes Verteidigungssystem überdacht werden müßte. Das würde eine harte Prüfung für unser Land werden, weil die Politik General de Gaulles von allen großen politischen Strömungen inzwischen übernommen worden ist und als ein großer Erfolg für Frankreich angesehen wird.

Diese Politik entspricht aber einer inzwischen überholten geopolitischen Ordnung: Frankreich in zweiter Linie hinter einem verstümmelten Deutschland, das seinerseits von einem auf seinem Boden physisch anwesenden Amerika beschützt wird. Frankreich sieht sich so einer sich verändernden »sowjetischen Bedrohung« – eher »1914« als »1939« –, einem nunmehr wiedervereinten Deutschland und Amerikanern gegenüber, die ihre militärische Präsenz drastisch reduzieren. Es kann also seine zwischen 1958 und 1960 festgelegte Sicherheitspolitik nicht weiterführen.

Viele werden das bedauern, denn diese Politik war für uns Franzosen außerordentlich bequem, da sie den politischen Nutzen der »Unabhängigkeit« mit den militärischen Vorteilen der kollektiven Sicherheit verband. Wir sollten wissen, daß die guten Zeiten hinter uns liegen und wir uns wieder direkt in das strategische Kräftespiel Europas einreihen müssen.

Zwei – nur zwei – Optionen sind möglich:
– Die erste ist der Rückzug, sicher die verführerischste, da sie den Schein der Unabhängigkeit und der nuklearen Unantastbarkeit wahrt. Sie würde Frankreich zur guten alten Logik der Maginot-Linie zurückführen, die man durch Flanken-Bündnisse in alle Richtungen komplettieren könnte – natürlich im Osten, aber auch mit London und selbst mit Washington. Eine solche Option würde die gegenwärtigen Neigungen zur Entmilitarisierung Deutschlands gelten lassen, ja, sie sogar ermutigen, und würde außerdem all jene zufriedenstellen, die – besonders in der Sozialistischen Partei – eine neue Senkung der Verteidigungskredite[3] fordern.

3 Zusätzlich zur Kürzung von 48 Milliarden Francs, die die sozialistische Regierung 1989 für das derzeitige Militärplanungsgesetz beschloß.

Ärgerlich an dieser Politik ist, daß sie bei unseren deutschen Nachbarn die Neigungen verstärkt, die man in Frankreich am meisten fürchtet. Ein französischer Rückzug auf den nuklearen Turm würde die politische Isolierung Deutschlands in einem in sich instabilen Mitteleuropa nur noch wachsen lassen.

So geteilt in ihrer Sicherheitspolitik, also ihrem Schicksal, würden Franzosen und Deutsche – und darüber hinaus die anderen Europäer – nicht lange innerhalb der Gemeinschaft einig bleiben. Die Gemeinschaft selbst würde nach dem Verlust ihres Unterbaus der gemeinsamen Sicherheit nicht lange standhalten, und die Balkanisierung Europas würde sich ausbreiten wie ein Ölfleck: von der Sicherheit auf die Politik, von der Politik auf die Wirtschaft.

Und vor allem würde eine solche Politik das von vielen Franzosen gefürchtete Schreckgespenst einer massiven Remilitarisierung und einer neuen Vormachtstellung Deutschlands in Europa heraufbeschwören. Eine französische Isolierung, gekoppelt mit einer Entmilitarisierung Deutschlands, kann aber bestenfalls nur eine Übergangslösung sein. Ein wirtschaftlich und politisch übermächtiges Deutschland im Herzen Europas kann sich nicht lange damit zufriedengeben, ohne Verteidigung in einem instabilen, von erwachenden Nationalismen geschüttelten Europa zu verharren. Man muß doch erkennen, daß das, was Frankreich für sich selbst entscheidet – nämlich eine rein nationale Sicherheit –, auch die Deutschen in fünf oder zehn Jahren selbständig entscheiden wollen!

Wer diese Gefahren erkennt, die uns zu den schlimmsten Irrungen des Kräftespiels der Vorkriegszeit zurückführen würden, kann nicht umhin, über eine andere Lösung nachzudenken.

– In der zweiten Option würde auf Frankreichs Initiative hin das europäische System in eine realistische Richtung gelenkt werden; Europa entgeht damit den bösen Geistern der Vergangenheit und vermeidet die falschen Debatten über die Supranationalität – oder die »paneuropäischen« Modelle auf der Basis einer »Super-KSZE«.

Eine solche Politik müßte sich auf drei Schwerpunkte stützen:

– Zunächst auf Deutschland. Die erste Priorität für uns bestünde darin, ein Vertrauensverhältnis zu Deutschland herzustellen. Vertrauen heißt echte – und nicht halbherzige – Unterstützung der deutschen Einheit, aber auch Festigkeit; denn diese Einheit darf nicht unter jeder beliebigen Bedingung zustande kommen. Wir müssen den Deutschen – und nicht nur ihren führenden Politikern – sagen, wir erwarten von Deutschland, daß es seine Einheit wiederfindet unter Berücksichtigung der vier vorhin bereits erwähnten Bedingungen.

Wir müssen auch fähig sein, diese Verpflichtung auf Gegenseitigkeit einzugehen, indem wir unsere Streitkräfte in den Dienst Europas stellen im Rahmen einer gemeinsamen Verteidigungsorganisation, ausgehend von der WEU, die vertragsmäßig und gleichwertig mit den Vereinigten Staaten verbunden wäre. Wir müssen heute fähig sein, die von Kanzler Schmidt 1984 vorgebrachte Idee multinationaler – deutsch-französischer und darüber hinaus europäischer – Streitkräfte in die Tat umzusetzen, die einzige Bedingung, daß Deutschland im westlichen Sicherheitskollektiv verbleibt. Zum Beispiel müssen französische, deutsche, britische, italienische Flugzeuge die gemeinsame Abschreckung Europas mit Hilfe von atomaren Luft-Boden-Raketen sichern, die gemeinsam im Rahmen einer europäischen Planungsgruppe verwaltet werden. Die unter einem europäischen Kommando zusammengefaßten Einheiten dieser Länder müssen unsere gemeinsame Verteidigung sichern mit den Einheiten, die von der jetzigen amerikanischen Präsenz übrigbleiben. Das ist das einzige Mittel, das aktive Verbleiben Deutschlands im westlichen Verteidigungssystem zu sichern – was schwer zu verwirklichen sein wird.

– Zweitens Amerika: Es liegt im Interesse Frankreichs, daß die Vereinigten Staaten und Kanada als europäische Mächte weiterbestehen. Das Bündnis von morgen wird anders aussehen als das bisherige. Zunächst wird die militärische Präsenz der Vereinigten Staaten drastisch reduziert. Es hängt von uns ab, diese Reduzierung zu vergrößern oder aber im Gegenteil ihre Auswirkungen in Grenzen zu halten, indem wir Washington einen politischeren Platz in Europa einräumen und die Rollen zwischen der Gemeinschaft und den Vereinigten Staaten neu verteilen.

Ich sehe nicht, inwiefern die Gemeinschaft unter dem Dialog mit den Vereinigten Staaten leiden sollte. Im Gegenteil erkenne ich deutlich die Risiken, die aus einem allgemeinen Rückzug der Vereinigten Staaten erwachsen, einschließlich der kommerziellen Rivalitäten.

– Rußland schließlich: In neun Jahren ist das Frankreich Mitterrands von einem »Einfrieren« der Beziehungen ohne Übergang der Versuchung eines Flanken-Bündnisses erlegen. Beides war übertrieben und stellt keine Politik dar. Unsere Beziehungen zu Moskau sind sowohl ungenügend in der Praxis – das heißt auf wirtschaftlichem Gebiet – wie auch konfus in den politischen Zielen. Moskau darf nicht für uns das Gegengewicht zu Deutschland sein; diese Politik hat in der Vergangenheit verheerende Folgen gezeigt und irrt sich überdies grundlegend wenn nicht im Gegner, so doch im Problem. Die französisch-sowjetischen Beziehungen müssen im Gegenteil dazu dienen, den demokratischen Übergang im Osten zu festigen, die sowjetischen Institutionen und die sowjetische Wirtschaft zu modernisieren sowie ein friedliches und ausgeglichenes Verhältnis im Europa von morgen vorzubereiten – das heißt, wenn der UdSSR ihre eigene demokratische Umwandlung gelingt.

Das deutsch-französische Paar wieder auf die Beine stellen, den europäischen Eckpfeiler sowohl auf wirtschaftlichem wie auf verteidigungspolitischem Gebiet verstärken, dazu beitragen, daß die Vereinigten Staaten und Kanada in Europa verbleiben, unsere Aktion in der UdSSR entwickeln, das sind die Generallinien einer neuen Aktion für Frankreich und für alle Europäer.

Die Welt von Jalta ist überholt. Aber wir müssen noch auf anständige Art und Weise aus ihr herauskommen, indem wir das Europa von morgen vorbereiten. Und das hängt von uns allein ab.

Aus dem Französischen übersetzt von Renate Thiemann.

William Waldegrave

Deutschland und das neue Europa

Die Geschwindigkeit der geschichtlichen Prozesse erschwert genauere Voraussagen über die Form, die Europa in den kommenden Monaten annehmen wird. Und doch kann man gewisse Vermutungen für die Zukunft anstellen. Zuerst einmal werden sich die Völker Osteuropas mit Sicherheit, wenn auch unterschiedlich schnell, in Richtung freier und demokratischer Systeme und Institutionen entwickeln. Zweitens wird sich der Vereinigungsprozeß in Deutschland seinem Ende nähern; die Wirtschafts- und Währungsunion ist ja bereits vollzogen. Drittens werden die äußeren Aspekte der Vereinigung in verschiedenen Gremien behandelt: »Zwei plus Vier«, EG und Nato. Und viertens wird sich die weitere Entwicklung der KSZE als stabilisierender Faktor im gesamteuropäischen Rahmen erweisen.

Die deutsche Vereinigung

Es herrscht Konsens darüber, daß der Schlüssel zur Einheit in Deutschland liegt. Das Vereinigte Königreich ist seit vielen Jahren für das Selbstbestimmungsrecht des deutschen Volkes eingetreten. Großbritannien hat, zusammen mit anderen westlichen Nationen, dazu beigetragen, die Bedingungen zu schaffen, unter denen die deutsche Einheit in Freiheit erreicht werden konnte.

Ich will nicht abstreiten, daß wir in einem gewissen Stadium Vorbehalte hinsichtlich der Schnelligkeit hatten, mit der die innere Einheit vorangetrieben wurde. Wir machten uns Gedanken darüber, ob der Übergangsprozeß in geordneten Bahnen und zeitlich parallel zu wichtigen äußeren Elementen der Vereinigung verlaufen würde. Wir wollten wissen, wie man sich Deutschlands Stellung im übrigen Europa vorstellte.

Daher waren wir höchst beruhigt über das staatsmännische Vorgehen der Bundesregierung und der neuen Regierung der DDR sowie das Übereinkommen von Ottawa, die »Zwei plus Vier«-Gespräche als Diskussionsforum für die wichtigen äußeren Aspekte der Vereinigung zu begründen. Sind EG und Nato wesentliche Gremien zur Diskussion bestimmter Aspekte der Einheit, so besteht der Wert der »Zwei plus Vier«-Runden darin, daß sie allein die Sowjetunion mit einschließen und ihr die Möglichkeit geben, ihre Vorstellungen und Interessen darzulegen. Damit ist ein klarer Rahmen für ein geordnetes Vorgehen geschaffen.

Was die inneren Aspekte der Einheit anbetrifft, so gehen die beiden deutschen Staaten im Rahmen ihres vereinbarten Programms vor. Der wichtigste Teil ist bisher die Haushaltsvereinbarung des Staatsvertrags, der am 18. Mai unterzeichnet wurde. Dieser Vertrag schließt Kompromisse ein. Schwer vorauszusagen ist seine Wirkung auf die Wirtschaft in beiden Teilen Deutschlands. Wir haben jedoch keinen Grund, die Versicherungen der Bundesrepublik anzuzweifeln, daß sie die Kosten auffangen kann. Sicher müssen kurzfristig Opfer gebracht werden. Doch mittelfristig sind die Aussichten ein besserer Lebensstandard und ein höheres Wachstum für das Gebiet der heutigen DDR. Diese Entwicklung schreitet rasch voran und wird in angemessener Zeit für alle in Europa von Nutzen sein.

Außenpolitisch ist heute schon klar, daß ein vereintes Deutschland eine Schlüsselrolle im künftigen Europa spielen sowie Stabilität und wirtschaftliche Entwicklung fördern wird. Winston Churchill sagte 1949 vor dem Europa-Rat in Straßburg: »Ein vereintes Europa kann nicht ohne die Kraft und Stärke Deutschlands existieren.«

Mir scheinen Debatten darüber, ob Deutschland in die künftigen europäischen Strukturen integriert werden sollte oder nicht, ohnehin eher künstlich zu sein. Die Bundesrepublik Deutschland ist schon ein Teil von Europa. Kein Fragezeichen schwebt über ihrer andauernden Mitgliedschaft in der Europäischen Gemeinschaft; und die deutsche Regierung hat die Nato-Zugehörigkeit zum wesentlichen Bestandteil ihres Sicherheitskonzepts erklärt. Wir teilen die Ansicht, daß diese die beste Lösung für die Sicherheit Gesamteuropas darstellt.

Doch es gibt noch viele andere äußere Aspekte des Vereinigungsprozesses, mit denen sich drei zentrale Gremien beschäftigen: die »Zwei plus Vier«-Runden, die Nato und die EG. Ich möchte alle drei etwas ausführlicher betrachten.

– Die »Zwei plus Vier«-Gespräche:

Als Hauptfragen sind zunächst einmal zu klären: die Ablösung der Vier-Mächte-Rechte und -Verantwortlichkeiten samt einer umfassenden Regelung; Berlin; die Grenzen und einige politisch-militärische Aspekte (auch wenn die »Zwei plus Vier« nicht der Ort sind, weitreichende Sicherheitsfragen, die anderen Staaten in Europa betreffen, zu regeln).

Großbritannien will die Rechte und Verantwortlichkeiten der Vier Mächte nicht länger als nötig aufrechterhalten. Wir werden über einen geordneten Abbau nachdenken, der in Übereinstimmung mit dem Prozeß der Vereinigung steht. Die alliierte Truppenpräsenz in Berlin wird besprochen und das Ergebnis von allen Beteiligten getragen werden.

Vor allem hinsichtlich des Problems der deutsch-polnischen Grenzen sind die Voraussetzungen für eine befriedigende Lösung geschaffen worden. Beide deutschen Staaten haben klargestellt, daß sie die existierende Oder-Neiße-Grenze anerkennen werden. Man ist mit Polen bei den »Zwei plus Vier«-Treffen in Paris übereingekommen, daß es einen abschließenden, bindenden Vertrag geben wird, der die Grenzen garantiert.

– Die Nato:

Aus politisch-militärischen Erwägungen heraus gab es zwischen dem Westen und der Sowjetunion Differenzen, was die Nato-Mitgliedschaft Deutschlands anbetrifft. Jedoch hat das deutsche Volk nach der Helsinki-Schlußakte das Recht, seine Bündniszugehörigkeit frei zu wählen. Und es hat sich dafür entschieden, Mitglied der Nato zu bleiben. Wir begrüßen das, gemeinsam mit den anderen

Alliierten und den osteuropäischen Ländern. Dies Ergebnis trägt am meisten zur Stabilität in Europa bei.

Die Nato ist ein defensives Bündnis, dessen grundlegendes Ziel die Verhütung eines Krieges ist. Die Mitgliedschaft eines vereinten Deutschland wird daran nichts ändern. Dies hat die Sowjetunion eingesehen und im Zusammenhang der Entwicklung der Nato in einem sich wandelnden Europa allmählich akzeptiert. Natürlich gibt es Vereinbarungen für das Territorium der DDR, die die natürlichen Sicherheitsbelange der Sowjetunion berücksichtigen.

– *Die EG:*

Der Gipfel in Dublin stellte wegweisende Richtlinien auf für die Integration der DDR in die EG. Die Details werden gegenwärtig verhandelt. Großbritannien unterstützt die weitestgehende Integration in kürzester Zeit. Der größte Teil der zusätzlichen Kosten wird von der Bundesrepublik Deutschland aufgefangen, die natürlich am meisten von der Einbindung profitieren wird. Das bestätigte Kanzler Kohl, als er sagte, daß Deutschland nicht vorhat, die Kosten der Vereinigung den Mitgliedern der Gemeinschaft aufzubürden. Das sollte einen reibungslosen und schnellen Übergangsprozeß gewährleisten.

Größere Zusammenhänge

Alles in allem ist es bemerkenswert, wie schnell der Prozeß in Gang gekommen ist, die äußeren Aspekte der deutschen Einheit zu bewältigen. Das ist ein Resultat guten Willens und harter Arbeit vieler Menschen innerhalb und außerhalb Europas. Mehr noch: Es ist auch ein mächtiges Symbol der Überwindung alter Ost-West-Trennungen in Europa als Resultat der Revolutionen von 1989.

Die hergebrachten Vorstellungen haben sich durch das Ende des Kalten Krieges, der einst unseren Kontinent spaltete, aufgelöst. Ohne auf weitreichendere Konsequenzen näher einzugehen, müssen meiner Ansicht nach drei wesentliche Elemente berücksichtigt werden, wenn wir die Grundlagen für ein neues, freieres, reicheres und sicheres Europa errichten wollen.

– Die EG:

Das erste ist die Aufgabe der EG, die Reformprozesse in Zentral- und Osteuropa zu unterstützen. Dieser wichtige Punkt enthält das Versprechen eines Europas gemeinsamer demokratischer Werte und freier Marktwirtschaft, einer Interessengemeinschaft. Unsere eigene Erfahrung in der EG zeigt, daß sie ein Instrument enger Partnerschaft und weitreichender Zusammenarbeit ist. Bemerkenswert ist, wie die Gemeinschaft innerhalb des Westens eine führende Rolle angenommen hat – durch ihre Reaktion auf die Veränderungen, deren Zeuge wir waren, und ihr langfristiges Engagement, das sich in Handels- und Zusammenarbeitsabkommen und neuen Assoziierungsvereinbarungen, die wir getroffen haben, ausdrückt.

Die Europäische Bank für Wiederaufbau und Entwicklung ist eine EG-Initiative und wird eine wichtige Finanzierungsquelle für ganz Osteuropa sein. Die Entscheidung, die Bank in London zu situieren, unterstreicht Großbritanniens entschiedenen Einsatz für die politischen und wirtschaftlichen Reformen in Osteuropa. Die Assoziierungsvereinbarungen gehen über die Grenzen rein wirtschaftlicher Zusammenarbeit hinaus. Wir hoffen, daß sie eine Brücke darstellen für potentielle EG-Mitgliedschaften jener Länder, die die Beitrittsbedingungen für EG-Partner erfüllen wollen und können.

– Die Nato:

Zum zweiten möchte ich auf die Rolle der Nato eingehen. Entscheidend war der Nato-Gipfel im Juli, auf dem es um die politischen Ziele und um die militärische Strategie der Nato angesichts der dramatischen Entwicklungen in Europa ging. Die Nato wird so lange zumindest eine notwendige Versicherungspolice sein, wie die UdSSR eine bedeutende Militärmacht bleibt. Die Nato ist – das ist die reale Lage – der kostenmäßig effektivste Weg, für unsere kollektive Verteidigung zu sorgen. Das Bündnis ist erprobt und bewährt. Als freie Allianz gleicher Partner verkörpert es das lebenswichtige transatlantische Bindeglied des Kräftegleichgewichts gegen die Größe und militärische Stärke der UdSSR. Einige fundamentale Aspekte der Nato müssen erhalten bleiben: eine vernünftige Mischung konventioneller und nuklearer Waffen, die in Europa stationiert sind, die kollektiven Verteidigungsleistungen und die Präsenz amerikanischer und kanadischer Truppen in Europa.

Doch die Nato kann in diesem Europa schneller Entwicklungen nicht stillstehen. Die Veränderungen, die in Europa stattfinden, werden Auswirkungen auf die Art unserer Verteidigung haben. Wir müssen über zukünftige Strategien und Truppenstärken nachdenken, Alternativen ergründen und die politische Rolle der Nato in der Debatte über Europas Zukunft entwickeln. Dies sind Fragen, denen man sich schon annähert und die zuoberst auf der Tagesordnung des Nato-Gipfels in London Anfang Juli standen.

– *Die KSZE:*

Das dritte Strukturelement ist die KSZE. Dieser Konferenz fällt potentiell eine äußerst wichtige Rolle zu. Sie ist das einzige Forum, auf dem alle europäischen Staaten und die zwei großen nordamerikanischen Demokratien die entscheidende Frage, vor der wir heute stehen, diskutieren können: die Förderung von Demokratie, Wohlstand und Stabilität im neuen Europa. Entscheidend dafür wird der kommende KSZE-Gipfel sein, für den wir eine Reihe von Vorschlägen gemacht haben, die als oberstes Ziel eine große »demokratische Allianz« vom Atlantik bis zum Ural und darüber hinaus verfolgen. Der Gipfel sollte sich besonders den Prinzipien freier und fairer Wahlen, der Rechtsordnung und marktorientierter Wirtschaftssysteme widmen. Weiterhin haben wir vorgeschlagen, daß die KSZE ein Instrumentarium der Versöhnung entwickelt, um Spannungen zwischen Staaten aufzulösen, die unter Umständen aus Minderheiten oder Gebietsproblemen herrühren. Schließlich möchten wir, daß der Gipfel den Wert der KSZE an sich anerkennt und das neue Programm regelmäßigerer und intensiverer Kontakte auf allen Ebenen zwischen den fünfunddreißig Teilnehmerstaaten in Angriff nimmt.

Unrealistisch wäre es – das zeigt auch die Erfahrung des Völkerbundes aus den dreißiger Jahren –, von einer Organisation wie der KSZE zu erwarten, militärische Sicherheitsgarantien zu leisten. Dafür ist die Nato da. Doch die KSZE kann, wie oben ausgeführt, dabei in vielerlei Hinsicht eine wichtige Ergänzung sein.

Für alle Europäer ist die heutige Zeit aufregend. Die deutsche Einheit wird demnächst verwirklicht sein, und die Europäer rükken gleichzeitig enger zusammen. Beide Prozesse können sich gegenseitig zum Nutzen aller bestärken.

Vor uns liegt ein weitgefaßtes und ehrgeiziges Ziel: ein konfliktfreies Europa, das in Frieden und Freiheit lebt und zunehmend wohlhabender wird. Das erforderliche Rahmenwerk, um ein solches Europa aufzubauen, ist vorhanden. Wir alle sollten uns für diesen Prozeß mit voller Kraft einsetzen – in den »Zwei plus Vier«-Gesprächen über die deutsche Vereinigung und den vielen Begegnungen auf höchster Ebene, die in der EG, der Nato und KSZE während dieses historischen Prozesses stattfinden.

Ein in Freiheit vereintes Deutschland, dem alle zustimmen können, wird ein Symbol eines neuen und besseren Europa sein. Beethoven und Schiller widmeten Europa eine »Hymne an die Freude«. Die Fähigkeiten des vereinten deutschen Volkes können heute allen Europäern helfen, an dem Glück teilzuhaben, das aus der Befreiung von Unterdrückung, Furcht und Not kommt.

Aus dem Englischen übersetzt von Elke Hosfeld.

Roland Dumas

Muß man vor Deutschland
Angst haben?

Als die Berliner Mauer am 9. November 1989 fiel, verschwand
mit ihr auch die Trennungslinie Europas. Sämtliche Ostblockländer hatten sich in diesem denkwürdigen Jahr 1989 erhoben in der
Hoffnung und dem Willen, die demokratischen und wirtschaftlichen Freiheiten zu erlangen, über die westliche Länder schon
lange verfügen. Nicht, daß das westlich des einstigen Eisernen
Vorhangs herrschende politische und soziale System ein Wunder-
mittel wäre, aber den Ländern Westeuropas – und vor allem jenen
der Europäischen Gemeinschaft – ist es immerhin gelungen, Gesellschaften aufzubauen, die auf der Achtung des Menschen beruhen und die Chance bieten, wirtschaftlichen Wohlstand und echte
soziale Solidarität zu verwirklichen.

Die Folgen der Erschütterung des ehemaligen sowjetischen Glacis sind in ihrer Tragweite bisher noch nicht abzusehen. Aber mit
Sicherheit kommt der Vereinigung von Bundesrepublik und Deutscher Demokratischer Republik eine große Bedeutung zu, die uns
in zweierlei Hinsicht betrifft: Zum einen wollen und werden die
Ostdeutschen in einer demokratischen Gesellschaft leben – womit
sie ein politisches System gewählt haben, das allen westlichen Ländern, nicht nur der Bundesrepublik, eigen ist; zum zweiten werden sie mit den Deutschen der Bundesrepublik einen einzigen
Staat bilden – mit erheblichen wirtschaftlichen und politischen
Konsequenzen. Alle Welt freut sich über den ersten Punkt; doch
die zweite Perspektive scheint nuanciertere Gefühle auszulösen,
besonders bei den Nachbarn des bald geeinten Staates.

Die Aussicht auf die deutsche Vereinigung hat bei manchen Argwohn hervorgerufen: Besorgnis, Unsicherheit, Angst – man weiß

nicht so recht, welches dieser Gefühle überwiegt. Wie stark wird dieses neue Deutschland sein? fragen viele. Und welche Kräfte werden dort die Oberhand gewinnen? Das geht so weit, daß die innere Harmonie des Vereinigungsprozesses Gefahr läuft, mit einer Hypothek belastet zu werden.

Ich möchte gleich zu Anfang klarstellen, daß ich diese Befürchtungen nicht teile. Angst ist ein schlechter Ratgeber: Sie läßt eine ausgewogene Beurteilung der Lage nicht zu; sie kann sogar Reaktionen hervorrufen, die plötzlich eine tragische Situation erzeugen. Deswegen teile ich auch im Fall der deutschen Vereinigung die Meinung Jean Monnets: »Wir haben nichts zu fürchten außer der Furcht.«

Versetzen wir uns an die Stelle derer, die sich fragen: »Muß man Angst vor Deutschland haben?« Wovor und warum sollten sie so spontan Angst haben?

Selbstverständlich hat diese Angst historische Wurzeln. Europas konfliktgeladene Vergangenheit bezog sich häufig auf Deutschland, so daß entstand, was man »die deutsche Frage« nennt: 1870, 1914, 1939 – drei Daten der zeitgenössischen Geschichte, die uns Franzosen an den Beginn von Auseinandersetzungen mit Deutschland erinnern; sie endeten für Frankreich zweimal mit einem militärischen Desaster und mit Katastrophen, die unserer modernen Welt ihren Stempel aufgedrückt haben. In diesem verkürzten geschichtlichen Überblick steht Deutschland als Angreifer da, als eine Macht, die ihre Herrschaft auf ihre europäischen Nachbarn auszuweiten suchte. Es gibt eine alte Angst vor *dem Deutschen*, vor diesen »blutrünstigen Soldaten«, die einem germanischen, teutonischen Phantom, einem imaginären Zerrbild, entspringen. Da sind ferner die Erinnerungen an vergangene Leiden, an die Besatzung und natürlich an den Nazismus.

Die Angst vor einem vereinigten, also starken Deutschland wird genährt aus der Vorstellung eines mächtigen, herrschsüchtigen und expansionistischen Deutschland: Das löst bei manchem den Reflex aus, diese Macht fürchten zu müssen, ohne die Natur dieser Macht und die Absichten ihrer Machthaber zu analysieren. Das ist bezeichnend für eine eher reagierende als analytische Denkweise und unterschätzt die eigene Fähigkeit, dieser Macht etwas entgegenzusetzen, falls sie feindlich handeln wollte.

Diese Macht erscheint um so schrecklicher, als die historische Realität häufig zur Karikatur vereinfacht wird, und auch in der Gegenwart scheint das Bild der wirtschaftlichen Macht Bundesrepublik Deutschland das der einst aggressiven Macht zu ersetzen. Ob wirtschaftlich oder militärisch, Deutschlands Macht wirkt als Bedrohung für Frieden und Sicherheit der Europäer. So oder so scheint in Deutschland der Wille zur Vorherrschaft schicksalhaft aus der Macht hervorzugehen, scheint ihre Geschichte die Deutschen unerbittlich dazu zu treiben, in regelmäßigen Abständen dem tausendjährigen Traum eines europäischen Reiches nachzugehen – eine Hegemonie-Versuchung, die über unsere heutige Welt mit der von Kanzler Bismarck verwirklichten Einheit hereinbrach, obwohl Bismarck gegen jede »Weltpolitik[1]« war.

Ich will nicht auf die Vielfalt von Theorien und Urteilen eingehen, die Deutschland diesen Ruf an der Grenze der Karikatur eingetragen haben und die im übrigen – das sei angemerkt – Deutschen wie Nichtdeutschen zu verdanken sind: Bilder des Germanentums, der Bestimmung des deutschen Volkes (Volksgeist[2]), der deutschen Nation, des Pangermanismus, bis hin zu den rassistischen und faschistischen Theorien der Nationalsozialisten; karikiert wird aber auch, und das manchmal als Antwort auf die eben genannten Vorurteile, die angeborene Grausamkeit der Deutschen, ihr Hang, systematisch der Ordnung den Vorzug vor der Freiheit zu geben, ihr blinder Gehorsam vor den Gesetzen der Gemeinschaft, der jede individuelle Regung ersticken kann. Kurz, es gibt ein negatives Imaginäres, das sich an Deutschland heftet, eine Mischung aus Bruchteilen historischer Wahrheit, Holzschnitten und übereilten Verallgemeinerungen. Und dieses Imaginäre kommt anläßlich der Renaissance Deutschlands wieder hoch, dessen Teilung doch eigentlich die alten bösen Geister bisher zu bannen schien. Ich möchte aber im Gegensatz zu einem berühmten Ausspruch

1 Deutsch im Originaltext
2 Ebenso

von François Mauriac fragen: Ist die Teilung nicht das teuflische Prinzip an sich?

Für mich liegen die Gründe dieser Angst in einer Fixierung auf eine Vergangenheit, von der nur ein bruchstückhaftes und äußerst grob gezeichnetes Bild zurückbleibt. Muß man wirklich sagen, wie unendlich weit die deutsche Kultur über diese wenigen aufgezählten Themen hinausgeht? Ist es nötig, daran zu erinnern, daß man oft in die Sterilität und die Stereotypie des Nationalismus verfällt, wenn man eine Kultur als national bezeichnet, wo doch jede lebende Kultur in der Ursprünglichkeit einer Nation wurzelt – angefangen bei ihrer Sprache?

Deshalb sei noch einmal betont, wovon ich schon immer überzeugt war: Der Nazismus ist kein spezifisch deutsches Erzeugnis. Sowenig es Schicksal der Deutschen ist, herrschen zu wollen, genausowenig gibt es eine wesensgleiche Beziehung zwischen den dunklen Jahren des Nazismus und irgendeiner nationalen deutschen Veranlagung. Wenn wir uns erinnern müssen, dann um zu lernen. Und um zu lernen, müssen wir zunächst verstehen. Das ist die Aufgabe des Historikers: Heute wissen wir, daß der Nationalsozialismus von den politischen, sozialen und wirtschaftlichen Bedingungen profitierte, die auch in anderen Ländern Europas das Auftauchen faschistischer und totalitärer Bewegungen erlaubten.

Václav Havel hat ausgedrückt, was auch ich denke: »(...) wir haben nicht durch die deutsche Nation gelitten, sondern durch konkrete Individuen. Der Wille zu schaden, die blinde Unterwerfung, die Gleichgültigkeit gegenüber den Menschen kennzeichnen nicht Nationen, sondern bestimmte Individuen.«

Ich erinnere daran, daß die expansionistischen Ziele Hitlers weit davon entfernt waren, die Antwort zu erhalten, die die großen westlichen Demokratien im passenden Moment hätten geben müssen. Es bedeutet eine große Verantwortung, nicht verstanden zu haben, als es noch Zeit war, ein totalitäres, auf der offensichtlichen Verachtung der Menschheit beruhendes Regime anzuklagen und zu bekämpfen.

Zu diesen Bemerkungen über den Nazismus komme ich aus zwei Gründen. Erstens, weil offensichtlich jedwede Angst vor Deutschland ihre tiefen Wurzeln in der Erinnerung an die Nazigreuel hat, und die werden mit Deutschland gleichgesetzt. Ich habe bereits darauf hingewiesen, wie sehr dieser Irrtum angeprangert werden muß. Der zweite Grund liegt in der Natur des Nazismus, den man in einer Zusammenschau der totalitären Erscheinungsformen, die dem 20. Jahrhundert eigen waren, analysieren muß.

Nun hat das deutsche Volk diesem Phänomen der Gleichstellung alles Deutschen mit dem Nazismus einen schweren Tribut gezollt: unter dem Naziregime und anschließend in der DDR unter einem stalinistischen Regime. Gemeinsames Merkmal war das Verbot der freien Meinungsäußerung, gefesselt in eine jeden Widerstand zerbrechende Gesellschaftsstruktur. 1989 haben die Ostdeutschen ihre Stimme wiedergefunden, um dem totalitären Regime, das sie von der freien Welt trennte, ein Ende zu bereiten.

Und sie haben in aller Klarheit die Demokratie gewählt, also das genaue Gegenteil von Totalitarismus. Diese Wahl bedeutet den Willen zum Aufbau einer Gesellschaft, in der jeder einzelne ein mit Rechten und Pflichten ausgestatteter Staatsbürger ist, und jeder Staatsbürger ein einzelner, der seine Meinung frei äußern und so leben kann, wie er will, vorausgesetzt, er beeinträchtigt nicht die Freiheit der anderen. Das ist der große Unterschied zu den totalitären Regimen: Dort findet man in der Theorie natürlich Staatsbürger. Aber einerseits haben sie nur das Recht, sich einer Macht zu unterwerfen, die oft um so mehr unterdrückt, als sie sich in allen Verästelungen der Gesellschaft verbreitet; andererseits enthält man demselben Staatsbürger die Pflicht und die Macht eines jeden verantwortlichen Staatsbürgers vor, das heißt die individuelle Initiative.

Die Ostdeutschen haben sich, wie die andern Völker des ehemaligen Sowjetblocks, für ein Regime entschieden, das soweit wie möglich die Gesamtheit seiner Staatsbürger an der ständigen Suche nach dem besten Gleichgewicht zwischen einem geregelten gesellschaftlichen Leben und der Freiheit eines jeden beteiligt. Dies ist eines der bedeutendsten Ergebnisse der Nach-Jalta-Zeit – es ist schön, daß sein Jahr I das Jahr 1989 ist (analog der Französischen Revolution, deren Jahr I 200 Jahre vorher eine neue Zeitrechnung nach 1789 begann, Anm. des Herausgebers). Denn wenn der Totalitarismus den einzelnen verleugnet, so leugnet er auch jede Anerkennung der Völker und der ihnen eigenen Kulturen: Im ganzen Ostblock stellten die Völker der UdSSR-Satellitenstaaten nur Territorien und Bevölkerungsmassen zur Vergrößerung des sowjetischen Imperiums dar. Das Naziverbrechen gegen das Volk und gegen die deutsche Kultur trägt Merkmale derselben Logik: Die Nazis verbogen und pervertierten den Sinn der höchsten Werte der deutschen Kultur und verübten so ebenfalls einen kulturellen Völkermord, der fast dazu führte, die Deutschen aus der Gemeinschaft der Menschheit auszuschließen. Und dieses Verbrechen, das auf der Verwirrung eines ganzen Volkes beruhte, ist es wiederum, das heute bei manchen, vielleicht sogar in Deutschland, Angst auslöst.

Man kann also die besondere Freude der Deutschen verstehen und teilen, wenn sie sich wiederfinden, nachdem die Drohung einer Kulturvernichtung jetzt nach mehr als einem halben Jahrhundert ausgeräumt ist. Eine neue europäische Ära öffnet sich mit einer bedeutenden Änderung im Wertesystem der Völker und des einzelnen – für die Deutschen, aber auch für die Gesamtheit der europäischen Völker.

Zunächst der politische Bezug: Die Ostdeutschen und alle Völker Mittel- und Osteuropas sollen einzig und allein den Kapitalismus gewählt haben, weil der Kommunismus ein Leichnam ist und unfähig war, seine Ziele zu erreichen? Aber wir stehen doch nicht vor einem einfachen Sieg des Kapitalismus über den Kommunismus: Der Kapitalismus hat sich in Westeuropa auch gewandelt; er machte den Weg frei für neue Gesellschaften, in denen der auf Arbeit und Eigeninitiative beruhende wirtschaftliche Wohlstand erst seinen vollen Sinn in der größtmöglichen sozialen Gerechtigkeit findet.

An zweiter Stelle der nationale Bezug: Wenn es stimmt, daß das Entkommen aus dem totalitären Einfluß des sowjetischen Imperiums eine neue nationale Verschmelzung bedeutet, dann stimmt noch mehr, daß die Ostdeutschen nach dem Rahmen eines demokratischen Staates verlangten. Anders ausgedrückt, das zukünftige vereinigte Deutschland wird kein auf einer nationalen Wiedervereinigung gegründeter Nationalstaat sein, sondern ein Staat, der durch die Vereinigung zweier demokratischer Völker rechtmäßig anerkannt ist. Der zukünftige Staat müßte sogar aus zwei Trümpfen Nutzen ziehen: einer demokratischen Praxis der Bundesrepublik Deutschland, die auf einem Wertesystem beruht, das den Totalitarismus verworfen hat, und dem Wunsch nach Demokratie, von der DDR in friedlicher Form ausgedrückt und massiv gewählt.

Die Vereinigung ist nicht die Wiedervereinigung, nicht einmal die Einheit im rein nationalen Sinn. Sie ist vor allem das internationale Abkommen zweier demokratischer Staaten und zweier demokratischer Völker für eine demokratische Gesellschaft: Gewiß, die Vereinigung erlaubt einer Nation, sich in einem einzigen politischen Gebilde zusammenzufinden; das aber bringt Deutsche zusammen, für die der wesentliche Charakter der Demokratisierung darin liegt, daß er ihren neuen Staat automatisch in die europäische Solidarität integriert.

Eines der Hauptresultate der Nach-Jalta-Ära ist, daß Deutschland endlich seinen Platz in Europa gefunden hat – in einem Europa, von dem man hoffen kann, daß es schnell und insgesamt aus Demokratien bestehen möge. Es war von entscheidender Bedeutung, daß sich die DDR in einen demokratischen Staat verwandelte, bevor die Vereinigung stattfindet. Denn die Völker dieser beiden demokratischen Staaten können die politische Union nur in den territorialen Grenzen der BRD und der DDR verwirklichen. Die Anerkennung solcher Grenzen bedeutet für das vereinigte Deutschland, daß das zukünftige Deutschland sich nicht in das gefährliche Abenteuer eines Anspruchs auf die Grenzen von 1937 stürzen wird. Wir wissen zu gut – und die Deutschen an erster Stelle –, was Nationalitätenkonflikte und irredentistische Unruhen Europa gekostet haben. Konflikte, häufig von Regimen entfacht, die sich irreführend auf eine nationale Gemeinschaft beriefen, um ihren totalitären Einfluß auszuweiten.

Aus diesem Grund fuhr ich am 1. März 1990 nach Berlin, um den führenden deutschen Politikern in aller Form zu sagen, wie sehr es an ihnen läge, aufkommende Besorgnisse zu entkräften, indem sie die Oder-Neiße-Grenze mit Polen anerkennen. Es kommt nicht in Frage, zum Europa der nationalen Konflikte zurückzukehren: Dies aber verbietet uns, die Karte Europas neu zu zeichnen – wir wissen wohl, daß es kein ideales oder unbestreitbares Modell gibt.

Die unerläßliche Bedingung für ein friedliches Europa liegt in der Demokratisierung aller seiner Staaten: Durch die Abschwächung seiner ideologischen Meinungsverschiedenheiten und durch Mäßigung seiner nationalen Aussagen kann Europa zu einem Kontinent werden, der alle seine Nationen in einem dauerhaften Frieden vereinigt. Das setzt aber voraus, daß jeder demokratische Staat den in seinen Grenzen lebenden ethnischen Minderheiten Rechte einräumt, wie er die Existenz und freie Meinungsäußerung jedem einzelnen garantiert. Die nationalen Minderheiten müssen andererseits die demokratischen Spielregeln des Staates, zu dem sie gehören, anerkennen. Das ist einer der Inhalte der von Staatspräsident François Mitterrand vorgeschlagenen Konföderation Europas: die demokratischen Staaten zusammenzubringen dank eines Abkommens, in dem die demokratischen Völker übereinstimmen und trotzdem ihre Unterschiede wahren, selbst und vor allem, wenn diese dann in einem Staat Europa nebeneinander existieren.

Dieses demokratische Abkommen bestimmt die deutsche Vereinigung im Rahmen der beiden heutigen Staaten. Es beruht auf der Anerkennung des höchsten Wertes unserer Zukunft: den Menschenrechten. Sie sind – möchte ich im Gegensatz zu jenen, die diese Minimalforderung kritisieren, sagen – der wesentliche Wert eines jeden Demokraten in den Ereignissen des Jahres 1989. Vom Totalitarismus befreit, ist jedes Individuum ein Staatsbürger, weil sich in ihm der Mensch wiedererkennt. Kaum sind die letzten Spuren des Totalitarismus ausgelöscht, kann die Idee einer europäischen Staatsbürgerschaft entworfen werden, die sich auf ein neues europäisches Sozialabkommen gründet. Und die Deutschen tragen zu dieser Entwicklung bei, wenn sie verstehen, daß ihre Vereinigung nicht bedeutet, fünfzig Jahre Geschichte einfach rückgängig zu machen.

Václav Havel hat umrissen, wie sehr das vereinigte Deutschland die Menschheit voranbringen könne: »Wenn Deutschland die Souveränität seines Staates errichtet und bekräftigt hat (...), dann wird es in der Lage sein, seine schöpferischen Kräfte wieder in den Dienst der Erneuerung aller menschlichen Verantwortung zu stellen, die das einzig mögliche Heil für unsere heutige Welt ist.« Die Deutschen kommen nicht aus einem Fegefeuer, um in ein verlorenes Paradies zurückzukehren. Vielleicht gibt es ein Paradies für die Europäer und somit für die Deutschen: Wir wissen, wir müssen es aufbauen, und es heißt Europa, ganz Europa.

Deutschland wird seinen Platz in Europa um so eher finden, je europäischer es sich gibt und das Schicksal ganz Europas teilt. Bundespräsident von Weizsäcker selbst hat das am 15. März 1990 anläßlich eines von Václav Havel, dem Präsidenten der Tschechoslowakei, gegebenen Empfangs gesagt: »Auch heute, und heute erst recht, gibt es keine isolierte nationale Politik für uns.«

Die Deutschen sind bereit, auf ein friedliches und sicheres Europa hinzuarbeiten, was mehrere Anzeichen und Erklärungen belegen. Die Europäer haben denn auch von den Deutschen die Versicherung erhalten, sie verzichteten endgültig auf die Herstellung von Atomwaffen sowie von bakteriologischen und chemischen Waffen. Nach den entsprechenden Erklärungen der höchsten westdeutschen Stellen wird die Anerkennung der bundesdeutschen Abkommen auf diesem Gebiet durch das vereinigte Deutschland von größter Bedeutung sein. Ein anderes Anzeichen des ehrlichen Willens, zu einer sicheren Welt beizutragen: die Zugehörigkeit Deutschlands zur Nato, ist ein maßgebender Akt der Solidarität. Man muß allerdings wissen, daß die deutsche Einigung die Nato auf eine Erneuerung zusteuern läßt, die die Alliierten am 5. Juli in London in Angriff nahmen. Die Errungenschaften der Verteidigung wahren, aber gleichzeitig sich an die neue Sicherheitslage in Europa anpassen, Deutschland dauerhaft in die Nato integrieren, ohne heftige Reaktionen der UdSSR auszulösen, den richtigen Platz für die Nato im zukünftigen paneuropäischen Sicherheitsaufbau finden – diesen Forderungen muß die Erneuerung Rechnung tragen.

So bekräftigt Deutschland auch seine Absicht, an einem stabilen und friedlichen Europa im Rahmen der KSZE mitzuwirken. Ein neutrales Deutschland wäre undenkbar gewesen, denn das hätte – mehr noch als ein isolierter nationaler Ehrgeiz – bedeutet, daß Deutschland ablehnt, zum Frieden in Europa beizutragen, der doch nur durch gemeinsames Wirken und die Arbeit der Institutionen erreicht werden kann.

Europa braucht ein solches Engagement Deutschlands. Kann uns das überraschen? Und besonders uns, die Franzosen? Ist Deutschland nicht seit der Nachkriegszeit unser bevorzugter Gesprächspartner in dem gemeinsamen Projekt der Freundschaft und Zusammenarbeit zwischen den europäischen Völkern? Auf militärischem Gebiet leitet die gemischte deutsch-französische Brigade eine Zusammenarbeit ein, die einen Vorgeschmack auf die Gemeinschaft von morgen bietet.

Und seit ihrer Ausrufung beteuert die Bundesrepublik immer wieder ihre europäische Gesinnung. Alfred Grosser erinnert daran, daß die Westdeutschen schon 1949 »die Beibehaltung bestimmter Formen der politischen und wirtschaftlichen Gesellschaft der nationalen Einheit vorgezogen haben«. Indem es im Rahmen der Montanunion das Symbol und die Quelle seiner Macht – Kohle und Stahl – in die Gemeinschaft eingebracht hatte, besiegelte Deutschland den deutsch-französischen Freundschaftspakt. Dieses Abtreten eines Teils seiner Souveränität versprach Versöhnung und bekräftigte die Zusammenarbeit zwischen zwei Ländern auf lange Sicht – Deutschland und Frankreich –, die in hohem Maße zum Frieden und zum Wohlstand in Europa beitragen.

Seit Einrichtung der Montanunion ist Deutschland nicht mehr das Volk, das unter der Ungerechtigkeit des Versailler Vertrags leidet. Jean Monnet erklärte: »Der Fehler lag im Versailler Vertrag an sich, denn er beruhte auf Diskriminierung. (...) Ein Frieden der

Ungleichheit kann nichts Gutes bringen.« Und Deutschland ist dank der Bundesrepublik Deutschland ein Eckpfeiler der Europäischen Wirtschaftsgemeinschaft geworden.

Im April 1990 haben Deutsche und Franzosen einen gemeinsamen Vorschlag eingebracht, um die politische Union Europas voranzutreiben, indem sie eine Konferenz vor Jahresende vorschlugen, um die entsprechenden Ziele und Projekte festzuhalten. Genügen diese Stellungnahmen nicht, um dem deutschen Außenminister Genscher volles Vertrauen zu schenken, der am 3. März 1990 in Bonn erklärte, daß die Deutschen »nicht ein deutsches Europa schaffen wollen, sondern ein europäisches Deutschland«?

Was ruft denn Angst hervor in diesen Handlungen und in diesen Erklärungen? Die letzten fünfundvierzig Jahre illustrieren die deutsch-französische Freundschaft, die für den Frieden in Europa unerläßlich ist. Ob die beiden Völker sich nun ergänzen oder nicht, Hauptsache, man vergißt nicht ihre Solidarität in ihrer beider Schicksal und für das Schicksal Europas. Die fast institutionelle Regelmäßigkeit der Gipfeltreffen zwischen den beiden Ländern und selbst eine gewisse Empfindlichkeit bei den ersten Anzeichen irgendeiner Meinungsverschiedenheit sind nur wenige Beispiele unter den zahlreichen Beweisen für die Haltbarkeit dieses Paares.

Bei meinen sehr häufigen Treffen, bei den fast täglichen Telefonkontakten mit führenden deutschen Politikern – und vor allem mit meinem Freund Hans-Dietrich Genscher – sprechen wir über die Zukunft unserer beiden Länder. Diese Zukunft hat einen einzigen Namen für Deutsche wie Franzosen: *Europa*. Claudel zeigte 1948 schon das Prinzip dieser notwendigen europäischen Zusammenarbeit auf: »Deutschland braucht Europa, und Europa braucht Deutschland.«

Müßte man schließlich Verständnis haben für eine gewisse Besorgnis wegen der deutschen Wirtschaftsmacht? Die wurde in der Bundesrepublik Deutschland im Rahmen der demokratischen Solidarität Westeuropas aufgebaut. Daß heute ihre Erfolge Europa stärken, kann nicht zu einem Willen zur Vorherrschaft umgemünzt werden. Es steht uns, den anderen europäischen Ländern und uns Franzosen, an, der deutschen Dynamik nachzueifern: Jedes europäische Volk hat seine Trümpfe, um Erfolg zu haben. Seien wir den Deutschen dankbar, daß sie uns zeigen, daß Europa – Wirtschaftsgemeinschaft oder zukünftige Konföderation – nicht eine Nivellierung oder Gleichmacherei sein soll, sondern im Gegenteil ein Ansporn der nationalen Fähigkeiten.

Diese wirtschaftliche Vitalität drückt das Verlangen nach Austausch aus, einen Wunsch zum Handel – Austausch von Gütern, aber auch von Erfahrungen, von Kultur –, damit die Menschen sich kennenlernen und gegenseitig anerkennen. Wenn es Grenzen geben muß, um die Rahmen der demokratischen Staaten abzustekken, dann, um die Kommunikation der Europäer untereinander zu ermöglichen, nicht, um sie zu trennen. Ich könnte diesen Gedanken nicht besser ausdrücken als Bundespräsident von Weizsäcker, der 1985 sagte: »Nicht ein Europa der Mauern kann sich über Grenzen hinweg versöhnen, sondern ein Kontinent, der seinen Grenzen das Trennende nimmt.« Das hat die Gemeinschaft der Zwölf in Angriff genommen, das muß auf dem ganzen Kontinent gelingen.

Deutschland ist und wird europäisch sein. Es wird sich an diesem neuen Europa beteiligen, dem Hauptteil einer Welt des Friedens. Angst vor der Vereinigung Deutschlands zu haben hieße, Angst vor uns selbst zu haben in einem Augenblick, in dem wir Europäer dabei sind, unser Schicksal frei zu bestimmen. Wie Châteaubriand am Ende seiner »Denkwürdigkeiten nach dem Tode« können auch wir ausrufen: »Man möchte sagen, daß die alte Welt zu Ende geht und die neue beginnt.« Ich neige zu der Überlegung, daß die verständlichen Ängste mancher sowohl von der Verwerfung einer konfliktgeladenen Vergangenheit herrühren als auch aus der Trauer um eine überholte Welt, die in ihrer Umwandlung begriffen ist.

Nietzsche betonte die Notwendigkeit des Vergessens: Die unerläßliche, wahre Erinnerung sei schöpferisch, zukunftverheißend. Stendhal, den Nietzsche als seinen Meister in Psychologie anerkannte, gibt dem Leser des »Lucien Leuwen« diesen sehr schönen

Rat: »Denkt daran, nicht zu hassen und keine Angst zu haben.« Die Freiheit von heute fegt allen Haß der Vergangenheit hinweg. Geben wir den wenigen unbegründeten Ängsten nicht die geringste Chance, ihn wiederaufleben zu lassen. Ich bin im tiefsten Inneren davon überzeugt, daß die Franzosen und alle anderen europäischen Völker gemeinsam mit den Deutschen eine entscheidende Etappe auf dem Weg zu einem friedlichen und demokratischen Europa erreichen werden.

Aus dem Französischen übersetzt von Renate Thiemann.

Hans-Dietrich Genscher

Wir wollen ein europäisches Deutschland, nicht ein deutsches Europa

Was bedeutet es, wenn achtzig Millionen Deutsche wieder in einem Staat leben? Diese Frage bewegt viele Europäer. Es mag naheliegen, die Frage mit der Angst vor den Deutschen zu beantworten. Aber ist die Reaktion der anderen Völker gleich? Haben sie das Freiheitsjahr 1989 gleich empfunden? Verbinden die Erfahrungen jenes Jahres die Europäer, oder trennen sie sie?

Natürlich haben die europäischen Völker das Jahr 1989 unterschiedlich erlebt. Die einen gewannen die Freiheit, und den anderen wurde wieder bewußt, daß Europa mehr ist als die Europäische Gemeinschaft und die mit ihr verbundenen europäischen Demokratien. So führt das europäische Jahr der Freiheit 1989 in das Jahr der europäischen Einheit 1990. Für uns Deutsche bedeutete es das gleiche. Wir, die wir betroffen waren von europäischer Trennung und Unfreiheit, haben mit europäischer Freiheit und Einheit auch die deutsche Freiheit und Einheit gewonnen.

Es lohnt sich zu untersuchen, was es 1989 nicht gab in Deutschland: nationalen Überschwang. Dabei wäre es nicht verwunderlich gewesen, wenn es nach fünfundvierzig Jahren zwangsweiser Trennung nationale Emotionen gegeben hätte. Wer hätte es den Menschen verdenken wollen? Und doch kam es nicht dazu. Und das zeigt mehr als alles andere: Wir Deutschen haben unsere geschichtliche Lektion gelernt. Vergessen wir nicht, was die Deutschen in den Straßen der DDR zuerst riefen: »*Wir* sind das Volk.«

Freiheit, das war die erste Forderung der friedlichen Revolution. *Wir* sind das Volk, das war die Einforderung des Rechts auf Freiheit, des Rechts, frei die eigene Meinung sagen und sie in freien Wahlen ausdrücken zu können. Es war die Einforderung der

Macht durch das Volk von denen, die sie mißbraucht hatten, um das Volk zu unterdrücken, und die diesen Mißbrauch als Herrschaft des Volkes ausgegeben hatten. Wir sind *ein* Volk – das war die natürliche Konsequenz des eingeforderten Rechts auf Freiheit.

Hinweggefegt war die gänzlich unhistorische Diskussion, die in den fünfziger Jahren in der Bundesrepublik Deutschland geführt wurde, jene Diskussion, die die Frage stellte, was denn die Deutschen in der DDR mehr drücke, der Verlust der Freiheit oder der Verlust der Einheit, und die sich dann zu der Schlußfolgerung verstieg, ob denn nicht eine Österreich-Lösung denkbar sei. Wer konnte erwarten, daß Freiheit und Einheit voneinander getrennt werden können, daß die Verwirklichung der Freiheit nicht auch zur Einforderung der Einheit führen werde?

Was ist es nun, was die Deutschen heute bewegt? Ich meine, es sind zwei Gedanken, die miteinander verbunden sind und die in ihrem innersten Kern auch zusammengehören. Es ist die Freude der Deutschen in West und Ost über die erste gelungene friedliche Freiheitsrevolution der deutschen Geschichte. Wer kann ermessen, was das für uns Deutsche bedeutet, ein Unterdrückungssystem selbst überwunden zu haben, friedlich und ohne Haß, dafür mit Würde. Das ist das kostbarste Gut, das die Deutschen aus der DDR in das vereinigte Deutschland und in das neue Europa einbringen. Die Deutschen in der DDR – sie konnten es kaum fassen, daß gelang, was die meisten von ihnen so lange erhofft und gewünscht hatten. Die Deutschen in der Bundesrepublik Deutschland, die ihre Demokratie längst als etwas Selbstverständliches empfanden, auch wenn diese Demokratie nicht hatte erstritten werden müssen – oder vielleicht darum –, war sie doch das Ergebnis der militärischen Niederlage am Ende der faschistischen Diktatur. So wurde die militärische Niederlage zur Befreiung und der moralische Abgrund, den die faschistische Diktatur hinterließ, zur Chance des Neubeginns, der den Weg eröffnete in die Gemeinschaft der westlichen Demokratien. Und nun treten die Deutschen in der DDR in demokratischem Aufbegehren an unsere Seite als Demokraten. Das ist unser deutsches Freiheits- und Einheitserlebnis.

Wenn davon die Rede ist, es sei eine Revolution ohne Haß, so gilt das nicht nur für das Verhältnis der Menschen in der DDR zueinander, es gilt auch für das Verhältnis zu ihren Nachbarn im Osten, es gilt für ihr Verhältnis zu den sowjetischen Soldaten in der DDR. Es wird unvergessen bleiben, daß die sowjetischen Streitkräfte nicht eingriffen, als die kommunistischen Strukturen wankten, so, wie es 1953 noch geschah. Und es wird unvergessen bleiben, daß es die Politik Gorbatschows war, die nicht nur für die Deutschen in der DDR den Weg in die Freiheit öffnete.

So führt der Gedanke von der haßfreien Revolution zu der anderen Wurzel des Grundempfindens der Deutschen in dieser Zeit. Die Deutschen-West nehmen mit den Europäern-West Anteil an dem Ringen um Freiheit in Mittel- und Osteuropa. Und die Deutschen in der DDR empfinden sich als Teil der großen mittel- und osteuropäischen Freiheitsrevolution. Sie haben auf Solidarność in Polen geblickt, und sie haben den Mut der Ungarn bewundert. Sie haben ihre Freiheit erstritten und diese Freiheit für die tschechoslowakischen Nachbarn erhofft. Sie hatten ihre Freiheit noch nicht ganz errungen, da fühlten und litten sie mit dem gequälten rumänischen Volk. Wir fühlten und litten mit ihnen. So wurde der Prozeß der deutschen Vereinigung zu einem Teil des Prozesses europäischer Selbstbesinnung und Wiederfindung.

Noch nie waren die Deutschen so durch und durch demokratisch wie heute, noch nie waren sie so europäisch wie heute. Die Jahre 1989 und 1990 sind für die Deutschen – für alle Deutschen – nicht nur das deutsche, sondern das europäische Freiheits- und Einheitserlebnis. Und diese Verbindung ist gewiß kein Zufall. Europäische Selbstbesinnung bedeutet demokratische Selbstbesinnung unseres Kontinents. Deutsche Selbstbesinnung, sie führt hin zu den gemeinsamen europäischen Wurzeln, zur europäischen Geistes- und Kulturgeschichte, zu Freiheit und Menschenwürde, zu Demokratie und zu Rechtsstaat, zu sozialer Gerechtigkeit und, wie wir hoffen dürfen, zu neuer Ehrfurcht vor der Schöpfung, bei deren Nichtachtung die Menschheit auch ohne Krieg zum Sterben verurteilt sein wird.

Und die Deutschen und die Europäer erleben, daß es doch keine

Leerformeln waren, wenn verantwortliche deutsche Politik immer wieder die europäische Einbettung unseres deutschen Schicksals hervorhoben, daß es Realpolitik ist, wenn das Grundgesetz aufruft zu nationaler und europäischer Einheit und zur Sicherung des Friedens in der Welt, wenn unsere Verfassung uns aufträgt, die Machtpolitik von gestern zu ersetzen durch Verantwortungspolitik.

Unsere europäische Gesinnung führte uns zusammen mit Frankreich zu einer in der europäischen Geschichte einzigartigen Verbindung des Schicksals zweier Völker. So gewannen sich Deutsche und Franzosen gegenseitig als Partner für Europa, und Europa gewann unsere beiden Völker als Motor für die europäische Einheit – in der Europäischen Gemeinschaft und im ganzen unteilbaren Europa. Die Vision François Mitterrands von einer gesamteuropäischen Konföderation verbindet uns, wie das Bekenntnis meines Freundes Roland Dumas zur deutschen Einheit und zum europäischen Schulterschluß von Deutschen und Franzosen uns verbindet.

Und was bedeutet die neue Entwicklung für Deutsche und Polen? Hatte am Anfang der siebziger Jahre die Frage der polnischen Westgrenze noch den Deutschen Bundestag gespalten, so hat jetzt, 1990, die Anerkennung ihrer Endgültigkeit die beiden frei gewählten deutschen Parlamente vereinigt. Die Endgültigkeit der polnischen Westgrenze – der Preis für die deutsche Einheit? Nur die wenigsten haben diese zutiefst historische und moralische Entscheidung auf ein verhandlungspolitisches Kalkül reduziert. Die Endgültigkeit der polnischen Westgrenze als Grundlage des europäischen Friedens und damit als eine Entscheidung von historischer und moralischer Dimension, und in diesem Sinne als Voraussetzung deutscher Einheit, war das Motiv der meisten von uns. Wir haben unsere Entscheidung in dieser Verantwortung und deshalb gewiß nicht unbedenklich oder leichtfertig getroffen. Um so ehrlicher und beständiger ist diese Entscheidung.

Beim Abschluß des Moskauer Vertrags wurde dem Vertragswerk der Brief zur deutschen Einheit beigefügt, der den Königsweg zur deutschen Einheit beschreibt, »auf einen Zustand des

Friedens in Freiheit hinzuwirken, in dem das deutsche Volk in freier Selbstbestimmung seine Einheit wiedererlangt«. Die Deutschen als Friedenskraft in Europa, das ist unsere europäische Berufung.

Schon jetzt zeigt sich, daß die deutsche Vereinigung nicht neue Probleme für Europa schafft, sondern daß sie die Entwicklung zu dem *einen* Europa beschleunigt. Die Europäische Gemeinschaft auf dem Weg zur Politischen Union – ihre Dynamik ist durch die Entwicklung in Deutschland verstärkt worden. Der KSZE-Prozeß, die Grundlage und die Kursbestimmung der europäischen Friedensordnung, wird im November in eine neue – institutionelle – Phase eintreten.

Das *eine* Europa entsteht, die Sowjetunion gehört dazu. Ohne dieses große Land, das mit uns auf demselben Kontinent lebt, wird das ganze Europa nicht werden. Gorbatschow hat sein Land geöffnet. Er hat es vor allem nach Europa geöffnet. Er gründet die Zukunft seines Landes nicht wie seine Vorgänger auf die Beherrschung Mittel- und Osteuropas und auf Überlegenheit gegenüber Westeuropa, er gründet sie vielmehr auf Zusammenarbeit und auf den Einschluß in das *eine* Europa, mit dem die USA und Kanada untrennbar verbunden sind. Verbunden durch gleiche Werte, durch das sich wandelnde Bündnis, durch die Mitwirkung im KSZE-Prozeß und durch die Begründung eines neuen Verhältnisses der nordamerikanischen Demokratien mit der Europäischen Gemeinschaft.

Die bedeutsame Rolle, die die Vereinigten Staaten im deutschen Einigungsprozeß übernommen haben, unterstreicht die europäische Verantwortung und Verbindung dieser großen nordamerikanischen Demokratie.

Die grundlegende Veränderung in der sowjetischen Politik hat den strategischen Friedensschluß mit den USA, den europäischen Friedensschluß der Sowjetunion mit allen anderen europäischen Staaten – den von ihr bisher beherrschten, den von ihr bisher getrennten – möglich gemacht.

Mit dem KSZE-Gipfeltreffen im November 1990 werden neue europäische Strukturen geschaffen. Die Mitgliedsstaaten der

Bündnisse reichen sich die Hand zu Freundschaft und Zusammenarbeit. Die Sowjetunion hat Gewißheit erhalten über die Stärke der Streitkräfte des vereinigten Deutschland, die deutsch-sowjetischen Beziehungen werden durch einen umfassenden Vertrag eine langfristige und historische Ausrichtung erhalten. Das alles bedeutet zusammen mit Abrüstung, Rüstungskontrolle und Vertrauensbildung eine grundlegende Veränderung der Lage in Europa.

Nur in dieser historischen Dimension wird die deutsche Vereinigung möglich – ohne deutsche Neutralisierung – mit dem vereinigten Deutschland als Mitglied in der Europäischen Gemeinschaft und einem sich verändernden westlichen Bündnis und durch unsere aktive Rolle beim Bau einer europäischen Friedensordnung im Rahmen der KSZE.

Ich denke, alle unsere Nachbarn sollten, *auch* was Deutschland angeht, europäisch und nicht nationalstaatlich denken. Ist denn eine leistungsfähige deutsche Wirtschaft Anlaß zu Sorge in dem zusammenwachsenden Europa? Ist sie nicht vielmehr ein Gewinn für ganz Europa? Wem würde es in Europa helfen, wenn die deutsche Wirtschaft schwach wäre? Kann überhaupt noch von der wirtschaftlichen Stärke eines Landes in einem nationalstaatlichen Sinne gesprochen werden, wenn wir zum Gemeinsamen Binnenmarkt zusammenwachsen, wenn wir die Europäische Wirtschafts- und Währungsunion schaffen? Ich hoffe, daß alle diejenigen, die Bedenken gegen die europäische Wirtschafts- und Währungsunion haben, diese politische Dimension erkennen. Man kann doch die wirtschaftliche Leistungsfähigkeit eines europäischen Landes nicht als Nachteil für Europa empfinden, besonders, wenn es darum geht, die wirtschaftliche Spaltung des Kontinents zu überwinden und zur wirtschaftlichen Gesundung der Länder beizutragen, die nach Jahrzehnten einer gescheiterten Wirtschaftspolitik der Hilfe dringend bedürfen. Wir wollen, daß Mittel- und Osteuropa teilnehmen an wirtschaftlicher Entwicklung und sozialer Gerechtigkeit. Wir wollen nicht, daß an Stelle der ideologischen und machtpolitischen Spannungsursachen wirtschaftliche Spannungsursachen treten, die Europa neu spalten. Auch dafür brauchen wir im Westen – Deutschland eingeschlossen – wirtschaftliche Leistungsfähigkeit. Und wir brauchen sie für die Bewältigung der ökologischen Herausforderungen und für die Entwicklung der Dritten Welt.

Ich weiß, daß unsere Freunde im Westen in den vergangenen Jahren immer wieder die Sorge vor einer deutschen Neutralisierung – einem deutschen Alleingang – umgetrieben hat und daß sie besorgt waren, die Sowjetunion könne »die deutsche Karte« spielen. Ich habe diese Sorge immer für unbegründet, aber für verständlich gehalten nach allem, was war.

Ich denke, daß unsere Freunde im Westen heute erkennen, daß wir Deutschen Wort gehalten haben, und daß die Sowjetunion erkennt, daß dieses Worthalten nicht zu ihren Lasten geht, sondern daß im Gegenteil dieses deutsche Worthalten sie erst voll einbezieht in das ganze Europa. Ich habe unseren westlichen Freunden in der Vergangenheit immer gesagt, eine deutsche Karte der Sowjetunion werde es nur geben, wenn der Westen den Deutschen die Einheit verweigere, die Sowjetunion sie aber bejahe. Die »Zwei plus Vier«-Gespräche zeigen, daß die vier Mächte und das ganze Europa den Gewinn erkennen, der in der deutschen Vereinigung liegt.

Wir Deutschen empfinden das nicht nur mit Dankbarkeit, sondern als eine Verpflichtung, denn das alles haben wir ja gemeint, wenn wir von der deutschen Einbettung in das europäische Schicksal sprechen. Das meinten wir, als wir 1989 vor der Einführung neuer nuklearer Kurzstreckenraketen in die Nato warnten im Zeitpunkt einer europäischen Gezeitenwende. Jetzt kommt es darauf an, die neue politische Kultur des Zusammenlebens in der Europäischen Gemeinschaft auf das Zusammenleben in ganz Europa zu übertragen. Wir Deutschen werden dabei nicht vergessen, daß unsere Lage im Herzen Europas uns nicht *zwischen* West und Ost plaziert hat, sondern in der Mitte Europas – als Teil des *einen* Europa. Deshalb werden wir auch dafür sorgen, daß West und Ost in Europa wieder zu geographischen Begriffen werden und nicht politische oder ökonomische Unterscheidungsmerkmale bleiben.

Es ist nicht nur unsere Geschichte, es ist genauso unsere geographische Lage, die uns für die friedliche Zukunft Europas eine besondere Verantwortung überträgt. Und es ist wahr, daß unsere Geschichte uns nie allein gehört hat. Aber genauso wahr ist, daß unser Handeln und zuallererst unser Denken für das Schicksal des ganzen Kontinents von besonderer Bedeutung sind. Deshalb sind das zutiefst europäische Bewußtsein und die europäische Verantwortung der Deutschen ein Gewinn für das ganze Europa.

Arnold Duckwitz, einer der großen Bremer Bürgermeister des 19. Jahrhunderts, schreibt in den »Denkwürdigkeiten aus meinem öffentlichen Leben«: »Ein kleiner Staat wie Bremen darf nie als ein Hindernis des Wohlergehens der Gesamtheit der Nation erscheinen, vielmehr soll er seine Stellung in solcher Weise nehmen, daß seine Selbständigkeit als ein Glück für das Ganze, seine Existenz als eine Notwendigkeit angesehen wird. Darin liegt die sicherste Bürgschaft seines Bestehens.«

Was wäre uns, was wäre Europa erspart geblieben, wenn es jederzeit die Maxime deutscher Politik gewesen wäre: Ein großes Volk wie das der Deutschen, im Herzen Europas, darf nie als ein Hindernis des Wohlergehens der Gesamtheit der Völker Europas erscheinen. Vielmehr soll es seine Stellung in Europa in solcher Weise nehmen, daß seine Einheit als ein Glück für das Ganze, seine Existenz als eine Notwendigkeit angesehen werden.

Heute ist das längst deutsche Politik geworden.

Das meinen wir, wenn wir mit Thomas Mann fordern: »Wir wollen ein europäisches Deutschland, aber nicht ein deutsches Europa.«

VÁCLAV HAVEL

Von der Angst in Mitteleuropa

Im Juni 1990 haben in unserem Land die ersten freien Wahlen nach langen Jahrzehnten stattgefunden. Am 5. Juli bin ich von einem frei gewählten Parlament frei wieder zum Präsidenten gewählt worden, und kurz darauf erhielt die neue Regierung das Vertrauen des Parlaments. Mit diesen Ereignissen fand eine der dramatischsten Etappen unserer neuzeitlichen Geschichte ihren Höhepunkt, nämlich die Zeit des revolutionären Sturzes des totalitären Systems, die Zeit der Erregung, des schnellen Entscheidens und einer Unzahl von Improvisationen, eine durch und durch spannende, ja fast abenteuerliche Zeit, angefüllt mit Ereignissen und hektischer Arbeit.

Ein wenig erinnerte das alles an einen leicht chaotischen, doch im Grunde unermeßlich schönen Traum. Ein wenig war das eigentlich ein Märchen. Wie viele Dinge hätten doch nicht gut ausgehen und nicht gelingen müssen! Wir schritten über völlig unbekanntes Gelände, und niemand von uns hatte die Gewißheit, daß dieses Gelände nicht unter uns einbricht.

Es brach nicht ein; alles ging relativ gut aus. Es kam die Zeit, in der es wirklich Grund zur Freude gab: Die Revolution mit all ihren Risiken liegt hinter uns, und vor uns eröffnete sich die Perspektive des ruhigen Aufbaus eines demokratischen Staates! Kann man sich einen schöneren Augenblick im Leben eines Landes vorstellen, das so lange unter einem totalitären System gelitten hat?

Und genau in diesem schönen historischen Augenblick widerfuhr mir eine eigenartige Sache: Als ich nach der Wahl zum erstenmal zur Arbeit kam, stellte ich fest, daß ich deprimiert war. Ich befand mich in einem Zustand einer Art starken Dämpfung, ich fühlte mich eigenartig gelähmt oder innerlich leer. Mir schien, daß ich plötzlich Einfälle und Ziele, Hoffnung und Willen verloren hatte. Ich kam mir schlaff, matt und ohne Phantasie vor. Obwohl ich noch vor einigen Tagen unermeßlich viel Arbeit hatte und ständig etwas nicht schaffte, wußte ich jetzt auf einmal nicht, was ich eigentlich tun sollte. Der Druck des erregten Geschehens, der mich noch unlängst zu einer überraschenden Menge von Leistungen gezwungen hatte, war verschwunden, und ich stand plötzlich ratlos da, ohne innere Motive zu irgend etwas, erschöpft und fast überflüssig.

Es war ein äußerst eigenartiges Gefühl. Ein wenig könnte man es mit dem Tag nach irgendeinem wilden Bummel vergleichen, ein wenig mit dem Erwachen aus einem schönen Traum in die häßliche Alltagsrealität, ein wenig mit dem Schock des verliebten Mannes, wenn ihn seine Geliebte verrät.

Nicht nur ich fühlte mich so eigenartig. Dasselbe Gefühl hatten auch zahlreiche meiner Mitarbeiter auf der Prager Burg. Wir begriffen, daß die Poesie zu Ende gegangen war und die Prosa begonnen hatte. Der Karneval war zu Ende, und der Alltag begann. Und eigentlich erst jetzt ging uns auf, wieviel anspruchsvolle und durchweg undankbare Arbeit vor uns liegt und wie schwer die Last wiegt, die wir auf uns genommen haben. Als ob der wilde Lauf der Ereignisse es uns bis zu diesem Moment nicht erlaubt hätte, ein wenig Distanz zu gewinnen, nachzudenken, abzuwägen, ob für die Aufgaben, die wir akzeptiert hatten, unsere Kräfte auch ausreichen. Wir waren einfach ins Wasser geworfen worden und mußten schwimmen. Und es war, als ob erst jetzt der Augenblick kommt, in dem wir die Möglichkeit haben, uns im ganzen Umfang die Last des Schicksals bewußt zu machen, das wir gewählt hatten.

In diesem Zustand war ein Element plötzlicher und in der gegebenen Situation scheinbar ganz unlogischer Hoffnungslosigkeit gegenwärtig. Irgendwo in der tiefsten Schicht dieses Gefühls war eigentlich Angst enthalten: Angst, sich zuviel vorgenommen zu haben, Angst, die Aufgaben nicht erfüllen zu können, Angst vor dem eigenen Ungenügen, also Angst vor sich selbst.

Irgendwo zuunterst in diesem Gefühl war schließlich auch das Erlebnis der Absurdität. Ein Erlebnis, wie es wohl Sisyphos gehabt hätte, wäre sein Fels eines Tages auf dem Hügel liegengeblieben und nicht zurückgerollt. Also das Erlebnis eines Sisyphos, der mental nicht darauf vorbereitet ist, daß sein Werk gelingen könnte. Eines Sisyphos, dessen Leben seinen bisherigen Sinn verloren und einen neuen noch nicht erlangt hat.

Als ich vor etwa einem Jahr vorläufig gefragt wurde, ob ich bereit sei, die Salzburger Festspiele 1990 mit einer kurzen Rede zu eröffnen, rechnete ich nicht mit der Möglichkeit, kommen zu können, doch habe ich trotzdem das Angebot gern angenommen in der Vorstellung, daß ich meinen Beitrag schriftlich schicken würde. Ich freute mich darauf, während der stillen Weihnachtstage in Ruhe einen kleineren Essay zu schreiben zum Thema »Angst und das Gefühl der Bedrohung in der europäischen Literatur«.

Die Geschichte hat mich jedoch überrascht und es mir in den bewegten Monaten, die ich heute hinter mir habe, nicht ermöglicht, Zeit und Konzentration zum Schreiben des geplanten Vortrags zu finden. Und so hoffte ich, meine Aufgabe nach den Wahlen und allem, was damit zusammenhängt, zu erfüllen. Wieder freute ich mich darauf. Denn ich plante, durch die kurzfristige Rückkehr zu meinem ursprünglichen Schriftstellerberuf für mich selbst irgendwie die Zeit der ersten revolutionären Phase meiner politischen Engagiertheit von der zweiten, ruhigeren, sozusagen aufbauenden Phase zu trennen.

Die Zeit zum Schreiben fand ich tatsächlich. Doch was war das für eine Zeit! Die Zeit eines eigenartigen politischen Katers. Wenn ich also zunächst von der Geschichte überrascht wurde, war ich zum zweiten von mir selbst überrascht. Ich war einfach nicht fähig, etwas zu schreiben. Ich fühlte mich leer, gelähmt, unfähig.

Es ist sehr paradox: Ich wollte über die Angst schreiben, und auf einmal machte mir die Angst dies unmöglich. Angst vor meinem Thema, Angst vor dem Schreiben überhaupt, Angst vor dem eigenen Ungenügen, Angst vor mir selbst. Und so blieb mir nichts anderes übrig, als zu versuchen, mein Thema ebenfalls paradox zu berühren: in der Beschreibung der Situation, die zu meiner Unfähigkeit führte, es zu berühren.

Das ist nichts Neues. Die meisten Schriftsteller schreiben eigentlich ein wenig deshalb, um an ihr Schreiben die eigene Verzweiflung abzugeben und sie damit zu überwinden. Vielleicht ist so erklärt, warum ich hier so viel über mich selbst schreibe. Und vielleicht ist es zu erkennen, daß dies nicht von einem selbstgefälligen Egozentrismus herrührt, sondern einfach, weil mir nichts anderes übrigbleibt.

In keiner Aufzählung verschiedener Eigenarten der mitteleuropäischen Kultur und Literatur fehlt eine besonders wichtige Eigenart: die verstärkte Aufnahmefähigkeit für die Bedrohung und der verstärkte Sinn für das Phänomen der Angst. Das ist mehr als verständlich. In einem Raum, in dem sich die Geschichte so kompliziert verknüpft hat, in einem kulturell, ethnisch, sozial und politisch so kompliziert strukturierten Raum, in einem Raum, in dem gewöhnlich die verschiedensten europäischen Katastrophen entstehen und enden, müssen gesetzmäßig in erhöhtem Maße gerade diese Dimensionen des menschlichen Seins erfahren und reflektiert werden.

Die Heterogenität dieses Raumes erklärt, glaube ich, ziemlich deutlich die beiden charakteristischen Pole seines Lebens und somit auch seiner Literatur: auf der einen Seite eine Art Miniaturisierung der Geschichte zur Genre-Idylle, zum Anekdotenhaften bis hin zum folkloristischen Kult der Lokalitäten und des Lokalen, auf der anderen Seite die besessene und häufig erschreckend voraussehende Angst vor der Bedrohung durch das sogenannte große historische Geschehen. Eine Art jovialer Nachbarschaftlichkeit hat hier ihr gesetzmäßiges Gegenstück in verschiedenen Arten des Fanatismus und Nationalismus, die gerade von dieser extremen Angst vor der Geschichte herkommen. Dauernd bedrohte Völker oder ethnische Einheiten spüren hier ihre Bedrohung und wehren sich zugleich durch nationale oder gar nationalistische Selbstbestätigung. Ethnische Einheiten, die sich hier eigentlich nie in Ruhe und politisch frei entwickeln konnten, kämpfen hier ständig für ihre Identität – unter anderem auch dadurch, daß sie dauernd ihr eigenes Anderssein reflektieren und empfindsam die Bedrohung wahrnehmen, die für sie das Anderssein der anderen bedeutet.

Ich nehme an, daß auch die Art der Angst, die ich hier vor kurzem bei mir selbst beschrieben habe, für die mitteleuropäische Geisteswelt typisch ist oder zumindest auf deren Hintergrund verständlich. Entschieden kann man sich nur schwer vorstellen, daß etwa in England, Frankreich oder Amerika jemand Depressionen wegen seines politischen Sieges hätte. In Mitteleuropa kommt mir das hingegen ganz begreiflich und natürlich vor.

Übrigens ist jenes Erlebnis der katerartigen Leere hier keineswegs nur mein Erlebnis – und um so weniger jene eigenartige Angst. Ich treffe relativ häufig nicht nur in der Tschechoslowakei, sondern auch in den übrigen Ländern Mittel- und Osteuropas, die sich von totalitären Systemen befreit haben, auf verschiedene Varianten dieser Angst und dieses Gefühls der Leere. Die Menschen haben in diesen Ländern die ersehnte Freiheit hart erkämpft. Doch in dem Augenblick, in dem sie sie gewonnen haben, ist ihnen, als ob sie auf einmal überrascht seien. Sie waren ihr in einem Maße entwöhnt, daß sie plötzlich nicht wissen, was sie mit ihr anfangen sollen. Sie fürchten sie. Sie wissen nicht, womit sie sie füllen sollen. Als ob jener Sisyphos-Kampf dafür plötzlich eine leere Stelle hinterlassen habe. Als ob das Leben auf einmal den Sinn verloren habe.

Ähnlich kann man in diesem Teil der Welt die Anzeichen einer neuen Angst vor der Zukunft beobachten. Im Unterschied zu den Zeiten der Totalität, als die Zukunft zwar ärmlich, aber gewiß war, scheint sie heute vielen sehr ungewiß zu sein. Die eine, einzige, zwar allgegenwärtige, doch schon bekannte Bedrohung, die das totalitäre Regime mit seiner Unterdrückung darstellte, scheint abgelöst zu sein von einem ganzen Spektrum neuer und unbekannter oder lange vergessener Bedrohungen, von der Gefahr nationaler Konflikte über die Gefahr des Verlustes der sozialen Sicherheit bis hin zur Gefahr der totalen Herrschaft des Konsums, des Kommerzes und des Geldes.

Wir konnten sehr gut verfolgt sein und verlieren. Deshalb sind wir möglicherweise heute so verlegen durch unseren Sieg und so überrascht davon, daß uns niemand verfolgt. Hier und da treffe ich sogar auf Anzeichen nostalgischer Sehnsucht nach den Zeiten, in denen das Leben ein zwar nur sehr enges Flußbett hatte, die Ufer dieses Flußlaufes dafür aber allen offensichtlich waren. Heute wissen wir nicht, wo diese Ufer eigentlich liegen, und sind davon leicht schockiert. Wir sind wie Gefangene, die sich an das Gefängnis gewöhnt hatten und, aus heiterem Himmel in die ersehnte Freiheit entlassen, nicht wissen, wie sie mit ihr umgehen sollen, und verzweifelt sind, weil sie sich ständig selbst entscheiden müssen.

Ich wiederhole, daß die sozial-existentielle Situation, die ich hier an mir selbst illustriert habe und die ich in verschiedener Gestalt auch bei meinen Mitbürgern beobachte, meiner Ansicht nach eine höchst mitteleuropäische Situation ist. Ihre zahllosen, von der Literatur ausgedrückten Parallelen können wir auch in nicht allzu ferner Vergangenheit finden. Zum Beispiel in der Atmosphäre nach dem Ersten und dem Zweiten Weltkrieg. Es scheint, kurz gesagt, so zu sein, daß wir hier schicksalhaft dazu vorherbestimmt sind, uns häufiger als andere – und vielfach in scheinbar sehr unerwarteten Situationen – zu fürchten.

Angst vor der Geschichte ist bei uns nicht nur Angst vor der Zukunft, sondern auch Angst vor der Vergangenheit. Ich würde sogar sagen, daß diese zwei Ängste sich gegenseitig bedingen. Wer das fürchtet, was sein wird, der fürchtet sich gewöhnlich auch davor, dem ins Gesicht zu sehen, was gewesen ist. Und wer sich fürchtet, seiner eigenen Vergangenheit ins Gesicht zu sehen, muß notwendigerweise auch das fürchten, was sein wird.

Allzu häufig gebiert in diesem Winkel der Welt die Angst vor einer Lüge nur eine andere, eitel hoffend, daß sie als Rettung vor der ersten die Rettung von der Lüge überhaupt sei. Doch kann uns die Lüge nie vor der Lüge retten. So, wie uns in der Tschechoslowakei die Stalin-Lüge vom sozialistischen Paradies auf Erden vor nichts gerettet hat, wird uns auch die Lüge über Hitlers rassistischen Verbündeten als angeblichen Erben des alten Fürstenthrones nicht retten. Geschichtsfälscher retten die Freiheit nicht, sondern bedrohen sie.

Die Annahme, straflos durch die Geschichte lavieren und die eigene Biographie umschreiben zu können, gehört zu den traditionellen mitteleuropäischen Wahnideen. Versucht jemand, dies zu tun, schadet er sich und seinen Mitbürgern, denn es gibt keine volle Freiheit dort, wo nicht der vollen Wahrheit freie Bahn gegeben wird.

In dieser oder jener Weise sind hier viele schuldig geworden. Es kann uns jedoch nicht vergeben werden, und in unseren Seelen kann nicht Friede herrschen, solange wir unsere Schuld nicht zumindest eingestehen. Das Eingeständnis befreit. Ich weiß, wie es mich selbst einst frei gemacht hat, als ich in mir selbst die Kraft fand, meinen eigenen falschen Schritt zu reflektieren.

Ich habe viele Gründe für die Behauptung, daß die Wahrheit den Menschen von der Angst befreit. Haben sich doch viele von uns, die wir in den letzten Jahren in unserem Teil Europas versucht haben, trotz allem laut die Wahrheit zu sagen, den inneren Überblick, die Toleranz, die Fähigkeit, den Nächsten zu verstehen und ihm zu vergeben, das Gefühl des Maßes und fröhlichen Sinn nur deshalb bewahrt, weil sie dies getan haben. Sonst wären sie wohl ihrer Verzweiflung erlegen.

Unsere spezifische mitteleuropäische Angst führte schon zu manchem Unglück. Man könnte nachweisen, daß die Unzahl lokaler Konflikte und auch einige globale ihren Ursprung gerade darin haben: Die Angst der kleinen Seelen vor sich selbst und der Welt führte vielfach zu Gewalt, Brutalität, fanatischem Haß.

Angst ist aber nicht nur ein Zustand, der Verderben bringt. Angst vor der eigenen Unfähigkeit kann in uns schließlich auch neue Fähigkeiten erwecken. Angst vor Gott oder dem eigenen Gewissen kann in uns Mut erwecken. Angst davor, daß wir nicht bestehen, kann der beste Motor für unser Sehnen sein, doch zu bestehen. Angst vor der Freiheit kann genau das sein, was uns schließlich lehrt, unsere Freiheit wirklich richtig auszufüllen. Und Angst vor der Zukunft kann genau das sein, was uns zwingt, alles dafür zu tun, daß die Zukunft besser wird. Je empfindsamer jemand alle möglichen Drohungen wahrnimmt, desto besser kann er Garant der Verteidigung gegen sie sein.

Im übrigen habe ich immer geglaubt, daß das Gefühl der Lebensleere und des Verlustes des Lebenssinnes im Grunde nur der Aufruf ist zur Suche nach einem neuen Inhalt und Sinn der eigenen Existenz und Arbeit. Sind es denn nicht gerade die Augenblicke der tiefsten Zweifel, in denen neue Gewißheiten geboren werden? Wer weiß, ob die Hoffnungslosigkeit nicht der eigentliche Nährboden wirklicher menschlicher Hoffnung ist und ob es ohne das Erlebnis der Absurdität der Welt überhaupt möglich wäre, in ihr Sinn zu ahnen, zu suchen und zu finden!

Obwohl ich so unstaatsmännisch über die Augenblicke meiner Hoffnungslosigkeit gesprochen habe, schließe ich sehr konstruktiv, nämlich mit dem Aufruf an uns alle, uns Mitteleuropäer, zu versuchen, unseren traditionellen Ängsten entgegenzutreten, indem wir systematisch alle nur möglichen Gründe für sie beseitigen. Und zu versuchen, schnell und gemeinsam in Mitteleuropa ein solches System gemeinsamer politischer, wirtschaftlicher und kultureller Bindungen aufzubauen, das allmählich und endgültig alle potentiellen Bedrohungen beseitigt, die in unserer gemeinsamen Zukunft verborgen sind, und damit auch alle Gründe für unsere möglichen Ängste.

Versuchen wir also, diesen so schwer geprüften Raum endlich nicht nur von seiner Angst vor der Lüge zu befreien, sondern auch von seiner Angst vor der Wahrheit! Schauen wir endlich aufrecht, ruhig und gespannt uns selbst ins Gesicht, unserer Vergangenheit, Gegenwart und Zukunft! Aus deren Zweideutigkeit gelangen wir nur dann, wenn wir sie begreifen. Versuchen wir, vom Grund unserer Zweifel, unserer Angst und unserer Verzweiflung den Keim eines neuen, europäischen Selbstbewußtseins aufzuheben, des Selbstbewußtseins derjenigen, die keine Angst haben, über den Horizont ihres persönlichen oder Gruppeninteresses und über den Horizont dieses Augenblickes hinauszuschauen.

Ansprache zur Eröffnung der Salzburger Festspiele 1990
·Der Abdruck erfolgt mit freundlicher Genehmigung des Rowohlt Verlages

ANHANG

Chronologie 1989–1992
Daten der deutschen Einheit

1989

2. 5. Ungarn beginnt mit dem Abbau des Stacheldrahtzauns zu Österreich. Einsetzen der Fluchtbewegung von DDR-Bürgern über die grüne Grenze.

7. 5. Kommunalwahlen in der DDR. Bürgerrechtsgruppen decken massive Fälschungen auf.

19. 8. Etwa 600 DDR-Bürger nützen ein Fest der »Paneuropa-Union« in Sopron zur Flucht nach Österreich. Hunderte besetzen die Bonner Botschaft in Budapest.

22. 8. Schließung der Bonner Botschaft in Prag, in die trotzdem immer mehr »ausreisewillige« DDR-Bürger eindringen.

11. 9. Ungarn öffnet die Grenze für alle DDR-Bewohner. Bis Ende Oktober kommen auf diesem Weg etwa 50.000 Ostdeutsche in die Bundesrepublik.

30. 9. Bundesaußenminister Genscher verkündet in der Prager Botschaft, daß die dort versammelten DDR-Bürger mit Sonderzügen in die Bundesrepublik ausreisen dürfen: mit Zustimmung der DDR-Regierung, aber nur über das Gebiet der DDR. Eine ähnliche Vereinbarung erfolgt für die in der Bonner Botschaft in Warschau ausharrenden DDR-Bürger.

7.10. Feier zum 40. Jahrestag der Staatsgründung der DDR. Gorbatschows indirekte Kritik: »Wer zu spät kommt, den bestraft das Leben«, läßt die Welt aufhorchen. Honecker erklärt, die Berliner Mauer werde in hundert Jahren noch stehen.

8.10. Als Züge mit Botschaftsflüchtlingen aus Prag Dresden passieren sollen, kommt es dort zu Massenansammlungen.

9.10. In Leipzig, wo Zehntausende protestieren (»Wir sind das Volk!«), wird eine gewaltsame Auflösung der Demonstrationen gerade noch vermieden.

18.10. Erich Honecker verliert seine Ämter in Partei und Staat. Nachfolger wird Egon Krenz.

8.11. Das Politbüro der SED tritt zurück. Dem neuen Politbüro gehören auch Vertreter des Reformflügels an.

9.11. Öffnung der Mauer in Berlin.

13.11. Hans Modrow wird Ministerpräsident der DDR. Er verspricht eine demokratische Erneuerung des politischen Lebens und schlägt eine Vertragsgemeinschaft beider deutscher Staaten vor. Auf Protestkundgebungen wird der Ruf »Deutschland, einig Vaterland!« laut.

1.12 Die Volkskammer streicht den Führungsanspruch der SED aus der Verfassung.

4.12 Das ZK der SED schließt die »Alte Garde« aus der Partei aus. Dann treten ZK und Politbüro zurück.

6.12. Rücktritt von Erich Krenz als Staatsratsvorsitzender; Nachfolger wird Manfred Gerlach (LPD).

7.12 Der »Runde Tisch« – SED, Blockparteien und Oppositionsgruppen – beschließt freie Wahlen für den 6.5.1990.

10.12. Gregor Gysi wird auf einem Sonderparteitag zum Vorsitzenden der SED gewählt, die sich nun »SED-Partei des demokratischen Sozialismus« nennt.

16.12. Lothar de Maizière wird Vorsitzender der CDU(-Ost).

19.12. Bundeskanzler Kohl und Ministerpräsident Modrow einigen sich auf die Bildung einer Vertragsgemeinschaft.

22.12 Das Brandenburger Tor wird geöffnet. Freudenkundgebungen Zehntausender (»Wir sind *ein* Volk!«).

1990

15. 1. Erstürmung der Zentrale des Staatssicherheitsdienstes in Ost-Berlin.

29. 1. Hans Modrow schlägt die Bildung einer »Regierung der Nationalen Verantwortung« vor. Vorverlegung der Wahlen auf den 18.3.1990.

5. 2. Erweiterung der Regierung Modrow durch Minister ohne Geschäftsbereich aus Oppositionsgruppen und neuen Parteien.

13./14.2. Ministerpräsident Modrow mit einer Regierungsdelegation in Bonn. Keine Einigung erzielt über eine 15-Milliarden-Soforthilfe.

13. 3. Letzte Sitzung des Runden Tisches. Auflösung des Staatssicherheitsdienstes.

18. 3. Wahlen in der DDR: Sieg der »Konservativen Allianz«.

5. 4. Das erste frei gewählte Parlament der DDR tritt zusammen.

12. 4. Die Volkskammer wählt den CDU-Vorsitzenden Lothar de Maizière zum Ministerpräsidenten. Die Große Koalition legt

sich auf Vereinigung Deutschlands nach Artikel 23 des Grundgesetzes fest.

6. 5. Kommunalwahlen: Die CDU bleibt stärkste Partei.

1. 7. Die Währungs-, Wirtschafts- und Sozialunion tritt zusammen.

22. 7. Die Volkskammer beschließt die Wiedereinführung von »Ländern« zum 14.10.1990, dem Termin für Landtagswahlen.

23. 8. Die Volkskammer beschließt den Beitritt der DDR zur Bundesrepublik zum 3.10.1990.

31. 8. Der deutsch-deutsche Einigungsvertrag wird in Ost-Berlin unterschrieben.

12. 9. In Moskau wird der »Vertrag über die abschließenden Regelungen in Bezug auf Deutschland« von den Außenministern der Siegermächte und der beiden deutschen Staaten unterzeichnet. Deutschland erhält die volle Souveränität. Die alliierten Vorbehaltsrechte für Berlin und ganz Deutschland werden zum 3. Oktober außer Kraft gesetzt.

13. 9. Bundesaußenminister Genscher und der sowjetische Außenminister Schewardnadse unterzeichnen einen Vertrag über die künftigen Beziehungen zwischen dem vereinten Deutschland und der Sowjetunion.

18. 9. Das Bundesverfassungsgericht weist eine Klage von acht CDU/CSU-Bundestagsabgeordneten gegen den Einigungsvertrag zurück. Die Klage richtete sich gegen die endgültige Festlegung der polnischen Westgrenze.

20. 9. Bundestag und Volkskammer verabschieden den Einigungsvertrag.

24. 9. Die DDR tritt mit sofortiger Wirkung aus dem Warschauer Pakt aus.

26. 9. Beide sozialdemokratischen Parteien Deutschlands beschließen auf getrennten Parteitagen ihre Vereinigung, die am folgenden Tag vollzogen wird.

1.10. Ost- und West-CDU schließen sich zur gesamtdeutschen CDU zusammen. Helmut Kohl wird zum ersten gesamtdeutschen Parteichef gewählt, Lothar de Maizière wird sein Stellvertreter.

2.10. Die Volkskammer der DDR löst sich auf. In Berlin beginnt ein großes »Fest der Einheit«.

3.10. Beitritt der DDR zur Bundesrepublik Deutschland. Die Einheit Deutschlands ist vollzogen.

4.10. Zu seiner ersten Sitzung tritt der gesamtdeutsche Bundestag in

Berlin zusammen. 144 Abgeordnete kommen aus der früheren DDR.

14.10. Landtagswahlen in den fünf neuen Bundesländern und Bayern.

22.10. Der EG-Ministerrat billigt »Übergangsregelungen« für die Eingliederung der ehemaligen DDR in die EG.

9.11. Erste gesamtdeutsche Sitzung des Bundesrates in Berlin.

14.11. In Warschau wird der deutsch-polnische Grenzvertrag unterzeichnet, beide Länder verzichten auf gegenseitige Gebietsansprüche.

21.11. Beim KSZE-Treffen in Paris wird die »Pariser Charta für ein neues Europa« unterzeichnet.

30.11. Gegen Erich Honecker wird von der Berliner Justiz Haftbefehl erlassen. Honecker hält sich seit April 1990 in einem sowjetischen Militärhospital nahe Potsdam auf.

2.12. Aus der Bundestagswahl geht die Regierungskoalition als Sieger hervor.

17.12. Lothar de Maizière tritt vom Amt des Bundesministers für Sonderaufgaben zurück.

1991

11. 1. Zum ersten Mal seit 1948 hat Berlin wieder ein Parlament für die gesamte Stadt. Die am 2.12.1990 gewählten Abgeordneten treffen sich in der Nikolaikirche zur konstituierenden Sitzung.

26. 2. Die Bonner Koalition beschließt Steuererhöhungen zugunsten der neuen Bundesländer; es handelt sich im wesentlichen um einen Zuschlag von 7,5 % auf die Lohn- und Einkommensteuer, der auf ein Jahr befristet ist.

8. 3. Die Bundesregierung beschließt das »Gemeinschaftswerk Aufschwung-Ost«, das auf zwei Jahre angelegt ist und Volumen von 24 Milliarden Mark umfaßt.

13. 3. Der frühere DDR-Staats- und Parteichef Erich Honecker wird von der sowjetischen Armee nach Moskau gebracht, angeblich aus gesundheitlichen Gründen.

25. 3. Mit einem Hilfsprogramm in Höhe von 6,2 Milliarden Mark in drei Jahren will die EG-Kommission den Aufbau in den neuen Bundesländern unterstützen. Rund 80.000 Menschen demonstrieren in Leipzig auf der größten Montagsdemonstration seit der Vereinigung gegen die Wirtschaftsmisere in den neuen Bundesländern.

1. 4. Treuhand-Chef Detlef Karsten Rohwedder wird durch ein Attentat der RAF getötet.

8. 4. Der erste Tag der Visafreiheit für polnische Staatsbürger wird an mehreren deutsch-polnischen Grenzübergängen von Ausschreitungen deutscher Rechtsradikaler überschattet.

23. 4. Nach einem Urteil des Bundesverfassungsgerichtes haben die Opfer der Bodenreform in der sowjetischen Besatzungszone zwischen 1945 und 1949 keinen Anspruch auf Rückgabe ihrer Güter.

29. 5. Erstes deutsch-französisches Gipfeltreffen nach der Vereinigung.

17. 6. Bundeskanzler Kohl und der polnische Ministerpräsident Bielecki unterzeichnen den deutsch-polnischen Nachbarschaftsvertrag in Bonn.

20. 6. Nach einem Beschluß des Bundestages soll der Parlaments- und Regierungssitz von Bonn in die Bundeshauptstadt Berlin verlegt werden.

1. 7. Das Bundeswehrkommando Ost wird außer Dienst gestellt. Die Arbeitslosenzahl in den neuen Bundesländern steigt erstmals über eine Million.

18. 8. Der 1786 verstorbene Preußenkönig Friedrich II. und sein Vater Friedrich Wilhelm I. werden im Schloßpark von Sanssouci in Potsdam beigesetzt.

28. 8. Die Bundesrepublik nimmt diplomatische Beziehungen zu den baltischen Staaten Litauen, Lettland und Estland auf.

7. 9. Das Bundesverfassungsgericht besteht seit 40 Jahren.

11. 9. Lothar de Maizière legt sein Bundestagsmandat nieder. Er nimmt damit Abschied aus der aktiven Politik. Am 6.9. hat er bereits seine Parteiämter aufgegeben.

21./22.9. Bei Ausschreitungen Rechtsradikaler gegen Flüchtlingsunterkünfte in drei sächsischen Städten, unter anderem in Hoyerswerda, werden 13 Menschen verletzt.

7.10. Erstmals treffen sich in Berlin Offiziere der Bundeswehr und der Westgruppe sowjetischer Streitkräfte zu einem einwöchigen Informationsseminar.

9.10. Der deutsch-bulgarische Vertrag über freundschaftliche Zusammenarbeit und Partnerschaft wird von den beiden Außenministern unterzeichnet.

16.10. Das Bundeskabinett stimmt der Finanzierung einer »Stiftung deutsch-polnische Aussöhnung« zu. Das Geld (500 Millionen

Mark) soll den besonders Geschädigten der NS-Verfolgung in Polen zugute kommen.

Bundeskanzler Kohl und der französische Präsident Mitterand ergreifen die Initiative zur Schaffung einer europäischen Sicherheits- und Verteidigungspolitik. Ein erster Schritt soll die Bildung eines deutsch-französischen Armeecorps bei Straßburg sein.

21.10. In Dresden wird das »Forschungszentrum zu den Verbrechen des Stalinismus in der DDR« eröffnet. In diesem Archiv der ehemaligen DDR-Staatssicherheit werden erstmals in Deutschland zentrale Befehle, Dienstanweisungen und -ordnungen der Öffentlichkeit zugänglich gemacht.

7.11. Der Bundestag verabschiedet einstimmig den Vertrag über konventionelle Abrüstung in Europa.

7./8.11. Auf der NATO-Gipfelkonferenz in Rom wird »Das neue Strategische Konzept des Bündnisses« verabschiedet.

9.11. Am 53. Jahrestag der Pogrome gegen Juden in Deutschland demonstrieren mehr als 10.000 Menschen gegen Ausländerhaß und Rassismus.

9.–11.12. Im niederländischen Maastricht tagen die EG-Staats- und Regierungschefs (Europäischer Rat). Sie einigen sich auf den Vertrag über die Politische Union sowie über die Europäische Wirtschafts- und Währungsunion.

12.12. Honecker flüchtet in die chilenische Botschaft in Moskau.

16.12. Die EG-Außenminister erlassen in Brüssel »Richtlinien zur Anerkennung neuer Staaten in Osteuropa und in der Sowjetunion«.

1992

16. 1. Die Gemeinsame Verfassungskommission von Bundestag und Bundesrat konstituiert sich.

6. 2. In Budapest wird der deutsch-ungarische Vertrag über freundschaftliche Zusammenarbeit und Partnerschaft unterzeichnet. Über 300.000 Anträge zur Einsicht in die Stasi-Akten sind seit der Öffnung der Archive Anfang Januar bei der Berliner Gauck-Behörde eingegangen.

7. 2. In Maastricht (Niederlande) wird der Vertrag über die Europäische Union unterzeichnet.

10. 2. Ex-Stasi-Chef Erich Mielke steht in Berlin wegen einem mehr als 60 Jahre zurückliegenden Doppelmord vor Gericht.

27. 2. Den deutsch-tschechoslowakischen Nachbarschaftsvertrag unterzeichnen in Prag Bundeskanzler Kohl und Präsident Havel.

12. 3. Der Bundestag setzt eine Enquete-Kommission zur »Aufarbeitung der Geschichte und der Folgen der SED-Diktatur« ein.

21. 4. In Bukarest unterzeichnen die Außenminister Genscher und Nastase den deutsch-rumänischen Vertrag über freundschaftliche Zusammenarbeit und Partnerschaft.

17. 5. Bundesaußenminister Hans-Dietrich Genscher (FDP) tritt nach 18 Jahren Amtszeit zurück. Mit seinem Nachfolger Klaus Kinkel wird ein neues Kapitel in der deutschen Außenpolitik aufgetan.

Die Autoren

François Bondy, Schweizer Publizist und Literaturkritiker

Jiří Dienstbier, Außenminister der CSFR

Roland Dumas, Außenminister Frankreichs

Hans-Dietrich Genscher, FDP-Bundestagsabgeordneter, ehemaliger Außenminister der Bundesrepublik Deutschland

Günter Grass, westdeutscher Schriftsteller

Alexej Grigorjew, ehemaliger TASS-Korresponent in Bonn

Alfred Grosser, französischer Politologe und Publizist

András Hajdu, Planungschef des ungarischen Außenministeriums

Václav Havel, Schriftsteller, Präsident der CSFR

Andrej Kortunov, ehemaliger außenpolitischer Experte in der Akademie der Wissenschaften der UdSSR

Pierre Lellouche, französischer Sicherheitsexperte und Berater von Jacques Chirac

Arthur Miller, US-Schriftsteller

Margarete Mitschlerlich-Nielsen, Psychoanalytikerin und Publizistin

Günther Nenning, österreichischer Publizist

Piotr Nowina-Konopka, ehemaliger Staatsminister der Republik Polen und Sprecher von Lech Walesa

Lutz Rathenow, ostdeutscher Schriftsteller

Claus Richter, ZDF-Korrespondent in Singapur, zuvor ARD-Studioleiter in Ost-Berlin

Lea Rosh, Direktorin des NDR-Landesfunkhauses Niedersachsen, Hannover

Heleno Saña, spanischer Historiker und Sozialphilosoph

Rolf Schneider, ostdeutscher Schriftsteller

Friedrich Schorlemmer, Pfarrer

Rafael Seligmann, deutsch-jüdischer Autor

Dorota Simonides, Senatorin der Republik Polen und Professorin an der Universität Opole

Ulrich Sonnemann, westdeutscher Schriftsteller

Patrick Süskind, westdeutscher Schriftsteller

Maarten van Traa, außenpolitischer Sprecher der Sozialdemokratischen Partei der Niederlande

William Waldegrave, Kanzler des Herzogs von Lancaster, zuvor Staatsminister im britischen Foreign Office

Der Herausgeber

Ulrich Wickert, 1942 in Tokio geboren, besuchte die Schule in Frankreich, studierte in Deutschland und den USA und wurde bekannt als Journalist bei »Monitor«. Nach langjähriger Korrespondententätigkeit in Washington, New York und Paris ist er seit Juli 1991 Erster Moderator der ARD-»Tagesthemen«.

HEYNE
BÜCHER

Politik und Zeitgeschehen im Heyne Sachbuch

Yossi Melman
KNESSETH UND KIBBUZ
Die Geschichte des Staates Israel

19/272

Wilhelm Heyne Verlag
München

HEYNE
BÜCHER

Politik und Zeitgeschehen im Heyne Sachbuch

19/249

Außerdem zum Thema lieferbar:

Stichwort:
Das ehemalige Jugoslawien
19/4023

Michael W. Weithmann
Krisenherd Balkan
19/207

Wilhelm Heyne Verlag
München

Stichwort

Die neue Informationsreihe im Heyne Taschenbuch vermittelt Wissen in kompakter Form. Anschaulich und übersichtlich, kompetent, verständlich und vollständig bietet sie den schnellen Zugriff zu den aktuellen Themen des Zeitgeschehens. Jeder Band präsentiert sich zweifarbig auf rund 96 Seiten, enthält zahlreiche Grafiken und Übersichten, ein ausführliches Register und eine Liste mit weiterführender Literatur.

Wilhelm Heyne Verlag
München

Peter Scholl-Latour

»Peter Scholl-Latour gehört mit zu den kenntnisreichsten, seriösesten Journalisten deutscher Sprache ...«

SÜDDEUTSCHE ZEITUNG

Die sieben Gesichter Chinas
19/69

Der Ritt auf dem Drachen
Indochina von der französischen
Kolonialzeit bis heute
19/98

Allah ist mit den Standhaften
Begegnungen mit der islamischen
Revolution
19/210

Das Schwert des Islam
Revolution im Namen Allahs
19/226 (geb. 40/116)

Wilhelm Heyne Verlag
München

Wirtschaft

Praxisnah vermitteln renommierte Autoren Wissenswertes und Informatives zu aktuellen Wirtschaftsthemen unserer Zeit.

19/28

Außerdem erschienen:

Ludwig Rieger
Das Börsenlexikon
19/149

Harvey Mackay
Schwimmen mit den Haien ohne gefressen zu werden
19/171

André Kostolany
Kostolanys Börsenpsychologie
19/220

Bärbel Schwertfeger/
Norbert Lewandowski
Die Körpersprache der Bosse
19/292

Stichwort: Marktwirtschaft
19/4003

Stichwort: D-Mark
19/4021

Wilhelm Heyne Verlag
München